张润秀 著

句句似杜的宋诗大家

融经铸典，至大至诚，钟山海精灵，毓民本襟抱，高洁梅魂早醒于江西宗派末流积弊之境，真乃忧国爱民、无私无畏伟丈夫。浏浏乎往矣，真儒特立不回，歌呼雁荡云烟，遗响遥接中华风雅三百篇，恰似晨钟暮鼓警策士风民气，忧患诗怀自当沥胆披肝贯一脉；

崇杜学韩，非坡非谷，效少陵典型，承元祐遗风，阳明光焰雄放于南宋吟坛中兴将成之时，终成开新继雅、亦刚亦柔真诗哲。蔚蔚然壮哉，大贤有宗无派，崛起江南草野，倚风长鸣家国悲歌二千首，更凭仁者慈怀增辉华夏版图，高标范式无愧振衰起弊先四家。

目录

序言

自莳新花最爱梅——读《梅溪诗传》

虞云国

　　日前张润秀先生来邮，告知他的《梅溪诗传》付梓在即，嘱为作序。作序岂敢，略说读后感吧。

　　《梅溪诗传》的传主是南宋名臣王十朋，他生于温州乐清，字龟龄，号梅溪。在民间，他以南戏名剧《荆钗记》的男主角而声名远播，那出戏敷演了状元王十朋与妻子历经考验而忠贞不二的爱情故事，那只是文学形象。王十朋在《宋史》里有传，他在绍兴二十七年（1157）也确实高中状元。这年是权相秦桧死后宋高宗所谓"亲政"后的首次科考。在策论里，王十朋痛陈"国家名器为媚权臣之具"，吁请皇帝"正身以为本，任贤以为助"。出于妆点"更化"的考虑，王十朋钦点为状元。但宋高宗只打算适度打压权相势力，对秦桧参与打造的绍兴和议体制却公然声称"断自朕志"而"不容妄议"，故而尽管声称"十朋乃朕亲擢"，对他抨击"一桧死百桧生"的奏对却置若罔闻。宋孝宗即位，王十朋出任侍御史，仍"直言无隐"地批评皇帝重用近幸，终致离朝，出知州郡。《宋史》惋惜他"足以当大任者，惜不尽其用"。综观王十朋从政生涯，虽大魁天下而声名鹊起，却未至执政，一生功业难与他"平生敬慕范文正"相媲美，但其立朝治民的名节政声却有口皆碑。朱熹称颂他"在朝廷，则以犯颜纳谏为忠，仕州县，则以勤事爱民为职，内外交修，不遗余力"；甚至认为，今人能与诸葛亮、杜甫、颜真卿、韩愈、范仲淹等君子相比，"其亦庶几乎此者矣"（《王梅溪文集序》），评价可谓高矣！《梅溪诗传》就是为这位高风亮节的南宋名臣撰写的文学传记，以文学性诗传的形式，全面摹写了南宋大贤与名臣王十朋的高洁人生与磊落风骨，彰显了中国文化中值得弘扬传承的优秀传统。

我之与著者相知订交，即缘于九百年前的王梅溪。2012年恰逢王十朋诞生九百周年，为纪念这位南宋大贤，温州乐清主办了学术研讨会，除当地学者，国内与会者以文史两界为主，宋史学界是何忠礼兄牵头邀集的，我也忝居其列，提交的论文题为《走向庙堂：王十朋诗文纪录之乡绅影像》，主要取材《梅溪集》诗文，藉以摹写王十朋大魁天下前的乡绅形象。润秀先生受会务组推荐向大会作了《忧患时代士大夫的人格范式及其审美价值探析》的专题发言，赏析了王十朋的咏梅诗词。分组讨论时，我俩同组，始知他是乐清走出的学人。我发言提议，为更多读者能通过阅读走近王十朋，何妨试为《梅溪集》编一个诗文选本。

会后出席者各奔东西，这是学术会议的常态。其后，我虽还写过《先生之风：王十朋颂范诗文述论》，梳理了《梅溪集》里追慕范仲淹的全部诗文，也只是参加范仲淹研讨会的急就章。总之，我对王十朋的研究仅此而已。与著者分手以后，也没想能再续前缘。2016年秋，出乎意外接到他的来电，告知他选注的《王十朋选集》已出版，不久赠书递到。翻阅之后，愧感交加。惭愧的是，我作为专业学者，对王十朋研究浅尝辄止。感动的是，他对乡先贤王十朋一往情深，研究不辍。《王十朋选集》入选诗词文共三百篇，篇幅适中，选目精审，注释颇便读者，评析尤富独见，允称梅溪功臣。这次拜读《梅溪诗传》，才知早在参加研讨会的年初，他已着手撰写《梅溪诗词品鉴》；兼之他长期从事语文教学，对文学作品的选本、注释与评析，自有深入真切的独特体悟，无愧为《王十朋选集》的上乘选家。

不到三年，润秀先生又传来了三易其稿的《梅溪诗传》，他年近耄耋，却"不知老之已至"，对王十朋研究锲而不舍，令人感佩不已。对故里乡情的梦牵魂绕，对桑梓大贤的钦仰追慕，成为其研究的原动力。读其语文教育诗文录《暮春咏归》，得知他每次返回乡间，面着左原山水，总会遥想王十朋，感慨于他"请缨无路别京畿，孤愤江南识鼓旗"的遭际命运，以致情不自禁，在"驿道桥头明月夜，栏杆拍遍著吟鞭"，推敲追念王十朋的诗词。这部《梅溪诗传》也不啻是著者夙愿"新翻一曲报诗宗"的集中兑现。

恕我孤陋寡闻，诗传作为传记体式，不知起于何时。记得刚入新世纪，有家出版社推出过《中国历代名家流派诗传》丛书，既有以流派直接命名的，例如《江西诗派诗传》与《永嘉四灵暨江湖派诗传》；还有诗家合传的，例如写欧阳修与梅尧臣的《欧梅诗传》；当然也有诗家独传，例如《太白诗传》与《少陵诗传》。润秀先生自评《梅溪诗传》"以诗传人，以诗存史"，不知是否受到这套丛书的启发。

后代学者倘欲为历史人物撰作诗传的前提，有必要顾及三点。其一，其人自身具有重要性；其二，其人传世诗作拥有相当数量；其三，其人的诗作大体能准确编年。准此而论，作为一代名臣与大贤，王十朋的历史地位毋庸赘言；《梅溪集》54卷，诗集即占半数之强，多达29卷，《梅溪诗余》另收词作20首，总计2200余首，足供诗传作者取资其间；明正统本《梅溪集》以其大魁入仕为界，将诗文分编为前后集，诗作略作考订，多能大致系年。润秀先生充分利用了这些条件。

《梅溪诗传》分为三编。上编抒发了王十朋大魁天下前作为"乡贤雅士的忧患诗怀"；中编摹写出王十朋身居庙堂时作为"爱国纯臣的慷慨悲歌"；下编历述了王十朋离开朝廷后作为"知郡诗人的民本乐章"。著者以王十朋的生平行迹为纵轴，以传主的经典诗作为截面，借助于对梅溪诗的深度把握，因时因事归类诗作，通过对具体诗篇的诠释解读，生动形塑了王十朋集诗人、学者与名臣等多重身份的大贤风范与高洁人生。整部传记以文学为底色，以史学为魂魄，文史交融，诗论辉映，行文清丽隽永，结构合理匀称，圆满实现了著者既定的写作目标，即通过鉴赏传主的优秀诗作，呈现传主的忧患情怀，刻画传主的高标人格。

对王十朋诗歌创作，《梅溪诗传》也有见地独到的评骘。试为概括言之：梅溪诗转益多师，"起于韩愈诗风"，"追慕欧苏诗境"，"在流通际会中，逐渐稳定了自己的风格取向"，形成了"他所推崇的'非坡非谷'体的清逸诗风，最终定格于杜甫的沉郁顿挫风貌，一如他的人格形象"；纵观宋代诗史，王十朋诗作"上承元祐遗风，下启中兴四大家与永嘉诗风"，无愧于"开风气之先者"。这一论断能否成为学界共识自可进一步商略，但作为一家之言，却值得拈出，必须正视的。

作为语文名师，润秀先生在古典诗词上学养精湛，不仅结合教学撰有古典诗歌的形象鉴赏、语言技巧、意境把握与主旨分析等系列论文，自己也擅作清丽隽永的旧体诗词，包括非谙熟旧体诗词而不能办的集句，其集句《江河》便颇有历史沧桑感：

> 故垒萧萧芦荻秋（刘禹锡《西塞山怀古》），
> 烟波江上使人愁（崔颢《黄鹤楼》）。
> 行人莫问当年事（许浑《咸阳城东楼》），
> 不废江河万古流（杜甫《戏为六绝句》）。

　　我说这些意在指出，在传统诗词的诠释把握上，润秀先生也允称《梅溪诗传》的理想作者。他在《书末赘言》里揄扬道，拙文《走向庙堂》"成为本诗传框架搭建、章节编排之关键钩钥"。对他的抬爱，我不仅愧不敢当，还想说明两点。第一，我那篇论文并非诗传，诗传体是他自出机杼选定的。第二，作为文学性传记，诗传体自有其独具的审美价值与阅读价值，但倘能有机融汇王十朋其他文章，在视域上或许能更上层楼。

　　总之，诚如他在序《历代诗人咏乐清》时说的那样，这部《梅溪诗传》也同样能"唤起我们对过往历史的集体记忆，奋发精神，阔步前进，以无愧于先贤，无愧于时代"。

　　记得那年，我通读《梅溪集》时发现，王十朋不仅爱吟梅花，而且颇有佳作。入仕以前，他在诗里夫子自道："梅溪野人真野哉，老眼长为寒梅开"（《同舍再约赏梅用前韵》）；以至"手折林间一枝雪，头上带得新春回"（《腊日与守约同舍赏梅西湖》），不啻是爱梅高士的自画像。入仕以后，他与力主抗金而名噪一时的爱国诗人胡铨结识定交时，也喻以梅花而深致敬意："欲把江梅比孤洁，江梅无此岁寒枝"（《某依韵奉酬》）。也许深受乡贤的熏陶吧，润秀先生的诗词里也时有梅花疏影的摇曳生姿。在《新居自乐》里，他情趣盎然地摹绘了自己晚年的退休生活，首联即云："舍南舍北满春晖，自莳新花最爱梅。"

　　据告知，他又开工撰写《王十朋研究》，这将是一部全面研究王十朋的学术专著。我真挚期待他下一部新著早日问世，也由衷祝愿他思如涌泉，笔力常健，人如梅花，春晖长在！

写于2019年7月1日

（序言作者系上海师范大学人文学院教授、
博士生导师，中国宋史研究会理事）

绪论

一

王梅溪，字龟龄，十朋其名，梅溪其号。北宋徽宗政和二年（1112）出生于温州乐清左原（今浙江乐清市梅溪村）一个耕读传家的寒素家庭。《宋史·王十朋传》载，南宋孝宗乾道七年（1171），"疾革，累章告老，以龙图阁学士致仕，命下而卒，年六十"^{附录2}。(1)谥忠文，所以后世又称他王忠文公。

王梅溪僻居江南海隅，少年颖悟强记。居乡期间写诗述学，设馆授徒，博究经史典籍，旁通传记百家，诗文著述与经传注释等名闻遐迩。然在秦桧当道之时，科考屡遭挫折，入仕之途艰辛。

绍兴二十七年（1157），秦桧死后的第一科，高宗赵构主持殿试。46岁的王十朋以"揽权"为对，切中政坛痛点，一鸣惊人，被亲擢为进士第一。二任帝师，三任京官，入则为侍从台谏，出则守饶、夔、湖、泉四郡一路，自正九品京官的承事郎擢至正三品的龙图阁学士，历时14年。凡其爱民仁民、惠民恤民、安民保民、犯颜纳谏诸实绩，謇謇谔谔，声震朝野，无愧身体力行儒家民本思想的典范。

王梅溪的政治生涯正值高宗建炎至孝宗乾道年间。当此从战乱走向承平、从残破凋敝转向恢复发展的起始阶段，作为温州有史以来第一个状元，王梅溪依然强烈感受并抗争着神州板荡、奸佞霸道的苦痛，其让后世感动的不只是他遗存的2200多首诗词作品的辞章技巧，更重要的是他以民为本的人文关爱与悲天悯人的家国情怀。"民胞物与"四个字不能涵括他一生的光彩，他还有"北枝贪睡南枝醒"的敏感，有"千秋长在月明中"的哲思，有"书生事业无雨晴"的坚忍，有"三军气应壮，一洗向时哀"的抗争决绝，还有许多为古圣前贤而流的悲情血泪。他忠精爱国，力主抗金，全力支持孝宗励精图治、奋发有为的进取伟业；他刚直耿介，嫉恶如仇，勤政爱民。他的诗歌带着江南本土文化的固有特色，凸显爱国主义主题，始于乐清三结诗盟，又宦游一路，苦心经营饶州、夔州、泉州诸诗社，融通际会，勾连起越文化、楚文化、巴文化、蜀文化、闽文化和中原文化，理所当然地汇入了中华文明的主流一脉。

梅溪素有"大臣风范"之誉，后人多赞之曰"南宋大贤"、"诗坛大家"，谓之"大丈夫"。何谓"大"者？或曰，侠之大者，为国为民；儒之大者，经纶天下；臣之大者，四海苍生；贤之大者，仁民爱物。丈夫之大者，儒之勇者也，孟夫子所谓其浩然之气"至大至刚，塞于天地之间"，"富贵不能淫，贫贱不能移，威武不能屈"。引幸存的梅溪传世墨宝《宠示帖》自解之，所谓"大"者，则如孔夫子所云："巍巍乎！唯天为大，唯尧则之。"(2)

"大"是一种正直，"大"是一种无畏。

"大"是一种坚忍，"大"是一种担当。

"大"是一种广阔，"大"是一种久远。

许倬云先生的"大历史"著作《说中国》有云：作为历史与文化问题的"华夏/中国"，乃一"多元复杂共同体"，"由于很早就凝聚了一个核心，才有不断转变与成长的依托：因能容纳，而成其大；因能调适，而成其久。"(3) 大历史，大判断！挺立于时代主流的王十朋，拜其包容之大观与调适之大雅，终扬其凛然大节，成其诗坛大家，虽历千百年之久远，总是依旧闪耀着迷人光彩！

二

王梅溪一生儒学根深，由科考之途登上政治舞台，集学者、诗人、官宦三重角色于一身。

作为儒学家，他具有冷静的反思能力和渊博的学识背景；作为立朝官员，他具有强烈的政治使命感，忠君与爱国高度统一；他的才情和识鉴又使他成为在文学史及文学批评史上产生过重要影响的诗人和文学理论批评家。他深怀的家国大爱与忧患意识、悲悯情怀，使其诗文绽放思想家的道义光辉。

无论处于何种境地，王梅溪都长葆诗人气质，不减诗人风采。他的诗有渊茂的书卷气息和坚毅宏阔的精神力量。尽管内心淤积着种种怨愤，一朝有缘登风云际会之舞台，总急着要去了却那份深植于灵魂的民本旨意与即将扮演的社会角色之间的固有情缘。心怀理想主义，营构诗性气象。下车伊始，每每本色得像青春诗人。

梅溪毕生的大部分精力消耗在求学、应举、宦游、羁旅、宦海沉浮等方面。与中国文学史上的众多官员文学家一样，王十朋并非专业作家、职业文人，他的写诗作赋只是一种博通儒雅的业余爱好和自主投入——当然不只为消遣休闲。他所及的每一方面的不平之鸣、发愤之作，兼及诗、文、词、赋诸多文学形式，而以诗歌创作最多，成就亦最高。

梅溪一生与诗歌绵密交汇，他学诗、写诗、论诗、教诗，更在屈原、陶潜、杜甫、韩愈、苏轼等的诗作所蕴含的生命感悟与人生智慧的支撑下度过了种种忧患与磨难。

台岛学者郑定国称十朋"积极而自觉用心为之者诗也"。(4)

文史学家孔凡礼概言曰："大诗人王十朋的一生，与诗歌相伴！"(5)

梅溪集重刊委员会所编《王十朋全集》收录梅溪诗29卷，计2200多首。他的诗作实绩、诗学见解与诗教心得，全都记录于此，让我们看到一位传统诗人学诗、写诗、论诗与教诗的自然面目，看到一位儒家诗道传播者以诗社建设为把手推进地方人文教化的热情和作为。可以说，一部梅溪诗集就是南北宋交替时期社会发展的历史画卷，堪称诗性江南的文明样本。

他恪守抗战中兴的政治主张，他勤政爱民，吟咏民本乐章，为黎民百姓鼓与呼，用诗歌自塑护民安、解民忧、暖民心的纯臣循吏形象。王梅溪将学者、诗人、官宦三个不同维度的异质角色演绎得如此生动，真乃一代人格文化之奇迹！

谁说弱宋未见大丈夫！王十朋实乃有宋一朝满身负荷、敢于担当人间苦痛的优秀士大夫的杰出代表！

惟其如此，历史曾给了他公正而全面的评价：

一代大儒朱熹在《宋梅溪王忠文公文集序》中将他与诸葛亮、杜甫、颜真卿、韩愈、范仲淹五君子相提并论，称其文"规模宏阔，骨骼开展，出入变化俊伟神速"，称其诗"浑厚质直，思恻条畅，如其为人"附录1。

宋叶适《三贤祠记》称许他"名节为世第一，士无不趋下风者"附录4。

《四库全书总目提要·梅溪集》称"十朋立朝刚直，为当代伟人"，又评其诗文"全集淳淳穆穆，有元祐之遗风"附录1。

温州籍学者徐师顺平先生1960年代初撰写的《温州诗史》，作为

"建国后最早科学系统概论温州历史的著述"，对梅溪生平作出了周全评骘："王十朋生活在惊心动魄的民族大灾难与南宋黑暗腐败统治时期，忧国忧民，反对妥协投降，力主抗战，为官清正廉洁，刚直不阿，以文章名节彪炳于世，为宋时著名的政治家、诗人、一代名臣。王十朋在诗歌方面的成就，堪称一大家，不仅思想内容宏阔，与时代脉搏息息相关，而且在写作艺术上也很有特色。"(6)历经时势辗转，徐先生此评依然堪称切中肯綮之至论。

三

从美学角度审视，梅溪诗鸣奏的乃是一曲情感、理想与现实冲突所产生的浓重的忧患旋律。举凡思乡、忆旧、登览、凭吊、送别、咏史或阅世迁逝之类作品，王梅溪每每沉郁反复，转折顿挫，蕴古朴澹逸之意，空灵蕴藉中越来越明显地透发出犹如杜诗的声调气息。

每一个时代的拐点，最先嗅到其血腥味的往往是诗人。王十朋以其超越常人的政治敏感性，最先触到了时代变幻的气息，每每拨动琴弦，为世人传递忧国伤时的悲慨。对于金人入侵、中原沦陷的悲惨局面，他是最积极、最坚定的抗争者。毕生为之奔走呼号，虽迭遭挫折，也绝不稍懈。他一生组结八个诗社，致力于在知识阶层形成一支志同道合的群体力量，以张扬自己的诗学主张，并与诗坛政坛的邪气恶势力抗争。他发起组结的乐清三诗社起步早，有规范，具有南北宋交替时期江南乡野社会文化发展的样本意义。

僻居海隅的少年郎，诗声初鸣，"操笔即有忧世拯民之志"^{附录2}。14岁时的一首咏雪诗《宣和乙巳冬大雪次表叔贾元实韵》^{诗卷1}，淑世悲歌，动乱先觉，就此开启了他忧患之士的诗意人生，故颇受选家青睐。

早年的《题湖边庄》^{诗卷1}、《咏柳》^{诗卷3}、《题灵峰三绝》^{诗卷3}诸什，即景会心，自然洒脱，富有宋诗的神理思致，美境中不脱唐诗的审美韵味，颇能反映元祐之后宋诗格调达成极致之际回归晚唐风韵的时尚。

求学县城时，出以五古长篇《县学落成百韵》^{诗卷2}记新学告成，颂祀事之盛，抒未第之慨，直笔翔实，深情激愤，一时无二。谓之乐邑教育"诗史"，固其宜也。梅溪由此崭露头角，诗名大振于瓯越诗坛。

《游西岑遇雨》^{诗卷2}、《次韵昌龄游白石二诗》^{诗卷4}、《春日游西湖》^{诗卷8}、《又书岩上》^{诗卷15}等篇，放笔浪漫绮思，遗貌取神，诗胜于画，体趣高妙，为十朋的忧患人生平添轻灵光彩，历来为诗论家爱赏。

浙东唐诗路上的《宿庆善寺》^{诗卷3}、《望天台赤城山感而有作》^{诗卷4}、《宿浮桥》^{诗卷5}等诗篇，或大笔抒写宏伟景象，或随意描摹夜宿小经历，自然景观与人文景观交相辉映，恰到好处地写出了宋人崇尚的山川凄美凝重感。

《送子尚如浙西》^{诗卷1}、《送曹大夫赴行在所》^{诗卷1}、《前诗送三乡丈行》^{诗卷3}等七古篇章，力拔流俗，诗风清雄；结构严谨，起伏有度；描写、叙述、议论、逆转、顺布，纯是古文作法，大有韩愈古风气象。其阳刚气格与雄健笔力于宋诗中兴之初少有可及者，颇能见得振起诗坛气骨之征象。

集结于诗卷八的《明庆忏院上方地爽而幽》、《孟夏十有一日时雨初霁》及《腊日与守约同舍赏梅西湖》等篇，恣情而为，构图宏大，境界邈远，述嵚崎之志，抒磊落之情。其阳刚振发气象所表现的积极乐观情绪，分明浸染着秦桧病故、天意分明的政治信息和社会心理。

王十朋并非一味地短檠夜读四书五经，单调呆板；也不总是正襟危坐，说论社稷民生。恰恰相反，他也曾放纵天性，在求学仕宦途中潇洒风雅一番，享受紧张中的放松与焦虑中的闲适，在执着中超越。他着意追寻谢康乐、陶渊明、李太白、杜少陵、苏东坡的芳踪遗迹，且行且吟，成为他诗意人生的重要组成部分。如果说以东南名山雁荡为起点的古越行吟，为飘逸着翰墨清香的千古"浙东唐诗之路"、"浙西唐诗之路"、"钱塘江唐诗之路"增添人文光彩；那么，以夔州为纽带、以万里长江为轴线的宦游诗，就为我们留存了一幅雄浑凄美的大宋半壁江山图像。他不愧为纳千古骚人万种风情的大诗家！

万里长江艰难行吟，诗境诗风为之一变。《题一览亭》^{诗卷19}、《宿大冶县》^{诗卷19}、《九华山》^{诗卷24}等篇，纪实写景，奇思壮采，寄寓乡关之恋、家国之愁、兴亡之叹与隐逸之情，既有陶潜诗的冲淡之美，饱满豪逸中也有老杜的沉郁顿挫之致。而《江月亭二绝》^{诗卷21}涵咏的时空哲思，浩瀚无际，既演绎了自然物理，又揉入了身世人情，其宋诗"理趣"盖出于对自然规律的信仰和敬畏。释放出的审美情趣达至黑格尔所言的"近于哲学的""诗的最高境界"。

晚期诗作多以平和语气抒发饱满情感，以柔和之词表达刚正之意。吞吐反复，低回婉转，转折时起，深得杜诗沉郁顿挫的典型风格。《哭冯员仲》^{诗卷17}、《韶美归舟过夔》^{诗卷21}、《悼张舍人安国》^{诗卷27}诸怀人篇章举重若轻，心迹悲凉，格律精严，淡语见警策，屈赋风味中兼得温柔敦厚之旨，把有宋一代优秀士大夫政治诉求的路径与归宿表达得腾挪有致。

尤其是五律《冯员仲复元官与致仕恩泽》^{诗卷28}，既伤逝者，又念存者，还褒贬曾有知遇之恩的当世最高权力者，叫人如何下得了笔？诗人长歌当哭，血泪文字恣意流淌，写尽了死生两伤的深曲之情。全篇造语质朴，抒发牢愁，张弛有道；概括时势，深婉纡徐。压抑的激切之情被磨炼得平静冲淡，怨而不怒，沉郁顿挫，郁勃之气一似杜甫，其包蕴的情感足抵一长篇悼念歌行。

集结于诗卷二一的《题诸葛武侯祠》、《卧龙山有武侯新祠再用前韵》、《登诗史堂观少陵画像》与《诗史堂荔枝歌》^{诗卷23}等夔州诗篇，怀古叹今，俯仰摇落，身世感慨中有无限悲凉；视野旷远，时空浓缩，寄寓着对古贤人旷百世而知音的理解，凸显了仁人志士共怀的为千古圣贤扼腕悲哽之心声，也孕育着新的诗学思想，呈现"句句似杜"之征象。

以议论胜出的纪实诗篇，如《孟甲孟乙好蓄古钱因示以诗》^{诗卷6}、《和〈符读书城南〉示孟甲孟乙》^{诗卷9}、《赠王吉老县尉》^{诗卷12}等，受杜甫"即事名篇"现实主义精神影响，以歌行写家常事，写行政时事，叙事简约含情，议论细密深曲。其诗性叙述富有人情味，厚道公允，尽显长者尊者的高识淳情；其细密的议论更是其表达主题不可或缺的组成部分，以理引领，情理交融，体现了宋诗"以筋骨思理见胜"的特色，平添了思考其内在义理的意趣。

其诗论之诗如《答毛唐卿虞卿借昌黎集》^{诗卷1}、《陈郎中赠韩子苍集》^{诗卷11}、《读东坡诗》^{诗卷23}、《游东坡十一绝》^{诗卷24}、《喻叔奇采坡诗一联云……》^{诗卷28}、《赠陈教授正仲》^{诗卷29}等，高屋建瓴，纵横议论，实学博见，滔滔雄辩，深得老杜和"千载三大老"韩愈、欧阳修、苏轼诸诗哲的博大胸怀和人格精神，独立见解堪足传世。其倡导的文学理论及文风诗艺，展示王梅溪雄视唐宋文坛、把控诗潮流向之豪迈气概，无愧于合把诗坛旌旄的角色担当。

另如小诗《饮酒》^{诗卷16}、《策杖》^{诗卷16}、《石笋》^{诗卷22}、《九华山》^{诗卷24}、《鹰爪花》^{诗卷26}、《长生草》^{诗卷26}、《石佛》^{诗卷27}、《早起》^{诗卷29}、《刺桐花》^{诗卷29}等等，即景即事，循意生发，涉笔成趣，意象心造，不粘不脱，闲雅不窘于物象，平澹不流于浅俗，诗小而造境大、智慧大，有哲理的顿悟，有诗性的关怀，如林泉之玉露，山野之妙品，颇值得玩味。

钱锺书先生《宋诗选注》序言曾指摘"宋诗还有个缺陷，爱讲道理，发议论；道理往往粗浅，议论往往陈旧，也煞费笔墨去发挥申说。"(7)考之梅溪诗，的确有不能辞其咎者。二千余首诗，草率为之的直白篇章不止百十数。然而王梅溪能将道理讲得通透，议论打动人心，而且拿得出上举各具特色、琳琅满目的诗篇，称之"宋诗大家"是当之无愧的。

四

生当国事蜩螗之际，王十朋崇杜学杜，关注着国运民生的阴晴休戚，毅然以匡时挽世、拯救天下苍生自任，诗心与时代共振，其人格精神无疑是伟大的；诗人恪守人格高标，追求诗格，字字句句不离兴废存亡，其诗调格局较之前贤诗哲，似无多让，拟可共垂不朽。请看：

乡居时的一介书生王十朋，热血贲张，激情似火，以七古长诗《前诗送三乡丈行……更为古诗一章》^{诗卷3}伸张"国家养士""报国"的宏大主旨，又用喷火冒烟的诗笔揭露政局的黑暗，矛头直指集权魁首。事事刀光剑影，句句含血凝泪。记录的是那一段血泪斑斑的时代掠影。其内容之严峻，见解之深刻，表达之精悍犀利，俨然冲锋陷阵而全然不懂披一点甲、拐一点弯的舍命斗士风格，并世未见有人可及；

处身逆境的大诗家在岳阳楼下发出不古之叹："雄文谁继范文正，妙曲亦无滕子京"（《初欲维舟岳阳楼下，适风作，遂泊南津》^{诗卷24}），互文见义，似问非问，似答非答，意蕴幽邃，寄托着历代士大夫企盼的君臣一体、同僚相谐的政治理想，用曲笔嗣响范文正辈的政体愿景。忠言谠论，曲意深沉；哀声夕照，沉郁悲壮。其锋芒挥斥的勇气何人能及，俨然灵均式的惊世独醒之论；

衰年晚唱《郡斋夜坐闻水车声》^{诗卷29}等几首水车诗，以"汗流气喘饥眼花"极写灾民濒临绝境的惨象，以"守臣失职政事荒，谁遣连年坐黄堂"表达无力拯救天下苍生、解民倒悬的自嘲自愧自责。救民焚溺的浩渺心事跃然纸上，痛心疾首之情溢于言表，精确凝练，沉着警策，风格高健，写出了人世关爱，写出了满腔真情，写出了人格特质。这样高远的人格气度与诗情境界，非两宋吟坛凡驷之可望尘也。

湖州之任，堪称困局。其离任时的《父老》^{诗卷25}一诗，以"年凶米不贵，夜静犬不闻"、"父子免流离，欢然事耕耘"等平淡诗句，营构出一个没有战争、没有离散、金瓯无缺、家国昌平、安居乐业、官民和谐的社会图景，媲美杜甫晚年的《蚕谷行》，亦是陶渊明《桃花源记》乌托邦理想的升华。这是一幅儒家理想化社会的蓝图，是他们践履民本思想的具有里程碑意义的杰作！

顿挫凄情天地惊。不难理解，明陆静逸、李东阳"叹羡王梅溪诗，以为句句似杜"[8]的评骘，既是对王梅溪主要诗学渊源的揭示，也是对梅溪诗歌创作成就的推许赞赏。如此有意争衡少陵诗的嘉评虽难免过誉之嫌，然梅溪诗确有自身特点与成就，而义理犹有过之，值得我们重视与研习，耐心寻绎其间相关、相似、相宜的诗句诗例以为印证。思想情感上的高度契合与强烈共鸣，对老杜尊而亲，乃是十朋学杜的人格思想基础，也是其学杜取得重大成就的根本原因。其诗中蕴含的家国情怀、民本精神、忧患意识，正是其沉郁顿挫诗风得以体现的内在保证。此调是梅溪人格修为使然，是他的诗艺臻至的新境界，已非朱熹"浑厚质直，恳恻条畅"断语所能笼罩。杜甫《论诗绝句》有云："庾信文章老始成，凌云健笔意纵横。"以此持论梅溪诗我认为是非常合适的。

五

梅溪在世时，其诗作即已流传并广获好评。追随热捧他的粉丝，不限于乡亲故旧、青衿学子、诗社挚友，还有京城里外、朝野上下的包括吴越、赣闽、荆楚、巴蜀等地的同舍同年、台阁儒臣、同僚名流们，其中就有赋诗作文雅敬其诗才文誉的诗坛巨擘、学界名宿如朱熹、陆游、汪应辰、张栻、张孝祥、洪迈、周必大、杨万里、喻良能、王秬辈，还有爱国抗金老将张浚、胡铨等。

此后，历朝历代的宋诗选本，虽经赓续替代，梅溪诗均颇受推重，享有殊荣。宋陈思编、元陈世隆补《两宋名贤小集》编录梅溪诗八卷。清康熙年间陈訏编《宋十五家诗选》[9]选辑宋代十五诗家的代表性诗作，计十六卷，陆游居首，录二卷；王十朋诗并于梅尧臣、欧阳修、曾巩、王安石、苏轼、苏辙、黄庭坚、范成大、杨万里、朱熹、高翥、方岳、文天祥诸名家大家之列，悉为一卷，专列"梅溪诗选"，录诗133

题149首。康熙《御选宋诗》⑽选130首。曾维辑《东瓯诗存》⑾选80首，为有宋一代入选最多者……王十朋卒后不久，大儒朱熹为作《宋梅溪王忠文公文集序》。朱熹是理学家中最富于文学修养的人，对诗文欣赏时有独到之处，论人文字多多，给别人的作品作过很多序，但很少有像对王十朋这样，以自己的全部激情，对作者的品德和作品进行热情的赞颂。朱熹对这位前辈表现了无限的崇敬！

历朝历代，上至皇帝和国史，下至后世儒者学人，对王十朋诗文作品的立意、理致、学识和诗风、辞采等等，都众口一词，称赏有加："忠愤激切"、"惓惓忠笃"、"专尚理致"、"议论醇正"、"浑然天质"、"条畅明白"、"浑厚雅淳"、"和平坦荡"、"委婉含蓄"、"雅颂中正"、"典雅纯正"、"刚毅敦庞"、"逸兴壮思"、"秀婉舒健"、"诗笔秀拔，吐属俊爽"、"淳淳穆穆，有元祐之遗风"云云，明李东阳《麓堂诗话》引陆钺（静逸）言，"叹羡王梅溪诗，以为句句似杜"。如此等等，即是他深受推崇的盛誉独享，足以显示王十朋诗文在历史上曾有的辉煌。

梅溪诗流衍百千年，盛誉光焰难以遮蔽，厥有由矣！其文学辉煌一度十分尴尬地被遗忘于文化研究进程中，看来，并非纯文学因素使然。学人们见智见仁，或热捧或冷落，或赞赏或腹诽，时遗憾时欢欣，时得意时落寞，雨打风吹，不复当年荣光——折射出的乃是人们审美情趣的多元化及社会文明进程的曲折性。然而，每一次跌宕起伏中的沧海桑田、旧貌新颜，何尝不可寄望成为促成学术变革与进步的阶梯！作为一种民族意识和历史文化的遗存和积淀，梅溪诗已然存在于创作者和欣赏者的心理上，有些名篇更带着诗人躁动的诗性潜入后人的视听感官，一味迁就它不对，虚无漠视它也不对，简单粗暴更不对！

以笔者视野所及，梅溪诗文重新进入传统研究的视野，似乎还只是近十数年的事。随着文史学界主流的热情介入，梅溪诗文研究才次第出现新气象。2012年金秋在王十朋故乡召开的"纪念王十朋诞辰九百周年全国学术研讨会"，钱志熙、何忠礼、朱瑞熙、陶文鹏、虞云国、葛金芳、李裕民、杨国宜、俞兆鹏诸教授以其高屋建瓴的长篇专论匡谬正俗，启沃学界，助推王十朋研究走向文本研读的新阶段。梅溪诗的璀璨光华终于为有识者所共睹并赞赏之。

仰望夜空，满天星斗。王梅溪应该是高天迷濛处明灭闪烁、亘古不熄的那一颗。无论人世发生多大的变化，在风云乍起的暗夜里，它总是一闪一闪地燃烧自己，散发着引人警醒的熠熠光亮。

六

王十朋虽以大魁天下而声名鹊起，但宦海的博弈本非书生所宜。他的官位终于未至其内心期许的良相执政，连吏部侍郎之职都被他辞谢了。十朋一生功业或有超越杜工部子美者，却难以与他仰慕的先贤范仲淹相媲美，然而其立朝治民的名节政声却足以让时贤后世肃然起敬。究其因，盖为其以天下为己任的儒者情怀及其所铸造的一代士人深沉激切的救世济危心态自能光照千古！在那个把人的道德与人格考验推向极致的艰难时世中，他始终关注民生，敢于担当，冠冕堂皇地说论于庙堂官宦，慷慨激昂地横议于江湖士群。其先期直斥集权魁首，竟至奋不顾身，固然得避居穷乡僻壤之地利；但于仕途全程，即使远离中央权力中心，处大孤独、大绝望之境，依然秉承大坚忍、大担当，持续诤议中央朝政，则其内心必有崇高正义感与大无畏气概的强力支撑！

王梅溪进入仕途的通行证就是以君主"揽权"行祖宗成法的法权思想为总纲的《廷试策》，他一生对于诗圣杜甫的诗文演绎，始终践履苏轼偏概的所谓"一饭未尝忘君"的信条。[12] 尽管他本人与杜甫一样，在"一饭未尝忘君"的同时，还"一饭未尝忘民"，敢于为民请命，为民呐喊，但终其仕途了结，碍于"知遇之恩"，他毕竟未曾直面揭露宋高宗害怕金人、害怕统一的实质。

历史的老脸常被后人任性涂抹。根据各自的需要，圣如孔子、杜甫者，尚且被打扮出多种版式模样，何况通常一些的人呢。南怀瑾先生深切理解并同情十朋的种种委曲隐忍，为《王十朋全集》作序时，以"纯臣"角色盖概十朋平生并归因为政治智慧，有言"以致君盛德为旨，以纯臣之道自处"，故能"未卷入南北宋政治学术之党争"[13]，云云。南大师敬慕乡邑诗宗，甚惜王氏经纶才略受困于皇权而"难展其志"。其实，王梅溪只是对苏东坡太过痴情了，无条件地将苏氏的偏概奉为圭臬——这是难以摆脱的历史羁绊吧，大凡封建文人概莫能外。但梅溪诗笔之下的杜甫并非全是苏轼化了的杜甫。"平生忧国丹心在，一饭思君血泪横。"梅溪早年诗作《次韵题曹大夫怀忠阁》[诗卷1]的这两句诗，足资证明王十朋们的"一饭思君"与"平生忧国"，他们的忠君与爱国，原本是被当作一回事的。

重要的更在于，梅溪诗所体现的正直与进取、慈悲与坚忍、厚朴与刚毅，向上向善，正是家国情怀的内核，与诗圣杜甫相似乃尔。其人格精神与文化意识闪耀着"中国脊梁"的光辉，具有超越时代人文的思想意义，非政治这个范畴所能涵盖，足以掩抹其"纯臣循吏"角色的时代羁绊，引领一代朝臣儒士及后世士风民风对于国势时局的群体自觉。要论"纯臣"价值，仅此足矣！

七

历史学家们已然概略勾勒出南北宋交替时期的骨架脉络。而生活其中的诗人王梅溪，则以自己的独特经历和饱满诗情，表达一代优秀士人在世道浇漓之际作为民族良知和社会正义殉道者的道德担当，赋予这段历史以不可或缺的血肉真实。

自己选定的路自己走，家国的梦也想自己圆。在那神州板荡、风雨如晦的年月里，这一路走来该有多么艰辛啊！

在或战或和的酷烈争斗中，在或进或退的仕途挣扎中，王十朋维护"煌煌中国尊"（《观国朝故事四首》^{诗卷1}）的复国中兴梦终于破碎了。在此羸弱无骨的时代，他深夜沮丧，晨起迷惘，终究咬紧牙关，煎着，熬着，苦着，痛着，一次次弯下腰，捡起破碎的梦，走向远方，播撒在从乐清左原到京都临安的科考途中，播撒在从帝京朝廷到绍兴、饶州、夔州、湖州、泉州的坎壈仕宦路上，坚忍不拔地赢得生命的尊严。

保存相对完整的梅溪诗稿，具有丰富的文化内涵和鲜明的纪实美学特征。不仅录存了王梅溪这一特定个体抗争命运的人生履历，同时也以其对时代背景下某些个体命运的人文关照，录存了特定时代的社会变迁，传达出诗人对社会现实的思考。一如靖康之乱前后的重大历史事件、秦桧及其余孽专权时期的诸多政坛人物的命运遭际以及乡间、仕途听闻遭遇的士风民俗等等，凡所亲历亲见者，梅溪皆殆无遗漏，犹如有"诗史"之称的杜甫，毕陈于诗，洵为时代之实录。

他的诗大多有时事大背景，又多采用叙事性表达方式。有的以述评手法铺写复杂历史事件，却不以具体完整的过程性描述取胜，如边防军事类的《观国朝故事四首》^{诗卷1}、《闻捷报用何韵》^{诗卷17}；（14）有的直陈诗人自身亲历的遭遇，重叙事而轻比兴，如《左原纪异》^{诗卷8}；

有的以抒情方式描写社会现实的某些事件场景或人物遭际细节，反映时代灾难、民生疾苦，抒发个人情怀，如《送子尚如浙西》^{诗卷1}、《西征》^{诗卷5}；有的以细节性描写与典型性情节来塑造人物形象，如《送曹大夫赴行在所》^{诗卷1}、《登诗史堂观少陵画像》^{诗卷21}；有的则从人物角度记录时代曲折行进的痕迹，如探查披露政坛挚友冯方、胡铨等个体命运的沉浮遭际，甚或名不见经传的乡间师友文士小人物如刘谦仲、毛虞卿、潘翼、万大年等的生平行迹等等，王十朋只是用一首首诗即事名篇，作阶段性的碎片化叙述，娓娓道来，缓急交错，而一旦前后连缀，倒带回放，则呈现为一组完整的、颇具艺术感召力的个人诗史，惊心动魄，在令人感奋的同时，又不胜唏嘘，扼腕浩叹。这些用丹心碧血和忠诚凝铸的叙事性诗篇，无疑是诗歌史上的一枝奇葩，内容和情感都具有纪实文学的鲜明色彩，真实地反映了当时的社会现状、氛围、情绪，确实包含"史"的要素，分明是为那段国难当头时期的历史与相关人物的行迹风骨留存了一份有价值的底稿。

梅溪践履孔子的诗学观。"温柔敦厚"，诗教也，言儒家的君子应具有的品格修养。孔子提出的"兴观群怨"之说，也是儒家诗教公认的经典——兴，引发创作激情；观，考察得失，改良政策；群，团结大众，和谐相处；怨，怨刺上政，批评时事。王梅溪作诗，一一奉其为圭臬。梅溪诗的社会政治题材的叙事范围显然拓宽了，有一大半内容都与那个时代正在发生的社会政治文化事件密切相关。在过去的文学作品中多用散文表述的内容、题材，梅溪学习杜甫的现实主义创作方法，往往都会用诗来吟咏。那些冗长的诗题、那些可视为美文的诗序以及自注长文的叙事性，都可视为宋代叙事诗发展或新变的表征。(15) 有的则记录保存或透露了相关人物的个人影像和身份行迹信息等，有补史不足的文献价值。如钱锺书先生《宋诗纪事补正》的有关资讯就取材于《梅溪集》；虞云国先生清理十朋诗文，以洋洋数万言生动描绘了动荡年代一位乡居士绅的完美影像，还血肉饱满地再现了南北宋交替时期社会文化发展的宏伟场景；孔凡礼先生则凭借梅溪诗为史传失记的冯方、查籥等人整理出一份可观可信的行事史略……梅溪诗无疑与史为伴，不惟"证"史，亦且"正"史，如清文学家朱彝尊所言，"诗与史，相为始终者也。记载为史，而词咏亦为史。"(16)

曾祥波先生有云："诗义之广大如此，若谓诗主于情，析理、纪事之职无预焉，斯亦固陋之言也。"又云："诗史之名，其来久矣，其说亦纷纭。钱默存《宋诗选注》言拣择标准，论及诗史之义，尝有'押韵文件'之评议，余不敢逃其讥也。"(17) 窃意心有戚戚焉。王梅溪秉持《春秋》大义，其前后期身份虽有乡间士绅与朝廷命官之别，但其本朝主人翁之心态则一往情深，以邦为家，"先天下为忧"，他的诗关切当代史事政事，多有叙事篇章，擅于议论析理，故遗存着一时一地之风物人情，维系着一朝一代之历史记忆，正是诗之为诗的一大功能，谓之"诗史"犹不为过，而将非纯抒情的诗一概贬之为"押韵文件"，则言或过激，未免有违公允。

一曲悲歌九百年。梅溪诗真像是一份关于南北宋交替时期的历史讲义，向世人诉说一个江南士子在儒家苑囿里翻腾滚爬的倔强与艰辛，以及从瓯越乡村到京城朝廷及至四郡一路所经历的生活场景与社会风土人文。作为一位家国天下情结浓郁而个人本位意识内敛的宋代士大夫优秀代表，王梅溪的诗作，凝聚着时代精英对动荡社会的全方位记录，呈现了由东瓯两浙及至赵宋半壁江山包括荆楚、巴蜀、闽越等地的历史真实画面。(18) 基于此，笔者以为，研讨梅溪诗的叙事性创作现象和诗学观念，有利于突破思维惯性，为全面认识并正确评价梅溪诗提供一个新的视角。也是基于此，笔者认为，致力为历史留存一份底稿的王梅溪本人，则是中国诗歌史上为数不多的适宜并足够以其诗篇立其人生之传的大诗人之一！

八

观照梅溪诗描录生活场景和思想图像的诗艺特点，我们也许能发现宋诗中兴前期的诗风变革流向，具有某些特殊的轨迹。

南北宋交替时期的诗坛，既面临时局动荡之际政治、军事、经济、文化诸多外界环境的变化，又无法回避创作上"宋调"业已成熟而弊端渐露，整个诗坛一时难以找到新的出路这一窘境。王梅溪左冲右突，其诗歌创作有迥异于江西派的主张，但其作品却并未与江西诗风绝缘。他一方面有选择地追慕以苏轼为代表的元祐诗风，继承北宋诗歌传统而排斥江西派末流；一方面又吸收唐诗传统，在宋诗发展到极致后作着复归融合唐诗的努力。惟其如此，关于梅溪诗风及其诗学定位的研判，一直令诗论者纠结不已，自有"押韵文件"一说，则甚或置之冷库，少予回眸一瞥。何以至此呢？这反映了人们审美趣味的复杂性，社会文明进程的曲折性。古往今来，对黄山谷奇崛诗风的崇仰或非难，褒贬异同，聚讼千年，至今未已，何尝不是社会审美多元化的表征呢？

不说最远的，徐顺平先生上世纪60年代的《温州诗史》已对朱熹定评有所申发："诗言志，诗如其人。读王十朋诗就总体风格上来说浑厚质直，恳恻条畅，大都质朴自然，无华丽纤靡之词。但仔细研究发现，十朋诗的风格艺术仍较丰富多姿。在质朴浑厚的同时也有色彩鲜明，豪放中带婉约，明畅中兼含蓄，淡泊中含深意。"(19) 徐先生"浑厚质直而又委婉含蓄"的诗风评判可谓信实之论。梅溪诗实乃多种文化因子的交融互渗，南方文化的清通简要、灵秀飘逸与北方文化的厚重质实、苍劲悲凉，自少年时期开始即流淌在诗人的血脉之中，并在他一生的流转奔波中进一步交汇融合，体现出时代的某些精神特质。

乐清籍北大博导钱志熙教授曾以其赏读梅溪五律《宿大冶县》^{诗卷19}时的艺术体验，揭橥了梅溪诗风繁复的真实面相，或能导引我们舍弃某种观念禁锢，使我们的审美视野豁然开朗。钱先生将历代诗派之争搁置一旁，放眼两宋诗风流变，引此诗作为梅溪诗风"受到当时正盛行的江西诗派影响"的例证，指出，像《宿大冶县》这样的诗，"在写景的五律诗中，是算比较雄浑的，但骨子里仍然是清逸的"，"让我们想起宋初的九僧和他的同乡永嘉四灵"云云。(20)

高哉斯言，实乃深得梅溪诗三昧的真赏之言、创获之论！其一语破的之识鉴，似未前闻，令人耳目一新！

江西诗派末流的影响本是梅溪有意识排斥的，而"永嘉四灵"则是南宋时期反对江西诗派而独立自成的一个流派。志熙先生有意将梅溪诗与宋初九僧勾连起来，特别是勾连了同来自浙南雁荡的两位诗坛高手，从王十朋"淳淳穆穆，有元祐之遗风"的诗中读出了江西诗派的影响，读出了格近晚唐的九僧诗、翁卷诗的风味来。几种不同的风格竟然渗透趋合，融和于梅溪的一首诗中。应该承认，写诗者与赏诗者都是极有能耐的！

在纵贯南宋一朝的师法江西与反拨江西的长期博弈中，王梅溪并非刻意传承江西派诗风，但在时代风潮裹挟下毕竟熏染了江西习气——由此观之，有学者将《宋十五家诗选》的选诗倾向归类于江西诗派也属言之有据；而梅溪对江西诗派末流的执着疏离与排斥，则开启中兴诗人群体及其后续者江湖诗派的风习转向。梅溪诗的思想价值与艺术成就，其诗风的传承与嬗变，其试图走出江西、突破江西一统诗坛局面的诗学历程，或正是宋诗在发展重要环节的历史语境中与梅溪诗情个性充分融合的某种因缘际会。

王梅溪就是王梅溪。有诗无类，有宗无派。作为忧患时代的忧患产儿，王梅溪与他后续的"南宋四大家"一样，都没有来得及在诗风诗格上自成一派。梅溪诗风的原生态，也许本来就属于清代诗论中那个兼取唐宋的"择善而从，分体各师"的无派之派。唐诗的浪漫融情与宋诗的写实炼意，唐诗的丰神情韵与宋诗的筋骨思理，江南文化的清通简要、灵秀飘逸与北方文化的厚重质实、苍劲悲凉，都流淌在他的血管中。梅溪诗交融互渗着多种文化因子，其融和之大观与调适之大雅，或许正暗合乎沈德潜《说诗晬语》的文心识鉴："江西派黄鲁直太生，陈无己太直，皆学杜而未哜其胾者。然神理未浃，风骨犹存……而四灵诸公之体，方幅狭隘，令人一览易尽，亦为不善变矣。"(21)

王梅溪的诗学理论主张及其转学多师的诗学实践，深涵智慧，对于南宋中兴诗人群体的形成和发展自有导夫先路的作用。《中国诗歌通史·宋代卷》在论述"绍兴诗风的典型特征"时称："绍兴诗歌，作为一种文学史现象来说，是指建炎、绍兴年间的诗歌，即南渡以后、中兴之前三十多年间的创作。"又概言云："宋诗从苏、黄的元祐时代，经历了北宋末年的低谷，到南宋陆游、杨万里的乾淳时期获得中兴，而这与南渡之后绍兴诗人的努力密不可分，——正是他们拉开了宋诗中兴的序幕。"(22) 如果认可这个结论，窃以为，作为一种文学现象，王梅溪作于"南渡以后、中兴之前三十多年间"的诗歌，最具"绍兴诗风的典型特征"，江南本土诗人代表王梅溪本人，正堪当"拉开了宋诗中兴的序幕"这一重要角色！正是活跃于绍兴、乾道诗坛的王梅溪，充分认识到北宋末年江西诗派末流雕章镂句、瘦硬艰涩、不问世事的弊病，在"靖康之难"的时代变动中重新全面发扬杜甫诗歌的意义，同时在继承元祐诗学精神的基础上倡导"非坡非谷自一家"的美学追求，形成辞取旨达、质直条畅、阳刚雄浑、清逸平淡、沉郁顿挫的诗风诗格，从而为充满现实关怀的中兴诗歌的崛起奠定了良好的基础。

笔者三年前在《王十朋选集·前言》中曾概言曰：梅溪诗转益多师，起于韩愈诗风，沿袭元祐诗调，追慕欧苏诗境，少年时融和北来移民诗人的诗艺风采，成年后又随着求学宦游线路，如同随风春雨将本土吴越文化融通于荆楚文化、巴蜀文化、闽越文化和中原文化，在流通际会中，逐渐稳定了自己的风格取向，辞取旨达，质直条畅，体现出他所推崇的"非坡非谷"体的清逸诗风，最终定格于杜甫的沉郁顿挫风貌，一如他的人格形象。他的诗众体兼备，以其阳刚雄浑、清逸灵动、沉郁顿挫的格调，上承元祐遗风，下启中兴"四大家"与永嘉诗风，在宋诗由消沉走向中兴的历史阶段振衰起弊，无愧于"开风气之先者"的历史定位。(23) 王十朋以其思想家特具的兼容清醒，最终酝酿出以儒家诗教为主旨的、以简古淡泊、典雅清逸为指向的诗风范式。如能将其置于南宋社会文化、政治以及整个诗歌发展演变的大背景下进行研究，揭示这种艺术倾向对后世特别是温州地区的诗风成长所产生的影响，这对于充实浙江诗歌史、特别是温州诗歌史的研究，以获取纵向的历史感、横向的地域感与叠加的现实感，或许具有某些基础性意义。笔者不揣孤陋，试拟长联一副勾勒梅溪诗风貌之一斑，以就正于海内方家通识：

融经铸典，至大至诚，钟山海精灵，毓民本襟抱，高洁梅魂早醒于江西宗派末流积弊之境，真乃忧国爱民、无私无畏伟丈夫。浏浏乎往矣，真儒特立不回，歌呼雁荡云烟，遗响遥接中华风雅三百篇，恰似晨钟暮鼓警策士风民气，忧患诗怀自当沥胆披肝贯一脉；

崇杜学韩，非坡非谷，效少陵典型，承元祐遗风，阳明光焰雄放于南宋吟坛中兴将成之时，终成开新继雅、亦刚亦柔真诗哲。蔚蔚然壮哉，大贤有宗无派，崛起江南草野，倚风长鸣家国悲歌二千首，更凭仁者慈怀增辉华夏版图，高标范式无愧振衰起弊先四家。

九

虞云国教授在其长篇论文《走向庙堂：王十朋诗文记录之乡绅影像》中，基于对梅溪政治生命史不同时段的社会角色和生命形态的研判，认为王梅溪的诗意人生，当以绍兴二十七年（1157）高中状元为界标，大体划分出前后不同的两个阶段。(24)

梅溪的前半生，作为乡村社会有影响力、号召力的一个读书人，他的诗展示的是文人雅士的书生意气。他关注时局，抨击权贵，不谋求干禄之阶，只为坦荡而坚定地表达诗性诉求；

梅溪的后半生，除两度解官去国而短暂归里，他基本上在朝廷与地方持续任职。作为朝廷命宦，他初心依旧，忧国忠君，勤政爱民，坚持抗金中兴主张，英武慷慨，为百姓鼓与呼。

前期，在漫长的乡居生涯中，王梅溪是吟诗修业、自为表率、导民向善而乐于乡绅事务的贤士；

后期，不论是在朝为皇帝近侍还是出京为州郡良吏，其高奏的始终是一曲纯臣循吏的民本乐章。

前期奉行的是瓯越民间志士居偏安而怀天下的精神圭臬；

后期传扬的是江南人文传统任天下而践民事的诗性激情。

前期较为充分而随意放纵，时见热血沸腾，激情似火；

后期则极为虔诚而坚忍，内敛压抑之中不乏慈怀如水。

诗人可以任性发牢骚，学者总要作些学问，循吏必须为民办实事。

进入官场不久，王十朋憔悴倦怠，热血壮志慢慢消减，但皇命在身，却不得不疲命奔波。准确地说，自知饶州始，王梅溪即已完成察民情、发民声的能吏形塑；及至历尽夔州、湖州、泉州之任，其护民安、解民忧、暖民心的纯臣循吏形象更臻至丰满。

士绅阶层始终是儒家文化最可靠的信徒。在漫长的科考路上，草间布衣、一介书生王十朋，得到的不仅是入仕之道，同时也以此作用于儒学的传播与发展，无形中影响着乡民特别是周边士人包括弟子门生们的文化价值观与社会价值观，在这个过程中又逐步确立了自身在乡村社会中的文化主导者地位。诚如虞云国先生指出的，"王十朋长达30年的乡绅生涯，为他在科场夺魁与后半生立朝治民的乐章高潮在做蓄势待发的准备，也构建了他堪称完美的君子形象。"(25) 不难看出，其30余年的乡居活动，是在为后期仕宦生涯做着铺垫与准备；而14年的从政生涯，则完全是其前期累积的民本思想及道德学问的集中践履。

十

不久前辞世的余光中先生说过，对一个作家来说，他一生的作品就已是最可靠的自传了。他还引用著名心理学家艾利斯的说法："一切艺术家的所作，无非自传。"(26)

诚然，为梅溪写传，方便在于有现成的诗文作品可做根据，无论是外在的生活或是内在的感觉，其作品多少都可资引证。其关键则在于对作者具有代表性价值的经典作品作出准确的解读和深微的品鉴，真切还原传主由乡居士绅走向庙堂全过程的生活场景与心路历程。

据此，本诗传之撰，当融梅溪经典诗歌与其生平事业为一体，将传主少年时的诗性才情、弱冠时的青葱奋发、中壮年时的成熟稳健、刚毅内敛和老道沧桑、晚暮时的慈怀淡泊和悲悯无奈，连为全景式画卷，为这位南宋大贤绘制一帧真实、繁复而不失丰满的艺术影像，庶几体现梅溪践履的诗文并进的举业路线图，体现梅溪融通儒释道的国学文化基因。

据此，本诗传之撰，当以传主履历为轴线，以其诗歌文本为节点，有所取舍，详其当详，细考其时地人事、沿革背景，突出对其经典作品特别如《宋十五家诗选》遴选作品的解读赏析。立足人性本真，尊重"诗人之心"和"诗人之性"，通过文本研读，再现诗歌生长的土壤、环境，由作品解构进入具体的技艺分析层面，以求客观展现在价值取向与现实背离之后陷于自我冲突之中的梅溪一生的心路历程及其诗歌风貌。

为使传主的生平演绎更切近其生活思想演进实际，本诗传在区分为民、为官两个阶段的同时，又拟将梅溪在政治上的建树分解为朝政与知郡两个段落。全书设上中下三编，正文计19章。各节标题均采录梅溪诗句。以详解经典诗作为重点，解读与考辨、评骘三管齐下，诗事与国事、民事并行不悖，串珠引线，阐析梅溪学杜、学韩的基本方面和主要方式，纵横比较，交错前驱，演绎成编。庶几体现梅溪诗创作的纷繁复杂状态及其嬗变史，体现宋代优秀士大夫们固有的家国一体的内在逻辑性。

十一

比较方法是人类思维的基本方法之一。文学批评家们很早就用它研究文学现象，把同一时空或不同时空条件下的两种以上的文学现象进行比较分析。500年前，明三大学士之李东阳与陆静逸在《麓堂诗话》中称赏梅溪诗"句句似杜"，用的就是这种比较文学法。

学者们或纵横比较，上下对照；或同中求异，异中见同，有意识地采用比较的模型，敏锐地捕捉住了文学史上的某些突出景观，在研究视觉的新变中为人们的审美感受和判断力提供睿智和灵性的答卷。例如房日晰教授所著《唐诗比较学》对李白、杜甫二人的比较，就没有沿袭前人从浪漫主义和现实主义的既定前提出发，而是抓住李、杜对现实的态度和体验，反映生活的深度和广度，找出两位风格迥异的诗人的惊人相似之处，在此基础上，进一步辨析各自的特点，并深究形成这些特征的原因。房教授通过对李、杜反映现实作品的对比分析，指出杜甫与李白相比，因同国家上层人物接触不多，又受儒家忠君思想的影响较深，对皇权多所回护，又囿于个人经历的局限，故诗中反映的大都是国家一枝一节的局部问题，未能如李白之登高望远，俯瞰全局……(27) 如此云云，其判断或可商榷，但这种不应景附和的独具创意，令人耳目一新。以此持论王十朋之于杜甫，或许不无启迪。

台湾学者郑定国先生在论述王十朋诗中褒贬人物所显示之思想时，对有渊源承继关系的王十朋与杜甫的思想、诗艺和政事业绩等作了纵向比较研究，指出："杜氏家贫，暮年流落实堪叹，但其忠贞、忧国、伤时真为书生典型"，"杜甫影响十朋最大者，大抵是襟抱及乐天态度，自十朋求祠不忘忠君之事可稍得消息。设云十朋乃杜氏之再生，以人品言诚不为过，以政事言犹过杜氏许多，读者当不以吾言为妄也哉"，并申言："今细读十朋诗作如从此心态吟会，或更晓高格，且使诗句心象具体而明朗矣。"同中求异，异中求同，言之灼灼，郑先生自觉地将王十朋与杜甫纳入比较的模型中，上下对照，经纬交错，其识见自能高出一般空对空的对撞。

诸多时贤实践的比较研究颇多启发意义。我们不妨也退回到历史的开阔地中，来一次上下纵横的漫游，从杜甫与梅溪这两位隔代诗人的作品本身出发，潜入其诗句心象，探寻阐释的多种可能性，求得其渊源承继的内在逻辑和美学认同。

王梅溪继承杜甫读书万卷、博采众长的精神，浸润杜诗颇深，在诗歌创作中讲究语言锤炼，喜好点化杜甫诗句，属对工巧，古淡厚朴，沉郁顿挫，不涉铅华，具有浓厚的书卷气。尤其讲究用典，使用杜诗典故，可谓洋洋大观。明人对梅溪诗"句句似杜"的嘉评，犹如郑定国先生在《王十朋及其诗》中指出的，"杜诗之体貌、用韵、节奏及风格十朋多能体认，所谓皮毛尽失精神出，乃反复用功所得，岂捕风捉影而粘皮带骨者可比拟乎哉？"王梅溪无愧杜甫知音！

为坐实梅溪诗"句句似杜"的评骘，本诗传在上编第三章《青春血泪少陵吟》、中编第四章《献策中兴孤愤吟》、下编第二章《壮美长江慷慨歌》、第四章《武侯情结少陵魂》、第六章《泉南岁暮杜诗令》等章节阐析梅溪诗现实主义创作方法与沉郁顿挫风格渊源成长的基础上，最后独设专章《梅溪老杜幸知音》，从梅溪学杜诗用典、炼字、炼句、对偶、叠字以及以对入绝、移情于物、营造意象、声律用韵技法诸艺术层面的"细节"作专题考察梳理，不避堆砌琐碎之嫌，以大量句例实证勾连梅溪诗与少陵诗的相似、相关、相宜之处，力求扩展并提升对梅溪诗的审美体验，为梅溪诗接续新的艺术生命。

十二

"魂兮归来，哀江南！"

左原山水与雁荡峰峦留下了一代诗哲远去的背影。这背影又何尝不是我们中华文明的宝贵遗存。

穿越历史烟云，眺望迷濛远影，我们能否静心体认社会变局时期文化人的思想处境和有关人性考验的种种观察思考？听一听那个时代里最优秀人物的内心独白吧！了解他们如何在历史的迷局中掌控传统文明的基因，挖掘其"正色凛凛'特立不回'的'真儒者'"高扬的"先哲的道德人文关怀与睿智的核心精义"，（28）这对于当今面对百年未遇之大变局的我们来说，绝不是一件没有价值的事。

观照传主人描录的南北宋社会政治大变局时期的生活场景与思想图像，900年后的我们，或能窥探到把人的道德与人格考验推向极致的那个艰难时世中，江南士大夫作为本土文化精英们的立体面相，进而静下心来，拷问历史，拷问人生，溯求历史渊源，汲取人文滋养，延续文化基因，以为后世士风民心的成长增补必要的人文铺垫。

令人感佩的是，包括王十朋在内的宋代士大夫，应该说是中国历史上前所未有的具有强烈的社会责任感和历史使命感的群体。这个群体的使命意识出自强烈的社会政治关怀，不会因君臣契约的毁弃、讽谏功能的幻灭而有分毫减弱。宋代士大夫的政治责任感已普遍内化为一种自觉的道德意识。王十朋即是他们中的典型代表。即使远离中央权力中心，处大孤独、大绝望之境，王十朋始终关注民生，秉承大坚忍、大担当，其内心始终有崇高正义感与大无畏气概的强力支撑！甚或身处极端困境，一度生发淡泊名利、向慕林泉的隐逸情怀，其目的也只是为让忧国而劳累的心志得以短暂栖息而已。这些"以道自任"而"特立不回的真儒者"，始终对君主怀有幻想，他们随时等待出仕的机会，为"兼济天下"一展拳脚，内心深处从来没有终身隐遁的打算。

解读王梅溪的心迹，在诗人的经历、记忆、想象和沉思中重温南北宋交替时期的那段过往，我们还会禁不住自豪：千百年前，拜"自古繁华"的"三吴都会"所赐，僻居东南海隅的乐清山海乡民，原来并不缺乏诗意的生活方式和审美经验，梅溪诗俨然一份诗性江南的文明样本；而想象中深锁于浩渺烟云中的中原文明，一经王梅溪等布道先贤的播种耕耘，已然广泛渗透并积淀于社会文化心理结构之中，梅溪诗即是江南乡村文明由原先的弱感存在逆袭卓立于中华文化地理版图的生动标志！可以骄傲地说，在乱世与治世的翻腾中，在黑暗与清明、残暴与仁慈的争斗中，王十朋从草莽蓬蒿中挺立而出，拔地而参天，卓然而独立，为我们提供了民族文化心理结构中不可或缺的人格模式和行为规范，可谓厥功甚伟！

当然，从杜甫、苏轼、王十朋、陆游们所传承的儒家传统自身，从他们所终身践履的有别于"民主"的"民本"思想，以及惯常那种居高临下、保持距离的士人式怜悯情怀，我们恐怕很难发掘出足够的能促成现代政治文明生长发育的制度性资源，但这绝不意味着儒家传统精神之于现代文明是水火不相容的。虽然儒家中有名利之徒，有乡愿之人，有巧言令色者，有山河破碎而认贼作父者，有浩然巾下包藏祸心者，但并不影响我们从整体上评价儒家之于中国社会与文化的贡献。他们以济苍生安社稷为己任，积极用世，自强不息，特别如王十朋辈，磨洗掉历史的沉沙积垢，审视在那个生杀予夺出自一人的时代，他们都曾以异于常人的毅力抗争时代命运、埋头苦干、为民请命、舍身求法，他们都曾以不合时宜的谏言妄议，最大可能地诠释着对现实秩序的愤懑与自身的时代担当，我们不能不对这些"中国的脊梁"们肃然起敬！王十朋的秉性诗情，为儒家传统深邃的仁爱精神与理想人格作了最好的注脚，足以令后人记取与反思，裨益世教；足以开启求索之路，砥砺后辈不辍前行。

以诗传人，以诗存史。鉴赏梅溪佳作，演绎诗意人生；诠释忧患诗怀，折射高标人格；寻味少陵韵致，形塑大贤风范——要把诗歌史、文学史与梅溪的个体史融而为一成良传，犹寄深望于学界才俊，不懈努力，流播国学先贤的浩气英光，以嘉惠当今，造福后代。

奉如此菲薄之文字以祭奠不朽之诗魂，不由心生愧恧。企盼以一个典型个案的诠释，照映两宋交替之际诗史的演进轨迹，或许只是一个心存愿景而已。余学也浅，鄙陋愚钝固心知肚明矣。举凡饾饤支离、隔空搔痒之处，或讹误疏忽大不敬及资讯引注不周全者，伏请并世方家暨读者诸君批评赐教，不胜感企之至云。

乐邑后学　张润秀

丁酉夏初识，戊戌秋月改定于杭州西溪

注释

（1）本书所引王十朋诗文以及有关其生平与作品评价的资料，凡出于《王十朋全集》（上海古籍出版社1998年版）者，均随文夹注其所在的类别、卷次。

（2）王十朋：《宠示帖》，或曰"不欺室题跋"，曾载于《宋名家二十帖》，真迹孤存于台湾《故宫历代法书全集》第13册。

（3）许倬云：《说中国·一个不断变化的复杂共同体》，广西师范大学出版社2015年版。

（4）郑定国：《王十朋及其诗》，（台湾）学生书局1994年版。以下所引郑氏文字不再一一出注。

（5）孔凡礼：《宋代文史论丛》，学苑出版社2006年版。

（6）（19）徐顺平：《温州诗史》，见《温州学人文选·徐顺平集》第二辑，黄山书社2011年版。

（7）钱锺书：《宋诗选注》，人民文学出版社2005年第三版。

（8）丁福保辑：《历代诗话续编·麓堂诗话》，中华书局1983年版。

（9）陈訏辑：《宋十五家诗选》，《续修四库全书》本集部总集类，上海古籍出版社2003年版。

（10）康熙《御选宋诗》，吉林出版集团 2005年版。

（11）曾维辑、张如元等校补：《温州文献丛书·东瓯诗存》，上海社会科学院出版社2006年版。

（12）《东坡集·王定国诗集叙一首》有云："古今诗人众矣，而杜子美为首，岂非以其流落饥寒，终身不用，而一饭未尝忘君也欤？"

（13）南怀瑾：《王十朋全集·前言》，单独发表时题为《抱负经纶之才　贞守纯臣之道》，载王祝光主编《王十朋纪念论文集》，辽宁人民出版社2001年版。以下所引文章凡出于同书者均不一一出注，篇目详见本书附录。

（14）曾祥波著《宋诗史释》将王十朋《闻韩帅世忠退保丹阳，远近忧惧》《闻捷报用何韵》二诗归入"边防"门。见中国社会科学出版社2016年版。

（15）参见周剑之《宋诗叙事性研究》，中国社会科学院出版社2013年版。

（16）朱彝尊：《静志居诗话·序》，人民文学出版社1990年版。

（17）曾祥波：《宋诗史释·自序》，中国社会科学出版社2016年版。

（18）（23）见拙注本《王十朋选集·前言》，线装书局2016年版。

（20）钱志熙：《温州文史论丛》，上海三联书店2013年版。

（21）沈德潜著、王宏林注：《说诗晬语笺注》，人民文学出版社2013年版。

（22）韩经太主编：《中国诗歌通史·宋代卷》，人民文学出版社2012年版。

(24)(25) 虞云国：《走向庙堂：王十朋诗文纪录之乡绅影像》，载项宏志主编《王十朋诞辰九百周年全国学术研讨会论文集》，线装书局2012年版。以下所引文字凡出于本论文集者，均不一一出注。篇目详见本书附录。

(26)余光中：《绣口一开：余光中自述》，人民日报出版社2014年版。

(27)房日晰：《李白杜甫反映现实之比较》，《唐诗比较论》，陕西人民教育出版社1992年版。参见李浩《古今怅望》，陕西师范大学出版总社2018年版。

(28)语见中国宋史研究会会长邓小南和乐清市人大常委会主任赵乐强在《纪念王十朋诞辰九百周年全国学术研讨会》闭幕式上的讲话。

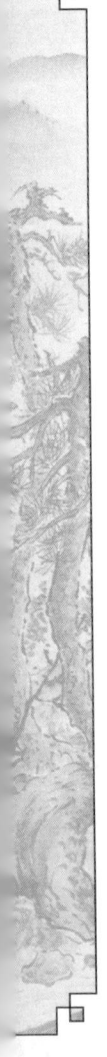

前奏

儿时梦影黄杨结

　　王梅溪的诗意人生得从900年前说起。

　　梅溪出生于北宋徽宗政和二年壬辰（1112）十月二十八日。比他崇拜的诗圣杜甫（712—770）晚出生整整400年，离他敬慕的当朝大诗人苏轼（1037—1101）去世才11年。而比后来被称为"南宋中兴四大家"之一的大诗人陆游（1125—1210）早生了13年，比后来成为永嘉事功学派集大成人物叶适（1150—1223）早生了38年。

　　生活在南北宋交替的动乱时期，历经靖康之乱、建炎南渡、绍兴和议、秦桧专权、隆兴北伐、隆兴和议等重大社会变故。民族矛盾非常尖锐，国难危机极为深重。王梅溪真乃忧患时代的一个忧患产儿！

　　梅溪年长后写过不少回忆性诗篇，回眸儿时生活，追味清贫家世，流连家乡山水，思念少年伙伴，寻觅儒雅家风给予他的诗情助勉。

　　祖辈诗书传家、科举入仕的观念，深深地印入童年的脑海；

　　那棵在宣和兵火中罹难的黄杨树，作为一个化不开的情结，被一再幻化为励志的意象；

　　迷蒙着神秘色彩的出生传说，儿时乡塾的青灯和诗友情谊、孝悌亲情……童年记忆中的点点浪花漫过岁月的斑斑卵石，浮动闪耀，对十朋具有开启诗性灵气的影响，既烙下了深切的伤痛，也不乏温馨暖意。"家声继洛阳"的家族愿景在诗人血脉中潜存着基因，给了他奋争崛起的力量。钱志熙教授指出，"王十朋的忧国之情，报国之志，雪耻之心，是植根于少年时代的。这是他后来从政后力赞恢复大计的精神基础"。

一、生有异兆："前身严阇梨"

不世之才的降生大概都不可能平淡无奇。

据说李白出生时，他母亲就曾梦到长庚入梦。长庚星就是太白金星。其父给他取名白，字太白，即据此而来。

关于王十朋的出生，坊间盛传异兆之说，称十朋是他舅公贾氏的再世。

此说始于王十朋的祖父王格。

王老太爷尽管一向不苟言笑，但对于十朋的诞生，对于王氏家族的香火自此有了男性子嗣的承继，自然有难以掩饰的喜悦。

他首先放言，说自己在十朋出生当年正月，做了一个神奇的梦，梦见十朋舅公严阇梨向他飘飘然走来，手集众花，结成一大球送给了他，恍惚间又不见了……奇在严阇梨就在这个月圆寂了，而十朋母亲万氏恰于这个月有娠了……

十朋的舅公严阇梨，俗姓贾，名处严，字伯威，少年出家明庆寺，云游四方，是十朋出家的叔父宝印的法师。学问渊博，传天台宗教义，长于诗文，与僧法潜、思聪及王十朋素怀敬意的文学家苏轼等均有诗文往来。

岁月流转，少年十朋长得"眉浓垂，目深神藏"（清徐炯文《梅溪王忠文公年谱》[附录3]），不仅相貌与舅公严阇梨相似，其颖悟强记的天赋异禀亦类小时之舅公。于是，十朋表叔贾元达随即盛情点赞道："此子眉目类吾伯严阇梨，他日能文为可知也！"

"前身""转世"之说自然虚妄不可信，但却最真切地传递出王氏家族长辈们对于家世传承的殷切厚望，氤氲着对王氏子孙继承前辈文才诗性的美好愿景。

性喜接近佛缘的王十朋，身处重血缘、重门第、重承传、重渊源的乡里社会，自也未能免俗。没有出身"朱门"优越感的王十朋，出于对这位声高名重的舅公的敬仰，认可了作为旁系亲属血缘关系的遗传影响，且心向往之。作为王家长子长孙，王十朋不负前辈厚望，自觉担当起传承家风文脉的责任。

其《记人说前生事》[文卷14]有云：

> 予小时，有乡僧每见予必谓曰："此郎严伯威后身也"，予不晓所谓。既而，访之叔父宝印大师，叔父曰：……吾师眉浓黑而垂，目深而神藏，儿时能诵千言，善作诗。人以汝眉目及趣好类之，且符所梦，又谓吾师死之月而予受胎也，故云。

50岁时因宝印叔父之嘱，十朋写了《潜涧严阇梨塔铭》^{文卷15}，记叙这位舅公的生平事迹，以表敬仰悼念之意。

王诗《种蔬》^{诗卷16}也认可"前身严阇梨，蔬气端不除"，自注云："或云前身严阇梨，因以戏云。"

直至殿试夺魁赴任绍兴途经天台时，接待他的天台僧听闻民间传言，新科状元王十朋乃天台宗高僧之转世甥，故有写碑之请。"旧尝梦游"的石桥规制非俗，原属地标建筑，十朋自然乐意为之。十朋作《题石桥二绝》^{诗卷11}，自注云："《天台石桥记》乃永嘉僧严伯威书，巷僧（疑为"庵僧"之误）有说前身事者，戏及之。"诗中云："僧唤我为严首坐，前生曾写此桥碑。"十朋心情舒畅，诗也写得轻松灵动。他一再认可传言中的"前身事"，以舅公"严首坐"题写桥碑为荣。随兴拈来自己的"前身事"为典，为行程平添情趣，戏笔中难掩自得之情。

二、博览颖悟："少年勉力亲灯火"

王十朋7岁入塾，从谢师启蒙，习读仲尼经典《论语》。14岁就读乡塾，17岁起师从潘翼，潜心经学诗文。寒灯相对读诗书，携手登临观山水，共同领略大自然的无私赐予。这些儿时的玩伴和同学，日后成了十朋为学求仕途上值得信任和依靠的知己和伙伴。

十朋少时颖悟强记，好博览，日诵数千言。其后作诗常常引经据典，即源于少时的苦学。《和符读书城南示孟甲孟乙》^{诗卷9}有云：

> 我似杜陵翁，有儿最怜渠……
> 丱角入小学，首诵仲尼居。
> 要知先孝弟，馀力哉乎欤……

二十年后，谢师的孙子谢任之成了十朋梅溪书馆的生徒，"端似韩张互传授"。癸未年（1163）冬，官至台省自劾归里的王十朋，年已52岁，作诗《送谢任之》^{诗卷16}三首，仍然依依眷恋儿时的师生情谊，温馨熨贴。诗云：

> 七岁我从乃祖游，童蒙深愧未能求。
> 勘嗟四十五年事，昔未裹头今白头。

梅溪辟馆子来遊，回首如今二十秋。

端似韩张互传授，要令编划绍箕裘。

　　谢任之的祖父曾为十朋的塾师，任之如今又就读梅溪家塾。另据《哭孟丙》^{诗卷5}序云："幼儿孟丙年四岁从谢任之发蒙"，则任之又曾任十朋幼子的童蒙塾师。可知乡居士绅之间这种同辈或隔代的易子而教应是普遍现象。

　　王十朋的学子书友周仲翔是他两个儿子的教师。《送周仲翔》^{诗卷4}诗云："梅溪辟家塾，辱与英俊游。"《周仲翔和诗赠以前韵》^{诗卷5}诗云："与子十年同把酒，贫贱不能离陇亩。老来钟爱有三儿，迄岁从师得吾友……烦君为我严诲之，毋惜鞭笞九十九。"

　　《次韵表叔余叔成示儿》^{诗卷4}注云"余名艋，子璧从予游"，即其表叔请其代教其子。这些均属"韩张互传授"之类。

　　王十朋秉持王氏家族诗书传家观念，心怀强烈的以才干世的家族责任感，少时勤勉求学，所作送别诗《寄贾一节》^{诗卷1}有云：

短棹未乘晨雪去，尺书聊遣暮鸿将。

少年勉力亲灯火，要使家声继洛阳。

　　又在《万清之有诗三绝呈司理贾丈，并简某，因次其韵》^{诗卷16}诗中勉励后学："更觉门阑增喜气，冰清玉润两俱贤"，"愿子他年似房杜"。少年王十朋向慕唐代名相房玄龄、杜如晦，对于大丈夫建勋立业，自小就有着强烈的向往。

三、耕读传家："我家素孤寒，金玉苦无储"

　　王十朋祖上虽不能说是大富大贵之家，但相比较而言，衣食自足，家道还算殷实，比一般农户要强不少。

　　《后七夕二夜同梦龄宿湖边庄》^{诗卷4}云："弟兄身事各茫然，赖有先人二顷田。"这是他对弟弟说的话。

　　《代笠亭记》^{文卷12}有云，"吾家之西北原有田二顷，盖先业也"。这二百亩耕田至少在其父亲时已经入籍。

　　这是王氏家族安身立命的经济基础，也是十朋诗书生涯的经济来源。在相当长的乡居生涯中，王十朋就是以占有并组织家族人员合理运营这些耕地为前提，践履诗书传家、科举入仕的路径来提升家族实力。

《率饮亭二十绝》[诗卷8]诗有云："苍头稍知耕，赤脚颇能酿。有田俱种秫，我日坐亭上。"足见这二百亩都是可用以"种秫"的良田，其家既有为其耕作的"苍头"（佃农），也有为其酿酒的"赤脚"（雇工），而他只消"日坐亭上"。

虞云国先生研究指出，"根据占田数量，王家似应属于乡村上户中的二三等户。"在农业社会里，拥有大量耕田，无疑是整个家族财富的活水源头。

然而，十朋日后诗文却时有叹穷嗟贫之作。如《题卓》[文卷14]概写少时苦读生涯："吾贫，好作文，苦于无书可阅；好写字，苦于无纸可书"，只得"以卓为纸，以肺腑为书"。而《记蛙》[文卷14]一文甚至说自己的麻布鞋"其弊甚，十趾不能以自藏，有蛙乘罅而入，蛰于鞋颊间"。作于泉州任上的《乞祠不允三十韵》[诗卷28]还说："臣家素贫贱，仰禄救啼饥。"如此等等，一味叹穷。

考其本意，当在于自我砥砺并教诲后辈童子，传承自己于逆境中奋起抗争的性格特质。实乃王十朋自强不息精神的真实流露。耕读传家意志坚强。

五言歌行《和符读书城南示孟甲孟乙》[诗卷9]追述王氏家世，透露出诗书传家的部分信息：

> 我家素孤寒，金玉苦无储。旧业止青箱，辛勤二星馀。
> 遗尔以清白，尔曹宜念且。性情乃良田，学问为耘锄……

这首"教子篇"，结合自家"素孤寒"的身世，规勉儿辈清贫自足，恪守"辛勤"传统和"清白"家风，不仅郑重提出"性情乃良田，学问为耘锄"的教育理念，而且从正反两面警戒儿子，不要担忧"远难致"和"年不逢"，不要随波逐流或待人恩赐，也不要学"田舍儿"以金钱买虚荣。

《论语·学而》云："慎终追远，民德归厚矣。"王氏世代务农，家境清贫寒素。不像杜甫、韩愈、苏轼家族，历代都当官为宦。王氏家世可以追溯到河南太康，五代吴越时，其八世祖才从杭州钱塘迁居温州乐清，至少从其曾祖到祖父三代均务农，无仕宦纪录。至五世王十朋的祖父王格时，家业始兴，在左原置田地二百亩。至六世王十朋父亲王辅才开始耕读。

其父王辅为人忠厚正直，尊崇儒学，略通诗律，能赋诗题壁，"业余经史案，趣寄圣贤尊"，在当地颇有威望。农闲时读书学文，吟诗作对，农忙时与家人下地劳动，是个小康的耕读家庭。稍有家产并置办图书，"旧业止青箱，辛勤二星馀"。十朋10岁开始接受父亲严格有序的家庭教育。

王辅奠立了家族发展的经济基础，筑有"四友堂"。十朋《四友堂记》[诗卷12]抒发其父"士之安于分而乐其生"的胸怀，而决不"汲汲于富贵，戚戚于贫贱，奔走于权势之门"。其父曾对他说："丈夫之于世，穷达之道不同，而其所乐一也。季子之金印，买臣之昼锦，长卿之驷马，何曾之万钱，古之人得志于当时者之所乐也。……甘心贫贱者，士之安于分而乐其生，吾之所当行也。"王辅列举的得志者，如佩六国相印于洛阳的苏秦、少时砍柴度日后拜会稽太守衣锦还乡的朱买臣、乘高车驷马而入蜀的司马相如等等，在宋代则只有通过科考才能成就。

十朋与其父辈都已经意识到，只有诗书传家，才能科举入仕，真正光大王氏家族。祖辈的希冀使少年十朋愿意以数十年挑灯夜读的沉寂，去换取一次次过独木桥通往金榜题名的机遇。

四、宣和兵火："旧物于人最可怜"

北宋后期，战火频仍，神州板荡，加之朝政腐败，义军四起，民生陷入凋敝。动荡的时局对少年十朋的成长产生过很大影响。

北宋宣和三年（1121），方腊义军攻克婺州、衢州后，占领乐清，左原山村历经一场兵火之乱，十朋祖父苦心经营的数十间房舍与所在村庄化为灰烬。从此王家家道中落，趋于清贫。

其时，十朋正好十岁，曾跟着祖父、父亲避乱至左原西南三井。《大井记》[文卷12]叙"吾庐数千百椽燎而为埃"之事。《左原诗三十二首》[诗卷15]有题《三井》诗注云：三井"原之西南，山路崖险，从先祖、先人避寇是山，凡三宿。"变乱兵火骤至，十朋家园中一棵亲植的小黄杨树也惨遭火燎，恹恹欲绝，几无生机。

自此，黄杨情结化解不开，挥之不去。翻开梅溪诗卷，便会发现在诗人笔下，"黄杨树"随着年轮的递增，一再幻化为命数、厄运与奋发、顽强的特定意象，成为梅溪坚毅、刚正、厚德性格的外化物。

二十年后，王十朋作七律《黄杨》[诗卷2]云：

> 兵火回头二十年，吾家此树实青毡。
> 儿时尚及见封植，乱后那知独保全。

虽荷生成能蓊郁，不轻剪拂岂团圆。
主翁不忍加斤斧，旧物于人最可怜。

诗先回顾家庭亲历的变乱痛苦，接着描述黄杨历经劫难，得以"保全""团圆"，竟然长成现如今的"蓊郁"可爱之态。劫后余生，全凭"主翁"用心周全，"不轻剪拂"，"不忍加斤斧"，从而突出了"旧物于人最可怜"的主旨。诗表达的是诗主人对成全于苦境中的美好事物的无限爱怜之情。

数十年沧桑，数十年亲情。诗人的期许从默默生长、独自繁荣的黄杨树身上得到慰藉。一棵树的自然生态蕴含诗情，王十朋每有发现，即寄予独特的人生感慨和价值观念。《戊辰闰八月归临安，观旧题修竹、黄杨、丁香，慨然有感，复书三绝于后》^{诗卷3}慨然叹道：

同日种松今合抱，后来栽柳已参天。
笑看轩外黄杨树，我亦如君厄闰年。

十朋对黄杨树情有独钟，盖为树之命运坎坷与人相类。诗人第一次将自己的坎坷命运与黄杨树的兵火劫难联系在一起。

在四言诗《黄杨》^{诗卷6}中，黄杨树成了家亲孝义的象征。诗序有云："黄杨，纪孝义也。家有黄杨，根一干百枝，叶森然，木之有义者也，故作是诗以记之。"其诗曰：

嘉彼黄杨，郁焉其苍。匪瓮而圆，匪盖而张。
百干同根，森如弟昆。千枝其子，万叶其孙。
惟此黄杨，先子所植。草木有义，先子之德。
愿言我家，兄弟子孙。如此嘉树，永为义门。

这首四言古诗咏物抒怀，运用比兴手法，通过对黄杨树的赞美抒发对家族亲人的厚望。语言质朴，感情真挚，颇有《诗经》遗风。

前八句描述了黄杨树枝繁叶茂的形态，在"百干同根"、千枝万叶的陈述描绘中，蕴含着对生命的礼赞。紧接着"惟此黄杨……先子之德"四句，叙议申发，在怀念先人的同时歌颂黄杨的"孝义"之心。后四句发感慨，由先人念及"兄弟子孙"，希望王氏子孙能够团结一致，像黄杨一样以孝义为重，"永为义门"——在中国历史上，由于儒家伦理的影响，许多大家族累世同居，被朝廷奉为社会楷模，赐为"义门"。

与作者的咏梅、咏菊之作一样，十朋这首四言咏物诗是诗人人格的写照，展现了诗人屡遭挫折却不甘沉沦的坚毅精神。

又有《林下十二子诗·黄子嘉》[诗卷7]曰：

> 保绿轩前黄子嘉，非松非柏亦非花。
> 故应唤作思人树，数十年前阅我家。

"非松非柏亦非花"的"嘉树"，"阅我家""数十年"，饱含亲情。故十朋"唤作思人树"。"思人树"之定名，或属十朋首创，故现行《汉语大词典》该词条引十朋诗句为首例。

《次韵昌龄西园十咏》[诗卷15]再咏黄杨曰：

> 黄杨庚甲与吾同，树已萧疏我亦翁。
> 藤蔓稍除苔藓去，岁寒犹解傲霜风。

有题注云："予归自武林，黄杨稍枯，命工去藤蔓苔藓，复有生机。"十朋寄怀昌龄弟西园花木，感喟年庚相同的树与人的共同命运。岁月的风霜雨雪摧残，人与黄杨同遭厄运。树犹如此，人何以堪？今番护理树木，亦寄望人事会有转机：来年"岁寒"，能傲然面对"霜风"。

十朋念想命运坎坷的黄杨木，自喻黄杨，寄寓深远，有失望感叹，有知天顺命，有自励守志，也有自信期待。在霜风凄紧、众芳凋零的时候，黄杨树的每一根傲枝、每一片霜叶都为不屈者指引着一种生命的可能。

诗人赞美黄杨树在恶劣环境中傲然挺立的顽强生命力，毫不掩饰地表露自己的钦佩敬慕之情。十朋一生遭受挫折很多，像"萧疏"的黄杨一样，时有悲哀、落寞、犹豫之叹，甚至还有逃避的念头，但最终依然挺立奋发，即使遭遇风霜也不轻言放弃。

"旧物于人最可怜"！童年记忆中的国破与家败，给十朋内心刻烙下了深切的伤痛，家族的使命给了他从奋争中崛起的温馨感悟，化为奋争向上的动力。情逸言外，韵致不尽。王十朋的咏物之作从来是将所咏之物与自身的命运联系在一起的。

上编

乡贤雅士的忧患诗怀

　　王十朋生活在南北宋交替的动荡历史时期。

　　靖康二年（1127），金兵攻陷汴京，掠徽钦二帝，北宋灭亡，史称"靖康之变"。之后，金兵继续南侵，铁蹄长驱直入，宋高宗赵构仓皇渡江南逃，中原沦丧，百姓流离失所。建炎五年（1131），高宗改元"绍兴"。绍兴八年（1138），南宋正式定都于临安（今杭州），称"行在所"。左右朝政的不仅有秦桧、汤思退等主和派，而且实际上得到了皇帝的支持。比如岳飞之狱，御史中丞何铸审办无验，欲白其冤，秦桧曰"此上意也"（《宋史·何铸传》）就是明证。南宋刚开国就被打没了半壁江山，总算浴血抗金好些年，却在收复山河的大好时机里甘愿冤杀良将岳飞以换取和平——此为绍兴十一年（1141），王十朋30岁。然后，南宋就是称臣送钱，其间的几次北伐也是雷声大雨点小，空有东南富庶大地，且不缺良将不缺钱，却一百年来窝囊无所作为。时代曾经给了王十朋粉红色的梦想，但生活在如此兵连祸结、风雨飘摇的国度中，他的科考入仕之路颠踬艰辛，其素怀的精忠报国之志与抗敌复国之梦没有丝毫可实现的征象。

　　王十朋乡居期间，以耕读、授徒、应举为中心内容，以故乡乐清为活动圆心，主要交游圈不出温台婺越地区。虞云国教授《走向庙堂：王十朋诗文纪录之乡绅影像》一文，剖析王十朋此一时期把控"庙堂之高"与"江湖之远"的内在张力，给予他"乡居士绅"社会角色的准确定位，认为王十朋科举入仕前"在公众活动中，凭借文化知识充当着不可或缺的社会角色；在非公众的场合，构成一个文士交游圈，展现文人雅士的面影"。

乡贤雅士王十朋持之以恒地攻读儒家经典，投身科考活动，屡经挫败而终不气馁。研习儒学既是连战科场的必要准备，也转化成砥砺人格的精神资源，为日后的仕途生涯作好了铺垫。

他创办书院，聚徒讲学，不愧宋明书院讲学精神的前期践履者。他赋诗为文，广结诗社，修心养性，忧时济世，热心乡村事务。

依仗乡人对他本人品学的认可与对他有望做官的期待，王十朋在乡里社会活动中扮演着乡绅角色，导引民情舆论，张扬儒者人格范式，对社会施加积极影响。他维护宗族乡约传统，维护乡村自治、德治相结合的治理体系，发动宗亲邻里组织"率会"，即自组织化的乡贤会，规劝与会者"但须及早输租税，不用低颜见长官"（《兄弟邻里日讲率会因书一绝》^{诗卷7}），里仁为美，蕴含仁的底色与义之正路。

少年诗作声震浙越诗坛，有过人的老成持重，其关注社会现实的深情及其深涵的时代忧患，超越了其时的年龄心性。他和他的少年诗人群体，秉承诗"可以群"的儒家传统诗教与诗圣杜甫的现实主义创作精神，写景状物，感时咏史，述志抒怀，每多关切中原沦陷、乱世衰微、国耻难雪、报国无门的议政伤时篇章，有深厚的史识积淀，有进德修业的报国壮志与无力济时救倾的遗士忧怀，浑淳质朴，满溢出浓烈沉重的家国愁思。诗人郁结于字里行间的忧国忧民激情和英雄主义理想，归流于纵贯南宋一朝的时代主题。

他将个人的诗文事、科考事与家国事、乡邦事有机地组合起来，继承和发扬儒学诗教传统和唐宋诗学的担当意识滋长成熟，日渐自觉。

正如虞云国先生指出的，作为乡居士绅的典型个案，"科举入仕前的王十朋，在学识文章与思想人格上始终处于一种涵泳磨炼的自我积蓄状态；与此同时，虽身在乡野，却密切关注朝政时局与恢复大业的风云变幻。既忧国爱民，却乐道顺命，不仅为其安身立命确立了价值观念与行为准则，而且成为其执着顽强地从江湖走向庙堂的精神动力。"虞先生说，"这种较为单纯的生活方式、较多局限的交往范围与相对稳定的社会角色，既为南宋家族社会中的乡居士绅提供了一份相对纯粹的理想样本，也为研究宋代士大夫官僚的杰出代表，录存了一份其未仕时期的生活场景与思想图像。"我们犹可借助梅溪诗文，体味距今800年前的赵宋一朝，在被认为中国传统社会文人的黄金时代里，江南乡村一般农家田园劳作的艰辛困顿，感受出身贫家的莘莘学子们奔波科考的齑盐苦读及乡邑准文人群体圈内焚香、品茶、读经、吟诗、赏菊、挂画、插花扩大到园林、居室、文房用品、器物品鉴、盆景制作、文物收藏等领域的审美追求与诗意栖居的文心雅意。

《宋史》中有一篇两千多字的《王十朋传》，对传主一生中的前45年的丰富经历，却只用了寥寥42字一笔带过。传云："王十朋，字龟龄，温州乐清人。资颖悟，日诵数千言。及长，有文行，聚徒梅溪，受业者以百数。入太学，主司异其文。"真可谓惜墨如金啊，抹去了岁月的沧桑陈迹，师友的嘉言懿行，屐痕的斑驳流离……其实，这流逝的大半人生呜呜然柳笛长鸣，如泣如诉，如怨如慕："少年勉力亲灯火"、"言志深期共致身"、"畎亩有遗士，妄怀葵藿心"、"书生事业无雨晴"、"莫把刚肠慕粱肉"、"北枝贪睡南枝醒"，是这位乡居士绅修身养性的途径和人格规范的信条；"煌煌中国尊，忍为豺狼屈"、"会须徒步谒天子，慨然一吐胸中略"、"好乘风雨昂头角"、"好将正味调金鼎"、"报国已淬腰间刀"、"一洗乾坤万里清"，诉求的是他的忧患诗怀与政治愿景；而"漫辟书斋会乡友"、"诗社追随八友朋"、"鍼我膏肓乃相厚"、"伤时眼泪满襟血，更把少陵诗句哦"、"学古直欲学到韩"、"诗至韩子将何讥"、"词严意伟法退之"，诠释了他前期践履的宗杜学韩的诗学线路图。

让我们就此穿越时空，开启一趟诗歌之旅、心灵之旅，回归文学殿堂，回归那个南北宋交替时期的实际境地，追寻这位千古乡前辈的身影，聆听他从童稚时期开始的自白与梅溪书院飘逸出的诗声，我们或许还可以拼凑出那些富有光彩的生活片段，复原当年的社会风貌，捕捉时代心灵的跳动……当然，这就需要我们首先破译解读这些承载内容极为繁复的密码系统——梅溪诗。

第一章　忧患少年锦绣怀

生于动乱的年代，自多忧患情怀。本该无忧无虑的少年王十朋，过早地承载起祖辈的希冀和时代的创伤，有过人的老成持重，却也禁不住青春活力的热情喷发。

少年梅溪，诗情横溢。14岁的开篇诗作就有"忧世拯民"之志。17岁"感时伤怀"，悲叹宋室江山破碎。19岁时写出"北斗城池增王气，东瓯山水发清辉"的名句，风华头角初露瓯越诗坛。

吟赏其咏雪、咏柳、咏湖诸诗，我们读出了他关注社会现实的深情与切肤敏感，家乡的一山一水、一草一木皆寄托家国情缘。

吟赏其述志组诗，我们领会了他进德修业的报国壮志与无力济时救倾的遗士忧怀，浑淳质朴，光明忠忱殷殷可鉴。

吟咏其咏史组诗，我们钦佩他的史识积淀，其智性思维，纯正公允；其哀痛彻骨的忧患情怀，远比同龄人深挚厚重。

吟赏其悲歌中原沦陷、乱世衰微、国耻难雪、报国无门的议政伤时篇章，我们感受到诗人的忧患情怀和英雄主义理想。

而吟赏其潇洒放逸、体趣高妙的纪游诗章，我们体味到初涉世事的他并不缺乏浪漫绮思，其被时代挤压的愁苦并未消尽固有的飞扬意气……

翩翩少年郎歌喉初展，何以声震四野？答案是多元的。

他自幼栖息的左原梅溪，山秀水碧，充满诗情画意，本是自带文化属性的村落，是孕育诗人的一块文化沃土；他的家乡人杰地灵，山海奇伟，雁荡飞瀑赋予他灵动气韵；他出身的寒素家庭，耕读传家，早早地将"家声继洛阳"的希冀注入他的血脉之中；他自小熟读经书，且深潜杜甫、韩愈与北宋元祐诗文，潜移默化，构建起并终身践行儒家人格范式。他高人一筹的书生意气与情愫诗才，本是天地山海与家学渊源禀赋所致。

诸要素兼备，锦绣诗怀的王梅溪焉能不在文学事业中有所作为呢！

一、 诗声初鸣："安得晴天开万里"

少年梅溪，诗情横溢，温润浑厚。其过人的老成持重，超越了其时的年龄心智，一步跨入"心事浩渺连广宇"的心性高度。

梅溪少年诗作，起步不俗。诗多温润老成，寄托家国之思，时不时地溢出忧患时代士人特有的抑郁情思，显露颖智少年不寻常的忧患意识。

少年郎诗声初鸣，崭露头角，其诗不脱晚唐神韵，颇能反映元祐之后宋诗格调达成极致之后回归晚唐风韵的时尚，让人耳目一新。试择其特佳者略作述说。

1、咏雪七律《宣和乙巳冬大雪次表叔贾元实韵》诗卷1

> 天公昨夜屑琼花，三尺深深晓更加。
> 柳不待春先起絮，梅非因笛自飞华。
> 牧羊大窖人何在，驻马蓝关路更赊。
> 安得晴天开万里，行人愁思渺无涯。

雍正本《宋梅溪王忠文公文集》注：徽宗后七年。即宣和七年乙巳（1125），其时诗人14岁。这首咏雪七律是现存《梅溪集》所标写作时间最早的一首诗。

少年十朋就读祖母家乡贾岙鹿岩乡塾，师从潘翼。时值隆冬，十朋住表叔贾元实家，适逢大雪纷飞，表叔即景赋诗，十朋依照表叔原韵及韵脚次序和了这首诗，故称"次韵"。

这年十月，金灭辽后兴兵南下，进逼汴京。先后侵入太原、燕山，广阳郡王童贯自太原逃回京师。金军继续南下，徽宗下罪己诏，遣使李邺赴金求和。一时间，对金屈辱雾霾弥漫域内。太学生陈东等上书，请杀投降派蔡京等六贼。十二月，徽宗禅位于太子桓，是为钦宗……其时，全国上下烽烟叠起，乱象横生，中原大地哀鸿遍野，赵宋国势岌岌可危。值此危急存亡、千钧一发之际，逊位的徽宗犹"吟诗约句千余"，恬嬉误国，乃至如此。

每一个时代的拐点，每一个朝代的更迭，最先嗅到其血腥味的往往是诗人。诗人的心格外敏感，最先触到了时代变幻的气息，用自己的琴弦轻轻一拨，对世人发出了预警。像杜甫当年经历安史之乱预感大唐即将由繁华转向衰落一样，远离京师、偏居海隅的少年王十朋，不舍赤子之心，也嗅到了随北风漂流过来的赵宋王朝散发的腐朽气息，觉察到赵宋的光辉越来越黯淡了，于是愁思无涯，从心底里发出了一扫漫天阴霾的呼喊！

少年王十朋谱写的是一曲动乱先觉者的淑世悲歌！

这个声音格外沉闷，像是从地底下冒出来的。这位未脱稚嫩的小诗人，在纷飞大雪堆积"三尺深深"的那个夜晚，伫立庭院，遥想北国蓝关史事，在诗中直引西汉苏武出使匈奴不辱使命，被囚禁雪窖，"卧啮雪，与旄毛并咽之"的决绝和韩愈"雪拥蓝关马不前"的困顿，或者是刘邦困守蓝关终于奋起破秦的坚忍等等，念想北地诸郡陷于金兵之苦况及应有之抗争，在靖康之耻发生前二年，真率地表达了江南士人冲决寒夜阴冷的政治诉求："晴天开万里"，"愁思渺无涯"！

诗之首联以"琼花"作比，以晶莹白玉喻漫舞雪花，起势平平。颔联二句，对仗工稳，自然贴切。"柳不待春先起絮"是一般性叙述句"柳絮不待春先起"或"柳絮先起不待春"的倒装，"梅非因笛自飞华"是一般性叙述句"梅花非因笛自飞"或"梅花自飞非因笛"的倒装，虽有声律原因，但从语义构成来看，语序一经调整，巧为拆字安排，突破一般文法常规，不仅更切实际，诗意也化平板为跳荡，赋予物象以浓重的主观色彩，形象化地凸显了静夜里漫天如"絮"而"飞"的雪花。看来，少年王十朋操笔作诗之始，在讲求"条贯"之美的同时，也着意仿效先哲作诗的错综之法，以主谓、动宾句式的颠倒运用，经营文法之变。杜诗《秋兴》之八的著名颔联"香稻啄馀鹦鹉粒，碧梧栖老凤凰枝"，或成他仿效的楷模。其为人称道者就在于倒装句法的运用增强了表达效果。其一般叙述句当为：凤凰栖息于碧绿的梧桐老枝，鹦鹉啄食剩余的香稻米粒。由于诗家倒转其意，句法特别，气味、色泽之美得以强化，金声玉色，华贵庄严，意象独具异彩。十朋沉吟玩味，深领其趣，故在自己的诗中有意仿效，别开蹊径，初见成效。

其实，想象中有意争春的梅花和柳树在诗中只起一种衬托作用。"柳起絮"、"梅飞华"本非此夜实景，但小诗人援引"柳""梅"意象，似有所待，必有所寄。写实之境与写虚之情杂糅交错，虚实相生，虽稍显青涩，却已悄悄显露梅溪诗顿挫多情的表征。雪花似柳絮漫天飞舞，雪夜的光、风、形、影、声随之而出。天光雪影，有风无风，有声无声，都在意会之中。

雪花、笛声、梅影、柳絮的意象组合，蕴涵着梅柳争春、梅雪辉映的美好想象，也寄寓着诗人对岁月流逝、国事不堪的无限感慨，委婉而细腻，朦胧而不晦涩，颇得唐人风味，反映元祐之后宋诗格调达成极致之后回归晚唐风韵的时尚追求。

唱和次韵诗不好写。这种步酬唱和范围很窄，难度很高，未免束缚性情。故曾被讥为"窘步相仍"。《沧浪诗话·诗评》说"和韵最害人诗"。金代王若虚反对次韵，认为"实作诗之大病也，……虽穷极技巧，倾动一时，而害于天全多矣"（《滹南遗老集·诗话》）。但能者却能因难见巧，机锋摩荡，往往生出险句奇思，有迁想妙得之高境。十朋的这首次韵诗思理随放，运笔委婉，寄托遥深，不见"窘步"，整体意象流畅，圆润含蓄，充满激情和灵感。可见得少年十朋博见洽闻，从古书学问中获取滋养，善于化用典故，表达像成年人一样老成持重的深沉感情，很能反映南北宋过渡时期的诗风走向。次韵诗作为一种基本功，可以磨练人驾驭语言、丰富联想的能力。王十朋一生持之以恒，乐此不疲。和韩愈诗达37首之多，全部为依韵相和之作。

此诗意境幽远，情味悠长，风格及落字不脱晚唐神韵，起步不俗，清徐炯文《梅溪王忠文公年谱》^{附录3}称其"操笔即有忧世拯民之志"。徐顺平先生评此诗"写出了雪天风光，形象生动，且格律句法已较成熟，非是初作。末了两句很可能也寄托了国事心怀"。[1]

在汴京诗坛正被歌功颂德的应酬诗、徵歌逐醉的颓靡词搞得乌烟瘴气的时候，王十朋的这首开篇之作，诗格温润老成如是，在物华吟咏中寄托家国之思，显露颖智少年的忧患意识，实在难能可贵！

14岁的一首咏雪诗，开启了王梅溪作为忧患之"士"的一生！

诗人的第一声诗情啼鸣，未必预示一个伟大人格和高格诗风的诞生，但伟大人格和高格诗风萌生于忧患时代并最终长成于其中，却分明可由此析出部分基因。

年少王十朋初露头角，以其有别于同辈的如此凝重和深沉的诗情，为其家国之志的萌动留下了浓墨重彩的一笔。俗语说，三岁看大，七岁看老，十一岁看大脑。十朋自小便不似一般诗童只表现个人喜乐，其取材运思紧系国家命运，为他日后续写现实主义爱国诗篇悄然奠基。

2、写景七律《题湖边庄》^{诗卷1}

十里青山荫碧湖，湖边风物画难如。
夕阳茅舍客沽酒，明月小桥人钓鱼。

旧卜草庄临水竹，来寻野叟问耕锄。
他年待挂衣冠后，乘兴扁舟取次居。

顾名思义，湖边村傍湖。村庄位于作者家乡左原之东，白龙山下，属今乐清市淡溪镇。那湖和村原是王十朋旧游处。青山碧湖，茅舍小桥，野田水竹，湖光山色相映，故乡风物如画，让人怀恋，不禁起归欤之思情。

此诗通篇白描，语极秀俊，充满诗情画意，冲淡自然中蕴含着热爱家乡的情怀，美意感人至深至远。颇见得宋诗定格后某种回归唐韵的诗风追求。清陈訏辑的《宋十五家诗选》、张景星等的《宋诗别裁集》、朱梓、冷昌言编的《宋元明诗三百首》以及近年出版的多种宋诗读本都选录本诗。可见其历来受人称赏。

清许印芳《诗法萃编》称其"善写情状，可为后学楷模"。又称"夕阳茅舍客沽酒，明月小桥人钓鱼"一联，即属"善写情状"者，透露闲适情怀。

钱志熙教授从诗中读出了更多内容，说：这首诗以极其朴素的文字写出乡野风景和乡村中的一种人文气息，也写出了一个读书取仕宦的人的心理，他要在他未来所追求的政治理想和目前所体验的田园生活之间寻求一种谐和。这首诗中的宁静恬和，似乎只属于一个土著的诗人，与"何事吟馀忽惆怅，村桥原树是吾乡"（王禹偁《村行》）是不同的。[2]

学界有以诗中"他年待挂衣冠后"一句，推测此诗为王十朋入仕后的作品，表现他功成身退的人生理想。此见疑失之偏隘，且难落实写作具体时间。

笔者认可原著编排次序，列为十朋少时乡居之作，以示赞同钱志熙先生的"土著诗人"的"人文气息"说。

3、怀吊之作《湖边怀刘谦仲》^{诗卷1}

湖山如画水如蓝，杖屦湖边酒半酣。
往事萧条谁共说，旧游零落我何堪。
炎凉世态从他变，生死交情只自谙。
诗客有魂招不得，秋风依旧满江南。

王十朋景慕的鹿岩诗社盟主刘谦仲，名光，横阳（今浙江平阳县）南浦人，久寓乐清。刘氏比十朋年长三十多岁，是十朋少时结交的忘年挚友和诗文密契，故称"诗翁"。学养深邃，然儒冠误身，屡败于文场。诗作多穷愁抑郁之气。刘谦仲晚年穷愁潦倒，绍兴二年（1132）秋卒于横阳。

徘徊于"水如蓝"、"风物画难如"的湖边村，王十朋缅怀犹有父执之情的昔日诗文契友。这首悼亡诗写得悱恻动人，余韵袅袅，令人不忍卒读。

首句写景，次句抒情。此二句由眼前景转入怀旧情，自然熨帖。中间二联铺排"酒半酣"的情思，悲叹刘翁的生平惨情，一句一顿，一顿一牵魂：由"往事萧条"到"旧游零落"，再到"世态炎凉"，在忆旧范围的层层翻转中倾诉的感情也由"谁共说"、"我何堪"的愁苦转入"从他变"的无奈。"生死交情"越转越深，情感韧力达至极限，欲收结于"只自谙"的感慨而不能。

最后融情入景，以"秋风满江南"的景语作结，用《楚辞·招魂》意，怨秋风无动于衷，不能招魂诗客，衬托诗人目极千里而伤心的怀吊之情，映照发端，宕出远神，排遣"有魂招不得"的悲慨。"依旧"二字，下的沉顿，黯然无限。

4、状物佳作七律《咏柳》诗卷3

> 东君于此最钟情，妆点村村入画屏。
> 向我无言眉自展，与人非故眼犹青。
> 萦牵别恨丝千尺，断送春光絮一庭。
> 叶底黄鹂音更好，隔溪烟雨醉时听。

本诗紧扣题意，句句写柳，却全无一个"柳"字，颇见诗人着笔之妙。《宋诗鉴赏辞典》收赏了这首诗。马祖熙先生称道："这首《咏柳》诗，全从所咏的对象着笔，确切地说：咏的是春柳。全诗八句写了柳，也点染上春天的色彩。"(3)

首联总写，采用全景式扫描，用"画屏"作比，向"东君"致谢，视野开阔，心境豪迈。

颔、颈两联值得咀嚼体味。首先是点化多个语典事典。"青白眼"语出《世说新语》，阮籍能为青白眼，见凡俗之士，以白眼对之。杜甫《短歌行·赠王郎司直》诗云："仲宣楼头春色深，青眼高歌望吾子。"元稹《遣悲怀三首》有句："唯将终夜长开眼，报答平生未展眉。"王十朋反其意而用之。"萦牵"两句,写柳丝、柳絮多情。用唐国都长安城外灞桥多柳,古人折柳送别以示不相忘的故实。韩愈《遣兴》诗有云:"断送一生惟有酒,寻思百计不如闲。"

其次是从细处着笔,依次推出柳"眉"、柳"眼"、柳"丝"和柳"絮"四个特写镜头,用白描、拟人、夸张和引典故等艺术手法,展示柳树从吐翠舒眉、含情展黛、青眼待人到柳丝萦牵、柳絮漫空的自然态势景观,含情脉脉,韵致动人。

结尾两句"叶底黄鹂音更好,隔溪烟雨醉时听",化用杜甫《蜀相》"叶底黄鹂空好音"而变其句意,宕开一笔,写隔溪柳荫下微带醉意、聆听"细雨润莺声"的赏心乐事,将春景春情融为一体,升华了主题。

全诗想象新奇,韵味盎然,其美境思致为宋诗独具,其空灵含蓄又弥漫着唐诗韵味,整体意象的设色、构图及其谐和于全诗的娇柔婉转的情调,令人百读不厌。

此诗历来受人称赏。

马祖熙先生特别赞赏"萦牵"、"断送"两个词"非常传神"。

陈增杰先生称赏其"用笔细腻,写得摇曳多姿。额联尤佳。"分析说:"眉(柳叶)展眼(柳眼)青,用拟人手法,形容舒展的柳枝殷勤向人频送秋波。眼犹青,暗用'青眼看人'故典。二句曲尽春柳婀娜风情。"

郑园先生则称赏额联"既是兴会,亦是画面。……以柳眉、柳眼之识人、之与人亲善而见出自然万物交融之美。这是在善的深度上的物我沟通。这是宋诗的深致,与唐诗通常的纯粹审美趣味与兴象韵味不同。既是美境,又是思致,令人回味不尽。"

王志成先生评曰:"这首诗写得含蓄深沉,别有情致。寓排遣愁思、提升自我于咏柳颂春之中,可谓诗中有画,话外有音,富有哲理情味。"(4)

初出茅庐的诗人沉浸于青春的喜悦之中,对于美好事物的向往之情,几乎全部融合在眼前的和想象中的如画美景之中。他的心何尝没有元祐的气象?没有李白、苏轼的浪漫?他看到了繁华,感受了暖意,也涵咏着淡淡的缠绵亲近与隔离疏远。如此心境,多丰美,多温馨!

拜忧患少年王十朋至情所赐,乐清梅溪村的寻常柳树、湖边村的如画山水以及曾在此悠游过的诸先贤的身影与情思等等,从此留在乡邑后学的心里,留在了多册宋诗选辑里,走进了千万人的诗眼里。

二、遗士葵心："畎亩有遗士，妄怀葵藿心"

少年十朋心怀忠义，负才望用。乡居读书阶段，进德修业，萌发报国心愿，却又因不愿与权佞同流合污，壮志难酬，忧愤郁结。

其少年述志篇章，智性思维，逻辑叙事，重在义理学问，讲求说理扎实，具有宋诗以议论为诗、以才学为诗的鲜明特点。

五言古体组诗《畎亩十首》^{诗卷1}，是少年十朋咏怀读书习诗生涯的诗作。述远大志向，言人格修为，抒遗士忧怀，堪称"述志篇"。[5] 诗长短不一，八句至十六句不等，内容各有侧重。组诗浑淳质朴，光明忠忧殷殷可鉴，体现了十朋早期诗歌关注社会现实并以议论为诗的创作倾向。

也许并非十朋最早的诗篇，当年《梅溪集》编者十朋之子闻礼辈置《畎亩十首》于诗卷一之首，或有开其宗、领其总、初展全集风貌大略之深意焉。题共十首，试解读二首以窥其诗风之一斑。其一曰：

> 畎亩有遗士，妄怀葵藿心。朝夕倾太阳，不耐氛秽侵。
> 肝胆有古剑，愿言决群阴。兹志尚郁郁，抱膝成悲吟。

本篇内容基调及其质朴风格统领诗组。开头两句化用杜甫《自京赴奉先县咏怀五百字》"葵藿倾太阳，物性固莫夺"诗意，以"葵藿"自喻，申言自己是"畎亩遗士"，一个未被擢用的读书人。葵和豆的花叶倾向太阳，故古人每用为下对上仰慕之辞。司马光《居洛初夏作》诗有云："更无柳絮因风起，惟有葵花向日倾。"十朋用以比喻心地光明而怀忠忧之人，迥别于"氛秽"之辈。

中间四句伸足篇首"葵花向日倾"的政治喻义，表白自己深怀辅君报国志向，朝夕不忘发扬正义，奋力排除氛秽，仗剑驱除邪恶。"决群阴"，即指驱除奸佞邪恶之辈。末二句感喟壮志难酬，心怀郁郁，终究"抱膝成悲吟"——以手抱膝而坐，摧藏悲伤。正如刘琨《扶风歌》所云："慷慨穷林中，抱膝独摧藏。"其十曰：

> 儒冠误身世，偃蹇二十年。岂不怀明主，富贵乃在天。
> 平生学忠孝，自致无由前。青灯照夜长，感激徒自怜。

面对权门热可炙手的现实，王十朋一方面发出不平之鸣："儒冠误身世，偃蹇二十年"；一方面则自慰"岂不怀明主，富贵乃在天"。诗人心怀"明主"，不求"富贵"，践行忠义孝悌，却又因不愿与权佞同流合污，终至素怀难伸。

"儒冠误身世，偃蹇二十年"二句，语本杜甫《奉赠韦左丞丈二十二韵》："纨绔不饿死，儒冠多误身。"儒冠，指儒生的帽子。用以称通经之士，也指一般读书人。十朋的喟叹，传达出无限忿懑。但诗人坚守人格底线，声言宁肯认命"富贵乃在天"，也不改"平生学忠孝"的处世规则，直节磊落可嘉！

赵素文先生指出，"王十朋的壮志难酬之愤，脱离了个人的狭隘幽绪，带着光明醇正的儒者担当意志。"

李裕民教授指出，特意把在困难之中寻求光明的《畎亩十首》放在全集之首位，其目的是"表明一个有雄心大志的人，不论有多大的艰难曲折，只要坚持就能赢得胜利"，"显然是借以激励子弟、激励后生"，精确地道明了《畎亩十首》的述志主题。

概言之，《畎亩十首》思想内容扎实，初露洞察历史的机锋，有时人难及之处；且说理辩证清晰，有以议论为诗、以才学为诗的鲜明特点：重在说理发议论，而不是唐诗的形象描绘；讲求的是扎实，而不是唐诗的空灵；在诗中发现的是学问，是义理，而不是唐诗的那种不可言传的朦胧感觉。

在语言表达方面，崇尚透明晓畅，文字朴素直切，已不像江西诗派末流的生硬晦涩。这既缘于诗人本身朴素俊洁的性情气质，又缘于诗人对诗歌审美取向的自觉追求。只是十朋这类述志诗在表达思想、追求新意的同时却多失之径露直白，含蓄不够，即使如《畎亩十首》其七，咏竹述志的篇章，也缺乏载体的形象描绘，蕴藉韵味不足。南渡初学白居易体的诗人，常犯有此病，非十朋一人独然。

王十朋这类议论诗中的佳作在南北宋过渡时期，代表了宋人欲变唐风而趋新的走向，为宋诗独辟蹊径的诗风转型作出了努力，不宜一概贬之为"押韵的文件"。

三、国朝忧思："煌煌中国尊，忍为豺狼屈"

宋朝积贫积弱，边患频发，靖康事变，百姓流离。屈居村野的王十朋，自少年始即夙夜捧读经史，谙熟《春秋》理义。在读经研史的历练中，他密切关注家国命运和朝政变局，积累史识，积累怨愤，每每有感而发，以讽咏当朝史事时政，思念贤相掌政。限于在野乡绅的社会身份，他只能在私人诗文里一再录存这种忧思与情怀。

素怀宏伟抱负的王十朋，始终背负着一种沉重的历史使命感。这种使命感使他的诗更关注历史和人生，推动了南宋诗风与江西诗派末流脱离现实的倾向相分离。王十朋的咏史诗自有高标格局。

咏史议政组诗《观国朝故事四首》^{诗卷1}，吟咏北宋时期真宗、仁宗、神宗、哲宗时发生的重大抗敌事件，依次为澶渊之盟、宋夏战争、北宋新政改革、富弼出使契丹，在事件中穿插影响事件的诸多历史名人。诗强烈抨击卖国求荣者的卑劣行径，表达了诗人在风雨如晦的漫漫长夜里率先觉醒的"煌煌中国尊，忍为豺狼屈"的民族自尊和社会责任的历史担当。忠言谠论，历史真见，用意殊深，时有灵均式的独醒诗句，是梅溪研读本朝史事的思想成果。

题共四首，试解读二首，以窥忧愤积郁深广的王十朋是如何张扬"煌煌中国尊"，如何探寻政治理想的出路的。

1、《观国朝故事》其一还原著名的"澶渊之盟"

> 昔在景德初，胡虏犯中原。朝廷用莱公，决策幸澶渊。
> 高琼虽武夫，能发忠义言。咏诗退虏骑，用丑枢相颜。
> 銮舆至北城，断桥示不还。一箭毙挞览，夜半却腥膻。
> 至仁不忍杀，和好垂百年。伟哉澶渊功，天子能用贤。

宋真宗初年，辽军侵犯宋朝统治的中心地带。"胡虏犯中原"句，即指景德元年（1004），辽对宋发动了一场大规模的战争。萧太后和辽圣宗率师20万，挺进黄河，进军澶州城（今河南濮阳），威胁汴京开封。胡虏，鄙称入侵的辽军。此时，皇帝不仅重用寇准、高琼两位忠义之士，还御驾亲征到达前线。当皇帝的华盖在澶州城上升起时，宋军士气大振，山呼万岁之声震响几十里，终于取得了这场战争的胜利。

"朝廷用莱公，决策幸澶渊。"莱公，即北宋政治家寇准（961—1023），官至宰相，封莱国公。诗说辽军围攻澶州，情势危急，群臣无策，寇准力排众议，坚请真宗过黄河亲征。十朋《寇忠愍公巴东祠记》^{文卷22}叙其事云："方契丹入寇，中外汹汹……公独毅然决亲征之策，銮舆一动，丑虏自毙，社稷安于泰山。"

以下"高琼"四句，叙为王前驱的殿前都指挥使高琼的事迹。高琼以社稷为重力促真宗过河，规劝真宗"只能进一尺，不能退一寸"。执政大臣冯拯指责高琼不考虑陛下安危，"武夫"高琼严厉驳斥："君以文章升到高位，今敌骑遍野，还指责我主张抗辽是无礼，那么，你为何不赋一首足以退敌的诗呢？"冯拯无言以对。"咏诗退虏骑"一句用事典型，呵斥有力，形象鲜明。

接着，诗以"銮舆至北城，断桥示不还"两句，还原真宗御驾在卫士的前呼后拥下跨过浮桥，登上北城，亲自调兵遣将的历史场景。为鼓舞士气，更以断桥表示只进不退的决胜信心。"一箭毙挞览，夜半却腥膻"两句概述战绩。辽军先锋大将萧挞览抵达澶州北城时，耀武扬威，出阵侦察地形。守城宋军见是一员黄袍大将，就引发射程很远的床子弩，百矢齐发，射中萧挞览的额角头，使之当晚毙命。

最后四句突出宋真宗的仁爱宽厚。辽方请和，真宗又素主和议，不忍杀戮，遂与辽国签订盟约，河北自此罢兵。辽与宋结成兄弟之国。"澶渊之盟"缔结后，北方边境维持和平达百年之久。

本诗对原史传材料进行"浓缩"式处理，叙事简明精细，用笔简洁省净，不乏生动的历史细节，见解理性公允。既肯定将帅寇准、高琼等的忠义智勇，在这一次战事中发挥枢纽作用；又赞扬真宗的"决策"英明，不但"銮舆至北城"，而且"至仁不忍杀"，终使"和好垂百年"。诗没有单纯推崇寇准，也不是集中赞美真宗，而是同时肯定了君臣双方的努力，强调了君臣相得、上下同心的重大意义。结句"天子能用贤"，道明寇准、高琼是贤人，真宗是英主，两项因素合璧，这才是澶渊之战胜利的关键！

诗歌达到议论、叙事、抒情三者相交融的境界。字里行间洋溢着对宋真宗的赞美之辞，塑造了一位知人善用、英勇果敢、宽厚仁慈的统领者形象，张扬了古已存之的"煌煌中国尊"。

历来吟咏澶渊之战的诗篇不少。由于诗人的思考方式、回望视角不同，叙事的侧重点和逻辑也会有所不同。

王安石《澶州》诗云："焦头收末功，尚足夸一是"，认为寇准之功，不在主亲征之说，而在画策百年无事之计；然功成之后却乏深图远虑，致使议和条款有资敌岁币之实，耗扰无穷。

李复《过澶州感事》诗认为与辽国订下互不侵扰的盟约，是寇准的功绩。"平时危寇尽肉食，一旦仓猝方见人"，即是诗人对寇准的赞赏。

张耒的《听客话澶渊事》诗，叙事中突出的不是寇准，而是真宗御驾亲征的意义，诗的最后两句"自是乾坤扶圣主，可能功业尽莱公"，点明了澶州之战的胜利与真宗本人密切相关，不宜都归结为寇准的功业。

叙事的过程反映着诗人的理性体认，叙事的安排出自诗人对事件的逻辑思考。比较之下，十朋诗更富于智性思维，对战事过程和因果关系的体认似更理性公允，与他深研历史的学者身份深相契合。"天子能用贤"的结论，就浓缩在诗人对澶渊战事的诗性叙述和前因后果的理性思考之中。其秉承的正是北宋范仲淹倡言的君臣共治天下的政治主张："王者得贤杰而天下治，失贤杰而天下乱。"⑹国家的治理需依靠贤臣之力，而贤臣又需仰仗皇帝的威势才能使自己的治国纲领得以实现。贤臣与君主相互支持、相互依赖、共治天下，建构新的政治秩序、社会秩序，这一直是北宋以来文人士大夫政治诉求的主流。十朋史识公允高明，深中肯綮，其诗艺也高人一筹。

2、《观国朝故事》其四咏北宋名相富弼出使契丹事

> 富公昔使虏，厉色争献纳。臣节安敢亏，君恩以死答。
> 煌煌中国尊，忍为豺狼屈。堂堂汉使者，刚气不可折。
> 斯人嗟已亡，英风复谁接。衔命虏庭人，偷生真婢妾。

组诗前三首从国朝历史中总结出英主起用贤才的重要性。这第四首与前面三首稍有不同，只用寥寥几笔叙事，叙述的色彩不甚明显，重在后面的议论和抒情，有一定的"随笔"意味，契合了宋诗"以议论为诗"的精神，但字里行间流露出的民族自豪感和爱国主义情怀却与前三首一脉相承。

诗的前四句承前例，简述庆历二年，韩国公富弼为仁宗分忧，出使契丹，不畏虏主的威逼，厉色廷争，"以死""争献纳"的史事，称赏他不辱使命的"臣节"，以死报答君恩。他不亏臣节，以非凡的气度和胆识捍卫了大宋的尊严，打消了契丹入侵的念头。

中四句，称颂"堂堂汉使者"们以"不可折"之"刚气"维护了"煌煌中国尊"。王十朋身处的南宋偏安江南，内忧外患深重。他主张抗金收复山河，而这一愿望却难以实现。咏史抒怀，表达的就是堂堂中国自有尊严，岂肯屈辱于豺狼般的入侵者。

面对朝奸一味妥协乞和终至国破离乱的现实，诗人无法压抑内心的郁愤，末四句"斯人嗟已亡，英风复谁接。衔命虏庭人，偷生真婢妾"，在鞭挞投降派和朝中官员尸位素餐、奴颜如同"婢妾"苟且偷生的同时，发出了"英风"后继乏人的历史浩叹。"斯人"，这些人，指

前三首诗中称颂的人物事件：北宋真宗景德初的宰相寇准，力排王钦若等的南迁之议，力劝真宗亲征，取得抗敌胜利；宋仁宗康定初，契丹元昊在西北反叛，朝廷起用了韩琦、范仲淹而取胜；元祐初，起用了老成贤臣，四夷平安，内外清明。"衔命虏庭"，指奉命出使胡虏。全句表现了诗人对主降派苟且偷生的不齿。

十朋的这组五言古体诗，叙事简洁，史识纯正，格调通俗。能自觉运用叙议结合手法，那些记叙性的语言，一般都穿插着一定的议论，议论与铺叙描绘交互运用，最终使作品达到议论、叙事、抒情三者相融的境界。其褒贬讽喻之意或附着在叙事过程之中，在叙议不断交替中阐明自己的思想见解，使其内心情感得到淋漓尽致地展现；或在尽情记叙描写之后，在末尾展开议论，画龙点睛。无论属于何种情况，均表达了诗人对历史、社会的独到见解，表明自己的人生态度。十朋的咏史诗事理逻辑明晰，最能体现青年王十朋研读史籍、组织史料、发表史评的才思。

时金既灭辽，南进未已，两河不保，并、洛沦陷，汴京再围，边患紧迫，王十朋日夜忧心，故其咏国朝故事诗作尤显心事沉重。其初展的思辨光芒令人警觉。正如孔凡礼先生指出的，《观国朝故事》"感叹昔日之盛，隐刺今日国事日非"。(7) 李裕民教授则认为，"《观国朝故事》表明他如果入仕，一定要以本朝名臣范仲淹、韩琦、富弼、高琼等人为榜样，为国家干一番事业。入仕后的所作所为，都是在实践他的诺言。"

四、孝悌亲情："田园劳尔辈，愧是素餐人"

孝悌亲情乃儒家道德精义所在。十朋身处和睦家庭，耳濡目染，敬老爱幼，自小就萌生"发扬门户胜他族"的心向。

十朋11岁那年夏天，祖父王格得病，想吃鲫鱼。这时炎热干旱，难能得鱼。十朋跟随父亲垂钓大井。素来无鱼的水井居然有一条大鲫鱼上钩，令人十分惊喜。村人从此将这口古井取名为"孝感井"。多年以后，王十朋在《左原纪异》^{诗卷8}、《井光辨》^{文卷14}等诗文中叙其事。在诗注中称道此一奇迹："井素无鱼，盖孝感也。"《左原诗三十二首·孝感井》^{诗卷15}诗曰：

> 纶竿临井垂唏嘘，诚感幽潜遂获鱼。
> 鲜道随钩得玄鲫，秘书好句实堪书。

　　王十朋的僚友、秘书省校书郎、工部尚书张大猷在挽十朋父亲诗中有"玄鲫随钩诚养亲"之句，可见孝感命井的美谈已广为传颂。

　　忠孝家风影响少年十朋的人格成长，自然滋养兄弟亲情。

　　十朋有弟二人，长名寿朋字梦龄，次名百朋字昌龄。兄弟三人皆有志于学，然蹉跎数十年并无斩获，赖有先祖田产世业，全家才得以温饱。按照其父生前的安排：长子十朋自幼"颖悟强记"，少年时即有诗名，是一棵值得培养的苗子，故让他与次子梦龄一起攻读诗文，走举仕之路；季子昌龄则主要从事农耕。

　　兄弟三人的友爱怡情传为佳话。十朋曾在梦龄的生日时祝祷曰："貌和冬岭松俱秀，神与梅花溪共清。"他待幼弟殊为怜爱，《王十朋全集》中提及百朋之诗有40多首。《用前韵酬昌龄弟》^{诗卷2}这首诗即述兄弟友情。诗曰：

> 原宪曾非病，陈平岂久贫。路遥骐骥困，原近鹡鸰亲。
> 窗几坐穷夕，更筹听报寅。田园劳尔辈，愧是素餐人。

　　诗有自注云："予拙于治生，每以田园劳二弟。昌龄诗云：'诗书满肠腹，应笑带经人。'予愧其言，故云。"这段自注，有助我们解读该诗。诗之前六句表苦学心志，后两句诉兄弟愧情。"原宪"句用孔子弟子原宪答子贡为道"贫非病"之典。原宪，孔子学生，字子思。孔子死后，隐居于卫国，甘于寂寞，安贫乐道。《庄子·让王》载：原宪居鲁而贫，子贡轩车大马而见之。"原宪华冠屣履，杖藜而应门。子贡曰：'嘻！先生何病？'原宪应之曰：'宪闻之：无财谓之贫，学而不能行谓之病。今宪贫也，非病也。'子贡逡巡而有愧色。"陈平是汉初阳武（今河南原阳）人。少时家贫，好黄老之术。后从项羽入关，旋归刘邦，助刘邦建立汉朝，封曲逆侯，官至丞相。"窗几坐穷夕，更筹听报寅。"十朋感叹自己夜以继日地苦读圣贤书，但并非"诗书满肠腹"，而且正遭厄运，犹如"骐骥"受困于"路遥"。只是坚心恒定，将继续奉行原宪的安贫乐道，并深信自己将会如汉时名臣陈平一样奋起于凄贫之境。

　　十朋引"脊令在原，兄弟急难"的《诗经》句意，形容急难相顾的兄弟友情。他内心最为感喟的是自己"拙于治生"，愧对二弟长期辛劳耕作。"田园劳尔辈，愧是素餐人。"这是兄长对二弟说的心里话。

　　《后七夕二夜同梦龄宿湖边庄》^{诗卷4}吟咏的也是兄弟间的至情至性。其一曰：

> 弟兄身事各茫然，赖有先人二顷田。
> 他日青山映黄发，长如今夜对床眠。

此时十朋举业失败，有赖二弟从事田园之劳，才得以维持生计。长弟梦龄，儒冠出身，曾补太学生，然未及第，耕稼之余仍手不废卷。夜宿别业，寒灯相对，倾谈"身事"，因忆及韦苏州夜雨对床之言，恻然感之，生发出"长如今夜"的期盼，希望早日摆脱奔波之役，闲居青山间，兄弟长厮守。于中既有对过去生活的感叹，对今夜团聚的兴奋，也有对今后命运的关注，隐含人生聚散无端的忧虑。

诗语平实，多用语典，感情圆融，富有韵致。风味全在酸碱外，耐人咀嚼。"青山黄发"意象化用苏轼诗意："早晚青山映黄发，相看万事一时休。"取其趣味神韵，为首句"弟兄身事各茫然"平添情意，自然不矫作。"对床眠"，又称"对床夜雨"、"夜雨对床"，语出唐韦应物《示全真元常》诗："宁知风雨夜，复此对床眠。"也有赖于苏轼兄弟无日忘之、多次引用的诚挚。

十朋诗作中，化用东坡诗句诗意者不下四五十处，表明十朋对苏轼诗文声情气貌的尊崇和响往，值得关注。

作于次日的《次夜予宿湖南，梦龄犹在别业，再和前韵寄之》^{诗卷4}云：

> 一襟秋色已凄然，云水初空眼界田。
> 那更萧萧风雨夜，弟兄分影隔湖眠。

前一日"今夜对床眠"的满足逆转为次夜"分影隔湖眠"的失落，连床夜语之约顿时蒙上了"凄然"阴影。此"隔湖眠"的现实正好反衬出兄弟"对床眠"的憧憬虽属平常却弥足珍贵。聚少散多的感叹使上一首诗的兄弟亲情在通透中愈显深沉。

这番兄弟亲和情谊延续久远。十朋远宦他乡后，与二弟少了天伦聚会。但吟咏这些诗自能体会王氏三兄弟心胸豁达，亲密无间。殿试夺魁，十朋首先向二弟报喜；郊祀推恩时，十朋奏请授予昌龄弟，而自己的两个儿子都不得由荫推恩及仕。他心中尤其珍惜兄弟亲情。

五、青春浪漫："人生贵在适意耳"

诗怀锦绣写青春。从忧患少年到热血青年，王十朋并不缺乏浪漫情怀。

故乡左原的青山沃野是宜于诗人成长的土壤。十朋栖息于秀山碧水之间，其笔下的一山一水、一草一木，充满诗情画意。前举七律《题湖边庄》^{诗卷1}"湖边风物画难如"之咏，于冲淡自然中抒发热爱家乡的情怀。年长后，他在《左原诗三十二首并序》^{诗卷15}中这样介绍自己的故乡左原：

> 乐清之东三十有五里，群山环绕，地名左原，以其居邑之左也。中有左岭、左湖、左口，皆以左名之。予七世祖自杭徙温，家于是原，地虽荒僻，有山水足以自娱……日与兄弟邻里有杖履登临之适……

"原中景物，可资赋咏者，各识以诗。"王十朋咏唱家乡的清丽山水，组结成大型组诗，分别咏唱32个景点，赞赏故乡山水、风物之美，多角度多侧面地展现诗人的胸襟、抱负、情操。写水的如《梅溪》：

> 我向梅花溪上家，几看清浅浸横斜。
> 手栽木已如人老，雪鬓萧疏对雪花。

原诗注曰："在北高山之阳，去孝感井二十步。溪至小，以井为原，予家其北。溪之南有水如带，通谓之梅溪，溪名旧矣，莫知所自，予植梅以实之。"写的是梅溪植梅的少年记忆。

对于以之为号的"梅溪"，十朋情有独钟。《九月十二夜独步梅溪玩月》^{诗卷15}记绍兴二十二年九月十二夜，诗人独步梅溪玩月，人迹悄然，秋色满眼，微风不动，岩桂自香。于此静好美景，诗人徘徊久久，不忍离去。回到小成室后，在短灯檠下，索纸写下了以下四句：

> 独步溪头夜初寂，扫空陈念心清凉。
> 月明眼底见秋色，境静鼻根闻桂香。

诗人在这些诗中融入了丰富的思想感情，青春的浪漫情怀，给予读者心灵的感动、思想的启迪及审美的愉悦。

乐邑求学期间，他的不少纪游诗写得潇洒放逸，体趣高妙，笔下流出少年风味的浪漫绮思，为其愁苦挤压欢乐的忧患人生平添些许轻灵光彩。如《游西岑遇雨》^{诗卷2}诗曰：

西岑风物秋更佳，杖藜出郭欢无涯。
深村有酒隔烟渚，共乘小艇穿芦花。
罗裙绰约越溪女，茅舍迫窄吴侬家。
床头新酿喜正熟，千金倒甏倾流霞。
天公妒我一日乐，俄然雨脚来如麻。
醉归扶路泥没股，冠巾不整头鬖髿。
人生贵在适意耳，安能局缩身如蜗。
杖头有钱即相觅，明日更泛仙源槎。

西岑，山名，在今乐清市乐成西郊。为县城"虎山"，风景优美。这首七古约作于绍兴五年（1135），十朋23岁。

诗的前八句写西岑风物和结伴出郭寻游的逸兴，深村、酒旗、烟渚、小艇、芦花、越女、茅舍，构成了一幅水乡村舍风光图；乘扁舟穿芦花、舍千金沽新酿、倾甏痛饮买一醉，洒脱豪爽，淋漓尽致，假日郊游场景历历在目。越溪女，指吴越地区浣溪女子。春秋时越国美女西施，贫贱时曾在江边浣纱。王维《西施咏》诗有"朝为越溪女，暮作吴宫妃"句。乐清古属吴越，王十朋西郊之游见绰约村女，或有西施之联想。

接着笔锋陡转，写归途遇雨：醉归路上颠颠倒倒，泥浆没股，冠巾歪斜，头发散乱……诗人处惊不变，自嘲"天公妒我"，狼狈中依然从容坦荡。其清狂野逸、放浪形骸之态，其潇洒豪迈的青春激情和灵感，让人怀疑这位诗主人竟然就是印象中严肃拘板、斤斤谨质的王十朋！借此酒意阑珊的游兴，诗人化用李白诗意："人生在世不称意，明朝散发弄扁舟。"（《宣州谢朓楼饯别校书叔云》）高歌一快，发为隽语："人生贵在适意耳"，"明日更泛仙源槎"！不甘困束局限在狭小简陋的境地，萌发解冠弄舟、泛游江湖的兴念，释放"适意而乐"的任性，表现理想与现实的矛盾碰撞，调和了忧国忧民的愁苦。这是青年诗人坦诚直率的呼告，爽朗率真的祈求。

谁说青年文士王十朋不该有他的浪漫天性与青春梦想？十朋也响往带有俗世色彩的风雅人生。早在绍兴元年，四年前，当菊花烂漫之时，十朋就曾命酒丛畔，高吟过"人生贵适意，世俗岂能绊"（《辛亥九日侍家君》[诗卷1]）！

愁苦与欢欣，本是人生的两面。严肃愁苦如杜甫者，其早期的诗歌也曾充满风发意气与浪漫情怀。弱冠之年，杜甫曾作吴越之游，惊艳于若耶溪畔浣纱的窈窕村姑，他情不自禁地写下了"越女天下白，鉴湖五月凉"的惬意诗句。其时，恰好也是王十朋留连"罗裙绰约越溪女"的这个年龄上——23岁！一个是在秋日里，小艇穿越烟渚芦花；一个是在五月中，泛舟鉴湖荷叶间，越女的罗裙绰约风姿与莲藕般的白臂，鱼样的灵动，恰如仙子落凡尘的画面，都曾随着水面上的凉风进入青葱的梦想，见证了他们曾有的静好岁月，尽管其间已跨越了整整400年的历史风烟。

此时的梅溪初涉世事，正处于意气飞扬的阶段，现实主义情愫尚未定型，充溢着浪漫主义的激情。此后的诗章就少有如此豪兴了，难隐失意之感、迟暮之情。这首诗写得如此放松、流畅、生动，读来让人临其境，见其景，闻其声，显示了青年诗人的浪漫才气，故历来为诗论家爱赏。徐顺平先生称赏它"飘逸潇洒，浑似李白、苏轼，写得形象生动、活泼真切"，是王十朋诗中"别具风格难得的佳篇"。[8]陈增杰先生赞赏曰，"通篇随意措写，触处有情，笔调轻畅快舒"，"结叙馀兴不尽"。又援引清范大士评语，称诗中写遇雨笔锋陡转，有"势如落石"之妙。[9]

王十朋向往的士人雅趣及其对故乡西岑的留连逸兴绵延久远，未曾消磨于岁月长河之中。26年后，绍兴三十一年（1161），十朋50岁时，在与友人的唱酬中还作《题西岑》^{诗卷14}一首，曰："西岑风物冠吾乡，十里烟波兴味长。不用扁舟鉴湖去，馀生甘向此徜徉。"将"西岑"作为与"鉴湖"仕途对应的归隐之地。两诗参读，不禁令人感慨系之。

说起浪漫绮思的欢乐之游，不能不提"梦游"乐清白石道岩东际的那一次。《次韵昌龄游白石二诗》^{诗卷4}其一曰：

> 飞流喷沫下烟岚，肯使名同盗与贪。
> 莫讶来时多泪泪，定知止处却潭潭。
> 遥通雁荡灵湫雨，巍压龙门巨浪三。
> 好景不烦摩诘画，尽归诗客句中含。

本诗小序云："道岩东际，白石二佳境也，予未之见。昌龄弟比尝登览，作二诗以寄，模写景物之奇，盖吾家摩诘二幅山水图也。秋凉一访之，当按诗以游，不必假图经矣。因次韵见意。"诗中白石，指乐清白石岩，白石山，即中雁荡山。道岩，在乐清市白石镇境内，孤峰突起在群山之巅，气势雄伟壮观。东际，即东漈，在白石山东峡。漈，浙南古代方言，称瀑布为漈。东漈就是东瀑布。

　　这是一次梦幻般的想象之游。作此诗时，十朋未曾亲游白石，近观东灢飞瀑。画面的勾画全凭一副锦绣诗肠。诗中"喷沫"、"烟岚"、"泪泪"、"潭潭"之状显然是借昌龄赠诗印象的再创作，在艺术的再创造中融入了自己既有的视觉体验，而其笔下遥接"雁荡灵湫"、"龙门巨浪"的描绘则出自锦绣诗怀的神奇悬想，当然也离不开昌龄诗意的激发。

　　诗虚实相生，动静结合，声态并作，最后，水到渠成地推出全诗的警策句："好景不烦摩诘画，尽归诗客句中含。"诗人激赏"诗客"昌龄的诗艺境界，"诗中有画"，令人陶醉。不仅秋凉后访游白石山"当按诗以游，不必假图经矣"；更道出了诗人的一个重要艺术观点：好诗应该具有生动鲜明的视觉形象，表达画家难以画出的精神、意态、情韵，以及那些流动变幻、情调复杂、意蕴丰富的景物风光。好诗的画意蕴含于诗句中，是不必烦扰画家另外用笔作画的。

　　这个观点大体反映了王十朋山水诗的创作体会和艺术追求。

　　王十朋十分赞同苏轼"诗画本一律"的艺术观点，曾以"宛似辋川图一幅"（《西园新辟昌龄索诗》诗卷7）赞美诗新花奇，并自觉借鉴吸纳画家的感觉方式和绘画技法，在自己的诗作中追求如画诗意。色彩即被得心应手地用作诗歌的主要造型手段，例如："湖山如画水如蓝"（《湖边怀刘谦仲》诗卷1），"红云照绿波"（《荷花》诗卷6），"滴翠凝不干"（《和秋怀十一首》诗卷9），"麦黄桑绿蚕欲晴"（《雨止复用前韵》诗卷8），等等，王十朋对色彩的敏锐感受和娴熟运用水准，就不比任何高明的画家逊色。

　　钱锺书先生说过，"自宋以后，大家都把诗和画说成仿佛是异体而同貌"；(10)陶文鹏先生也指出："在宋代许多诗人看来，诗中之画又非画所能表达，诗是胜于画的。"(11)王十朋认为"好景不烦摩诘画，尽归诗客句中含"，在支持诗画同一性的同时，有所侧重地强调诗是胜于画的。这种诗性表述完全融合于宋代普遍的美学思想倾向。陶先生援引了多位宋人的诗句，论证宋代"诗画异体同貌"、"诗画同步同构对应"的美学思潮，例如王安石《读史》之"丹青难写是精神"，《明妃曲》之"意态由来画不成"，晁补之《论形意》之"诗传画外意，贵有画中态"，苏轼《溪光亭》之"溪光自古无人画，凭仗新诗与写成"等等。这些表述诗中有画又胜于画的诗句，能帮助我们从诗画交融的角度坐实王十朋这首东灢诗的艺术匠心，进而领会他关于诗画艺术的美学意识。

注释

⑴⑸⑻徐顺平：《瓯越文化丛书·王十朋评传》，作家出版社1998年版。

⑵钱志熙：《温州文史论丛·乐清历代诗词漫谈》，上海三联书店2013年版。

⑶缪钺等著：《宋诗鉴赏辞典》，上海辞书出版社1987年版。

⑷王志成主编：《东海岸丛书·山海风》，中国民族摄影艺术出版社2004年版。

⑹范仲淹：《范仲淹全集·选任贤能论》，中华书局1984年影印。

⑺孔凡礼：《宋代文史论丛·王十朋与〈梅溪集〉》，学苑出版社2006年版。

⑼范大士：《历代诗发》卷三十《宋补遗》，海南出版社2000年版。

⑽钱锺书：《七缀集·中国诗与中国画》，三联书店2002年版。

⑾陶文鹏：《论宋代山水诗的绘画意趣》，《中国社会科学》1994年第2期。

第二章　三结诗盟倡学韩

　　千百年的中国农村，无边无际的平淡，无始无终的苦难。王十朋与一般农夫不同，他读书识字；与一般读书人不同，他爱诗写诗；与一般写诗文人不同，他办学馆，结诗社，组织大家一起写诗，投身社会，关心时事。他笔下的乡村堪称宋时社会文化发展的文明样本。

　　王十朋一生组结八家诗社。青少年时期在乐清所建的三家诗社，起步早，讲规范，见成效，是南宋一朝最早、最规范的群体性诗学社团。这是十朋诗学成长的的重要平台，深刻影响十朋的日常生活和文学创作。诗友们唱和品评，修身励志，重切磋，重规约，编辑诗社唱和集，奠定了群体诗学意识的基础。诗友刘谦仲是十朋的忘年交，称"诗翁"；来自北方失地开封的孙皓，曾为少年梅溪的诗风成长打开了一个新通道。

　　作为永嘉地域诗社活动的先行者，王梅溪无疑也是江南文化意识的先醒者，为争取江南文化话语权首先发声发力，对推进瓯越诗风成长有导夫先路之功。诗星朗照的子晋江山，上下1600年，从来不缺乏诗意盈盈的生活方式和审美经验！

　　十朋践履终身的"会须徒步谒天子，慨然一吐胸中略"的强烈意愿就迸发于《送子尚如浙西》[诗卷1]诗中。而《答毛唐卿虞卿借昌黎集》[诗卷1]和《次韵万先之读庄子》[诗卷4]等诗作，表达青年梅溪尊崇并实践韩愈文学理念的鲜明观点。"学古直欲学到韩"，"词严意伟法退之"，梅溪早期文学创作深受韩愈影响。这既是受当时文化大背景所熏染，也是梅溪个人审美取向的选择。

　　王梅溪之尊韩，基于有宋一代成型的新儒学文化。但他壮年出仕前即转学多家，晚年诗作则脱落韩诗笼罩，诗风多貌，越来越呈现出"端似杜陵翁"的深沉郁勃风格。

一、诗盟三结，初展英姿："诗社追随八友朋"

王十朋少年求学时，就风风火火地开始了诗坛上的社交活动。

十朋的群体性诗学活动起步于乐清左原梅溪村。他组结乐清三诗社，他的诗才得到老辈诗人的青睐，也深受同辈社友的赞扬。

诗社初结呈英姿。他的关于乡村知识群体诗学活动场景的诗性描绘，散淡而又热烈，自然而又高古，宁静真朴，诚挚感人，既是他成为乡贤的社交职责使然，也是他感情至诚无伪的流露。诗人自小躬耕于陇亩，沉浸于农村生活，对乡村物质条件的恶劣与山海文化传统的熏习，有朝夕相处的肌肤之触，有与生俱来的向往诉求，故能深切地理解并表现乡村文化生活的潜层意义。他笔下那个平常小村庄的诗意存在，扩展为更多诗意化的遥远乡村，封存着我们一代人少小时的美好忆想。

1、在乡塾就读时加盟以刘谦仲为盟主的乐邑鹿岩诗社

> 湖山蓝黛青，湖水琉璃碧。我时湖边游，山水正秋色。
> 诗翁偶乘兴，来作湖边客。谈锋两初交，意气已相得。
> 诗坛予与盟，文会公为伯……
> ——《次韵刘谦仲见寄》诗卷1

据诗所云"诗坛予与盟，文会公为伯"，可知十朋17岁至19岁在祖母的娘家地贾岙鹿岩乡塾从潘翼先生游时，曾加盟文会诗社活动，"登高鹿岩脊，感物题诗"，"唱和三四老"，"佳节必盛集"（《九日寄表叔贾司理》诗卷16）。

社友可考者有50多岁的"诗翁"刘光，还有贾太孺、塾师潘翼和僧人觉无象等。鹿岩诗社明显早于杨万里、陆游诸人的结社活动。杨万里少年时在家乡江西庐陵结成第一个诗社——吉州诗社，据推测已是1150年的事了，当活跃于杨氏进士及第（1154）之前，其社友与行迹均已无考。(1) 王十朋诸诗社不仅存名，且多有相关社事的诗文记载。

乐邑鹿岩诗社承北宋元祐诗社林立之余绪，活动于1128至1130年间，正当高宗即位（1127）之时间节点。南宋诗社第一家，在南宋诗坛引人注目。

2、转至乐成金溪修业后又主动发起组结乐邑金溪诗社

搜我肺肠茶著令，饮君文字酒淋衣。
诗方唱和如仙馆，人遽飘零似省闱……
——《万季梁和诗留别再用前韵》 诗卷4

畴昔游从分不轻，十年乡校读书灯。
德星会聚三兄弟，诗社追随八友朋……
——《陈商霖挽词》 诗卷16

据上录"诗社追随八友朋"等诗句和诗人自注所云"予归与诸友讲茶令，每会茶，指一物为题，各举故事，不通者罚，命季梁掌之"，"予昔招仙馆与同舍结诗社，近诸友亦多唱和"，"昔在招仙馆，有八叟之号。商霖号'可叟'"等语，王十朋于20岁至23岁期间（1131—1134），在乐清县城金溪招仙馆从林师禹游时，与同舍八人结社"会茶"唱和，并"各出所作诗，编为集"。"金溪八诗友"求索学问，探讨人生，唱和不辍。其生平事略见于王十朋诗文与《宋诗纪事》、《宋诗纪事补正》等。

3、赴补太学十年间在家乡所辟学馆中又亲手缔结梅溪学馆诗社

劝君须饮文字酒，劝君耕耰心中亩……
与兹饮会类平原，逃我诗盟几高厚。
——《九日把酒十九人……还用前韵发一笑》 诗卷5

通功易事愧无术，漫辟书斋会乡友……
论文何止十年前，耐久遥期十年后。
——《陈元佐和诗赠以前韵》 诗卷5

据上录同韵七古诗所云"逃我诗盟几高厚"、"漫辟书斋会乡友"诸句，可知王十朋赴补太学10年间（1146—1156），在家乡所辟学馆中曾与众生徒、乡友结有"诗盟"，相互酬唱评骘。

诗盟成员多为十朋帐下高徒。闲暇时师生悠游会讲，逢节日宴饮会趣堂，研讨诗艺，"应制赋诗"、"坐湖联句"，并编辑诗集，评骘互勉，延续多年。十朋有多篇诗文述其事。

索考王十朋乐清三诗社的人员结构、活动方式、观念磨合、组织发展与创作实绩等，我们不难发现他们走出"低级形态"的种种努力，⑵对凝聚诗家创作力量，对形成一定的创作与传播、批评风气具有不容忽视的影响。在结社逐渐盛行的南宋一朝，乐清鹿岩诗社开南宋诗社第一家，王十朋也是南宋中兴诗人结社第一人。这位永嘉地域诗社活动的先行者，无疑也是江南文化意识的先醒者，为争取江南文化话语权首先发声发力，有导夫先路之功。

鹿岩诗社以会文科举为目的，以流连光景、饮酒宴乐为主要活动内容，相互叠为主宾，轮流做东，十朋家的会趣堂一度曾是活动中心，有时则依附佛寺。徜徉山水，中秋赏月，重九登高，东篱采菊，宴饮品茶，诗友们吟诗赋文，迎新送旧，兴致淋漓，初绽诗风逸彩。《辛亥九日侍家君，同孙子渊、子昭、子尚登高于家之东山》^{诗卷1}记写的是绍兴辛亥元年（1131）重九日孙皓兄弟同十朋父子登东山赏菊，因菊花未开而扫兴，至十月望日东篱烂漫之时，呼邻里诗友再聚遂意。欢腾岁月，诗意满满。此类雅集诗课活动，经年不弃，前有预想，后留课业，督导完成统一的唱和任务。赏菊已成诗社雅集之常规，而十朋每每"为唱首，自和凡数篇"，且屡屡追索和诗，蔚为乡间盛事。

王十朋在乐邑金溪招仙馆求学，前后有五、六年时间，常与社友结伴登山咏怀，临景联句，歌吟县城山水风光。金溪山林，萧峰夜月，流连忘返中揉进了柔美的传说。《游萧峰》^{诗卷2}诗曰：

> 蜡屐穿云去，山深喜路通。人家烟色里，古寺水声中。
> 金溅星犹在，丹成灶已空。吹箫人不见，台下想仙风。

萧峰，即萧台山，又名玉萧峰，在今乐清市乐成镇西部。相传为王子晋吹箫之地。熟知乐清典故的王十朋曾说"乐清为子晋之江山"，又说"子晋遗迹在乐清有二"，一为仙桥，一为萧台。

诗中"蜡屐穿云"、"山深路通"写游兴足，脚力健。"人家烟色里，古寺水声中"，对仗工炼隽拔，自然天成。"人家"、"古寺"掩映于清幽的"烟色"、"水声"之中，更显景色的魅力。金星犹在，丹灶成空，玉箫声断，古老的传说已很久远了，诗人自然会有许多联想和感慨，禁不住要"想仙风"，缅怀起古仁人高蹈于风尘之外的往事了。

王十朋的山水诗篇清新可爱。一个显著的特点就是将描绘山水景色与缅怀历史典故相互映照，使诗中既呈现出自然气象，又蕴含人文精神。"金溅星犹在，丹成灶已空"两句，用晋时隐士张文居丹霞山下炼丹典故。"吹箫人不见，台下想仙风"两句，则用传说中王子晋在箫台山吹箫的典故。写出了玉箫峰景象之雄奇，又引用胜迹典故，突出了地方人文之丰美。又如《题双瀑》^{诗卷2}诗曰：

> 瀑水箫峰下，灵源不可寻。倚天双宝剑，点石万星金。
> 势合鲸鲵斗，声联虎豹吟。我来游胜境，洗耳听清音。

诗以箫峰瀑水难寻源头起笔，开篇便为全诗笼罩了神秘莫测的色彩。中间两联描其形、状其声，气势非凡，尤有特色。颔联"倚天"两句，既是写实，又引典故。"倚天双宝剑"，把分成两股落下的瀑布比作两支倚天宝剑，突出了瀑布高峻、雄阔的形态和飞动、晶亮的威势。"点石万星金"则暗用张鴈炼丹之砂使金溪石化作金沙的典故，自然贴切地表现了瀑布飞流直下、水花四溅的惊心动魄，极有力度。颈联"鲸鲵"两句，用比喻、夸张、联想等艺术手法，用鲸鲵、虎豹作为夸张的点缀，通过它们的争斗和吟啸烘托双瀑的声响和气势，足以惊人心魄。在此基础上，作者笔锋一转，由动入静，用"洗耳听清音"作结，为全诗平添了峰回路转、耐人寻味的意蕴。较之十朋不久前与同窗好友刘方叔等联句中所咏"夜静双瀑喧，遥闻疑雨来"（《夜听双瀑同刘方叔毛虞卿联句》^{诗卷2}），感情上更显亲近。

本诗有精致的景物描写，有细腻的情感抒发，作者还善于借助瑰丽的想象和夸张，对描写对象进行整体化、象征化的描绘，从而在物我交融的宏观时空里，营造出雄奇阔大的山水意境，正如贾文斌先生指出的，"大有盛唐诗风遗韵"。⁽³⁾

梅溪的五律，写法与七律微有不同，起句多用仄声而不入韵，凸显高古气格。其对仗精严华美，尽显学养与才气。警联值得称赏者颇多，后人常常摘出，叹羡不已。本篇的"倚天双宝剑，点石万星金"，和《游箫峰》中的"人家烟色里，古寺水声中"，即为工炼隽拔之句。

二、兴会唱和，诗友情深："言志深期共致身"

王十朋早期诗社活动形式灵活多样，因地制宜。参与人员和活动都相对固定，讲论经史，相长求益，多有感物题诗、兴会唱和活动。联句唱和、反复次韵或同题共作等是主要活动方式。"佳节必盛集"，"唱和三四老"，"登高鹿岩脊，感物题诗"。滥觞于文人雅集的联句、和韵、次韵、分韵等多种唱和方式被一再采用，有一唱一和、一唱多和、自唱自和等等。而王十朋总是首唱引领，屡屡追索和诗，蔚为乡间盛事。

金溪诗社社友联句唱和多有很高的艺术性。《夜听双瀑同刘方叔毛虞卿联句》[诗卷2]与《对月同方叔联句》[诗卷2]等联句诗，慨叙"与君坐阶除，遥望海上月"，"今宵对婵娟，莫放酣歌绝"的欢愉景况。双瀑联句诗曰：

> 夜静双瀑喧，遥闻疑雨来。涧壑生清风，襟宇捐纤埃。（龟龄）
> 飞鸣撼半空，暗想飘琼瑰。前观阻步屦，侧耳成徘徊。（虞卿）
> 萧然山馆间，此兴何悠哉。子晋不复见，月白空箫台。（方叔）

王十朋作的前四句点题，毛虞卿作的中四句突出双瀑气势，刘方叔作的后四句以乐邑典故收结。全诗分合无缝，行云流水，使人顿生高蹈隐逸之兴，尽显招仙馆社友群体创作的活力。

频繁的唱和活动导引社友诗情迸发。参与者如没及时酬答，往往会自加偿还诗债的压力。这就大大促进个人创作数量和质量的提升。重九咏菊的多首诗诞生于诗社友好赏菊雅集的现场。其表达文学观点的七古《答毛唐卿虞卿借昌黎集》[诗卷1]和五古《次韵万先之读庄子》[诗卷4]也作于研习经书、探究诗艺的活动中。十朋的几首有韩诗风韵、得杜诗精神的唱酬诗也是在有关规约的促导下写成的。

据笔者统计，汇总于诗卷一至八的唱酬诗达200首之多。这些唱酬诗劝学励志，熨帖温馨，流露出浓郁的乡邦亲情和青年人的诗意理想。以王十朋为主唱的乐清诗社，生动地勾勒出宋室南渡初年江南乡土诗坛的原始生态——这里有静谧的田园生活，有悠久的儒学传统！

一个偏安海隅的数十百户人家的村庄，竟然活跃着这么一支诗情洋溢的诗人队伍，他们在平等的气氛中品味诗篇，探讨诗艺，以养其志、以练其技、以颐其情，把南宋江南乡村的诗意氛围搞得浓浓的。而且不断扩展，随着诗社成员的转徙将诗风延展至县城及至域外，引领一时风骚。

请想象一下，这是多么值得回眸流连的诗意场景！

北宋末年，内忧外患，政局动荡。身处江南乡野未曾亲历靖康之难的青年王十朋，密切关注朝政时局与恢复大业的风云变幻，以诗社为交游场所，广交励志。有塾校同伴，也有年高师长；有本地亲属，也有外来骚客。他们奋发读书，修心养性，切磋学问，磨砺人格。《次韵刘方叔见寄》[诗卷1]道出了诗社"言志深期共致身"的宗旨，诗曰：

> 交情贵久岂须频，我辈尤宜率且真。
> 子政有孙诚益友，长卿何代乏诗人。
> 论文初喜逢知己，言志深期共致身。
> 箕斗相望正南北，颍川何夕聚荀陈。

全诗叙事抒怀，善于用典，一气以贯之，道出了青年诗人"君子之交"的全部内涵："论文"、"言志"是交游内容，"贵久"、"率真"是交游准则，"共致身"则是十朋交游圈的共同目标，犹言为国事献身。尾联企盼短暂的分别后能作"荀陈德星聚"，用后汉荀淑父子与陈实诸子侄相会，上合星象的事典。

刘氏兄弟家学渊源深远，气锐好学，十朋视为挚友。识交后第三年，刘镇即出示诗篇，后由十朋作序。十朋败举之时，心灰意冷，刘镇勉其"塞翁失马焉知非福"故事。如此结交，切磋学术文章，磨砺人格志向，共修灯火事业，互勉互励，王、刘之交实乃率真诚厚可风。

本此交游宗旨，十朋与诗友切磋学问，磨砺人格，意气投合，终生结交密契者不在少数。

诗翁刘光是他的忘年交，"豪词肆滂沛，淡语入幽寂"，"壮哉五言城，卓尔万仞壁"（《次韵刘谦仲见寄》[诗卷1]），一经结识即成"生死交情"。

刘铨、刘镇两兄弟，由闽地迁来萧峰之下，好学而工辞章，其《待评集》豪迈有文采，让十朋"欣然握手论心腹"。

社友迁家，他深情惜别，赋诗怀念："故人一别路千里，夜雨何时更对床。"（《和怀孙子尚二绝》[诗卷2]）

社友赴省试，他勉励壮行："手探春信寻梅去，袖带天香折桂还。"（《送刘全之》[诗卷3]）

塾师潘翼久困场屋，穷困潦倒，壮志不遂。王十朋作七律《寄潘先生》[诗卷2]，以"才出人头未免贫"、"先生未见宰官身"的感叹评判，概括了科场黑暗年代士人的普遍遭际，具有典型意义。潘先生去世后，40岁的王十朋作《过万桥哭潘先生》[诗卷4]，感慨"江头昨夜潮声怒，却为先生气不平"，蕴含着无限的愤懑和无奈。朦胧间，已从先生的背影中察觉遮掩在自己生活道路上的浓重阴霾。

来自北方失地开封的孙皓，曾为少年王十朋的诗风成长打开了一个新通道。"飘飘逸气凌云霄，凛凛高谈吐锋锷"，"欣然握手论心腹"，"百不为多一已足"。十朋引以为幸，很快成了推心置腹的贫贱之交。结友本意原是"言志深期共致身"，故当孙子尚要迁家浙西时，诗人惜别之情难以自已，作长诗《送子尚如浙西》^{诗卷1}，激昂慷慨，阳刚豪迈，气壮山河，其激越气概颇显"振衰起弊先四家"之征象！诗曰：

> 嗟我穷居海之角，人物素殊邹鲁俗。
> 年虽及冠无交游，孤陋寡闻嗟独学。
> 闭门不出长太息，思得其人共磨琢。
> 孙子往从西北来，头角轩轩真一鹗。
> 飘飘逸气凌云霄，凛凛高谈吐锋锷。
> 文辞翰墨两奇绝，世上群儿徒碌碌。
> 我昔风期一相遇，欣然握手论心腹。
> 衡茅三度枉车轩，书剑连年共灯烛。
> 论交自喜得房杜，言志端能效来郝。
> 长篇短韵迭赓唱，明月清风共斟酌。
> 囊无一钱身不忧，食只一箪贫自乐。
> 有友如君复何憾，百不为多一已足。
> 今焉舍我将何之，遂使江乡复萧索。
> 南国初寒旅雁来，吴江已冷丹枫落。
> 惜君不尽与君别，兀坐无言情更恶。
> 干戈未息行路难，胡马今犹饮河洛。
> 京国有家归未得，钱塘此去仍栖讬。
> 会须徒步谒天子，慨然一吐胸中略。
> 请缨缚虏壮士志，庶使平时语无怍。
> 相将暖律破寒梅，驿筒远寄无辞数。

《宋诗纪事》载孙皓简略生平云："皓字子尚，开封人。绍兴间，家于会稽，与王十朋友善。"[4] 孙皓生于1114年（比十朋晚生二年），绍兴十五年（1145）卒于会稽，年32岁。孙氏为汴京名门，因北方沦陷而南渡家于会稽，18岁时流寓乐清。十朋《读孙子尚旧所寄书》^{诗卷3}说他"之人门地盛衣冠，万里家居帝王宅。干戈缭绕飘吾乡，倾盖论交似畴昔。"相处近三年，成了十朋青年时期的挚友。十朋有多首诗记其交游情景。如绍兴元年重九，孙皓兄弟三人同十朋父子登高赏菊，十月望日又欢饮篱下，等等。二人过访唱和多多。孙皓美丰仪，有上才，十朋在后来的

《祭孙子尚文》^{文卷12}中称他"气如长虹，貌如明珠，才如锦绣，语如琼琚，体有四孔之奇，目无再阅之书"。他的诗典雅清新，韵类唐风而有清味，十朋称慕他的诗风曰："君诗句句清且新，高压曹刘倒元白。"绍兴四年，孙皓迁家钱塘，"萍飘于太湖"，就此一别，二人不再见面。离别时，十朋23岁，孙皓21岁。也许十朋已经意识到，这位来自北地开封的游子，此别可能难以再聚，因而诗情尤显深沉凝重。孙皓32岁病逝于会稽，十朋魂梦劳驰，心灵相契，作祭文，还多次寻其墓，致奠，植柏。生死殊途，数十年间未曾忘怀挚友深情。

本诗以"自嗟"开笔，用六句嗟叹自己久处东海僻远之地，年来"闭门不出"、"孤陋寡闻"、"及冠无交游"的窘境，吐露有志青年的上进渴求。有此铺垫，紧承六句所描述的乍见新友的欣喜之情就显得特别令人激动：友人来自已沦为失地的西北开封；友人逸气凌霄，文墨两全，谈吐凛凛有锋芒，"头角轩轩"，真乃出类拔萃，天降"一鹗"！

诗用12句（自"我昔风期一相遇"至"百不为多一已足"）的大篇幅，回顾并评说了二人的友情腾欢岁月，描绘了与朋友频繁唱和、畅谈理想的动人场景。珍惜之情充溢字里行间：切磋学术文章，磨砺志向人格，尽显友情之珍贵。"论交"推心置腹"得房杜"，以唐太宗得房玄龄、杜如晦而"自喜"；"言志"同气相求"效来郝"，追慕蜀汉官员来敏和西晋名士郝隆，博涉多闻，饱学多才且心怀远志。二人赓唱赠答，共享颜回之乐。诗人慨言，"有友如君""一已足"。如此贫贱之交，让人倾心不已！

在王十朋心中，孙皓是他不可多得的挚友，挚友即将远行，诗人的心境顿时变得凝重。以下的诗句从三个角度抒发惜别怅念之情。前六句写自己别后"萧索""情更恶"；继而四句忧心对方，"干戈未息行路难"，"有家归未得"，"旅雁"、"丹枫"、"胡马"等意象，道出动乱时局背景，无不透露出苍茫寥落的氛围，加剧诗人的离情忧绪。最后六句写对友人的三项嘱托和祝福：一是"谒天子""一吐胸中略"；二是践行"请缨缚虏壮士志"；三是"驿筒远寄"，互道不尽相思之情。这番嘱托属意高远，深涵家国之忧。"会须徒步谒天子，慨然一吐胸中略"一联，点化提升杜甫"麻鞋见天子，衣袖露两肘"诗意，是王十朋实践政治理想的规范途径，毕生践履不违。"请缨缚虏壮士志，庶使平时语无怍"，更是热血青年相勉互励，慷慨杀敌的豪言壮语。

《宋诗纪事》载孙皓《往浙西别王龟龄》诗，呼应了他俩基于家国之忧的深情厚谊，可与本诗参读。其诗云："中原回首尚胡尘，世事徒

惊日月新。羁旅不堪频作别，壮怀虽在已甘贫。南来求友传三益，西去论心有几人。别后梦魂何处是？只应来往慎江滨。"(5)

宋初七言古诗踵武晚唐，体格屡弱，南宋以后则更趋衰落。学者以为，值得推崇的唯有陆游，以其七古诗抒写忠愤之情，奋起于一时。清赵翼《瓯北诗话》即称陆游七古"才气豪健，议论开辟，引用书卷，皆驱使出之，而非徒以数典为能事。意在笔先，力透纸背……"云云。诚然，陆游的《金错刀行》、《关山月》、《秋声》等篇，悲歌慷慨，寓奔放流动于精炼谨严之中，均是七言长句佳作。而考之诗坛原生态，南渡初的诗坛上，草野诗人王十朋的这篇《送子尚如浙西》与《送曹大夫赴行在所》^{诗卷1}以及《前诗送三乡丈行……更为古诗一章》^{诗卷3}等七古篇章，亦属大有可观者，阳刚豪迈，讲究气格，力拔流俗，诗风清雄，善于运用拗怒的音节表达激楚难平的心情，无晚唐的衰瑟和宋初的卑弱，以气壮山河之势，收振聋发聩之效，颇能见得振起诗坛气骨之征象！

十朋这首七古歌行内容博大沉厚，忧国伤时，长歌浩叹，感人至深；结构严谨，前后照应，既节次分明，又浑然一体，襟怀如海，深情激荡，起伏有度，大有韩愈古风气象。其描写、叙述、议论、逆转、顺布，纯是古文作法，雅类韩愈。平心而论，诗的阳刚气格与雄健笔力于南宋之初少有可及者，较之后来的中兴诸诗人也毫不逊色。《宋十五家诗选·梅溪诗选》称十朋"诗章蕴藉深厚，集中诗推尊昌黎不置，可知本领所自来矣"，并录选十朋本篇与《游西岑遇雨》等早期七古诗作，可见得王十朋的七言歌行在历史上是曾经广受诗坛关注并称赏的，只遗憾曾被冷落在始于清末民初的文化研究进程中。

三、切磋规约，以韩为宗："学古直欲学到韩"

诗社唱和的背后，还有更为深刻的诗学思想和创作品格的认同。

作为诗社盟主，王十朋有时会对诗社成员进行个别指点，有时则着意传播自己的诗学主张，扩大自己文学观念的理论影响。既重切磋，又重规约，不断推进了文学传播和理论研习。作于诗艺探究活动中的七古《答毛唐卿虞卿借昌黎集》^{诗卷1}和五古《次韵万先之读庄子》^{诗卷4}，对诗友的六经研习和诗学成长不无指导意义。被誉为"在文学思想史上发生过较大影响"的"重要的理论经典""文主刚气"说，也是在与社友宋孝先的唱酬诗《别宋孝先》^{诗卷4}中首先揭橥的："予尝语所学，文当气为先。气至古可到，何止科第间。"

王十朋平生追慕韩愈，效法杜甫，对他们揄扬有加，推崇备至，并身体力行，转益多师。他早期的诸多理论批评取向都发端于与诗坛现实的激情碰撞之中。例如：

> 学文要须学韩子，此外众说徒漫漫。
> ——《答毛唐卿虞卿借昌黎集》诗卷1
>
> 凌云健笔驱山丘，欲追李杜参曹刘。
> ——《答季仲宜》诗卷2
>
> 句法天然自圆熟，长庆诗豪今有后。
> ——《郑逊志、胡叔成……复用前韵》诗卷5
>
> 古人可作谁与归，白也吾师登可及。
> ——《再用前韵述怀并简诸友》诗卷5

宋代诗社多数处于较松散的状态。王十朋组建的乐清三诗社盟主明确，活动较固定，在内部管理上则重视"规约"建设，逐步走出初级诗社的松散状态。

其一是编辑诗社唱和集。

这是王十朋操作诗社的一个既定"规约"，一直是诗社开展活动的助推器。王十朋多次将诗社诗作衰辑成集，以展示、推广诗社创作成果。除了其后有广泛社会影响的《楚东酬唱集》外，王十朋结社之初，有诗文记录的诗集就有六册之多，即刘谦仲的《南浦老人诗集》、刘镇的《待评集》、王十朋的《自宽集》、宋孝先的《梓坡集》、季仲默的诗词集与王十朋、季仲默、孙子尚三人诗合集。这些诗集操作颇为认真规范，多有序或跋，王十朋亲为序三篇。其形成的创作合力，对于诗坛诗风及此后的诗学走向都曾起到影响和干预作用。

其二是规范唱和评判流程。

对于这些诗集的交互评判流程，王十朋也通过自己的实践作出明确的"规约"。社友宋孝先曾为十朋诗《自宽集》跋后，王十朋读后作五古《宋孝先示〈读自宽集〉，复用前韵》诗卷5以回应。自评他评，评诗评人，评古评今，入情入理，篇末则坦诚直率地提出文学批评应持的原则："何如操矛时入室，鍼我膏肓乃相厚"——操矛入室，直入膏肓，痛下针砭，不作"过情语"。可谓严肃而简明！

又如，王十朋编辑的《南浦老人诗集》，乃刘光之遗作。十朋辑其诗，又为之序，敬佩刘光"作诗不辍"的才情，惋惜其壮年诗作的"不可复得"，既悲其儒冠误身的不幸遭际，更憾其"随作随亡，不复顾惜"的习性。其生死之慨分外感人，而评判之直捷精当堪称落实上述评诗"规约"的标本。

从现存诗文资料看，这些规范要求表明王十朋乐清三诗社走出了初级诗社的松散状态。惟其努力而又能自制，王十朋登第之后，立朝数载，历牧四郡一路，诗社格局也在此基础上嬗变演进。我们可以认为，以王十朋"饶州楚东诗社"为标志，中国古代诗社发展终于迈上了成熟的新台阶。

其三是瓣香三家，以韩为宗。

王十朋在思想与文学上，属于典型的儒教道统的传人，继承唐宋古文家文以载道的传统。他在《读苏文》文卷14中说："不学文则已，学文而不韩、柳、欧、苏，诵读虽博，著述虽多，未有不陋者也。"《光绪乐清县志》称："梅溪先生诗文质直疏畅，行间独饶劲气，瓣香韩、苏、欧三家，而以韩为宗。初，得《昌黎集》，辄欲尽和韩诗三百余篇。"

梅溪之于韩愈，一是拜其"太山北斗世仰观"的人格节义，二是仰其"词严意伟"的"豪迈"诗风。乐清左原有毛氏唐卿、虞卿兄弟二人，俱早慧有隽声，传承家学，时人称之曰"二毛"。弟虞卿，名宏，字叔度，曾入太学，继试礼部，中绍兴十五年进士第。气节磊落，以不附秦桧和议之策遭贬。与十朋过从甚密，知心颇深，诗文相契。毛氏兄弟崇尚韩愈，曾向王十朋借阅《昌黎集》。王十朋向来推崇韩愈，以韩愈为道学文章的最高典范，作诗以韩为宗，于是写了七古《答毛唐卿虞卿借昌黎集》诗卷1作答，自叙学韩情景，力倡"学古直欲学到韩"。诗曰：

> 予少不知学古难，学古直欲学到韩。
> 奈何韩实不易学，恒觉昼夜心力殚。
> 茫然故步亦已失，有类寿陵学邯郸。
> 虽然予心未肯已，尚欲勉强求其端。
> 跬步不休效驽马，千里未至空长叹。
> 羡君兄弟俱早慧，家学且止传柔翰。
> 圣经贤传饫已久，百家诸子皆蠹残。
> 学文要须学韩子，此外众说徒漫漫。
> 韩子皇皇慕仁义，力排佛老回狂澜。

三百年来道益贵，太山北斗世仰观。
我生于今望之远，时时开卷相欣欢。
岂惟庐陵惜旧本，我亦惜此祇自看。
子今欲假敢违命，愿子宝之同琅玕。

这首七言古诗，借与友人唱和来探讨文学问题，表达文学观点，对韩愈"文起八代之衰"的功绩给予了高度评价。

开头十句，以亲身经历阐说少学韩愈之"不易"，表明自己虽不能至，而心向往之的心情。"予少不知学古难，学古直欲学到韩"两句，开门见山地表明诗人心目中韩愈古文大家的文学地位。"跬步不休效驽马"，诗人自谦自勉，要持之以恒地钻研韩愈的道德文章。

中间十句，称赏毛氏兄弟的"早慧"和"家学"渊源，进而称颂韩愈一生以恢弘儒道、排斥佛老为己任，皇皇高标垂范后世。比较"百家诸子"与"圣经贤传"，王十朋认为韩愈的文学成就已达到"太山北斗世仰观"的高度。

结尾六句，援引欧阳修珍惜旧本的典实，承前叙说自己对《昌黎集》的珍惜之情。欧阳修《记旧本韩文后》一文，主要记叙他得到《昌黎先生文集》后发愤图强，功成名就后十分感激这本文集的事。文章感叹："予家藏书万卷，独《昌黎先生文集》为旧物也。呜呼!韩氏之文、之道，万世所共尊，天下所共传而有也。予于此本，特以其旧物而尤惜之。"王十朋勉励朋友要将韩愈文集"宝之同琅玕"，像珍惜美玉一样地把《昌黎集》当成宝贝，加倍珍爱，定会受益匪浅。这就扣上了题旨。

念兹在兹，仰慕情笃。"学古直欲学到韩"，"学文要须学韩子"，道明王十朋文学渊源之所自。韩愈是唐宋古文的开山鼻祖，其诗兼崇李、杜，一反浮艳浅俗，笔力雄健奇崛，自成一家。他与孟郊等人共同开创的尚奇、尚怪的诗风，"横空盘硬语，妥贴力排奡"，对北宋庆历、元祐诗坛也有相当大的影响。王十朋的学韩，当然是受到这一时代风气的直接影响。

总之，王十朋推行诗社"规约"，组织诗学评论，通过品评、轩轾社友诗作，推广诗歌作品，总结创作经验。他将自己的诗作和编辑的唱和诗集、个人诗集等，分发诗社同仁和其他诗友，希望他们"操矛入室"，"鍼我膏肓"。宋孝先、陈元佐等社友都作了积极回应。这就在诗社内逐步形成趋同的诗学追求，即"学古直欲学到韩"。作为社会文明发展和士绅文化生活的重要表征，王十朋乐清三诗社不仅是乐邑诗人诗歌创作的基地，也是他们探究诗学理论、推进诗学成长的课堂。其间蕴含着的与生俱来并与时俱进的文明追求和社会理想元素，对后世特别是温州地区诗坛风尚与诗风成长产生长远影响，对于当今网络时代的文化发展和文人群体生活，相信也会具有一定的借鉴意义。

王十朋早结诗社，诗名早扬，为争取江南文化话语权导夫先路，在南宋诗坛颇有影响。清储大文《存研楼文集》卷十一曾称朱文公（熹）、吕成公（祖谦）、王梅溪（十朋）、范石湖（成大）等为"小元祐"之"才彦"，"郁奋而出"，"号为文章中兴、诗律尤振"。

四、用力甚勤，尽和韩诗："未终三百篇，正坐短檠课"

清康熙癸酉陈訏辑《宋十五家诗选》有评曰：（王梅溪）"诗章蕴藉深厚，集中诗推尊昌黎不置，可知本领所自来矣。"

夏承焘先生《天风阁学词日记》称赏十朋"刚方磊落，令人想见须眉"，"予平生心仪梅溪，常在梦寐"；又指出梅溪"于韩诗用力甚勤"。[6]

王十朋力学韩诗，步韩愈"以文为诗"之先风，以古文之章法句式为诗，且多发议论。他身体力行，模仿苏轼《和陶诗》的作法，"欲尽和韩诗三百余篇"。其集今尚存"和韩诗"37首。

《和怀秋十一首》[诗卷9]作于戊辰年（1148）闰八月省试侧翅东归之时。科考失败，时值中秋，田野空旷，秋叶飘零，十朋深感"儒冠误身"，"凄然感触，不能自己"，于是在国事不堪的感喟声中吟咏《韩昌黎集》，作和韩诗11首。诗有长序，大略追叙历年科场铩羽履历，慨然云："清夜兀坐，短檠自照，诵韩退之秋怀诗十有一章，欣若有晤，因追其韵，太山北斗，我实慕之，白雪阳春，和以巴词云。"例如《和李花》其二曰：

> 皇都二月桃李盛，朱轮翠盖方纷拏。
> 东君世情亦太甚，十分春在侯门花。
> 试吟怨句问苍昊，一种春工何损加。
> 白华秉烛光照夜，此树不属孤寒家。
> 造化无言意潜告，我爱万物初无差。
> 物情禀受苦自异，奚有厚薄施萌芽。
> 劝君勿为花致怨，居易俟命思无邪。

韩愈《李花》原诗有曰："平旦入西园，梨花数珠若矜夸。中有一株李，颜色惨惨似含嗟。"十朋和诗序则云："梅溪书院有李数株，土寒花瘦，游人不之赏。因读退之诗……恻然有感，遂和其韵。"

十朋和诗上幅通过视觉物象描绘和空间比对，向苍天发出诘问；下幅则由情景逗发哲理思考，自我排解，又劝慰他人。

在"土寒花瘦"的梅溪书院观看"游人不之赏"的李花，却从记忆中"皇都二月"桃李盛开的异地场景开笔，其用意显然是为引出天道不公的感慨——皇都京城盛开的桃李引得"朱轮翠盖"纷至沓来，司春之神将十分春色一股脑儿全投向侯门显贵之家，而舍弃书院之李花，听任其如《和李花》诗之一所云"稜稜瘦树"、"颜色憔悴"、"枯枝肤剥"。二者命运的强烈反差，令诗人怨愤难抑，于是仰望苍天发出诘问："东君世情亦太甚"，"一种春工何损加"——或损减，或加多，处置何其不公！

随着理性思考的进入，诗人的心境由郁积愤懑转化为宁静自适。"物情禀受苦自异，奚有厚薄施萌芽"，意思是，事物各有体性，各有其理，领受自然恩赐的能力各有不同，并非上天厚此薄彼，"厚薄施萌芽"。诗人怀抱"我爱万物"之诚，"劝君勿为花致怨，居易俟命思无邪"，意思是，应以平易之心听天顺命！《礼记·中庸》有云："上不怨天，下不尤人，故君子居易而俟命，小人行险以邀幸。"由此心无邪意，心归纯正。正如《论语·为政》所云："《诗》三百，一言以蔽之，曰：思无邪。"

诗人读韩诗，"恻然有感"，终于归结于"居易俟命思无邪"的义理，其秉承的是儒家听天任命的传统思维，也蕴含着诗人一直排斥的某些老庄哲学。关于"君子安生安死俟命而已"的精神内涵，总是存在着多义解释的可能。虞云国教授结合十朋此际辟馆梅溪的实际解读此诗，认为它透露了十朋"创辟书院的起意"及其"内心思想"。十朋想借"创辟书院"切实做点有利乡邦文教的实事。

十朋志向高远且期冀用事，消沉避世本非其愿。他送表叔省试时的话，才是深藏胸中的强烈心声："一摅素蕴，直言救世，非为取一第资也"，"区区一第溷君耳，要将事业窥伊皋"（《送表叔贾元范赴省试》诗卷2）。只是因为这番义理得自"梅溪书院有李数株，土寒花瘦，游人不之赏"的现实场景，上幅已有视觉物象的形象描绘和空间比对的艺术运思，读者想必不会蔽之曰"拙僿"或"道德论"了。

《和秋怀十一首》大都超越视觉物象而专注于内心的情志消释，不再由投视外部景物来逗发义理，诗人情感渐趋淡泊宁静，有了蝉蜕尘埃的澄怀意味，不仅精神意涵渐近陶诗，连选词用语也多有陶诗气韵，值得好好玩味。选读王十朋的和韩诗，可领会夏承焘先生所言的十朋"刚方磊落，令人想见须眉"，探究其"瓣香韩、苏、欧三家，而以韩为宗"的诗学渊源。但总体看来，正如夏老指出的，十朋虽然力学韩愈，但在文学成就上却无法与韩愈相提并论。其自作虽未必"皆拙僿，似学究语"，(7) 但此类和诗多为和而作，情感少赋其中，选词用语虽步韩诗气韵，精神意涵毕竟难及韩诗，故其艺术成就并不高。有说"梅溪学韩不似韩"，不是没有道理的。当年苏轼学陶渊明的诗，"饱吃惠州饭，细和渊明诗"（黄庭坚《跋子瞻学陶诗》），可是苏东坡和的诗一点儿也不像陶诗，他的天才、他的修养、他的敏感和艺术妙想都有别于陶渊明，何况一般人还没有苏东坡的才华，所以不能轻易地学谁像谁。

十朋年少时充满对韩愈的极大仰慕，坦率地表达自己的诗学宗尚，表达对韩诗虽不能至，而心向往之的心情。在举业夺魁之前，王十朋曾精心钻研、揣摩、模仿韩诗，欲和韩诗数十百篇。入仕知饶州时，回忆当年学韩情景，作诗《予向年少不自量，因读韩诗辄欲和数篇，未尝敢出以示人，盖二十年矣。近因嘉叟见之，不能自掩，且赠以长篇，蒙景庐继和，用韵以谢》^{诗卷18}，道出其学韩宗尚一以贯之。诗有云：

> 论文摩巨刃，荐士射强苛。萧兰发秋怀，木雁吟齿堕。
> 飞飞双鸟鸣，不数鹠两个。幽幽十琴操，可仆兰台些。
> 光芒万丈长，照我一床卧。未终三百篇，正坐短檠课……

"未终三百篇，正坐短檠课"，诗人自注云："韩古律诗共三百余篇，初妄意欲尽和之，以方作举业，遂止。"从这里可以推测，十朋当时还应有更多的和韩诗。如果不是因为应举，他本意是想和尽韩诗的。

实际上，十朋在中举以后还作了大量的和韩诗，直至晚年守泉州时，还作和韩诗《曾潮州到郡未几，首修韩文公庙，次建贡闱，可谓知化本矣。某因读韩公别赵子诗，用韵以寄》^{诗卷28}，称道：

> 韩公学孔子，不陋九夷居。诋佛讥君王，道大忠有馀。
> 南迁八千里，文墨以自娱。至今潮阳人，比屋皆诗书……

十朋晚年时还颂扬韩愈陋居学儒、孤忠诋佛的刚直坚韧，又自注云："潮州书云：'欲刊某和韩诗。'"

　　总之，王十朋对韩愈的学习推崇，贯穿于一生，他的诗歌受到了韩愈的极大影响。他的诗风成长及至自成面目正是从学韩开始的。

　　王十朋尊韩推韩主张还表现在其对韩愈思想、诗歌、文章全方位的大量评论之中。《梅溪集》里的诸多诗文，字里行间充溢着对韩愈的褒奖之词，洋溢着拳拳深情。王十朋全面称赏韩愈的人格与诗文。在王十朋心目中，韩愈的道德品行与文学修养都已臻完美。除《答毛唐卿虞卿借昌黎集》^{诗卷1}外，《和永贞行》^{诗卷9}有云："退之鲠直愤不胜，诗篇史笔两可徵，永贞覆辙宜痛惩。"《次韵梁尉秦碑古风》^{诗卷13}有云："石鼓揄扬得韩子，文与二雅争驱驰……诗成得得写寄我，词严意伟法退之。"

　　王十朋盛赞韩愈为人"鲠直愤不胜"，"慕仁义"，"排佛老"，"力欲拯颓挫"，"太山北斗世仰观"，儒家道德堪称模范。王十朋称赏韩愈为文"兴八代衰"，"纯粹""雄健过司马子长"。还具体分析，韩愈作诗虽为"余事"，但"豪怪""瑰奇"，"词严意伟"，"诗篇史笔两可徵"，精妙无比。

　　这样的溢美之词屡见于王十朋诗文。他力学韩诗，贯穿终身。他模仿苏轼"和陶诗"的作法，欲尽和韩诗。其集中有"和韩诗"一卷，共17题28首；另有《和韩退之晚菊赠喻叔奇》^{诗卷12}、《夜读书于民事堂意有所感，和韩公县斋读书韵》^{诗卷12}、《次韵嘉叟读和韩诗》^{诗卷17}等和韩诗数篇。总计尚存和韩诗37首。

五、应心而发，雄直刚正："词严意伟法退之"

　　观照梅溪学韩诗实践，其主要方法就是学"以文为诗"、铺陈尽相的艺术手段，他一方面以古文的章法、句法为诗，以取得穷形尽相、增强气势的艺术效果；另一方面以古文中常见的议论入诗，在叙说的同时，以议论思辩取胜。议论带情韵以行，将所咏事物的情与理自圆于严谨的议论之中，甚得韩愈、欧阳修为文一唱三叹、笔端含情的韵致。

　　十朋晚年七古《读东坡诗》^{诗卷23}这样概括他的诗艺追求："韩子于诗尽余事，诗至韩子将何讥。"在绍兴诗作《次韵梁尉秦碑古风》^{诗卷13}中，他还夸赞梁尉秦碑有韩诗古风气象："诗成得得写寄我，词严意伟法退之。"此即郑定国先生所赏，梅溪本诗体现的"挺劲雄浑，思丰而意广，犹带郁勃激愤之情调"，正是韩诗雄直刚正、词严意伟气象的表征。钱志熙教授明确指出，"客观上说，十朋的个性刚方磊落，禀性耿直，欧、苏的诗文风格，是更适宜他的。韩过于尚奇怪，与十朋的个性

并不完全符合。十朋从韩愈受到的最大益处，恐怕还是在于通过学韩，其诗文有了一种雄直之气，肆口而言，应心而发"。⁽⁸⁾

读读《次韵刘谦仲见寄》^{诗卷1}、《送子尚如浙西》^{诗卷1}等长篇五古、七古，颇能见得王梅溪早期诗作的韩愈古风气象，确有"肆口而言，应心而发"的"雄直之气"，"挺劲雄浑，思丰而意广，犹带郁勃激愤之情调"。

鹿岩诗社盟主刘谦仲，比十朋年长30多岁，是王十朋敬慕的诗坛巨擘。王十朋20岁时，放笔纵横，以一首五言歌行《次韵刘谦仲见寄》笔绘了这位民间大诗家的艺术形象，表达少年十朋的心性诗情及其诗学师承渊源。诗取譬生动，自然雄浑，代表了王十朋早期五言古风学韩臻至的水准。诗曰：

> 湖山蓝黛青，湖水琉璃碧。我时湖边游，山水正秋色。
> 诗翁偶乘兴，来作湖边客。谈锋两初交，意气已相得。
> 诗坛予与盟，文会公为伯。豪词肆滂沛，淡语入幽寂。
> 心匠巧雕斫，物态穷搜觅。壮哉五言城，卓尔万仞壁。
> 初疑公肠胃，百怪所窟宅。吐气干云霄，直欲闻霹雳。
> 妙夺解牛术，奏刀声砉剨。我才寸莛微，洪钟讵能击。
> 又如鸣蟋蟀，啾然和金石。未窥学藩篱，敢语讨奥赜。
> 缪为马慕韩，浪作赤效白。奖拔非所蒙，猖狂固宜责。
> 新篇又拜嘉，开缄光艳射。藏之比明珠，长使夜照席。
> 惜哉不遇时，岂为臧仓隔。儒冠五十年，世路疲行役。
> 操矛赴文场，战艺辄败北。书剑两无成，泥涂困踪迹。
> 龙钟似东野，穷愁搅怀臆。空吟三百篇，高视古无敌。
> 霜风剪林木，黄叶满泽国。我思公不见，羸马未能策。
> 恨无神仙术，安得生两翼。因召管城颖，免冠加拂拭。
> 书帛寄征鸿，心目两俱极。

这首五古诗依照刘诗的原韵次序奉和。虽为和作，又是限制最严格的步韵诗，但完全没有步趋痕迹，宛如自倡，更难得的是词严意伟，思丰意广，雄直刚正，甚得韩愈古风气象，"有了一种雄直之气，肆口而言，应心而发"。

诗的开头八句，回叙弱冠时与刘翁在家乡左原湖边村兴会的情缘。家乡的湖光秋色，陪衬着一老一少"意气相得"的"谈锋"，令这对忘年至交的意兴情谊溢满诗情画意。

次段自"诗坛予与盟"至"奏刀声砉劐",共十四句,称赏刘翁的学养、才气和诗风,使上文的"意气相得"得以具象化的落实。"诗坛予与盟,文会公为伯"两句,谓自己与刘翁结为诗友,推刘翁为文场之长。"肆滂沛"、"入幽寂"、"巧雕斫"诸语,以水势浩大喻刘翁诗风狂放;以境界幽深谓刘诗释理深刻独到;以雕刻砍削之功,称刘谦仲尤擅五言古诗。而庖丁"解牛术"之喻更将刘翁诗艺推崇至尊。

第三段自"我才寸莛微"至"长使夜照席",也是十四句,对举"寸莛"与"洪钟"、"蟋蟀"与"金石",怀自谦向慕之情,夸饰刘翁诗文探赜索隐的"奥赜"和"光艳"。诗人以李白、公西赤比喻友人的文思与才能,又借时人"画虎思马援,画马慕韩干"之说,称自己追慕的是画马能手韩干,故自谦称"缪为"(错误充当)、"浪作"(徒然效仿)。王十朋当知道杜甫并不十分欣赏韩干画的马,"干惟画肉不画骨,忍使骅骝气凋丧"(《丹青引赠曹将军霸》):把马画得太肥胖了,显得垂头丧气,没有精神。杜甫欣赏的是"锋棱瘦骨成"的"胡马大宛名"(《房兵曹胡马》)。诗结以"藏之比明珠,长使夜照席",极言刘翁诗文达至的艺术境界。

第四段还是十四句,自"惜哉不遇时"至"黄叶满泽国",情思急转,一声"惜哉",铺排出刘翁"儒冠五十年"、"书剑两无成"的文场"穷愁"惨状,为诗坛长者的生平遭际抱不平。孟东野耿介孤直,不苟流俗,终生窘困潦倒,正是刘翁"泥涂困踪迹"的前尘影像。"臧仓毁孟轲"的典故,或能为刘翁的不幸排解一二,"命非由己",孟夫子尚且要遭厄运,何况"世路疲行役"的一"儒冠"。

末段则与首段呼应,也用八句,无奈由现实拓开,抒发心志向往,"神仙术"、"生两翼"、"召管城颖",胸襟开阔,志向高远。

这首五古承韩愈古风气象,以散文笔法直陈其事,间杂议论,气魄雄浑,意境奥衍,犹带郁勃激愤之情调。韩愈诗的一大特色就是比喻的丰富、新鲜和贴切。

十朋本诗的比喻也错综利落,且多有创格,有关学养、才气、诗风等抽象概念,每每得以具象化,堪称"博喻"佳例。以"肆滂沛"、"入幽寂"状辞采,以"万仞壁"、"干云霄"写豪气,以"解牛术"、"奏刀声"、"光艳射"等喻诗艺,多为一象设二譬,视觉、听觉、触觉、心觉意象重叠,综合移位,物我通感,异彩纷呈,令人目不暇接。其间虽或不无夸饰之词、求工之弊,但掏心探肺,情感丰沛,裹挟的郁勃激愤之气若后浪翻前浪,促成诗意层层进逼。

诗人肆口而言，应心而发，全篇一波三折，大开大合，大起大落，姿态横生，展示了青年十朋追慕韩愈道德文章，不拘樊篱、意兴随放的诗心诗兴，也初显了十朋把控长篇古风章法的诗才诗艺。

诗中运作意象之技巧手法，比比皆是。例如，开篇以"蓝黛"修饰"青"，以"琉璃"修饰"碧"，体察入微，设色细腻，光影色泽流动的视觉敏感及诗情颖悟，非常人能认知，认知了，也未必能言说。"惜哉"以下，历诉"泥涂"、"穷愁"，最后以景结情，收结于"霜风剪林木，黄叶满泽国"两句，将痛惜之情撒向凄寂景象，悠悠荡荡，馀情袅袅，尽显意象组合之神妙，足见十朋青春才情非常人所及。

宋代的五言诗是薄弱环节，五古学六朝及韦应物、柳宗元的更少。王梅溪以他的创作实践为宋五言诗的演进留下了可资审视的印迹。他早期的述志诗、政治诗多用五言，浑淳质朴，感情沉郁，境味峻洁，语言清澄，注重义理而不薄韵致。这首长篇五古凡58句，写得韵厚情至，声情流美，章法腾挪，不强调对仗的整齐如一，而是于参差中自成莽苍历落的节奏，逼近韩愈古风气象。只是遗憾这位刘谦仲名不见经传，故十朋的这首诗也未能引起论家应有的关注。

值得指出的是，王梅溪之尊韩，基于有宋一代成型的新儒学文化。在诗歌中，以韩愈为首的中晚唐作家群，在创作倾向上尚奇崇怪、光怪震荡，在语言上选词怪僻、构语生涩，多以散文化的句式入诗，追求诘屈拗口的韵律，就是对唐大历以来诗坛轻媚浅俗的一种突破，一种超越。梅溪诗效法韩愈，应心而发，意欲在宋诗成型之际另辟新境界，突破凝固僵化的艺术规范，追求新儒学文化的时尚。但十朋壮年出仕前即转学多家，已知修正韩诗险怪之弊，晚年诗作则脱落韩诗笼罩，诗风多貌，越来越呈现出"端似杜陵翁"的深沉郁勃风格。且待后文细说之。

注释

⑴参见欧阳光《宋元诗社研究丛稿》，广东高等教育出版社1996年版。

⑵陈小辉：《宋代诗社研究》，江西人民出版社2014年版。

⑶贾文斌：《王十朋诗歌研究》，鲁东大学硕士学位论文，2008年。

⑷⑸厉鹗等：《宋诗纪事》卷五十一，上海古籍出版社2008年版。

⑹⑺夏承焘：《夏承焘集·天风阁学词日记》，浙江古籍出版社1997年版。

⑻钱志熙：《温州文史论丛·乐清历代诗词漫谈》，上海三联书店2013年版。

第三章　青春血泪少陵吟

　　王梅溪诗学渊源广远丰厚，创作上兼收并蓄，功力精勤，而尊杜学杜是他诗学成就的重要原因之一。

　　后人若能理解"安史之乱"对于改变杜甫诗格的巨大影响，便不会忽略"靖康之变"余震对于王十朋诗性走向的作用。闲居山海之地的王十朋过早地褪去了少年的青涩，倏然间投身血与火的熔炉，接受社会和时代的冶铸。

　　江西诗派对杜诗的宗尚重点在杜诗的艺术成就上，学杜多在句法、声律、用典等形式方面用心揣摩，讲求字字句句有来历，而对杜甫忧国忧民的博大胸怀和关注现实的诗学精神则有所忽略。王十朋由于现实的激励与启示，对杜诗表现的国家倾覆、百姓血泪以及杜甫自身的颠沛流离感同身受，认为杜甫的可贵之处首先在于其关心国计民生的博大胸怀和人格精神，在于其诗歌继承了《诗经》的现实主义传统，表现了深广的社会内容。杜甫在书写时代巨变和自身坎坷际遇时所体现出的精神气节，是青年梅溪精神世界的重要支撑力量。

　　渐入弱冠之年的王梅溪变得成熟稳重，对时局有深层思考，对未来生涯也作了规划。在靖康之变的余震中，他感受建炎南渡、绍兴和议、秦桧专权等重大变故乱局，忧国伤时，慷慨悲歌，愤斥朝政腐败，呼吁洗雪耻辱、收复中原，期望建功立业，报效国家。他的诗谐谑排郁，讽议时政，时而迸发出生命体验中最沉痛的呻吟，透露出对贤相将帅尽忠国事、力挽狂澜、扶大厦于倾危的中兴呼唤，汇入了爱国主义的时代主流。

　　忧国伤时慷慨论，青春都作少陵吟。青年王十朋以其对国事元气淋漓的关怀之情，表达光复河山之念，抒发愤郁不平之气，每每借用杜甫事典和杜诗语典发之于歌，沉郁顿挫，透发出犹如杜诗的声调气息。

一、国耻难雪之恸："伤时眼泪满襟血"

王梅溪与他的诗友们结社唱和，讲求身份的契合和志趣的相投，为的是满足论诗、谈经、议政的共同需求。他们志同道合，一反江西诗派末流脱离现实的文学倾向，关注社会现实人生，敢于触及社会政治敏感话题。

北宋末年，内忧外患，政局动荡。金于宋宣和七年（1125）灭辽，继于次年即靖康元年（1126）冬攻陷汴京（开封），从此建立了对北部中原120年之久的统治。身处江南乡野未曾亲历靖康之难的王十朋，从少时开始即密切关注朝政时局与恢复大业的风云变幻，有意识地以超越诗酒之外的吟唱内容弥补现实政治诉求的缺憾。在经历国破家亡的时代灾难之后，他与他的诗友虽然无意组结"政治社团"，妄议时局大政，但凡有唱和，涉及时势，总难免慷慨激昂，附丽上一定的情志内涵与政治倾向，明显有别于纯文学社团的单纯娱乐追求。社友们在赏花游乐流连光景的闲适之作中，总也掩不住国事不堪和科第失意的酸涩悲凉，时而透露出对贤相将帅尽忠国事、力挽狂澜、扶大厦于倾危的中兴呼唤。

《伤时感怀》^{诗卷1}二首作于建炎戊申年（1128），十朋17岁。诗深切表达"二圣远征沙漠北"国破君辱之恸与"亿万苍生陷犬戎"的黎民多艰之忧。古今论者凡涉十朋生平，多举及此二诗，可知其所表忧患意识的时代意义。其一曰：

> 三万六千成掷梭，欢娱常少愁常多。
> 干戈今日犹未定，书剑他年知若何。
> 淡荡三秋冷时节，萧条万里空山河。
> 伤时眼泪满襟血，更把少陵诗句哦。

靖康二年（1127），金人掳徽、钦二帝及宗室、宫妃等三千人北去，北宋灭亡。不久，康王赵构在南京（今河南商丘南）应天府即帝位。五载离乱，苍生苦难，高宗南逃，危机潜伏，国事岌岌可危。在此"干戈未定"、"山河萧条"的危难之际，远在南国边远山村年仅17岁的王十朋追慕诗圣，取少陵襟抱，抒满怀忧愤。全诗布局得宜，感慨激愤深重。

首联慨叹时光飞逝，欢少愁多。诗中"三万六千"指人生百年，约计三万六千日。颔联言战乱不已，前程迷茫。"书剑"为古代文人随身携带之物，诗中因以指文人生涯。颈联写景伤怀，情景交融。"淡荡三秋""萧条万里"，极言山河失陷、时局危殆。

尾联"伤时眼泪满襟血，更把少陵诗句哦"，言伤时泪满血巾，隐以杜甫自况。想象"亿万苍生陷犬戎"的情景，想必那些泣血的"少陵诗句"正重重地敲击着少年十朋的心："中夜混黎氓，脱身亦奔窜"（《舟中遣怀》），"销魂避飞镝，累足穿豺狼，隐忍枳棘刺，迁延胝肭疮"（《入衡州》），"丧乱死多门，呜呼泪如霰"（《白马》）……自号"少陵野老"、"杜陵布衣"的杜甫在自身饱受战乱危难之际，从未忘记把目光投向安史之乱给人民造成的灭顶之灾！在生命垂危之际，杜甫还在湘江的那条破船上痛苦地长叹："战血流依旧，军声动至今！"（《风疾舟中伏枕书怀奉呈湖南亲友》）其忠君忧民、悲慨身世的诗歌主题与沉郁顿挫的独特风格，一直是少年王十朋效法的楷模。

《伤时感怀》其二高屋建瓴，笔力雄健，遥想战乱给民众带来的苦难，在感叹"帝乡五载乱离中，亿万苍生陷犬戎"的同时，高咏："斩奸盍请朱云剑，射虏宜贯李广弓。"诗人身在草庐，心怀疆场，在朱云和李广两位良臣身上，寓托着自己修整内政、外御强敌、救乱复国的政治理想。爱国情，复国心，跃现纸上。尾联"借问秦庭谁恸哭，草茆无路献孤忠"，则慨叹抗敌志愿难遂、国家耻辱难雪、孤忠报国无门的现实处境，发泄出少年诗人最沉重的哀恸与愤懑。

二、乱世衰微之恨："干戈满眼恨无涯"

国土沦丧是诗人心中的痛，收回失土是诗人最大的梦想。王十朋的报国忧时之心，不是一般文士浮泛空洞的无病呻吟，而是与南北宋动荡的政治走向休戚攸关共相脉动，每每发出少陵之吟，把"干戈未息行路难，胡马今犹饮河洛"（《送子尚如浙西》诗卷1）这个严酷时局刻在记忆里，写入诗歌中。

十朋20岁那年，离家从林师禹于乐清县城金溪。一日从僧寮经过，看见过客钱之翰题诗，触发伤时情绪而次其韵，抒发抗战激情。《乐清僧寮有过客钱之翰题二绝，有伤时之叹，因次其韵》诗卷1再次借用杜甫《春望》诗意，写出了对意想中北方国土沦丧、兵火纵横的悲切忧恨。其一曰：

> 终日伤心泪溅花，干戈满眼恨无涯。
> 衣冠南渡如东晋，安得车书混一家。

开篇"伤心泪溅花"，化用杜甫《春望》诗句："感时花溅泪，恨别鸟惊心。"意为对花伤感流泪，闻鸟惊恐不安。抒发对国土沦丧、干戈动乱的悲愤忧虑。诗用"东晋"典，又用"车书"典，感怀"干戈满眼"而满朝文武"如东晋"士人，号称清贤，貌似俊逸，不务实际，偏安一隅，不思恢复，其实都是些尸位素餐的国蠹而已；诉说因战乱而"恨无涯"，盼望能光复中原，车书统一：车轨大小相同，文书字体相同。其二曰：

> 功名谁复汉嫖姚，壮士逢时岂惮劳。
> 半夜飞来看宝剑，此身端许掷鸿毛。

诗以发问开篇，诘问当今之世，谁能如汉代名将嫖姚校尉霍去病那样为国建功扬名？对国土沦丧、战将颓靡现实的忧愤之情喷涌而出。接着隐以壮士自许，抒发不惮劳苦，要仗剑杀敌、以身许国的刚肠豪气。

有传宝剑将要杀敌时常会自己发声。陆游常以夜里看剑寄托杀敌渴望。如《长歌行》："国仇未报壮士老，匣中宝剑夜有声。"又《三月十七日夜醉中作》："逆胡未灭心未平，孤剑床头铿有声。"

王十朋与陆游同怀抗敌豪情，以"鸿毛"喻个人性命之轻。高知贤先生评曰，"飞来"一语可谓出人意料，但又无法以他语取代，此语真切地表达了作者急于报效国家的心愿和慷慨昂扬的气概。

身处乱世的王十朋"欢娱常少愁常多"，"终日伤心泪溅花"，在干戈未定之忧中又添乱世衰微之悲。《闻韩师（世忠）退保丹阳，远近忧惧。州县议结乡兵以备不虞，闾巷少年贯弓走马，若有得色，感而有作》^{诗卷1}曰：

> 逆虏纵横未剪齐，王师退保浙江西。
> 羽书日报犹未息，戎捷远来何太稽。
> 千里战云新鬼哭，满天阴雨夜乌啼。
> 臂弓腰箭谁家子？竟日鸣鞭跃马蹄。

前线战事挫败连连，王师退保浙西，强敌猖獗。形势明明紧张，不断传来战败的消息，却有人假造捷报邀功求赏。赵素云先生分析说，前线战死士兵新鬼夜哭，某些州县闾巷无赖儿却打着组织乡兵防御的旗号，整天贯弓走马，作威作福，没有丝毫忧国之心。这些富于讽刺性对比效果的现实表明，国事腐败，不仅前线无力，后方也是浑噩无能。

三、帝京光复之愿："一洗乾坤万里清"

国破世乱给诗人内心烙下了深切的伤痛。但有几首小诗，虽不乏对宋高宗的夸美奉迎之意，字里行间却分明寄托着诗人光复帝京、重整山河的宏大愿景。

其一是《驾幸温州次僧宗觉韵》^{诗卷1}。

建炎四年（1130年）正月，宋高宗在金兵追赶下航海逃到温州。据孙锵鸣《东瓯大事记》载，高宗在江心屿住了16天后，于二月十七日进城驻跸，改州治为行宫，至三月十八日御舟离温北返。是日，御驾仪卫森严，自上门至郭公山下，沿途结彩焚香，百官父老拜伏道旁，山呼万岁。[1]如此"天威"，来自海隅边地的时年19岁的王十朋，在咫尺之内亲眼目睹了，自然感慨万千，一时间，悲、忧、恨、奋的复杂感情交织一处，作诗曰：

> 圣主南巡驻六飞，邦人咫尺见天威。
> 间关高帝尚鞍马，谨厚汉光犹绛衣。
> 北斗城池增王气，东瓯山水发清辉。
> 伫看天仗还京阙，无复旄头彗紫微。

这首颂诗潜藏着讽喻之意。寓讽于颂，对高宗抗敌复国寄予厚望，祈愿金兵干戈远离帝都宫阙，两宋能像两汉那样国盛祚长。十朋暗喻高宗应当像汉高祖那样"尚鞍马"去征战，要像汉光武帝那样穿绛衣去光复汉室，不再抱头鼠窜。

诗人长时间站着围观宋高宗返京的仪卫场景，以"北斗城池增王气，东瓯山水发清辉"两名句寄托光复帝京之诚。作者自注：温城七山成斗形。按，晋代温州城池别称"斗城"。

十朋诗以"发清辉"颂高宗之"天威"，不无夸美奉迎之意；高宗驻跸温州江心屿普寂寺时，曾为孤屿风光御笔题写"清辉浴光"四字。未来的君臣二人对温州孤屿风光的概语真个是心有灵犀。

这样一个丢了半壁江山、仓皇南逃的帝王，值得寄予如此重望吗？纵观十朋一生，未见对亲擢他进士第一的宋高宗下过诛心之论，他只能远望北方兴亡国之叹，一本年少时《伤时感怀》[诗卷1]的政治基调，借渴望二帝归来，强烈地对朝中投降政策进行鞭挞，隐曲地对高宗不积极抗敌表示憾恨。诗尊儒家敦厚之义，讽谏委婉，憾恨内敛。何况"天仗还京阙"毕竟也反映了温州父老对宋王朝的深切忧虑和抗敌复国的普遍心愿。

王十朋在南渡恨中过完一生。他与高宗皇帝的政治情结发端于温州街头"咫尺见天威"的"伫看"之时，其后的殿试"廷见"才揭开政治场中君臣相遇的篇章，继而画出他的政治运命轨迹。

表达重整山河宏大愿景的诗还有《读亲征诏书二首》[诗卷1]。

绍兴甲寅四年（1134），金与伪齐刘豫军大举渡淮攻宋。宋高宗在爱国军民抗敌复国呼声的督促下，终于在十一月十九日颁发出师亲征诏书，告示天下："警奏既闻，神人共愤，皆愿挺身而效死，不忍与贼俱生，今朕此行，士气百倍"云云。当年冬天，23岁的王十朋读到了亲征诏书，在《读亲征诏书二首》序中称："甲寅季冬，读亲征诏书，哀痛切骨。畎亩爱君，情至于此。食禄者义当何如？胸中展转不能自已，故作二诗。"其一以"杜陵野客"之身抒发在国难危急之际，"群臣谁恸哭"，"野客自吞声"的悲愤之情。其二曰：

> 诸将年来已极荣，回首烟阁欠功名。
> 八年犹未平淮甸，一战那能复帝京。
> 畎亩忠臣自忧国，闾阎小子妄谈兵。
> 凭谁决下天河水，一洗乾坤万里清。

在高宗亲征诏书颁发之际，十朋并非一味的激动振奋，"哀痛切骨"、"胸中辗转不能自已"的焦虑心结，皆出于对时局有高瞻于一般士人的清醒识见：

"未平淮甸"，未"复帝京"，哪里配得上在"凌烟阁"记上"功名"——锋芒所向，依然直指贪婪无能而"极荣"的"诸将"；

"一战那能复帝京"——诗人的时局意识非常清醒，对宋金大势的了解和收复失地难度的判断准确无误；

"畎亩忠臣自忧国，闾阎小子妄谈兵"——"畎亩忠臣"泛指畎亩野老和主战抗敌的朝臣们。一个"妄"字，道出自己作为一介草民不可能将抗战主张和谋略付诸实施的无奈。

"凭谁决下天河水，一洗乾坤万里清"——诗人激起了驱除逆虏、舍身救国的义愤，发出"凭谁"重整山河的天问。一方面给人以警策与激励，另一方面在寄望高宗的同时，也透露出颂扬高宗本非所愿，但没有高宗的意旨，收复失地，重光国威，只能是忠臣义士们的一个美好幻想而已。

诗人的着眼点已不止于国亡帝辱的事实，更把笔锋转向对朝廷之内文臣只管谋私、不顾国耻，武将贪求功名、光复不力的尖锐批判。深怀沉痛的呼喊正是精神企慕所投射出的倒影。

对危难时局清醒如此，对光复宏愿执着如此，或许就是赵素文先生所言，"正是作者胸怀救国壮志，却窘于现实腐败，无力济时救倾而产生的最真实的焦虑心理反应"。

《读亲征诏书二首》感情深挚沉郁，格调顿挫有致，谋篇精当，对仗工整，其痛惜忧患的现世情怀，颇能见得青年王十朋步趋杜律精髓的心向。

四、忠良遭害之愤："忠良自此多结舌"

秦桧当权，与金议和，称臣纳贡，杀害抗金英雄岳飞，罢黜爱国将领韩世忠、刘錡、李光等。主战派几被一网打尽。高宗绍兴十一年（1141），十朋闻知表叔贾元范、好友刘政孙、刘全之三乡丈将赴京师参加礼部进士试，即作《前诗送三乡丈行，虽各献芹，然非所以勉子大夫茂明大对之意，更为古诗一章》^{诗卷3}助威壮行。在此满朝群臣都钳口暗默之时，王十朋痛感"逆胡残喘仍跳梁，中兴事业犹渺茫"，义愤填膺，激昂赋诗，申明赴考大义，更以大量篇幅铺陈时事，慷慨议论，元气淋漓。诗曰：

> 逆胡残喘仍跳梁，中兴事业犹渺茫。
> 当今取士异平日，非为故事开科场。
> 庙堂方讳口打贼，翻诋正论为猖狂。
> 纷纷儿辈苟富贵，妄引申伯深阿王。
> 公孙老儒亦曲学，不敢正色言尧汤。
> 徒令天下慷慨士，肝胆一剑生光芒。
> 前年胡公以言逐，言今已验官未复。
> 近日径山缘赋诗，裹头衣白投荒服。
> 忠良自此多结舌，大路相看徒以目。
> 谁能言事如靖康，陈东已死欧阳戮……

节选的诗句无情揭露"忠良自此多结舌"、满朝已无慷慨之士的严酷现实。

全诗一气运转，如金石掷地，铿然有声，矛头直指最高权力者，是十朋早期政治思想的真实表白。胸襟博大，视野开阔，更有寄托。

开头四句，对宋室南渡的危亡局势作全景式扫描，概说"逆胡跳梁"、"中兴渺茫"的政治现实，申言此时开科取士意义非同寻常。以下镜头则直接瞄准朝政，直指皇权：

"翻诋正论"、"老儒曲学"，庙堂是非颠倒，主和派气焰甚嚣尘上；

"陈东已死"、"欧阳遭戮"、"胡公被逐"、"径山投荒"案接连发生，朝廷内外一片白色恐怖——

太学生领袖陈东出于忠义，伏阙上书，谏言抗金，请诛投降派蔡京、童贯等六贼以谢天下，而惨遭杀戮；

布衣欧阳澈相继上书，直斥皇上不思进取沉湎女色，也被黄潜善等投降派所杀；

胡铨上书主张抗战复国，乞斩秦桧和使臣王伦、参知政事孙近之头，终被谪逐昭州新州；

曾以"言之无所畏惧"成名的张九成与余杭古刹径山寺大慧宗杲，因在和议后赋诗讥笑秦桧，也遭放逐投荒……

如此等等，哪一件不是高宗、秦桧的罪孽糗事？虽然陈东已得昭雪，但胡铨、张九成等爱国志士还在流放途中，漫无归期！

"猖狂"、"纷纷"、"妄引"迭出，用语甚为沉重。

"前年"、"今已"、"近日"相接，形势何其严酷！

事事刀光剑影，句句含血凝泪。记录的是那一段血泪斑斑的时代。其内容之严峻，表达之精悍犀利，俨然斗士风格，并世未见有人可及。

慷慨之士不被起用，爱国忠良横遭逐杀，有人翻云覆雨，满朝乌烟瘴气，文武百官钳口暗默……大宋王朝面临的民族矛盾和统治阶级内部矛盾的裂痕越来越大了。

诗用语大胆直白，刚猛激切，对现实黑暗政治，对当朝的投降派及其集权魁首，作出了如此适时、沉重而见血的揭露，锋芒毕露，毫不留情，这该需要多大的政治勇气，至今读之还禁不住要为作者捏把冷汗！

五、科第精义之论："莫把刚肠慕粱肉"

宋室南渡，文化中心南移，大批文士迁徙南方。温州乐清远离战火，又距京师不远，故成为文人墨客寓居的可选之地，文化教育渐趋繁荣，进士科举考试录取人数逐年增多，故有儒冠"海内如今数永嘉"之说。王十朋左原诗文小群体的科举热情也由此高涨。

高宗绍兴十一年（1141），十朋秋考失利，不免消沉，但闻知三乡丈将赴京参加礼部进士试，他顿时重振精神，分别赠诗以表勉励，也借以表达自己科第折桂的强烈愿望。

王十朋一生深受传统儒家思想影响，竭力追求人格道德完美，非常重视学问的经世致用，把"事业"看得高于一切，志在比肩良相贤臣伊尹、皋陶。其《送表叔贾元范赴省试》^{诗卷2}有云："天庭射策决素蕴，忠言为国驱腥臊。区区一第溷君耳，要将事业窥伊皋。"

如果说原先的赠诗《送刘全之》^{诗卷3}等对科场存有太多的习惯性幻想，那么，上举高标科第精义的《前诗送三乡丈行……更为古诗一章》，则可见得王十朋高人一筹的科考识见以及自励励人之真诚。该诗的下幅是这样写的：

> 国家养士恩至渥，干戈不废菁莪育。
> 诸公报国当如何，莫把刚肠慕粱肉。
> 丈夫一第何足道，幸勿以此存怀抱。
> 贾生当献太息流涕痛哭书，
> 更施三表五饵请为属国系单于。
> 大刘小刘展尽畎亩惓惓忠，
> 弘恭石显辈视之当与奴仆同。

在对现实黑暗政治作出适时、沉重而见血的揭露之后，诗为赴考的三乡丈顺理成章地送出了"壮行语"。

先是明以大义，"国家养士恩至渥，干戈不废菁莪育"，因而"诸公报国"，当守"刚肠"，不慕"粱肉"；做"丈夫"，不为"一第"！

接着对三乡丈寄以殷切期望：仿效"献太息流涕痛哭书"的"贾生"，在帝廷忠言射策，用他提出的怀柔、防御匈奴的"三表五饵"策略"为属国系单于"。

诗人在"展尽畎亩惓惓忠"的同时，向卑微奴颜的佞臣"弘恭石显辈"投去了蔑视的一瞥。正气凛然，草野志士的襟抱何其高洁！

王十朋以其敏锐的政治眼光密切关注着朝政时局，并及时作出了反应，大胆而尖锐地道出了真实的"勉子大夫茂明大对之意"，也借以宣泄了积郁心头的块垒，励人并以自励。诗人以痛惜激愤的诗笔，铺排出三位亲朋赴考的时势大局，坐实了开篇所言"当今取士异平日"的时政背景，这就大大提升了三长老赴考的悲壮感。

"诸公报国当如何，莫把刚肠慕粱肉"！诗人对忠臣义士的赞赏，对奸臣的诛挞，对求仕道上的志士仁人的激励，千载之下，"读之犹凛凛有生气"。⑵

王十朋不是陷于腐儒陈学的愚士。作为未仕的一介村夫，他从未放弃"报国"的责任和担当，"展尽畎亩惓惓忠"，将个人命运与国家命运紧紧连在一起。入仕之后，历经仕途磨难，他还殷殷告诫少年学友、同科进士曹梦良"男儿所尚惟名节，莫坠人间富贵机"（《送曹梦良赴桐庐户掾》诗卷15），清正一生，崇尚德操，蔑视富贵，科考求仕的报国初心终身不改。

在科考路上，王十朋有过太多酸楚悲苦的历史记忆和余痛。他不会忘记，诗圣杜甫当年旅食京华，求功名心切，曾奔走于达官显贵之家……但终于怀揣"致君尧舜上"的宗旨，辞去卑微职位，开启了用生命写诗的人生，走上批判现实主义的轨道。王十朋一辈子未尝热衷过干谒求仕，他靠自己的苦学奋斗去博取功名，他之所以能悉心体谅后来加盟楚东诗社的诗友张孝祥一度首鼠两端、颂扬过当道奸臣秦桧的不体面的勾当，只表明这位科场过来人的胸襟有过人之处，独自固守求仕"报国"的科考宗旨。

一首赴考壮行诗写得如此洋洋洒洒，如此慷慨激昂！此等鲲鹏远志，远非那些汲汲于蝇头功利而对国事天下事集体冷漠的"俗儒"们所能比肩。

吴鹭山先生指出过，王十朋"对功名的看法亦与俗儒大有不同"，⑶他认为求取功名不是为了个人名利，而应该为国家做出一番像伊尹、皋陶那样的事业来。特别是国难当前，更应该献纳忠言，为国家报仇雪耻，始终不渝。

十朋诗忼爽高昂，豪宕激越，义无反顾地表达了不为"粱肉"之私而葆其"刚肠"壮怀。正是这超越时代局限的科举精义，支持他在漫长的科考路上不惜献身来铸造生命之崇高，并终身为救国拯民鼓与呼！

六、万古英雄之颂："报国已淬腰间刀"

在国土沦亡的乱世里，王十朋恸哭、孤忠，却没有彻底失去希望。他热切盼望有贤士能人为国效功，热切勉励志士良将前线杀敌。他以自古多义勇豪侠之士的"丰沛"、"并汾"为背景，以陈登作为扶世济民能臣的理想符号，作七律《次韵题曹大夫怀忠阁》[诗卷1]，赞扬"平生忧国丹心在，一饭思君血泪横"的志士"曹大夫"。

同题材的七言古诗《送曹大夫赴行在所》[诗卷1]，则着意强化"中州万古英雄气"（元好问句）的雄阔背景，选择典型细节，成功塑造了一个义勇双全的、有典型意义的抗战英雄的艺术形象，发出了忠义慷慨之音。诗曰：

> 西北连年杀气高，群盗横行如猬毛。
> 廉颇李牧不世出，吾皇侧席心焦劳。
> 汾阳自古多壮士，曹侯意气千人豪。
> 年今四十犹偃蹇，拊髀长叹淹龙韬。
> 慨然挥袂谒行在，报国已淬腰间刀。
> 登台拜将预指日，看君举手清风涛。

前四句交代英雄产生的时代背景：战乱"连年"，"群盗横行"，英雄"不世出"，"吾皇""心焦劳"。时局令人担忧，王十朋盼望能有像廉颇、李牧那样的爱国将领以身许国，挽回败局，"曹大夫"正当此际义勇赴国难，值得歌咏。

中间四句，在英雄心志与现实处境的强烈反差中为英雄的奋起张势：壮年四十的"汾阳壮士"，有"意气"，有"龙韬"大略，却长期淹没于"偃蹇"之中，不能施展；"拊髀长叹"，一个以手拍股的动作形态描写，凸显了英雄内心壮怀激烈的情态。大凡国势衰微则英杰颖脱，领土沦丧而志士纷起。曹大夫的奋起正是时势所逼。

"慨然挥袂谒行在，报国已淬腰间刀"两句，直接为英雄写照立像。"挥袂"，舞动衣袖，激动奋发的样子；"淬刀"，铸造刀剑时把刀剑烧红浸入水中，使之坚刚。两个典型细节，最富特征意义，栩栩传神地凸现了并汾壮士的阳刚气概和奋发雄姿。他慷慨赴义、请缨杀敌、为国效力的实际行动，落实了英雄的"慨然"豪气和"报国"壮志。

诗人敬慕并勉励曹大夫的英雄之举，满腔热情地鼓励曹大夫勇赴西北战场，杀敌报国建新功。末二句预祝他"登台拜将"，"清风涛"。"指日"言企盼之急切，"举手"状马到成功之势。"清风涛"所寄托的玉宇澄清之功，与诗人少年时期就怀有的"晴天开万里"、"愁思渺无涯"（《宣和乙巳冬大雪次表叔贾元实韵》^{诗卷1}）的政治理想一脉相贯。

南宋社会渴望有拯救民族于危亡之际的英雄诞生！

这首送别诗的别情基调和语言风格特点，展现了主人公以天下为己任，为国效力责无旁贷的壮烈豪情，充溢着乐观奋发、慷慨激昂的积极情调。作者试图在典型环境中塑造典型形象。诗突出曹大夫的"汾阳"背景，赋予其华夏民族的象征性意象；又选择了最富于特征的"挥袂"、"淬刀"两个典型细节，成功刻画现实社会抗战英雄的艺术形象。读者不难看到英雄形象背后站立着一个高大饱满的抒情主人公形象。

全诗慷慨悲凉，英风烈烈，正气磅礴。较之那些南逃士人的叹穷叫苦，其爱国呐喊空谷足音，在中原失守、江山变色之时，配合着张孝祥、辛弃疾等金戈铁马的壮词，给偏于萎靡软媚的南渡诗坛带来了劲健阳刚之美。

这样的诗气格清峻超拔，人物形象鲜明生动，在南渡诗坛上为数不多，奠基于爱国之情，直可与"风骨高华"的盛唐名家李颀的《送陈章甫》、《别梁锽》、《赠张旭》等佳作媲美。

400前，杜甫曾创作《喜闻官军已临贼境二十韵》、《洗兵行》、《闻官军收河南河北》、《承闻河北诸道节度入朝欢喜口号绝句十二首》等诗篇直接描写在平定安史叛乱的征战中居功至伟、名留青史的郭子仪。有的刻画郭子仪的性格，还有的揭示郭子仪的内心活动。杜甫将大唐江山的希望全部寄托在一个军事家身上，是出于"致君尧舜上"的真诚。

36年后，十朋去世后的乾道九年（1173），陆游以乐府旧题《胡无人》作诗，也塑造了一位古英烈形象。陆游追怀晋朝北伐英雄桓温，通过想象中的古英雄把自己的政治理想形象化，寄托盼望北伐、消灭金虏、收复失地的心志；其晚年的《观大散关图有感》、《楼上醉书》等诗则悲壮激越，感慨低徊，细密铺排出毕生的"恢复中原"之梦，直接以金戈铁马、横槊渡江的现实场景塑造出完整的自我英雄形象。

隔代大诗人的诗歌风格及所塑形象固然有所不同，但元气淋漓，悲壮雄浑，无疑同属"正能量"。他们崇尚儒家主张的"杀身成仁，舍生取义"的英烈豪气，崇尚孔夫子"执干戈以卫社稷"的尚武精神，此起彼伏地礼赞英武志士，奏出了时代的最强音！

虞云国先生充分注意到王十朋这首诗的重大意义，认为"慨然挥袂谒行在，报国已淬腰间刀"两句诗形象地道出了十朋"始终处于从江湖走向庙堂的蓄势待发的准备状态"。是的，在赵宋王朝兵荒马乱之际，王十朋心领神会安史之乱时流落为难民的杜甫何以会那么虔诚地敬仰郭子仪，敬仰那个年迈而宝刀未老的英雄？是因为郭子仪一呼百应，领军救亡，重新支撑起大唐江山！

杜甫、王十朋、陆游笔下的英烈壮士，不正同是"致君尧舜上"的爱国士人所寄望的家国理想、华夏脊梁吗？他们以诗歌表达光复河山之念，抒发愤郁不平之气。他们歌颂或在朝或在野的民族英雄，表现了中华民族国家完整统一的共同主题。

当然，英雄形象的诞生并不同时宣告包括王十朋在内的宋代读书人金殿唱名、状元及第等传统价值观念的转型。十朋终其一生，未曾像陆游一样驰骋疆场，投身实际战斗，亲自杀敌。他的爱国诗缺乏陆游诗特有的那种巡天跨海的仙家浪漫与醉歌作达的"气可吞匈奴"（《三江舟中大醉作》）的雄壮亢奋和狂澜恣肆。也毕竟没有像当年的杜甫那样，在战乱中与难民一起流亡，亲眼见到过那么多的血泪和尸体，未能写出如同"三吏"、"三别"等深切体会人民苦难的作品。他将救国希望寄托在一个来无影、去无踪的"曹大夫"身上，这说到底也只是一个贫寒读书人的虚无缥缈的梦影而已。他梦过了，想过了。如同杜甫，真情实意地歌颂过真正的时代英雄，但这个国君，这个君国，却最终把杜甫逼上了漂泊的绝路，在饥寒交迫中病死在湘江的一条破船上。等待"蓄势待发""从江湖走向庙堂"的王十朋的，又将是怎样的政治命运呢？

综上所述，南北宋交替时期，青年王十朋尊杜学杜，高扬杜甫诗学精神，其诗作多有血泪少陵吟，借用邹进先先生的杜诗学述论，首先是"由于国家巨变和时代苦难的激发"。[4]钱锺书先生指出："靖康之难的发生，宋代诗人遭遇到天崩地塌的大变动，在颠沛流离中，才深切体会出杜甫诗里所写安史之乱的境界，起了国破家亡、天涯沦落的同感，先前只以为杜甫'风雅可师'，这时候更认识他是个患难中的知心伴侣。"[5]身处南北宋交替时期的青年王十朋，虽未曾亲历靖康之难，但凭借其青春热血与天赋的政治敏感，密切关注朝政时局与恢复大业的风云变幻，每每以超越诗酒之外的吟唱内容弥补现实政治诉求的缺憾。他对杜甫发生了一种心心相印的新关系。要抒写家国之痛，就自然而然效法杜甫苍凉悲壮的作品。杜诗成了一面历史的镜子，杜甫成了王十朋的千古知音。杜甫的爱国主义精神与伤时忧世的人道主义情怀，时时感动王十朋，他的诗禁不住地"伤时眼泪满襟血，更把少陵诗句哦"。

王十朋的尊杜学杜，吟唱少陵诗句，也与当时朝政变化有关，忠君忧国成为时代最突出的主题。南宋建立后，宋高宗迫于时局，在政治上革除了徽宗时期的一些弊政，实行"更化"措施，为元祐党人平反，废除党禁和诗禁。宋高宗"最爱元祐"的政治表态，大张旗鼓地推尊元祐学术，影响甚大。王十朋崇敬的主战派代表如李纲、赵鼎、张浚、胡铨等人多对杜甫的生平人格、政治追求、诗歌成就等进行了热烈的赞颂。史载，赵鼎"素主元祐之学"⑹，张浚"尝与赵忠简共政，多所引擢，从臣朝列，悉一时之望，人号'小元祐'"⑺，江西诗派产生广泛的影响，使得学杜的舆论和风气转盛。王十朋身处其中，杜甫困踬流离而不忘其君的忠义气节使得十朋深受裹挟，那九死未悔的忠义情怀使他的吟唱融汇于爱国主义的时代主题。

注释

⑴孙锵鸣：《东瓯大事记》，《温州文献丛书·孙锵鸣集》，上海社会科学院出版社2000年版。

⑵刘宰：《漫塘文集》，钦定四库全书集部四，民国嘉业堂本。

⑶吴鹭山：《光明正大之磊落君子——〈王梅溪诗文及年谱〉前言》，载《王十朋纪念论文集》，辽宁人民出版社 2001年版。

⑷邹进先：《宋代杜诗学述论》，中国社会科学出版社2016年版。

⑸钱锺书：《宋诗选注》，人民文学出版社1979年版。

⑹脱脱等撰：《宋史·吕本中传》。

⑺黄宗羲：《宋元学案》卷四十四《赵张诸儒学案》。

第四章 设馆研诗并蒂花

　　王十朋一生热心教育，辟馆授徒，且诗社再结，诗心不改。既重诗书教化，又笃交游情谊。他创办和参与营运两座书院——乐清梅溪书院和剡溪周德远书院，精研教旨，传承儒家"志于道、据于德、依于仁、游于义"的襟怀，以高尚的人格魅力和深厚的道德文章成为一代教育专家。

　　办学馆与结诗社有诸多相通相同之处。难得十朋能将二者结合得如此自然而紧密，同时成就了教坛盛事、诗坛佳话。首先是其宗旨一致，二者都以修身为主，以人格为重。学馆教育和诗社论诗都实施器识其先、文艺其从的育人原则，学习氛围自由宽松，师徒感情融洽，真正实现亲其师，重其道。而讲经、论辩、文会、诗会、郊游、观水、会饮、唱和等等，都是学馆和诗社经常共同选用的活动方式。学馆与诗社都亲师重道。十朋视生徒如朋友，师徒感情甚笃。这种亦师亦友的师生情谊绵绵数十年，历久弥新，堪称后世楷模。

　　王十朋以乡贤中坚的身份，凭借其秉承的文明素养，承担起维护并构建乡村文明传统的重任，使得乡间具有了浓浓的科考意向和诗情心性，且以诗文保留了当年乡村诗文教化的珍贵实录。诗社与书院并驾齐驱。设馆授徒与结社研诗花开并蒂，综合发挥了书院与诗社的育人功能，培养出不少人才，包括一批诗才。正如王十朋在《渊源堂记》_{文卷12}所言："其后诸孙日益长，师友日益亲，渊源日益叩，而事业日益修。推其绪余以事进取，有隶天子学，登乡老书，擢进士第者凡数人，余皆以学问自立而其进未艾，由是剡之学者推周氏为盛。"

　　王梅溪不愧儒学诗道的虔诚传承者，不愧宋明书院讲学精神的开创者，厥功甚伟！

一、梅溪与剡溪："遗经独抱期心传"

书院也称书馆、书塾、家塾、家馆、会馆、馆舍等，也称书会。名称虽异，性质却是一样的，都是求学应考前文士们自行组织结合的民间求学团体。徐顺平先生早年首次发现"书会"原属"教育团体"性质，就是得知于梅溪《悼亡》^{诗卷26}诗自注所云："予一日忽言穷，令人曰：'君今胜昨日书会时矣，不必言穷。'予悦其言，盖死之前数日矣。"所称"书会"即指乐清梅溪书院。而此之前学界只把"书会"作为"编写剧本及其他说唱文学的才人编创团体"。他指出："南宋前期的'书会'是文士们读书会讲以备'登第补中舍选'的教育团体"，并说，"这种作为文士读书会讲行会性组织的出现，与工商业经济的发展社会行会组织的出现有着密切关系"。⁽¹⁾徐先生考述，此"书会"之称"比之《都城纪胜》（作于端平二年，1235年）所记'书会'早65年，是现知对'书会'的最早记载。"

王十朋一生营运过两座书院。

其一是创办乐清梅溪书院。

绍兴十四年甲子（1144），王十朋居父丧的第三年，在左原孝感井南边修建梅溪书馆。一堂八斋，馆内建"小成室"、"会趣堂"。《梅溪集》有诗记述王十朋聚诸生于会聚堂论诗作赋的事；《岩松记》^{文卷12}记载王十朋自制盆景置小成室，后因诸生喜欢，将盆景移至于八斋之"会趣堂"，云云。

王十朋聚徒讲学，亲自主讲梅溪书院达八年之久，即使后来上太学读书，也还是常回来讲学。先后聚会者共计122人（见《梅溪题名赋》^{文卷6}）。《送章生端武》^{诗卷3}一诗足可印证创办书院的初衷，不只是借此要切实做点有利乡邦文教的实事，其内心也确有与学友切磋心得的需求。⁽²⁾诗曰：

> 麟经绝笔今几年，学者异说何纷然。
> 操矛入室务相伐，谁能浚井得美泉。
> 梅溪野人独好古，遗经独抱期心传。
> 从予讲论有赵陆，得趣往往忘蹄筌。
> 章生妙龄固可畏，圣经贤传思穷研。
> 赢粮远来若有意，席未及暖俄言还。
> 岂厌先生纸上语，奥境不见徒留连。
> 春秋明日遂东矣，情钟我辈徒拳拳。

本诗赠别的章端武是梅溪书馆学生。从诗句中可知，端武非本地慕游者，离馆较早，而对"麟经"《春秋》等儒家"圣经"有"穷研"之志。

赠别诗前八句申说事理，阐释题旨；后八句临别赠言，回应题面。全诗浑然一体，严肃中有脉脉温情。"梅溪野人独好古，遗经独抱期心传。"一语道出办馆之初心，即怀"心传""遗经"的"好古"之志，与乡邦知心学友讲论交流。

十朋视生徒如朋友，既重诗书教化，又笃交游情谊。面对这位即将离别的外地学生，他深怀依依惜别之情：既然"赢粮远来"，"有意"修为，为何"席未及暖"而"言还"呢？身为教席，十朋不免检讨起自己："岂厌先生纸上语，奥境不见徒留连"——难道是厌倦我的讲课？但经典奥义未明，岂能忍心弃学？于是，十朋在申说《春秋》争议史实的基础上，对"妙龄固可畏"而有"穷研"之雅志的章生寄予厚望："《春秋》明日遂东矣，情钟我辈徒拳拳"——表达了自己对于"圣经贤传"的眷爱之情和"穷研"之诚。对于圣人手订的经典和贤人阐释的著作，诗人表示都要"浚井得美泉"，疏浚、深挖，开发其内涵奥境。诗人以"我辈"并称师生，这就将自己对于儒家经典的眷爱挚诚转化为师生的共同愿景。师生情谊笃厚，温馨亲切，两代人在儒家"圣经"前的平等地位以及切磋交流的殷切心意由此显现。

王十朋作为"经学淹通，议论醇正"的儒学者，其经学方面的修养当然是很全面的。令他在殿试时以进士第一名胜出的正是《春秋》宗旨。本诗由"麟经绝笔"入题，在学界"异说纷然"、"操矛相伐"的背景中，申明自己"独好古"、"期心传"的雅志，落实了"浚井得美泉"的心向，寻求儒家经典玄奥微妙的高深意境。并告诫弟子，"穷研"圣经当以"得鱼忘筌，得兔忘蹄"的方法，重在体悟，明其妙理。这"得意忘言"的经验之谈，即是他寄希望于后学者的出发点和归宿点。《道光乐清县志》"人物"称其"通六经，尤长于《春秋》"，"其文粹然，有《春秋尚书论语解》"云云，(3) 堪称《春秋》专家。本诗即是他精研《春秋》的阶段成果。

其二是到剡溪书院任师席半年。

绍兴二十三年癸酉（1153）春，应太学同舍周德远之邀，十朋离家往剡溪（今浙江嵊州）书院任师席。此次赴浙东人才荟萃的剡溪书院执教，乃当地教坛盛事。高似孙《剡录》卷一有云："剡周氏作渊源堂……时永嘉王十朋居师席，温、台秀士咸在馆塾。"(4) 王十朋在《书院挂额展筵雅会……》^{诗卷6}诗里申明，他热切期盼书院里"人才蕴秀异，学业扣渊源……池中神鲤足，一一上龙门"。

在讲授之余，十朋游览名胜，撰诗作文，《书院杂咏》[诗卷6]34首即是此时所作。其中几首咏梅五绝引人注目。考之十朋年谱，自三月十日离家赴剡溪，截止于当年七月二十三日告别周德远诸友返家，其时不可能在剡溪书院中直接观赏到江梅、红梅、蜡梅、千叶黄梅等等雪地花木。梅花只是十朋设定的借以抒怀表意的景观物象而已。十朋以意取镜，遗貌取神，寄托人格理想，既是自我追求，也是育人规范。如《江梅》诗曰：

> 园林尽摇落，冰雪独相宜。预报春消息，花中第一枝。

诗说江梅竞放于百花"尽摇落"的园林之中，其风霜不摧、"冰雪独相宜"的天意生机，展示了其内在的自尊自强、威武不屈的品性。芳菲先发，预报春讯，成为繁花世界的"第一枝"，江梅天理独赋、管领春风的形象，常被作为有宋一代仁人先知思想的比兴意象。又如《红梅》诗曰：

> 桃李莫相妒，天姿元不同。犹馀雪霜态，未肯十分红。

诗以红梅的口吻自塑独特的姿态和个性：桃李呀，请不要嫉妒我，你我天赋资质各有不同。经历了长长的严冬，我身上还残留着霜雪的痕迹，我本不想太过红艳！红梅独放于冰天雪地之中，其不同于"桃李"的"天姿"源自霜雪的历练；但绝不因此孤标自傲，蔑视一切。"犹馀雪霜态，未肯十分红"，在展示冰清玉洁、抗争自强的个性品格的同时，又严于自律，绝不狂傲张扬。红梅的胸襟坦荡博厚，红梅的处世态度温柔敦厚！

赏读之下，我们不得不叹服这位先贤的教育价值观——"遗经独抱期心传"。王十朋把自己的教育理想和人才观、人格观，用形象的小诗表达出来了。梅花品性寄托着诗人以儒家传统规范人世、培育人才的教育理念。审美角度独特，思理骨架明晰，由浅近语言展示的意脉非常流畅，这正是诗主人独特的人格范式及其育人观念日趋明朗成熟的诗化表述。

二、学馆与诗盟："龙山宴集多佳友"

梅溪诗社与梅溪本人主持的梅溪书院并驾齐驱，花开并蒂，人才辈出，声誉日隆。作为乡贤中坚，王十朋承担了维护并构建乡村文明的重任。在远离帝京的海隅之地，王十朋以其文明素养重建乡贤传统，使得山村具有了浓浓的科考意向和诗情心性，厥功甚伟！《九日把酒十九人……还用前韵发一笑》^{诗卷5}有云：

> 劝君须饮文字酒，劝君耕耨心中亩。
> 饮非文字犹聚蚊，心田不耕棘生口……
> 与兹饮会类平原，逃我诗盟几高厚……

《九日会饮，予为唱首，自和凡数篇……》^{诗卷5}有云：

> 独坐东篱叹无酒，种秫西畴获盈亩……
> 汝南风俗有故事，龙山宴集多佳友……
> 应制赋诗人孰在，坐湖联句今还有……

据上录同韵古诗所云"逃我诗盟几高厚"、"龙山宴集多佳友"、"坐湖联句今还有"诸句，可知王十朋在赴补太学十年间（1146—1156），在家乡所辟的梅溪学馆中曾与众多生徒、乡友结有"诗盟"。十朋作有《乙丑冬罢会呈诸友》^{诗卷3}、《寄万大年》^{诗卷4}、《观水记》^{文卷12}、《九日饮酒会趣堂者十九人》^{诗卷5}、《九日把酒十九人，和诗者数人而已》^{诗卷5}等诗文述学馆诗盟唱和盛事。"汝南风俗有故事，龙山宴集多佳友。"可见得赏菊已成诗社雅集之常规，而王十朋总是首唱引领，追索和诗。

梅溪学馆所结诗社可考的参与者，多为十朋帐下高徒，均见于郑定国所示《梅溪学案图》。入门的人都有一定的学养品格。师生交谊深厚，同题唱酬，研讨诗艺，编辑诗集，评骘互勉，延续多年。(5)

梅溪授徒期间，王十朋母亡子丧，生活窘迫，悲痛无限。他借诗酒强以自宽，并编诗成集，取名《自宽集》。社友宋孝先曾为《自宽集》跋后，王十朋读后作五古《宋孝先示〈读自宽集〉，复用前韵》^{诗卷5}以回应：

> 渊明酷爱尊中酒，季子贫无负郭亩。
> 我生薄与二子同，俯仰人间亦缘口。

一室萧然仅容膝，毛颖陶泓自相友。
会心终日雌声读，排闷有时粗气吼。
感秋诗集名自宽，雕琢更惭非妙手。
篇章不工如子固，声名敢望星之斗。
宋生辄作过情语，十韵殷勤为跋后。
誉之韩柳谁敢当，意古语奇吾岂有。
何如操矛时入室，针我膏肓乃相厚。
床头周易深且神，毋惜往来论六九。

宋孝先乃梅溪帐下高徒之一，是王十朋未显达之前颇能教学相益的唱和者。为人好学有雅志，个性温和乐善。后以经魁南省，历知临海、奉化等县，通判信州，以朝散郎致仕。他为十朋诗集作十韵诗题跋，可见师生交谊之深。王十朋的这首五古诗再现了学馆与诗社的共同发展及书院教学相长、诗友情感契合的生动情景。

读到宋孝先的题跋，王十朋虚怀自评，巧为点击，评诗亦评人。诗从渊明、季子的生性人品说起，自己追慕俯仰，引以为友，"会心"时"雌声读"，欲"排闷"则"粗气吼"。强行自宽背后的悲情愁苦和诗人真诚恳挚的书生意气袒露无遗。自己虽然像苏秦那样金尽穷困，但还是未曾荒芜城郊土地，辜负家传的田产。"季子金虽尽，陶潜酒莫辞"，这是元人汪元亨《归隐》曲中的吟唱，十朋早有领悟，内心刚强却雌伏不争，表达得率真可爱。

诗人在感谢对方"十韵殷勤为跋"的同时，直奔主题，自评兼评人：在与陶渊明以下的韩愈、柳宗元、曾巩诸大家文风诗品的比照中，十朋揣摩自己诗作的缺憾，一是"雕琢非妙手"，二是"篇章不工"，三是未能"意古语奇"。其审美尺度与标准，是十朋自己创作追求的提炼，显示了作者自己的实学博观与虚怀若谷。

篇末则对为跋者坦诚直率地提出了希望，也即提出了有普遍意义的文学批评原则：操矛入室，对诗作痛下针砭，直入膏肓！作者以"深且神"的《周易》为范式，"往来论六九"，提醒评论者千万不要一味"作过情语"。何其严肃，何其简明！对自己的学生兼诗友如此真诚直率，真乃坦荡荡之谦谦君子也！

王十朋勇于批评，也有自知之明，既显示了实学博观，也道出了创作追求。他以为韩柳作品"意古语奇"，虽难以达至，但慨然有承继之意；而曾巩"篇章不工"，或许类同于自己的少"雕琢"，当引以为戒。这首同韵诗既心树追慕对象，又找到了规避之处，可见得十朋泃善学者也。

王十朋创办、亲自主讲两地书院，先后逾八年之久，综合发挥了书院与诗社的育人功能，花开并蒂，培养出不少人才，包括一批诗才。

三、德性与艺文："主翁兼种德，要与子孙看"

办学馆与结诗社有相一致的宗旨。都以修身为主，以人格为重。梅溪书馆重德性教育，开设《论语》、《春秋》等六经，还组织文章会评、师席讲授、学子钻研、书友会讲等，研讨诗艺，相互切磋，不乏驳难，生动活泼，营造了教学相长、诗文齐进的优良学风。

王十朋对书院的德性教育非常重视。《送表叔贾元范赴省试序》^{文卷12}主张取士应"先器识后文艺"：

> 某尝谓古之取士先德行，后之取士尚文艺……以德行取士人事固与天理合……且谓士之致先器识，后文艺……由是知科举取士，虽专在文艺间，然由文艺进者，必先德行副之，斯可致远大之地……某既著为天理说，且拭目以待，欲验斯言之不妄云。

王十朋学识渊博，精通《论语》、《孟子》、《尚书》，对《春秋》一经持论见解独到。在王十朋看来，修养与学问是紧密相关的，文艺修养应以思想道德修养为指导。重视道德情性的涵养，方能培养出利济苍生的胸怀。他教育学生，评论诗格，也一如既往，一以贯之。他虽然非常推崇柳宗元的文章，但对柳的器识德行却颇有微词，为柳宗元的误入王叔文党表示遗憾和不满。《和永贞行》^{诗卷9}诗序说："予自少喜读柳文，而不忍观其传，惜其名齐韩愈而党陷叔文也。退之于柳善，及作《顺宗实录》，未尝假借。公议之不可屈也如此。"

他强调学者或诗人，都应该先器识后艺文。器识，器量与见识，指人的内在涵养、精神境界；艺文，指学问，运用文字的技巧。王十朋强调做人的器量与见识，至于"文艺"，则只是器识之末。

王十朋在剡溪书院任师席，讲授之余，游览名胜，撰作《书院杂咏》^{诗卷6}，把自己学馆执教的教育理想、人才观、人格观，融进五绝组诗的艺术形象里。如《牡丹》诗曰：

今古几池馆，人人栽牡丹。主翁兼种德，要与子孙看。

组诗开篇咏牡丹。在与古今池馆普遍种赏牡丹的世俗观念比照中，诗人颂扬剡溪书院主人重于"种德"的教育理念及其泽披后世子孙的善举义行。种德，犹布德，施恩德于人，此喻培植德行。在科考应试教育盛行之时，王十朋强调育人要先育其道德品行，这是继承儒家"君子务本，本立而道生"教育思想的正脉。王十朋与众不同的教育策略和过人胆识，是他书院育人思想的重要体现。

学馆教育和诗社论诗实施器识其先、文艺其从的育人原则，学习氛围自由宽松，师徒感情融洽，真正实现亲其师，重其道。己巳绍兴十九年（1149），梅溪同舍有四位从游之旧要离馆而去，"酌别之夕"，王十朋满腔热情、一视同仁，"各以其姓赋诗送之"。《周仲翔》、《李大鼎》、《许辉先》诸诗，以"善交固耐久"、"厚德著乡里"、"学问如驰马"、"磨砺出圭角"等美意评价并激励学生的德行与学业，见得书院坚持始终的育人标准。其诗学思想与诗风诗格，都与北宋元祐诗学传统一脉相承。

四、会饮与唱和 ： "有似平原凡十九"

讲经、论辩、文会、诗会、郊游、观水、会饮、唱和等等，都是学馆和诗社常采用的教学活动方式。王十朋贯通六经，致力于"遗经独抱期心传"的育人思想。他把自己所学的六经传授给学生，在组织形式上，除学术讨论，还经常与生徒同游山水，为育人创设佳境。他时常与学生悠游，巨溪观水，重九登山，中秋佳节则宴饮书斋会趣堂，"应制赋诗"，"坐湖联句"。让学生在师徒感情融洽的氛围中获得知识，增进诗识和诗才。

绍兴二十年（1150）七月，持续多日的大雨后，梅溪村南的大溪水位高涨，景象壮观。天气稍显晴朗的二十六日这天，王十朋与生徒一起观水于大溪，做短文《观水记》^{文卷12}，写道："涉流而南，漫而平田，湍而拍岸，其状也，如雪飞空，如银沸镕，如炽万薪而煎九鼎之汤，激焉而珠，汹焉而雷，壮乎哉其不可形容也。"作者顾谓诸生曰："孟子称观水有术，必观其澜。诸友今日之观，有得于水乎？"《观水记》理盛文茂，堪为生徒示范！其所叙师生同乐的情景尤为令人神往，使人不禁联想到《论语》描述的"暮春咏归"的和谐场景："暮春者，春服既成，冠者五六人，童子六七人，浴乎沂，风乎舞雩，咏而归。"从"暮春咏归"的教育活动中，我们认识了这位先贤教育生涯和文士生活的诗意梦境。

会饮也是师生诗歌唱和的重要形式。绍兴二十二年重阳节，王十朋与梅溪弟子十九人会饮书院会趣堂，把酒作文字饮，王十朋作七古《九日饮酒会趣堂者十九人，老者与焉》^{诗卷5}记其事，有云：

> 我似扬雄贫嗜酒，笔作耕犁纸为亩。
> 辛勤耕植三十年，往往糟醨罕濡口……
> 坐客高歌惊四邻，吾乡已在无何有。
> 明朝黄花亦不恶，俗眼无端自疏厚。
> 酒醒聊记坐中人，有似平原凡十九。

自觉已老的41岁的王梅溪，一旦融入年轻的生徒群体，聊发豪兴，放浪形骸，带上了几分清狂野逸之态，尽显可亲可爱。饮酒至醉，先行离席，醒而又作长诗，以平原君自诩。平原君赵胜（约前308—前251），战国四公子之一，因贤能而闻名。他礼贤下士，门下食客至数千人，和朋友关系处理得很好。但不注意礼貌对待平民，后在一名门客的建议下和平民搞好了关系，威名大震。梅溪显然是为有平原君的亲和形象而感自豪的。

王梅溪的领倡古韵一出，他的学生陈元佐、周仲翔、宋孝先、夏伯虎和郑逊志、谢鹏、邬一唯等都先后依韵和诗，梅溪则又以诗回应。如此迭相唱和，往复投赠，梅溪前后总计作同韵诗计十首之多，其意趣可以概见。如作《陈元佐和诗赠以前韵》^{诗卷5}赞陈元佐，有云：

> 陈生慷慨真可人，文似良金胆如斗。
> 论文何止十年前，耐久遥期十年后。
> 把酒殷勤问黄菊，十年故旧宁多有。
> 士穷要使节义敦，不见韩公称子厚……

陈元佐（希仲），永嘉人。与十朋交游数十年。元佐之父为人乐善，重诗书教化，督子有功，元佐因而早蜚俊声。但千里西征，春榜无名。王十朋有《送陈元佐游四明》、《送陈元佐游剡》、《陈希仲赠山茶》、《代诸生祭陈元佐父文》等诗文记其交游。十朋的赞诗尽见智贤老者悠游友生心志之一端。

诗词唱和，悠久辉煌，大盛于宋。唱和作为一种宝贵传统，小而言之，可锤炼技巧，活跃文思；大而言之，则能感发意志，流通精神。故此道一兴，千古不废。十朋也毕生与诗友唱和不辍。值得一提的还有在这组唱和诗中表现出的诗艺成就。你看，这组同韵诗用上声【二十五有】韵，一韵到底，首句押韵。一韵到底的十韵七古诗，"复用前韵"，"再用前韵"，按原韵原字、并依字的先后次序写诗，限制甚为严格，但一写就是十首，其难度可想而知。诗人不感词穷吗？浏览一过，各篇句法多有变化，典事出于多头，词藻少有重复，根据不同的主旨独自成篇，依韵落字，诗意活泼，语势基本流畅，且时有工整、妥帖的对仗，基本上看不出受韵脚约束而造语生硬的痕迹，还见得翻空出奇之处。十朋为诗身手诚属不凡！

五、师席与生徒："殷勤惜别意，终日在梅梢"

学馆与诗社亲师重道。王十朋视生徒如朋友，师徒感情甚笃。这种亦师亦友的师生情谊绵绵数十年，历久弥新，堪称后世楷模。我们不妨读读表达师生真挚情谊的两首诗。一首是《乙丑冬罢会呈诸友》^{诗卷3}：

> 缪意开家塾，微才愧斗筲。虽逃有若叱，宁免孝先嘲。
> 尚赖知心友，能全耐久交。殷勤惜别意，终日在梅梢。

绍兴十四年（1144），居父丧的第三年，王十朋在梅溪办起了书馆，有学子40人。次年冬，十朋要去临安太学赴补，书馆只得暂停。诗作于梅溪书馆"罢会"的绍兴十五年（1145），十朋34岁。时值冬季，梅枝花发，十朋借梅抒怀，写诗送别"诸友"。诗称生徒为"友"，称赠诗为"呈"，以学友相待，以梅香送别，写得潇洒自如，在惜别中略带轻松放旷意绪，师生间自有一番亲密情谊。

回顾近两年的师席生涯，王十朋有许多感慨。"缪意"、"微才"、"斗筲"当然是自谦之词。此际的十朋声誉已著。徐炯文《梅溪王忠文公年谱》^{附录3}云：（十朋）"授徒梅溪，远近从游者率知名士。"除本地外，还有台州、安徽黄山等地慕名而来的，一下子就达40人。次年就有生徒中乡选、国学选，并赴礼部试，书馆名声大振。其为师者何"缪"之有，何"微"之有？

王十朋在"惜别"之时沉入回忆，却检讨起两件事，一是"有若叱"，一是"孝先嘲"。"虽逃有若叱"，是说躲过了"有若"的叱责，当是十朋自觉的虚拟，并非记叙实事。查《梅溪学案图》并无生徒"有若"者。"有若"当指孔子晚年学生，姓有，名若。春秋末鲁国人，称"有子"，提出"礼之用，和为贵"，"孝弟也者其为仁之本与"等主张。孔子死后，孔门弟子因他"状似孔子"，一度对他特别尊重。十朋诗中虚拟"有若"，意为孔门高徒或有不满意于王十朋经术者。十朋深研儒家经典，今《王集》中存有《论语》、《春秋》讲义，日后又以《春秋》经廷对第一。"孔门弟子"即使有异议，十朋的态度也是"疑义相与析"。"逃"字，含自嘲之意。叱，大声呵斥。微词重意，今大胆用"叱"字，诙谐语调更显其为学精进之心。

至于宋孝先之"嘲"，前文已有提及，不妨再来读读作于绍兴十九年（1149）的五古《别宋孝先》^{诗卷4}：

> 楚台风骚客，遥遥有奇孙。去岁始识面，未遑叩渊源。
> 但见眉宇间，一点阳春温。琴书忽来游，文字获细论。
> 经术有根蒂，词章富波澜。时时戏翰墨，动辄千万言。
> 子固予所畏，语蒙子推尊。予尝语所学，文当气为先。
> 气治古可到，何止科第间。子贤且乐善，服膺每拳拳。
> 临行出新诗，殷勤记诸篇。好学见雅志，予言未应然。
> 惜哉有离别，后会何夤缘。男儿各自勉，事业无穷年。

这首五言古诗作于38岁时。是年，梅溪生徒30人酌别，十朋为多人赋诗送行，叙师生情谊，说教育观念，情笃意切。这组送别诗或律或绝，或四句或八句，独此一首为长篇五古，28句，见得十朋惜别门下第一号弟子时的深重情意。

据古风篇法，今试分五段，每段句数大致相当，前四段各六句。

第一段概说宋孝先的学业和品性：其文才学业魁于楚地，其形貌心性似春阳暖人。开篇"楚台风骚客，遥遥有奇孙"两句，即称赏宋孝先是南方楚地漫长历史中罕见的文才骚客，不愧为屈宋风骚才情的后继者。

次段六句探究本原底细，伸足首段，弥补"未遑叩渊源"的遗憾，以"琴书"、"经术"与"词章"、"翰墨"落实上文的"骚客"、"奇孙"，表达称赏之情。

第三段具体阐说第二段中的"词章"、"翰墨"、"所畏"、"推尊"诸词，高度评价学生的"经术根蒂"和"词章波澜"，呼应了《乙丑冬罢会呈诸友》^{诗卷4}"宁免孝先嘲"的自谦表述。

第四段紧承第三段铺叙，高度赞许宋孝先"气治"已超越"科第"所臻至的境界："乐善"、"好学"，其纯正高尚的"雅志"，令人"服膺"，衷心信服。

末段四句，点明"惜别"题旨，以"男儿"互称互勉，给学生送去"事业无穷年"的祝福，总收全篇。

全诗紧扣题旨，落笔自如，言辞平和，句有深意，段有照应，环环相扣，层层推进，在沉稳辗转中勾勒出心爱弟子之阳春乐善、才气高人的气象，足以展示十朋刻画人物形貌、吞吐诚挚情怀的铺叙功力。

诗人在篇中由"气治"推及举业成才，由"文当气为先"的文学主张申言自己的一个极其重要的教育成才观念——"气治古可到，何止科第间"。说的是，一个人要养得一身正气，有了浩然之气，则"学"与"文"皆有无量前景，何必拘于"科第间"的一时得失！这是十朋对学子的期许和奖掖。多年后，宋孝先没有辜负先生的期望，慨然为十朋诗集《自宽集》题跋。宋孝先经学出众自有梅溪的"器之"之功和预见之效。

王十朋秉持的教育观念、过人胆识与他的文学主张是贯通一脉、相辅相成的。两首诗叙记两位学生的两件事，或能成为"耐久交""诸友"的共同记忆，有珍藏价值。故临别之际，十朋一一坦呈于全体学生，自谦而不自卑，自信而不自傲，也寄日后再研讨的诚意于其中。为师风范可佩可敬！亦师亦友的坦诚直率堪称后世楷模。其"殷勤"情意恰如诗篇中伸展的"梅梢"，香魂袅袅！

注释

(1) 徐顺平：《"书会"考》，1985年11月初刊《南戏探讨集》第四辑。收录《温州学人文选·徐顺平集》，改题为《"书会"的性质及其演变》，黄山书社2011年版。

(2) 参见虞云国《走向庙堂：王十朋诗文记录之乡绅影像》。

(3) 鲍作雨、张振夔总修：《道光乐清县志》卷之八"人物上·名臣"，陈纬校注，线装书局2009年版。

(4) 高似孙：《剡录》，宋代名志，即嵊县志。《四库全书》纪晓岚《剡录提要》评价颇高，曰："统合全书，皆序述有法，简洁古雅，迥在后来《武功》诸志之上。"

(5) 参见许宗斌《梅溪书院的前尘往事》，载《乐清历史学会会刊》创刊号。

第五章　行吟雁荡唐诗路

　　王梅溪平生没有辞亲远游的规划，极少特意游览山川名胜，诗文中亦无探险掠奇经历的记录，他的山水华章多诞生于求学宦游途中。入仕前的模山范水之作，以东南名山雁荡为起点，以千古浙东唐诗之路为轴线，广涉瓯江山水诗之路、钱塘江唐诗之路与大运河浙江段文化带，构成一幅奇美的吴越山川人文图。大体腾挪于感知其雄奇景观——追寻其美学特征——寄托其人格理想这样三个审美层面。

　　诗人赞叹雁峰奇观，游山寄豪情，风流兴妙想，蕴藉深永，富含哲思，意气风发，物象清晰，意象灵动，神韵飘逸。七古长诗《西征》^{诗卷5}概叙"游帝京"的经历。其行吟的越中腹地是一条文化之路，几乎完全重合于晋唐以来文人墨客往来频繁、飘逸着翰墨清香的"浙东唐诗之路"和"浙西唐诗之路"，充满诗情画意，其融入稽山鉴水的情怀与唐人歌者一脉相承。

　　诗人追寻着谢灵运、李太白、杜少陵诸诗神、诗仙、诗圣的芳踪遗迹，且行且吟。国清赏松泉，驿道观野景，剡溪怀高士，钱塘望明月，由古人旧踪想到当下现实，由个人境遇思及世道人心，稽山鉴水的景观与人文意象交相辉映，营造出的优雅凄美，弥散着清寒幽深的凝重感。唐诗路上流传千古的景观，每每被赋予鲜活思绪，读来深感熟稔亲切。

　　快意人生，风流独在。家乡山水滋养了王十朋刚直不阿的崇高风格，王十朋则以亲临直观的方式抒写浙东苦旅的快意，歌颂故土的人文风物。这些诗章语多平实，善于比兴，想象奇丽，表现出宋诗强烈的人文意象。其笔下的山水风物，每每被赋予政治象征意义，寄托人格理想、浩瀚心意，平淡中山高水长，理趣盎然。

　　梅溪不愧为赋予两浙山水景观以丰赡人文光彩的大诗家！

一、题诗雁荡山："却笑平生未见山"

文学创作有写实的一派，也有象征的一派。有人写实就没有象征意味，有人用象征就完全脱离了现实。梅溪善于写实，他的写实却常常带有象征的意味，只是有时表现得太过直白。

题诗雁荡独风流。梅溪深得雁荡美学特征，是赋予雁荡景观以丰赡人文光彩的第一大诗人。他的雁荡诗凸显象征意义。许宗斌先生的文化散文《何处是归程》指出，"这个时期的王十朋，用世之心特别强烈，政治热情异常高涨"，(1)道出了梅溪雁荡诗美学特征的内在动因。

绍兴十六年丙寅（1146）初春，35岁的王十朋赴补临安太学，第一次跨出家门，首次游览东南名山雁荡，就被雄伟的奇峰叠嶂所震撼。盘桓三日，三宿灵峰，惊喜万状地写下了《题灵峰三绝》^{诗卷3}。其一曰：

> 家在梅溪水竹间，穿云蜡屐可曾闲。
> 雁山新入春游眼，却笑平生未见山。

诗的前二句说家乡梅溪有溪水，有梅竹，风景殊好，自己又如阮孚喜好著蜡屐，登云山，寻胜景，未曾辜负家山之美。这就为第三句引入的雁山雄姿蓄了势，比衬出雁山的雄伟和灵奇。三、四句写雁山不仅合乎春游意趣，其超越群峰、雄视天下的磅礴气势更具震撼人心之力，让人大开眼界，一想大展雄图。

"却笑平生未见山"一句，蕴藉深永，富含哲思。健步快走于雁荡山的奇峰悬瀑之间，此前所历所见的山山水水，包括故乡左原的东高山、南瀑布，乐清县城的箫台峰、白鹤瀑，以及此行沿路的瑶岙岭、大芙蓉等等都算不得什么了。诗人难免自嘲浅陋，同时也存借家山之灵奇增自信勇气之想。此即唐人元稹"曾经沧海难为水"的另一种表述，也就是后来明代旅行家徐霞客说的"五岳归来不看山"的意思，皆为形容前此未有感受之极致语。陈增杰先生称许此诗"是题咏雁山的诗中写得最早的一首名作"。(2)

雁山的春游异趣，也使赴京入太学的诗人自嘲内心的汲汲乎"利名"之念。且看其三所述僧缘：

> 三宿灵峰不为禅，茶瓯随分结僧缘。
> 明朝杖履丹丘去，带得烟霞过海船。

王十朋僧缘不浅，儒教根深，在科举取舍、仕途进退的思绪纠结中过了一辈子。这次出远门，三宿寺院，与僧人品茶清谈，僧缘又增。但此行京城入太学毕竟是一生事业所系，故依依惜别后就毅然"杖履"北去"丹丘"。

诗的末二句写得多么浪漫，多有情致！"带得烟霞过海船"，是此去取水路直上京师路径走向的诗化表述。诗人吐纳山川灵气，舒卷天地精神，真真幻幻，云烟满纸，疏荡之极！这是一种放旷离奇、不拘一格的表现手法。犹如当年杜甫《戏题王宰画山水图歌》，在写尽了山水的雄伟壮阔之后，末二句云"焉得并州快剪刀，翦取吴松半江水"，说是要用山西快剪，剪取半江吴淞水带回去。疏荡离奇，真可谓奇思妙出，巧夺天工！王诗内涵却并不隐晦：这曾飘游于自家山林的"烟霞"，迷蒙曼妙，紧紧追随我来到了海边，我将随船带走它，走向迷茫的远方，投身京城庙堂，或可慰藉一下这些年来家乡举业落后的遗憾！

联想到800年后的诗人徐志摩，曾对他深深眷恋的康桥，涵咏过"我挥一挥衣袖，不带走一片云彩"——同是深深的眷恋，同是理智的"告别"，同是淡淡的忧伤，都有动感的姿态，都有新奇的意象，都有出人意外的奇思妙想，都是把不可能的事偏说成是可能的，都构成了优美有韵致的画面：诗意与远方。但一个说，要随身珍藏家山的美好记忆，用以铺展前方的未知道路；一个说，要把美好的一切留在原处，只用作久远的怀想，在未来的生活中细细回味……两相比较，究竟哪一种表述更见深情，更显灵性，更多飘逸潇洒呢？

溯其词源，宋诗人郑文宝《柳枝词》诗曾有"不管烟波与风雨，载将离恨过江南"之句，其诗意被词人周邦彦用入《尉迟杯》词中："无情画舸，都不管、烟波隔南浦。等行人、醉拥重衾，载将离恨归去。"又苏轼《虞美人》词有"无情汴水自东流，只载一船离恨向西"二句，均与此诗的末句立意相似。十朋以"烟霞"取代"离恨"，更显物象清晰，意象灵动，神韵飘逸，有青出于蓝而胜于蓝之妙。正如黄永武先生所言，"大凡一首诗，能令意象逼真、栩栩欲动、玲珑透彻、一层不隔，就是一首有神韵的好诗"。(3)

临别时，王十朋又唱出了一曲《出雁山》^{诗卷3}，表达"高僧一味闲"的"林泉趣"：

> 三宿山中始出山，出山心尚在山间。
> 浮名夺我林泉趣，不及高僧一味闲。

恋恋不舍，情韵深涵。王十朋对于儒释二道"似乎矛盾"的"内心挣扎"情状，在这首七绝中有坦率的表露。

王十朋的雁荡题咏，并非单纯纪游，常常寄寓其特别强烈的用世之心。出乡入京途中，想到自己平生所学将为国家所用，其意气风发之态自是难抑。他的雁荡诗因物喻志，托景刺世，以自然物象寄托人格理想，平淡中山高水长，理趣盎然。王十朋第二次离家赴太学，当于绍兴十七年丁卯（1147）春。所作《再过雁山三绝》^{诗卷3}，出语平易浅淡而寄慨高远，表达了王十朋的宏大志向和赴试的必胜信心，政治象征意义强烈深切。其一《大龙湫》，反映了王十朋以天下为己任，舍我其谁，积极用世的进取精神：

> 龙大那容在此湫，银河得得为飞流。
> 好乘风雨昂头角，直到天池最上头。

大龙湫，雁荡山著名瀑布，以单级落差197米的高度列国内瀑布之冠，跻身国内四大名瀑之一。十朋的这首七绝状大龙湫奇观，以"飞流""银河"比喻瀑布，进而想象巨龙逆水乘风，直飞天池之上，气势豪迈，荡人心胸。诗以"昂头角"形容大龙湫像巨龙高高地抬起头。头角，原指头顶左右之突出处，此喻才华气概已显露出来。诗既是写龙，也是以龙自喻。借大龙湫顶天立地之景，抒入相出将之情，言治国安民之志，大气磅礴，其势不可阻挡！

其二《天柱峰》，状写雁荡山灵岩景区高耸圆浑的天柱峰壮观，亦是喻己欲建"擎天功业"的志向：

> 女娲石烂若为修，四海咸怀杞国忧。
> 谁识山中真柱石，擎天功业胜伊周。

天柱峰高270米，与展旗峰对峙并立，在灵岩寺前方构成南天门景观。古人称其有如"正人君子端立"，"具廊庙气象"。本诗从女娲补天说起，除了紧扣天柱峰的坚石形象外，还蕴含着作者自己固有的忧国忧民的壮心抱负。

"四极废，九州裂"之时，"四海"之大的朝野臣民"咸怀杞国忧"："石烂"天塌怎么修？补天的"柱石"在何方？"山中真柱石"有谁人识得？十朋仰望顶天立地、雄伟壮观的天柱峰，发出了如此天问，发聋振聩！在对当政者的严声诘问中，十朋的回答非常坚定而明确：我辈胸怀兴国大志，誓将奋起，为国建树"胜伊周"的"擎天功业"！豪言壮语，掷地有声。

运用比兴寄托手法，因物喻志，托景刺世，在写景纪游诗中寄托浩瀚心意，正是十朋诗笔有别于人的高超处。

想象力是诗人生出的灵翼，是诗人才华腾飞的标志。

绍兴十九年己巳（1149）八月初，王十朋第四次离家赴临安太学，诗友万先之同行。途径雁荡，携手丹梯，伫立卓笔，初游石梁。诗人兴会盎然，腾飞想象，画意中蕴藏风流深韵。《与万先之登丹芳岭》^{诗卷4}诗曰：

> 携手丹梯语话长，不知身到碧云乡。
> 行人相见如相识，赠得岩花十里香。

此诗描写雁荡登山时得赠一枝桂花的全过程。前两句写登山越岭。"携手""语话长"，行进在"丹梯"、"碧云"之间，景致缤纷，弟兄俩心境自然也缤纷。丹青相次的色彩，是丹芳岭天与地的色彩，更是诗人轻快愉悦心情的色彩。后两句写行人赠花。末句"十里香"是路人"慨然相赠"的花的名字，但不称"桂花"而称"十里香"，当更属意于"相见如相识"的"行人"赠花所传送的美意馨香！郑园先生说："结笔的一个'香'字，更是香气空灵，荡漾于全篇，恰如美好的人情，令人感动不已。"

画面设色展示于视觉，心灵的感动通过芬芳香气飘荡于"丹梯"山径，伴随着诗人自己与友人、路人的"语话"声，一路飘洒，偬傥风流，至今还温暖着你我的心。这首短诗的心灵美、色泽美十分和谐，十分动人。

王十朋的诗意想象力是敏感、奇丽、丰富的。赋予雁荡山水以象征意义是他用得最拿手的方法。《题石梁》^{诗卷4}诗由"石梁如虹"的石虹洞景观特征，营构出不乏浪漫色彩的意象："尊者力能回造化，会须移向植长安。"赋予石梁以"尊者"的美誉，进而作奇思妙想：何不将它"移向植长安"，借其"回造化"之"力"勾通融和某种关系呢？

风流兴妙想。当仰望雄立在雁荡灵岩景区小龙湫前的卓笔峰时，"逸兴"萌动的王十朋突发奇想："欲向灵峰移卓笔，与君同扫万人锋。"《次先之过雁山韵》^{诗卷4}一诗，表达了诗人赴补太学时意欲横扫万锋的豪迈气概。诗人要向山峰借灵气，飞动"卓笔"，展其锋芒，以壮同行者此番北上京畿的"文运"。

历代吟诵卓笔峰的诗文很多。清蔡应聘《卓笔峰》诗曰："奇峰万状谷东西，好倩山河巧样题。海作砚池天作纸，笔花飞动五云齐。"被称为较豪放的一首，意境略似于梅溪诗。梅溪诗更早以想象奇特、气概豪迈取胜。

移步兴怀是十朋雁荡题咏的一个特色。绍兴二十二年壬申（1152）秋，王十朋第五次赴太学，往返途中，作《过白溪》^{诗卷5}诗云：

> 朝离黄塘憩乌石，暮宿青江过白溪。
> 岭上回头观赤水，山川五色望中迷。

白溪是溪流名，也是地名。在雁荡山东内谷诸溪水汇合入海处。黄塘、乌石、青江、赤水，均为乐清境内的地名、水名。

这次赴太学候补，因母亡子夭，离家时心情异常沉重悲凉。然此行不再度丹芳岭过雁荡，而是取道黄塘、乌石，经青（清）江、白溪，翻过十里盘岭经过黄岩北上临安，不期然地逆转了心境。诗人用脚步丈量这片熟悉而又新鲜的家乡土地，移步兴怀，突发灵感，即用"离"、"憩"、"宿"、"过"、"观"、"望"这一系列动词连贯了一路行经的山山水水，竟然生发出了沉迷家山的愉悦之情，将一切烦恼愁苦皆抛掷脑后。十朋宛若丹青妙手挥洒缤纷五彩于雁山南北上下，天成了一例佳构。陶文鹏先生评曰："在这首七绝诗中，诗人先后涂染'黄'、'乌'、'青'、'白'、'赤'，使'山川五色'在读者想象的视觉即'灵视'中，呈现出一幅五彩缤纷的美丽图画。"(4)

王十朋癸酉（1153年）赴补归。行至大荆石门潭，因大雨溪水猛涨，舟渡异常惊险，作《白若遇水，以小舟从石门渡》^{诗卷6}，被认为是石门潭的开篇诗作。诗云：

> 归途阻秋潦，溪涨不可涉。迂从石门渡，未见心已怯。
> 壮哉龙伯宫，幽据雁山胁。岩如峙城壁，南北本相接。
> 众流欲朝宗，天为开岌嶪。泓澄潭百尺，黾勉舟一叶……

诗人泛舟潭中，发出了"壮哉龙伯宫"的赞叹。吴鹭山《雁荡诗话》推重这首五古"为他的雁宕篇什中，最见功力者"，"全诗自首至

尾，一气呵成。写石门形状及过渡时的忽惊忽喜心情，尤能转折自如，而了无懈笔，即置之放翁、诚斋集中，亦无逊色。"⑸

所作《度谢公岭》诗说"雁山五经眼，兹行尤可观"，记载了诗人十年读太学，九次赴临安的艰辛历程。结尾两句"一生看不足，语如白头翁"，巧妙点化唐高僧沙门惟一的雁荡诗句："四海名山曾寓目，就中此景难图录。山前撞见白头翁，自道一生看不足。"再次表达诗人"爱山不厌观"的逸兴风流，对故乡山水的无限眷恋之情。

二、壮歌咏赤城："目极苍崖千万丈"

古人游浙东以水路为主，水尽则登山而歌。大诗人李白追迹谢灵运的山水路线，游踪到达浙南永嘉。几年后，杜甫也开始了历时数年的吴越漫游，南渡钱塘江，到会稽游览秦王古迹，凭吊越王勾践，徜徉在古风古韵的鉴湖、剡溪，大展四方之志。一时兴起，还曾想驾船东渡日本壮游一番呢。

李白、杜甫都曾经乘舟溯剡溪而上，饱览了"山色四时碧，溪光十里清"的美景，留下了《梦游天姥吟留别》、《壮游》等一大批灿若星河的诗作。"挥手杭越间，樟亭望湖还。涛卷海门石，云横天际山。"就是李白《送王屋山人魏万还王屋》中的一节。更有"天姥连天向天横，势拔五岳掩赤城，天台四万八千丈，对此欲倒东南倾"和"枕戈忆勾践，渡浙想秦皇……越女天下白，鉴湖五月凉。剡溪蕴秀异，欲罢不能忘"等名句流传后世。白居易"楚水吴山万余里"，"旅愁春入越，乡梦夜归秦"，也曾漂泊越中好几年，"云树绕堤沙，怒涛卷霜雪"就是他描写钱塘江的名句。他们都对谢灵运、谢朓推崇备至。杜甫读万卷书，行万里路，萌生"气劘屈贾垒，目短曹刘墙"的自信，可谓雄心勃勃，堪比李白的"作赋凌相如"。

一条全长约200公里的飘逸着翰墨清香的"唐诗之路"，就这样在浙东一带形成了。浙东唐诗之路被称为中国山水诗的发祥地、佛教中国化时期的中心地、中国书法艺术的圣地以及士族文化的荟萃地。

王十朋在赴补太学的十年间，心怀求仕治国的抱负，沿着谢康乐、李太白、杜子美当年的足迹，或坐船，或徒步，或骑马，或坐轿，于山水间杖藜行歌，边游历边吟诵，领略浙江"四大诗路"的无限风光，扩展青春壮怀。他一路水陆兼行，出雁荡，经黄岩，入天台、新昌县界，观石佛，望天姥山，赏国清寺，怀想刘晨、阮肇深山采药遇仙的故事；再经由会稽山逶迤而来的古驿道，跋山涉水，从新昌入至剡溪嵊州境，沿剡溪、曹娥江、浙东运河进入稽山鉴水区界，一路登戴溪亭，访曹娥庙，寻觅魏晋六朝以来高士名流隐居遨游的踪影；且泛舟鉴湖，遍访禹陵、兰亭、秦望山，感怀历史沧桑；夜泊钱塘江之际，诗酒未能忘情，在快意与渺茫的纠结中进入帝京临安。七古长诗《西征》^{诗卷5}概叙其"辞弟游帝京"的经历，写景、抒情与神话、传说穿插自如，风格雄奇壮观："雨脚微收过天姥"，"刘阮祠荒土犹赤"，"柘溪竹染儿女痕"，"路入南明观石佛"，"乘兴剡溪寻故人"，"越国江山满瞻游"……其行吟路线几乎完全重合于晋唐以来文人墨客往来频繁、飘逸着翰墨清香的"浙东唐诗之路"，广涉瓯江山水诗之路、钱塘江唐诗之路与大运河浙江段文化带。请看他摹写北上浙东唐诗之路南端第一景观的壮歌《望天台赤城山感而有作》^{诗卷4}：

> 神仙境界无战争，奚用漆此巍巍城。
> 吾闻秦皇昔多欲，富贵已极贪长生。
> 蓬莱方丈欲亲到，车辙马迹无时停。
> 万骑南巡适吴越，天台咫尺行将登。
> 仙山不容肉眼见，天为设险藏神灵。
> 山中采药使未返，鲍鱼向已沙丘腥。
> 秦为防胡筑紫塞，连年不恤生灵害。
> 天亦防秦甚防胡，赤城高峙烟霞外。
> 神仙要非求可得，祖龙可笑徒劳役。
> 当时刘阮本无心，花笑水迎山自辟。
> 我向丹丘数往来，群仙杖屦未容陪。
> 挥毫欲续孙公赋，愧无掷地金声才。
> 目极苍崖千万丈，世无仙骨那能上。
> 直须内外两丹成，驾鹤骖鸾如指掌。

赤城山在浙江天台县西北，为天台山南门。因山上土石色赤而屏列如城，望之如霞，故名。为浙东唐诗之路的目的地和精华所在。李白的《梦游天姥吟留别》，先写梦登天姥，次写梦游天姥，突出天姥山的雄伟，迷离恍惚，由显而晦，又由晦而显，末尾以梦游推见世事的虚幻，写尽现实中无法实现的愿望，将梦中游山与现实游宦形成了一种巧妙的类比。正是由此一连串犹如象征符号的隐喻语链的激发，王梅溪遥望赤城山时，不拘泥于其态势形貌的具体描摹，而是借助李白胸襟，以开阔视野，雄视千古，着力申发议论，气势豪迈。

首句开门见山，以突兀之势将高耸入云的赤城山比作仙境内因神仙战争而修筑的城池，生动形象地表现出山势的巍峨雄奇。接着，诗人极尽想象夸张之能事，引入蓬莱、方丈、天台、仙山、烟霞、仙人，鹤鸾也纷至沓来，渲染出一片令人眼花缭乱的幻想世界。"鲍鱼向已沙丘腥"，意出唐常楚老《祖龙行》："祖龙一夜死沙丘，胡亥空随鲍鱼辙。"鲍鱼，盐渍鱼，干鱼，其气腥臭。文中"祖龙"指秦始皇。

然后笔锋一转："秦为防胡筑紫塞，连年不恤生灵害。天亦防秦甚防胡，赤城高峙烟霞外。"连用两典，"赤城"与"紫塞"并举。紫塞，指北方边塞。晋崔豹《古今注·都邑》："秦筑长城，土色皆紫，汉塞亦然，故称紫塞焉。"赤城，指帝王宫城，因城墙红色，故称。诗中的"紫塞""赤城"之象、"防胡""防秦"之念，隐隐透析出诗人关注现实乱象与"生灵"命运的情怀，为下文的神仙妙想作了铺垫。

"当时刘阮本无心，花笑水迎山自辟"、"挥毫欲续孙公赋，愧无掷地金声才"数句，追述历史，放飞想象，终至跌回现实之中。刘阮，东汉刘晨和阮肇事见南朝宋刘义庆《幽明录》。相传永平年间，刘阮至天台山采药迷路，遇二仙女，蹉跎半年始归。时已入晋，子孙已过七代。后复入天台山寻访，旧踪渺然。神话与现实比照，神仙的逍遥自在同秦朝统治的荒淫无度进行对比，把诗歌从想象世界重新拉回现实中来。诗人的"入世"精神在本欲表现"出世"的诗篇里欲盖弥彰。

浙东唐诗路上的赤城山，被推到了一个崇高的理想境界，是诗人追求精神自由的乐园。梅溪诗写赤城山"苍崖千万丈"、"高峙烟霞外"，大有李白诗"天姥连天向天横，势拔五岳掩赤城"的非凡气势。写刘晨、阮肇入天姥山采药遇仙的传说，写"驾鹤骖鸾"随仙人骑鹤驾驭鸾鸟云游、得道成仙的幻想，我们领略到"脚著谢公屐，身登青云梯"的无限风光，聆听到诗人由"秦皇昔多欲"、"富贵已极贪长生"的史事申发的关乎"出世"、"入世"的深切议论，感受到李白《梦游天姥吟留别》的遗风光彩。"山不在高，有仙则名；水不在深，有龙则灵。"此言不虚。

此七言古诗融想象、比喻、夸张等多种艺术手法于一炉，亦虚亦实，亦幻亦真，有李白梦游天姥的浪漫色彩。诗将七言歌行长于铺叙、语言汪洋恣肆的特点发挥得淋漓尽致，既有雄奇流丽的想象，又有深沉激昂的感慨，是浪漫主义手法和现实主义精神的成功结合。

三、吟赏清寒美："时清长是宋山川"

行走在唐诗路上的日日夜夜，诗人随心描摹小景观、小经历，自然景观与人文景观交相辉映，营造出具有独创性的清雅凄美，弥散着清寒幽深的凝重感。有两首夜宿诗，恰到好处地写出了宋人崇尚的山川凄美情状。

绍兴乙丑年冬，首赴临安太学。过黄岩赴天台途中夜宿庆善寺，遇天大雪。作《宿庆善寺》[诗卷3]诗曰：

> 刚被篙工误，迟留一日装。川途隔浩渺，灯火乱昏黄。
> 呼仆回行李，寻僧宿上方。山前十里雪，夜入梦魂香。

川途浩渺，广阔无边。大雪之夜，宿庆善寺"上方"，当是佛仙所居的天界吧。这首五律意境幽美，引人注目，历来为人赞赏。

末联"山前十里雪，夜入梦魂香"，体现诗人的想象力。句中"香"字用了通感手法，营造出具有独创性的美妙意象，传达出独特的感受。陶文鹏先生称赏十朋的宦游诗与山水诗，重视炼句，又精于炼字，"营造意象与意境，从而创造出脍炙人口的杰作"，一个"香"字即是"精警动人的诗眼"。(6)

郑定国先生对本诗自然性诗境之美有过精当解析：首联两句与腹联两句，写出诗人与篙工、仆人、僧人三者间之人我和谐。额联两句及尾联两句，白描景物十分传神，尤以"夜入梦魂香"句已浑入无我之境，立客观之地以观我，意境醋甜，诗味自然，故目之曰自然性诗境，是也。整首诗叙琐事从容不迫，所描景致意象鲜明，譬如"隔浩渺"、"乱昏黄"、"十里雪"视觉凸显，而"夜入梦魂香"句且有视觉、触觉、味觉综合之意象，怡然眠态呼之欲出，是步入自足欣乐之自然性诗境已矣。

第七句"山前十里雪"，其第三字处当为平声，现用"十"字为仄，全句变成"平平仄仄仄"，似违格律；但若改下句第三字为平声来救拗，下句会变成"仄仄平平平"，犯了"三平落脚"，不被允许。因此第七句第三字用仄历来被从宽认定。十朋于平仄韵律向来是十分讲究，颇费苦心的。

作于绍兴二十二年壬申的《宿浮桥》[诗卷5]一诗，其清景背后之乡情尤为动人心魄。诗曰：

落日丹丘下，西江十里西。浮桥通古道，逆旅傍清溪。
夜静水声细，晓阴山色迷。吾乡在何处，天远白云低。

其时，十朋41岁。这年秋天，十朋五赴太学。母亡子夭的家庭遭际，使这次行旅的断肠悲情尤烈于过往任何一次。

诗自落日投宿写到次晓思乡，记一日之清景，抒无限之乡情。前四句写西行宿地：山林落日，浮桥清溪，西向的古道通往此行的目的地。"西江十里西"，渐行必将渐远；"逆旅傍清溪"，清冷复加孤寂。处此场景，羁旅之思已溢于言表。后四句情景交融，寓乡愁于凄迷景色。"水声细"写夜间情趣，"山色迷"写清晓乡思。"细"字状清溪流水声之婉约，渲染了夜之静寂；"迷"字则画出山间晨景的朦胧凄迷，有泼墨画之趣。"细"、"迷"二字隐含羁旅乡思之叹，甚显十朋炼字功夫。

尾联叩问"吾乡在何处"？作者以景语作答，只说抬头遥望，唯见远山云烟，迷濛一片。这就坐实了上句所云"晓阴山色迷"的山林晨景。景语即情语，这自问自答、似答非答的景语，蕴涵着诗人的无限乡思：故乡为碧山所阻隔，而碧山又为晓云所遮掩，"白云低"，"山色迷"，故乡更在云山外！范仲淹《苏幕遮》词曰"山映斜阳天接水，芳草无情，更在斜阳外"；欧阳修《踏莎行》词曰"楼高莫近危栏倚，平芜尽处是春山，行人更在春山外"；李觏《乡思》诗曰"已恨碧山相阻隔，碧山还被暮云遮"……其词意相类，都写"望极天涯不见家"的乡情。联系十朋此前不久的家庭遭际和此行仕途渺茫的前瞻，我们当可体会那迷蒙的山景中，隐含着断肠情怀及难有青云得路之便的无奈感慨。

王维作《千塔主人》诗曰："逆旅逢佳节，征帆未可前。"孟浩然作《永嘉上浦馆逢张八子容》诗曰："逆旅相逢处，江村日暮时。"与十朋之作趣味相似，而情思似未及十朋诗显得渺远有内涵。十朋素来推崇晋宋的简远静明意境，不想思慕之下，羁旅之作也带上了真淳之趣，诗之风味类近陶潜之自然，用语平淡而富有真淳自然情趣。此非纯技巧使然也。

"清寒"情境之被称为美，是宋时士大夫特怀的美学追求。王十朋赏游天台国清寺，陶醉的正是古寺特有的松泉清韵，同时寄托"时清长是宋山川"的情怀。

天台国清寺，位于浙江省天台山南麓，座落在华顶山麓，是我国著名古刹之一，距天台县3公里。系中国佛教天台宗祖庭，也是日本佛教天台宗祖庭，被中、日两国佛教奉为发祥地。是唐诗路上著名人文景观，中国佛教化时期的中心地。梅溪行吟至此，作七律《题天台国清寺》诗卷11曰：

> 十里松声接涧泉，清音入耳夜无眠。
> 宜于四绝中称绝，谁向三贤后更贤。
> 寺就已无陈日月，时清长是宋山川。
> 明朝杖履寻刘阮，不待桃花入洞天。

陶潜擅用菊、酒表达其孤高与旷放，梅溪则善用松、泉为其山水诗熔铸高洁与优雅。诗开头两句"松"、"泉"意象的运用，为全诗意境的营构画龙点睛。作者自注云："寺有清音亭。"清音，即指清越的松声、泉声。以"十里"起首，虽不辽阔，却开拓出一方净土；松声与泉音，清幽入耳，朦胧的禅意烘托出寺院夜色的融和静谧。

诗中多用典故，阐发佛教圣地的悠久历史。作者自注："四绝事见寺碑。"按，天台国清寺与齐州灵岩寺（在今山东长清县）、润州栖霞寺（在今江苏南京市）、荆州玉泉寺（在今湖北当阳县），并称天下"四绝"。"三贤"指丰干、寒山、拾得三位唐诗人。"寺就已无陈日月"一句，作者自注云："寺建于陈，而成于隋。""时清长是宋山川"一句，作者自注云："初，智者云：此寺成，国即清矣。故号国清。真庙时赐号景德国清。"诗人凭借对国清寺历史文化的深切了解，顺势道出对"宋山川"的人文关怀与国运长久的祈福。

全诗笔意清新，浅近自然，描绘出佛教圣地的优雅环境及其悠久历史所蕴涵的禅思禅意。篇末因景生发，引入流传广远的刘晨、阮肇入山遇仙的故事，激活了佛地别有洞天的神幻色彩，自然融合，赋予静谧清寒之佛教圣地别有一番人间仙境的韵致。

四、剡溪怀高士："凭栏遐想独徘徊"

白居易的《沃洲山禅院记》曾说："东南山水，越为首，剡为面，沃洲、天姥为眉目。"唐诗中经常提到的"越中"，就是浙东地区。而所谓"剡中"，则主要是以剡县（今新昌、嵊州）为中心的剡溪诸上源。"眉目"是一个人面部最为动人传神之处，以"首面"、"眉目"来形容剡中山水，可见这里历史积淀的人文景观繁盛，意象丰沛，是最受唐代诗人喜爱的美景，典型的士族文化荟萃地。即如古嵊州剡溪戴溪亭，承载着王子猷雪夜乘兴访隐者高士戴安道的千古佳话。《世说新语·任诞》有云："王子猷居山阴，夜大雪，眠觉，开室，命酌酒。四望皎然，因起彷徨，咏左思《招隐诗》。忽忆戴安道。时戴在剡，即便夜乘小船就之。经宿方至，造门不前而返。人问其故，王曰：吾本乘兴而行，兴尽而返，何必见戴？"王十朋身临其境，两度引发无限感思，以卷三、卷六两首同名诗《戴溪亭》抒发追慕"高士"而不得的抑郁心境。其一曰：

> 高士逃名隐此溪，凭栏遐想独徘徊。
> 不知吾祖乘舟后，得得谁从雪里来。

　　王十朋自认是王子猷的后人，故诗中称子猷为"吾祖"。十朋善于古典今用，营造出别有韵致的意境。诗人来到"高士逃名"隐逸的剡溪，本可乘兴追踪，但此行赴补不无仕途功名之念，毕竟不能如当年的"吾祖"王子猷，"乘兴而行，兴尽而返"；何况，千百年来，子猷之后，谁还有此等淡泊雅致呢？郑园先生析曰：淡泊雅致之人，千年难求，此其言外韵致之一；"遐想""吾祖"行踪，隐然以子猷后来者自居，此其言外韵致之二。其实，最应体味的言外韵致当隐于第二句之中："凭栏遐想"，抑郁"徘徊"，一个"独"字，道尽了欲远离名利世道却又不能放任雅兴的纠结情怀。国事不堪，心怀孤忠，既不甘沉寂乡间，又不愿追逐名利，这是有宋一代士人的共通心结。诗人借千年一典，由古人旧踪想到当今现实，由个人境遇思及世道人心，委婉道来，把一个典故的内涵概括不漏，尽见用心之妙。《世说新语》所载雪夜访戴故事，称扬的本是魏晋风流名士的唯美价值观，"乘兴而行，兴尽而返"所重视的是过程本身而不是目的。"六朝人物晚唐诗"，纵有向慕之心，奔波于科考路上的王十朋怎能摆脱名利世道的束缚呢？

　　对"吾祖"王子猷的愧疚之意久久不能排遣，出得雁荡山之后，十朋作《关岭遇雪》[诗卷3]再次申言："路到剡溪春雪深，此行有愧子猷寻。驱驰千里争蜗角，孤负扁舟自在心。"正可坐实此处"凭栏遐想独徘徊"的纠结心境。

　　几年后，十朋应太学同舍周德远之邀约，到剡溪书院任讲席，所作《剡溪杂咏·戴溪亭》[诗卷6]又云："千古剡溪水，无穷名利舟。闲乘雪中兴，惟有一王猷。"其用典相同，诗意类似，"雪中兴"与"名利舟"的天平倾斜明朗了，只是直接议论，缺了些蕴藉之旨。

五、鉴湖感沧桑："湖光冷浸越王都"

王梅溪的鉴湖吟咏，基于深厚的历史文化底蕴和深切的人文关怀，蕴藉柔美中透露出关怀世事的为政念头，富有历史沧桑感，性情浓挚深永，与千古传唱的《会稽风俗赋》^{文卷16}有异曲同工之妙。

十朋赴临安省试途中泛舟鉴湖，作七绝《过鉴湖》^{诗卷3}二首。其一曰：

> 谁把青铜铸鉴湖？湖光冷浸越王都。
> 东风二月西游客，买得扁舟入画图。

春秋时越王勾践建都于绍兴，故诗称绍兴为"越王都"。鉴湖，即镜湖，古为绍兴名胜。当年杜甫过此，有"越女天下白，鉴湖五月凉"之句。发生在这里的一段复仇雪耻的历史故事，给后人留下"湖光冷浸"的印象：越王勾践被吴王夫差击败，卑身以下之，外表上服事吴王无所不至，内里卧薪尝胆，用西施行美人计，以图报复。最终勾践复仇成功，灭掉了吴国。

"谁把青铜铸鉴湖？"开头一句用设问句式，比喻奇崛。青铜黝深的色感和坚硬的质感，怎么能与王十朋眼下的鉴湖水联系起来呢？鉴湖水明净如镜，古之镜皆青铜浇铸琢磨而成，由镜湖之水联想及青铜也属自然，此其表层意思；观下句则可知，原来它还与越王勾践卧薪尝胆的历史故事相关。这绍兴城外的鉴湖之水，自古以来就冷冷地看着这一幕幕悲喜剧的上演。诗人将深沉细密的心灵感受移为视觉触觉感受，这古越都城岂不久远地沉浸于冷冷的湖光水色之中吗？

本为沉重的思绪终于化解于后两句的轻灵之中：诗人说自己这个西游之客，在东风和暖的二月徜徉湖上，忘却了成败往事，宛然进入画境之中，何等惬意自在。黄鸣先生指出，此诗充满着历史的沧桑之感，头两句气势浑重，后两句笔走轻灵，两种截然不同的风格却浑然天成地整合在如此短小的篇幅之中，而无凿枘不合之状，清新流畅而寄寓深远。(7)

陶文鹏先生则称赏："这首诗既有诗情，又有画意。诗的结尾，诗人引领读者乘舟进入画境之中。但次句'湖光冷浸'这种触觉感受，只有诗笔可画，而画笔是画不出来的。"(8)《过鉴湖》其二曰：

> 春水如天浪未生，扁舟真在鉴中行。
> 渔人不问君王觅，占得湖光亦自荣。

第二首紧承第一首而来，意思转入含蓄深永。郑定国先生就曾以此绝句为例，探析王十朋诗之含蓄美："时十朋未仕，是以名利心犹热，惟其用心真挚，吐属隐藏，意境自高。"

"湖光冷浸"的鉴湖在诗人眼里展示了它的另一面："春水如天浪未生"，诗人用李白诗意而点化成句，写自己在波澜不兴、平静如镜的"鉴中行"，自是心旷神怡，忘却营营前事；进而以"渔人"自喻，把吴越的历史纷争和君王霸业远置脑后，只以"占得湖光"而"自荣"，以欣赏山色而自足自乐。犹如捕鱼谋生的渔人，可以全不顾闻君王天下争斗之事。这貌似超脱的语言表达的正是诗人自己此际举业受挫无缘于政途的郁闷忧愤情怀，继续释放了上一首绝句"浑重"与"轻灵"之能浑然交融的部分奥秘。

情隐则含蓄深永。诗因含蓄则意象多富暗示。十朋于未仕之时过鉴湖所咏，性情浓挚，情重而境深。这境深并非晦涩，乃意虽曲折，文犹明白，即文字之外尚有文字也。此二绝句以"青铜"、"冷浸"、"春水如天"的诗境意象照映诗人内心深处"越王都"、"君王觅"的历史情感，诗情画意，自成情境，其关怀世事的为政念头自其含蓄中透露，显得内敛自制，正乃诗之蕴藉柔美。

六、钱塘望明月："老来厌逐利名场"

自乐清经天台、过吴越，泛舟剡溪、钱塘江直至京城，千里迢迢，跋山涉水，非十日半月不能到达。此番甘苦今人已无法体验，但十朋却身临其境地感悟浙东唐诗路上人文胜地给予行人的时空感怀与心灵慰藉，凭借其诗人的敏锐成功地组合自然与人文意象，构思出新巧的诗歌。《剡溪舟中有感》[诗卷4]曰：

> 又作游吴客，重登入越船。西风桑叶岸，细雨菊花天。
> 旅思愁偏恶，乡心夜不眠。钱塘江上月，行见十分圆。

剡溪，属古吴越地域。自晋以来，是名流隐居之地。李白《梦游天姥吟留别》诗云"湖月照我影，送我至剡溪。"绍兴十九年（1149）秋，"游吴客"王十朋重赴临安太学，"入越船"行经曹娥江上游之剡溪，在此即将看到"十分圆"的帝京明月之际，王十朋顿生千里羁旅之思。

诗的前四句叙事写景，具象鲜明；后四句写景抒情，心象动人。

　　颔联"西风桑叶岸，细雨菊花天"写景状物，"西风"、"细雨"，"桑叶"、"菊花"，加上桑叶之"岸"、菊花之"天"，一连串的独立名词及词组，都极普通，前人诗中常见，但经王梅溪的陶冶熔铸，便构成了全新的意境，突现了吴越之地的秋光特色。其意象组合之美，倍增暗示性，自然导引读者进入下文申发的"旅思"、"乡心"。

　　结二句"钱塘江上月，行见十分圆"，以月夜景象渲染"游吴客"的"旅思"、"乡心"。值得注意的是，这月夜景象并非实景，而是虚幻的想象画面。时近中秋，剡溪之月尚未最圆，隔日由剡溪进入钱塘江，那"行见"的"江上月"才算"十分圆"。想象中的月色是"旅思愁偏恶，乡心夜不眠"的意象载体。以此收结全篇，导情入景，使"旅思"、"乡心"具象化，悠悠荡荡，馀韵袅袅，"月圆人不圆"的情思别有一番滋味萦绕心头。

　　七律《夜泊萧山酒醒梦觉月色满船感而有作》^{诗卷4}抒发的也是这种仕隐挣扎的无奈和苦恼。诗人于深夜"停棹"钱塘江"水中央"，酒醒梦觉之际，隔江望帝京，仰头望星月，大有当年苏轼《赤壁赋》"浩浩乎如冯虚御风"的感慨：

> 候届星虚午夜凉，更堪停棹水中央。
> 短篷破处漏明月，归梦断时思故乡。
> 客里未忘诗酒趣，老来厌逐利名场。
> 明朝又向钱塘去，十里西风桂子香。

　　王十朋善于发现风物特色，捕捉具象，营构意境。本诗前四句铺陈具象，依次为"星虚午夜凉"、"停棹水中央"、"短篷"破漏处、"明月"断归梦，紧扣诗题中的"酒醒梦觉，月色满船"八个字，疏畅道来，有条不紊，一点都不含糊。第四句由"夜泊"景色转入后半首的抒情，发"客里"之"感"：既"厌逐利名场"，又似乎心向钱塘的"十里桂子香"。表白的还是十年赴补艰辛给予诗人异乎寻常的仕隐纠结。

　　于自然之中寓哲理，于秀丽之中含质朴，全诗淳淳穆穆，蕴含着浙东地理特有的文化韵味。如朱熹所评，王诗"浑厚质直，恳恻条畅，如其为人"的特点在此展其一斑。但"质直"并非"质木无文"，一览无余，此诗虽然"恳恻条畅"，却依然是意象生动，别具韵致，读来饶有趣味，耐得起深味细究。

注释

（1）许宗斌：《驿边人语》，国际文化出版公司1997年版。后收入《昨夜星辰》，大众文艺出版社2013年版。

（2）陈增杰：《宋元温州诗略》，参见《王十朋的行旅纪游诗》，温州日报2015年7月26日。

（3）黄永武：《谈意象的浮动》，转引自郑定国《王十朋及其诗》，（台湾）学生书局1994年版。

（4）（6）（8）陶文鹏：《论王十朋的山水诗与宦游诗》，《西南民族大学学报》2013年第3期。

（5）吴鹭山：《雁荡诗话》，《乐清文献丛书·吴鹭山集》，线装书局2013年版。

（7）乐云主编：《唐宋诗鉴赏全典》，崇文书局2011年版。

第六章 吟诗科考乡绅事

王梅溪热衷诗文创作，虽为自己带来地域文名，却久久未能获取家族寄望的、自心向往的举业功名地位。以科举考试获取功名，强调的是程式与规范，诗文创作往往不过是才子型名士的文学自娱而已。

就十朋早年之人格自期，本也不想把自己设计成纯粹的学者或放任的诗人。所以，虽历经颠踬，王十朋始终坚守王氏家族科举功名的既定路线，在考科举与补太学两条途径上，以其数十年的生命为代价，步履蹒跚，遍尝艰辛并快乐着。

在长达30余年的乡居岁月中，他辗转求学、读经研史，经受科场败举的苦痛，坚持养心修业，吟诗赋文，办馆授业，怀忧时济世之心，恳恳悃悃，勤勉于乡邦事务。一方面积极而自觉地用心于诗歌创作与经学研读，励志求道，拟赴功名之会；另一方面凭借自身在当地的经济地位与文化优势，以乡贤雅士形象赢得了乡民的推崇和服从，渐渐承担起受乡里人敬畏的"乡绅"角色，里仁为美，导民向善，引领社会舆情。乡绅者，即乡居士绅，那些有望出仕而暂居于乡野的、异于官而取信于民众的绅士，由读书人、文化人而渐变为乡里文化思想的实际导引者、掌控者，虽然十朋终其一生从来没有过什么"族长"、"里长"之称谓。

王十朋藉此"乡绅"角色，在自觉半自觉地逐渐践履自己的济世之志，以为日后心仪的叱咤风云以天下为己任的慷慨悲歌之士作必不可少的铺垫——虽然此时所济之"世"仅局限于乐邑左原梅溪而已。

从诗人、学者、官员三位一体的角色构建看，早期王十朋在科考入仕之前，是深受乡民尊重的乡贤，或可称为热衷公众事务的"社会活动家"，而非黄卷青灯、株守牖下、孤陋寡闻、与世人无缘的科举庸人。

一、辗转求学，齑盐冷落："事业未应孤铁砚"

青年王十朋坚信"诗书不负人"，曾辗转求学，以孔颜之乐作为自己的生活方式。20岁那年，他离家到县城金溪招仙馆求学，绍兴五年（1135）24岁时转至县学读书。后历十年赴补临安太学，"齑盐共牢落"，读经研史，策论对问，历尽艰辛。五律《至乐斋读书》^{诗卷2}概述辗转求学期间坚毅苦学的情景：

> 权门迹不到，颜巷自安贫。独与圣贤对，更于灯火亲。
> 夜观长及子，昼讽直从寅。莫恨成名晚，诗书不负人。

诗首尾二联表苦学心志：以孔颜之乐为标杆，安贫乐道，不慕"权门"；相信"诗书不负人"，有朝一日能一举成名。中间二联写苦读情景：以颜回为师，与灯火结缘，挑灯夜读，竟夜讽咏，"夜观""昼讽"圣贤书，从凌晨直至深夜，诵读不辍。

在孔门四科中，颜回是以德行著称的。他安贫自乐，好学尚仁，不断完善自我、追求道德完美和精神超然的形象，一直是十朋人格追求的重要思想资源。作于同时的《至乐斋赋》^{文卷6}直白地道出了十朋的价值观："吾今游心于一斋之内，适意于黄卷之中，师颜回，友扬雄，游于斯，息于斯，天下之至乐也。"

绍兴五年（1135），乐清县学新建落成，王十朋受邀参加庆典，"新学告成，祀事既毕。贤大夫与邑之多士，讲乡饮酒礼，无愧鲁泮风"，他特为写了一首百韵五言排律《县学落成百韵》^{诗卷2}。诗从乐清地僻教育落后说起：

> 未振寒乡陋，那经杀气缠。闾阎森白刃，庠序燎白烟。
> 断简嗟何考，青衿痛自怜……

接着说兴学的重要，赞美学舍规模，记叙祭典场面。诗人将兴学与兴国联系起来："雪耻终兴越，成功必霸燕。"并结合士人科场经历，发出累次应举不第的感叹：

> 屡应三年诏，曾微万选钱。龙门无机到，虎榜无多联。
> 愈赋徒伤感，郊肠厌炒煎。儒冠空叹误，铁砚莫知研。

最后收结于力学者有志竟成，功名会上"铸颜渊"的壮志豪情：

> 断弦音寂寞，抱玉涕潺湲。览镜时犹在，焚舟志益坚。
> 燕归欣遇厦，鱼得敢忘筌。愿赴功名会，终归造化权。
> 唯凭大炉火，早晚铸颜渊。

这首百韵排律作于乐邑群体诗歌创作活跃期。对仗工整，才力高远，成就了梅溪诗歌创作的第一个高峰。百韵长篇，直笔翔实，深情激愤，一时无二，谓之乐邑教育"诗史"，固其宜也。梅溪由此崭露头角，诗名大振于瓯越诗坛。

绍兴十年（1140）秋试落第后，梅溪回乡住了五年，居父丧，办学馆，但他科举求仕为国效忠的思想并未消减。绍兴十六年（1146）春，他有意改走补太学的入仕路，初赴临安太学，直至绍兴二十七年丁丑（1157）春参加集英殿由高宗皇帝主持的殿试夺魁，前后历时整整十年。于此十年西征，王十朋的政治视野开阔了，社会见闻丰富了。他的报国忧时之心，与国家政治走向休戚攸关，共相脉动，发为诗文绝不是一般文士浮泛空洞的无病呻吟。其喜乐忧思情怀一再录存于往返所作的诗篇中。

帝京临安的繁华，没有在十朋的诗文中留下多少痕迹，除了孤山梅园，西湖的美丽风光也绝少引发诗人的逸兴。太学生涯太过艰辛，当然也不乏奋发的乐趣。初抵京师，十朋作《太学寄梦龄昌龄弟》[诗卷3]高咏："事业未应孤铁砚，弟兄犹喜尽儒冠。行飞直待秋风便，好作排空雁字看。"绍兴十八年（1148）闰八月，作《别太学同舍》[诗卷3]抒发齑盐艰辛的慨叹："二年客贤关，倾盖皆故人……齑盐共牢落，灯火同悲辛。"绍兴二十一年（1151），十朋通过太学考试有望由内舍生升为上舍生，本是好事，更接近入仕效忠的目标了，但十朋心中却并无喜悦可言。中秋前一日，舟过山阴时，诗人感悟"西风吹白蘋，游子千里征"，思绪复杂纠结，"五年倦来往，争此蜗角名"，"何当毕所愿，同归及春耕"（《前中秋一日舟过山阴，晚稻方熟，忽动乡思，呈先之》[诗卷4]）。五赴太学时，作《予自乙丑冬如临安赴补逮今凡五往矣》[诗卷4]，回顾几年来为争蜗角之名而奔波，营营碌碌，浓浓的悔意与悲痛流泻而出。

绍兴二十二年（1152），赴补结束，学官曾以太学职事相留，十朋坚辞不就。到家后撰七古长诗《西征》[诗卷5]娓娓道说"辞弟游帝京"的经历，写景、抒情与神话传说穿插自如，风格雄奇壮阔，浑厚条畅中呈现出缤纷多彩。最后写道：

学官欲以职事留，自媿非才力辞避。

观台云物端可书，宫腺初长日南至。

龙山僦舍观大礼，仪仗森然典文备。

人臣贵盛古今无，秦公父子俱为使。

景灵告谢乐声回，鹓鹭花枝侈君赐。

西游连日觌天颜，和气氤氲散憔悴。

岁云莫矣却归来，捉笔书为于役志。

诗人揭露秦桧父子权相专政的黑暗现实，"人臣贵盛古今无，秦公父子俱为使"，终以"自媿非才"为由，拒绝了"学官欲以职事留"的机会，毅然于"岁云莫矣却归来"。不愿曲学取录的庄严心志昭然若揭。诗还借他人态度自嘲云："渡头仙人还笑我，髭须如棘犹名利。"

在《升补上舍谢宰相》^{文卷11}文中，十朋云："业肆贤关，烂于千人之列；名叨舍选，愧居群侯之先。""十年太学志未遂。"这是王十朋对西征赴补太学十年的自我评价。

二、科场败绩，励志苦学："自全幽静操，不采亦何伤"

绍兴十年（1140），王十朋第一次科考败绩，参加的是经义试，曾有过改试诗赋的打算。绍兴十六年（1146），他有意改走补太学的路径，但似未录取，秋，自太学归。绍兴十八年（1148），他再赴省试，岂料再次败阵。这使他很受伤害。因为那个时代，科举是才能和智慧的试金石，一再铩羽而归，就难免成了别人心中的庸才。这年，他追补为太学生，这才找到了新的希望，可以过一把在人群中脱颖而出的瘾了。

宋朝太学三舍，外舍2000人，内舍300人，上舍100人——这意味着只要升至上舍，学业优等者就可能获得推免进士的机会，免去省试环节。何况，那太学被坊间称为"带发头陀寺，无官御史台"——太学生们清贫苦修，生活乏味，却有着不小的参政议政话语权及影响力。当年太学生陈东就是在太学上书，请求给罢职的左相李纲复职、查办投降派头子黄潜善，而终至被杀的。

但自绍兴二十一年起，王十朋连续四年赴补，还是铩羽而归。

总的说来，王十朋的科第功名之路走得相当不顺，他备尝齑盐艰辛与铩羽之痛，一再吞下场屋失利带来的苦涩味与挫折感，当然也不乏养心、进德、修业的乐趣，长进了学问，砥砺了人格，历练了识见，为后半生立朝治民做了蓄势待发的准备。

欲借科考腾飞的翅膀一再折断，跳跃的鲤鱼一再止步于龙门，王十朋的第一反应自然是失望感叹，抱屈愤懑，却又不甘平庸，不陷沉沦。如《和韩诗·和秋怀十一首》[诗卷9]所叹："半生营一名，偃蹇未如愿！"又如前举《畎亩十首》[诗卷1]其十所咏，诗人心怀"明主"，不求"富贵"，却又因不愿与权佞同流合污，终至素怀难伸。但即使如此，仍然不改"平生学忠孝"的处世规则。在热衷于济世为民的追逐中，一个士子的真挚热忱亲切可感，其直节磊落可嘉！

作于绍兴十一年（1141）的《夜雨述怀》[诗卷2]将自己的落第遭际与秦桧当权的不堪国事联系在一起，排遣胸臆，表白心迹：

> 夜深风雨撼庭芭，唤起新愁似乱麻。
> 梦觉尚疑身是蝶，病苏方悟影非蛇。
> 浇肠竹叶频生晕，照眼银缸自结花。
> 我在故乡非逆旅，不烦杜宇唤归家。

这首七律作于一个风雨交加的夜晚。其时，十朋秋试落第，离别县学，回归左原故里，不久又生了一场大病，身体虚弱。次年，国事添危。宋对金称臣之后，金又破坏和议，举兵南侵，而高宗、秦桧决意乞和，以"莫须有"罪名杀害了岳飞。已经30岁的王十朋愁思如麻，以诗倾吐忧时愤世的心情和有志难酬的苦闷。赵素文《壮志无由补危倾，刚肠悲忧诉忠孝》一文指出，"王十朋的壮志难酬之愤，脱离了个人的狭隘幽绪，带着光明醇正的儒者担当意志。"个人的穷达通塞掌控于一人之手，十朋意识到，在光华夺目的临安城的浮表之下，暗流涌动，潜藏着令人畏惧的冷风苦雨，个人意志难以逆转。

首联由景入情，提领下文。中间两联具体抒写"如麻"之愁思。"蝶梦"、"蛇影"典故连用，从虚幻到觉醒，恍惚迷离之景状如现眼前。景语即情语。梦境中的愁苦尚未远离，眼下借酒浇愁，欲排愁自遣却又不能如愿。午夜孤灯，纠结如此，情何以堪！

孤身独坐，通宵达旦，面对自结的红蜡灯花，诗人或许还在盼望有遣愁的机会和可以舒怀的喜讯。然而就在此时，窗外传来杜鹃鸟的啼叫声，似在呼唤"不如归去"。"杜宇唤归家"的声声啼鸣，本能触动旅人的思乡之情，但此刻诗人科举挫败，困厄家园，正值"无路献孤忠"，时局又未给予任何青云得路的希望，何劳杜宇瞎操心，唤我归家呢？！"我在故乡非逆旅，不烦杜宇唤归家"，诗的末联内敛而平稳，这是对时局的愤懑，是对执政者的责斥，也不无自省自责。

全诗即景抒情，借重重意象排遣胸臆，感情愈转愈深，最后收束于富含潜台词的杜宇意象，使掩映于斑驳色彩中的愁绪悲愤得以真切而又经济的传达。

《宋诗鉴赏辞典》的撰者这样归纳全诗的主旨："作者有志用世，但当时是豺狼当道，善类遭受摧残陷害的不知多少，作者只好郁郁家居。因此最后两句，才点明胸怀，倾诉出报国无门、壮怀难展的感慨。"[1]这样的总体把握还是确当的，只是"直到秦桧死后，诗人才出而应试"云云，则与十朋生平事略不符。奸相秦桧死于绍兴二十五年（1155），十朋第一次应试当在绍兴十年（1140），绍兴十六年开始赴补临安太学，绍兴十八年参加省试又落第，《夜雨述怀》诗写于第一次秋试落第后，离秦桧之死还有14年之久。

王十朋属于家族，属于国家，属于时代。他平复了失望，回归现实理性，义无反顾地继续前行。他的诗文里多了励志苦学的内容。他以《庄子》中的比喻自勉："斥鴳适蓬蒿，大鹏抟九万。"再三告诫自己："心将游寂寞，语复攻苦淡。实歉名忌浮，才疏得惩滥。守志惧不坚，入道恐成暂"（《和韩诗·和秋怀十一首并序》[诗卷9]）；"性情乃良田，学问为耘锄。勿患远难致，跬步驰蹇驴。勿忧年不逢，六经有新畬"（《和韩诗·和符读书城南示孟甲孟乙》[诗卷9]）。他坚信只要努力付出，迟早总会收获，便焚膏继晷，刻苦攻读。作于高宗绍兴十九年（1149）的《种兰有感》[诗卷4]即着意于重拾信心，自勉励志，坚守高洁人格：

> 芝友产岩壑，无人花自芳。苗分郑七穆，秀发谢诸郎。
> 世竞怜春色，人谁赏国香？自全幽静操，不采亦何伤？

作本诗时，十朋38岁。经历了科场败绩的痛苦，目睹了历年国事的不堪，十朋从积习中抬起了头，一本传统儒道思想，在种兰、赏兰的雅致中寻找到幽人怀抱的寄托处。开头两句，赞赏兰、芝瑞草生长于深山野谷岩壑之间，自开自落，巧言此花能高标其绝世独立的气质，长葆其本性之美。颔联分别以穆公后裔世卿、谢家名流子弟来形容兰花"苗分"、"秀发"阶段的佳美情景。由花及人，写出花的圆润，喻意人的美满。颈联和尾联连用两个反问句式。由花之表及至花之里，突出了兰花难以为世人所重的处境；强化了兰花在艰险环境中自我保全幽静的节操。"自全幽静操，不采亦何伤？"颂扬的是一种"人不知而不愠"的君子风格，一种不希求名誉、自乐其志的坦荡胸次，象征着葆全自身人格的美质，含蓄内心世界的芳香。

王十朋终于走出了迂回曲折的"灯火悲辛"路，重拾自信而充满期待。绍兴二十六年（1156）腊月，他再赴临安，准备明年省试。农历十二月初八这天，他与临安知府约同太学上舍生游西湖，赏梅花，追怀林逋，一口气写下了三首同韵七言咏梅歌行，预感"偃蹇二十年"的"齑盐味"即将结束，迎接他的将是"十里清香"的"新春"！

《腊日与守约同舍赏梅西湖》[诗卷8]云："手折林间一枝雪，头上带得新春回。"

《同舍再约赏梅用前韵》[诗卷8]云："预办长笺收白雪，载取十里清香回。"

三、修德养心，自为表率 ："好将正味调金鼎"

王十朋《待士说》[文卷14]曾笔绘这样的"士绅"形象：

> 为士者，服诗书，精素履，圣贤之是师，臭味之与游，谨门户，时租税，忍焉以省讼，慎焉以远祸，俾足迹不及于公门，而官吏稀识其面目。

他认为士绅首先必须"自待"，即自为表率，才能获得地方官与乡人的尊重。设定范式，心有目标，王十朋修德养性，自为表率。他勤勉为诗，从不懈怠，立志以传承儒道为己任，不论是林下自吟或是诗社唱和，他总是满怀家国情怀，题物咏诗，首领唱和。

《林下十二子诗》[诗卷7]作于甲戌（1154）孟夏"见黜于春宫"乡居左原之时，"悟虚名之可厌，知林泉之足乐"。时年43岁的王十朋，寄趣于园林，尽管"儒冠误身世，偃蹇二十年"，依然不忘奋发有为。他自称梅溪野人，与二弟于家宅开辟东园、西园，栽种花木，称梅、兰、菊、竹等为"林下客"，并"褒之以名字，宠之以诗章"，状其形貌特征，真乃"一时之雅致也"。如《梅子先》诗曰：

竹外溪头手自栽，群芳推让子先开。

好将正味调金鼎，莫似樱桃太不才。

本章颂扬梅花的自期远志，郑重申明诗人自己甘愿做制酒时的药引，调羹用的盐梅，随时准备辅佐君王治理国家的顽强意愿。诗人冀盼"自栽"于梅溪之畔与劲竹相侣的梅树能结出硕果，并以其"正味"调和"金鼎"美羹，为国效劳；同时警戒自己，勿学"太不才"的"樱桃"，无所作为。这里，他并未将"群芳"推向对立面，而是称道其"推让"才使梅花得以"先开"。

自信、自尊、自重、自强又自谦，文质彬彬的儒家君子王十朋第一次以咏梅诗诠释了他终身追求的人格范式。

"正味调金鼎"的意思在梅溪诗集里反复出现，例如，《题何子应金华书院图》^{诗卷17}诗曰："种梅志欲调商鼎，持斧梦刀聊尔耳。"《查漕元章生日》^{诗卷21}诗曰："揽辔威名崖雪凛，和羹消息岭梅香。"《次韵傅教授景仁马绿荔枝》^{诗卷29}曰："微酸好入盐梅鼎，莫作寻常谏果飡。"用典未免太过单一，但其意蕴却由此而可鉴察如洞火：诗人以自己万分珍视和执着的人格信念，劝勉宰辅重臣和一切士人当秉承皇旨，奋发有为，在国势危难之际共同担当起历史责任和时代使命。

王十朋的这类吟咏草木花卉的短诗，或明白如话，或思致含蓄，于平淡之中求真味，微婉传送出闲居之时不忘奋发有为的心向。本组诗中的《兰子芳》、《丁子素》、《菊子秀》与写于同一时期的《小小园》、《娟娟林》、《牡丹》、《早梅》以及《又觅没利花》、《觅海棠》、《札上人许赠山丹花》诸篇，均可作如是观。

四、里仁为美，导民向善："漫辟书斋会乡友"

绅为一邑之望，士为四民之首。

费孝通先生的名作《乡土中国》较为全面地展现了中国基层社会的面貌。他说，"中国社会是乡土性的"。⁽²⁾

在传统的社会结构中，士绅阶层是封建社会的主干力量，尤其在皇权难以介入的偏远地区和地形隔绝的高山海隅地带，绅士阶层居于不可替代的中介地位。皇权恰恰是通过乡绅这一中介实现了对乡村社会的控制。

　　王十朋并非时时处处都有意识地去发挥这种"中介"作用，但在乡里社会活动中，忧时济世的王十朋扮演的社会角色，恰恰定位于此，传播儒家思想为基础的文化，维护传统乡村秩序的社会基础，对乡村传统施加积极影响。例如，绍兴二十五年（1155），王十朋曾效法司马光当年倡导的洛阳率会"会数而礼勤，物薄而情厚"的风尚（《传家集·训俭示康》），发起一种也称"率会"的里闾聚会。"屏迹山林颇自安，里闾率会有馀欢。"参加者都是宗亲与邻里，他们饮谈尽欢，以联络关系凝聚感情为主旨。这类"率会"，即可称为自组织化的"乡贤会"，是千年古国基层运转的基本形式。王十朋在会上提醒与会者，"但须及早输租税，不用低颜见长官"（《兄弟邻里日讲率会因书一绝，且戒其早纳租税也》诗卷7），有意将朝廷政令、官府法令晓之于民，又恰如其分地成为民众的代言人、保护人。其里仁为美所蕴含的仁义底色和维护宗族乡约传统的意旨，均可见得乡贤王十朋自觉维护并健全乡村自治、德治相结合的传统治理体系。

　　他还乐于利用乡间世俗社会的传统节日，凝聚乡友民心，特别是对那一批有诗性向往的年青求知者们，尤多爱心，以求扩大并巩固志同道合的群体。例如在传统的重阳日，十朋会在自家会趣堂里邀客会饮，称"九日会饮，予为唱首"，"老者与焉"，其诗云"酒醒聊记坐中人，有似平原凡十九"（《九日饮酒会趣堂者十九人》诗卷5、《九日会饮予为唱首》诗卷5），他在其间充当了好客的"平原君"。《陈元佐和诗赠以前韵》诗卷5云"通功易事媿无术，漫辟书斋会乡友"，足见招友聚会在平日也时常举行。

　　王十朋家族拥有比普通农民多得多的土地和房产。"吾家之西北原有田二顷，盖先业也"（《代笠亭记》文卷12）；"弟兄身事各茫然，赖有先人二顷田"（《后七夕二夜同梦龄宿湖边庄》诗卷4）。拥有土地房产，是确保其乡居士绅地位的基本前提，土地给予王十朋一家，特别是他本人以独立人格的经济支撑。但乡绅地位的取得并得到乡民的真诚敬畏，更多的是依仗乡人对十朋本人的学品认可与乡人对他有望做官的期待和信心。

　　且看当年的左原梅溪村，凡与诗文相关的乡间礼仪活动，一切乡野的人伦情理场景，特别是遇到流年不利，天旱不雨，求雨成为当地人一年四季里最无奈却也最虔诚的一件事，王十朋总是乐此不疲地为祭祀活动撰写各类诗赋文告，充当起这个无可取代的角色，并引以为荣：

麦子不结实，他代撰《为麦祈实》^{诗卷4}云"时羞方庙献，麦实为民祈"，"崆峒今岁熟，登荐定无违"；

旱魃为虐，他起草求雨疏《双莲潭请水疏》^{文卷13}云"亟下霈然之泽，坐消太甚之灾"；

水利、道路等公益设施竣工庆典，也少不了由他撰文纪事。如《惠政桥施水疏》、《馆头甃官路疏》^{文卷13}等。

婚丧诞育，乡民大事，一应仪式涉及的应用文辞，总是由他代为操刀：乡邻亲属生下男孩，他"殷勤为作《洗儿歌》，觅取金钱三百万"（《万先之生两男作洗儿歌贺之》^{诗卷5}）；邻里亲友选定婚姻的聘书与回书，也仰其手笔；为乡邻亲朋代写道士斋醮的青词与酹奠逝者的祭文，也是他的份内事；关系密切者还会请他代撰先人行状或墓志铭。

他还为当地寺院高僧严阇梨（也是他出家亡故的祖舅）编集作《潜涧严阇梨文集序》^{文卷12}，又裒集流寓诗翁刘光的遗稿，编定诗集，并作《南浦老人诗集序》^{文卷12}……

这一连串镜头，足以叠印出梅溪心怀尧舜之诚，忧时济世，走出书斋，热心乡里民间事务，舍我其谁之热情壮怀。是他基于经济地位体现的远高于普通民众的文化影响与政治作用。

而且，作为一个乡村士绅，一个"舌耕糊口"的寒士，王十朋还设馆授徒赋诗，本籍读书人几乎全收入门下了，不少外地学子也慕名而来，历时八年之久。在与诗友弟子交往中，王十朋以自己素怀的俭朴淳厚、谦虚好礼、尊贤下士、凡事让人的高标风范，维护儒学道统，充分展示出作为儒者的心性表率作用。

总之，回望王十朋乡居期间里仁为美、导民向善的种种行止举措，回读这类礼仪性的诗赋疏文，我们看到了王十朋作为乡居士绅的公益担当。王十朋以孝顺父母、尊敬长上、和睦乡里、教育子孙为主旨，以不贪财、不迷信、不自是、不自欺欺人为行为规范，自觉担当起"礼俗相交、患难相恤，德业相劝，过失相规"的教化，对于维护固有的乡规民约、提升乡村社会道德文明水平具有不可忽视的积极意义。这里用得上闻一多《新君子广义》中的一段话："旧君子之旨主静……新君子之旨主动。动则尚进取，其学以博爱为本，而体诸人群日用之间。盖君子习乎人群日用之务。"⁽³⁾

五、咏史教化，引领舆情："盛德方居火，天王始服絺"

以自己的文才诗情取信于民，进而导引社会舆情，践履济世之志，本是乡绅角色的题中之义。王十朋以自存诗文笔绘了一帧未仕乡绅的剪影，在这帧"剪影"中，我们分明可窥测到梅溪读经研史对于提振民间爱国激情与社会道德风尚的作用。除了前文多处提及的那些直斥当朝魁首倒行逆施的诗文外，还有两类大型组诗当引起我们的关注，以求见得这位蛰伏乡间多年的士绅放眼朝野的博大胸襟，见得他似水柔情之外的如火热情，不但会潜移默化感染周遭人群，而且会在一定范围内引领某种社会舆情。

1、第一类大型组诗是读史咏怀诗

王十朋读经研史常常有很强的现实针对性。其咏史之作多以古人古事夹叙夹议，评判忠良，歌咏中兴，讽谏国事，寄托褒贬人物、讽规时政之意。其中诗卷十所收咏史诗篇106题共110首，全部为七绝，以古人名号冠题。有三项主题尤多警世意义。

其一是吟咏祖宗家法以助推王化政教。

鉴于奢靡混乱之时局，太学期间，王十朋曾作《天子始絺》^{诗卷6}诗赞许祖宗家法以助推中兴。诗曰：

> 盛德方居火，天王始服絺。熏风生殿早，畏日到官迟。
> 莹雪罗初迭，含风葛乍披。汗宁濡玉体，暑不近天肌。
> 表饰遵尼父，恩荣被拾遗。中宫同俭德，无愧葛覃诗。

诗称赏"天王始服絺"的王化政教，为赵宋王朝"中宫同俭德"的祖宗家法喝彩。显然出于宋代士人"在朝则美政，在下位则美俗"的社会责任意识，是有感于时局的奢靡混乱而作的。

诗重在阐发天子始絺作为王化之始的现实意义："遵尼父"，"恭俭化下"，上行下效，或能达到上古时代黄帝、尧、舜"垂衣裳而天下治"；"同俭德"之举合乎儒教规范，能"化天下以妇道也"，有利劝化民俗，扶正风教。诗的最后两联理语直白道出诗之旨归。

这首五言古体较多采用对偶句式。相对整饬的说理框架，不仅增加了整饰美感，而且有助于严正氛围的营构。

王十朋推许北宋仁宗一朝的风教，盛赞皇祐、嘉祐年间的淳美风俗，意在敦促本朝皇帝能垂范天下。他也称赏高宗帝此前多次颁发的打压"有伤风教者"、"大坏风教"者以扶正风教的诏令，直至绍兴二十七年，在他以"法天揽权"为中心的《廷试策》中，对"翠羽为饰"的奢侈风气提出明确的批评，并受到高宗的肯定。高宗随后采纳了他的建议，"诏益严销金、铺翠之禁，且以交趾所贡翠羽焚于通衢，实自公发之"。（《宋龙图阁学士王公墓志铭》^{附录2}）

在王十朋看来，严禁上下销金为衣服、铺翠为首饰，这不仅是为了杜绝民间的铺张浪费，更重要的是为防患于未然，让以皇帝为中心的内廷始终保持敦朴节用之道，培植国力，以图恢复进取之计。

王十朋的王化政教观念在太学研习经史之时即已十分明确而坚固。

其二是吟咏有作为的贤明君主和中兴帝王。如《吴大帝》诗曰：

> 拔刀斫案气如虹，独倚周郎立隽功。
> 一战果摧曹孟德，不妨高枕霸江东。

诗咏吴国的开国皇帝孙权。融入"拔刀斫案"的生动细节和"独倚周郎"的典型史例，塑造吴主孙权力排众议、果断抗击曹操的英勇形象。"拔刀斫案"的典型事迹，用"气如虹"加以渲染，突出吴主的勃发英姿和恢弘气度。"独倚周郎"句则表现了孙权决战赤壁、知人善用的特点。后两句发表评论，用战争胜利、雄霸江东的伟业突出孙权的明君形象。

其三是讽谏荒唐帝君、当权奸佞的朝政国事。如《炀帝》诗曰：

> 汴水东流岸柳春，龙舟南下锦帆新。
> 鸟声劝酒梅花笑，笑杀隋亡亦似陈。

此诗并未铺张隋炀帝之罪与过，仅藉前三句"龙舟南下"花天酒地、鸟欢花笑的情景，道破隋之灭亡犹如南朝陈之灭亡。一个"笑"字，上下句顶真关联，由"花笑"径接"笑杀"，较之杜牧当年所咏"隔江犹唱后庭花"的"唱杀"，更为直截痛彻。"笑杀隋亡亦似陈"一句把隋亡与陈亡勾连起来，也巧妙地把历史、现实与将来联接起来，含义深长，隐含诗人对国势时局的忧与痛。全诗意虽曲折，文犹明白，文字之外尚有文字，将辛辣的讽刺、痛切的慨叹和深沉的忧患寓于轻利的风调之中，尽显诗人咏史的眼光和笔力都非同一般。

王十朋饱学经书，作为一个清醒的文人志士，他对当今奸佞当权的朝政国事深怀隐忧隐痛，对大忠大勇、能仁能孝、功成身退的忠臣义士深怀敬慕向往。百余首咏史诗，言君、言臣，言时政、言人伦，言忠、言孝、言节操，王十朋的史学文心何其博大精深！

2、第二类大型组诗是学馆教育杂咏

王十朋以自己的道德规范潜移默化感染周遭人群，还在意通过学馆教育在一定范围内引领社会舆情。王十朋文名远播，请其撰文题诗者甚至远在福建；所求作品也体裁不一，题材广泛。浦城南浦的陈台卿慕其大名，曾请他代撰堂室之铭，如《止堂铭》^{文卷12}、《情话室铭》^{文卷12}。还有《绿画轩记》^{文卷17}等。嵊县士人周瑜"辟家塾于居第之前，有堂，有轩，其数偶；有馆，有室，有池，其数奇；有斋焉，其象数五行。通而计之其数，象十有二月，命客王某名之"，"既名之矣，又赋十二诗，诗二十字"，十朋奉作《渊源堂十二诗序》^{文卷17}、《渊源堂记》^{文卷17}，又作《渊源堂十二诗》^{诗卷6}、《书院杂咏》^{诗卷6}。这类诗文抒写教育理念，寄托人格理想，倡导善美德性，受到感染教化的并不局限于青衿学子，更感召社会群情。

前文论及的《书院杂咏》由34首五绝联章组合而成，作于剡溪书院任师席之时。在诗人眼中，书院的草木山石、虫声鸟音、一花一叶，无处不美，无景无物不可入诗。组诗所选的种种景观物象，一般不是被作为独立的审美客体刻意描摹，而只是诗人借以抒怀表意的对象而已。赏读之下，我们不得不叹服八百年前这位先贤的教育价值观。诗人对于包括剡溪书院在内的宋时民间教育团体性质、宗旨的诠释多么全面而清晰！

注释

⑴缪钺等撰：《宋诗鉴赏辞典》，上海辞书出版社1987年版。

⑵费孝通：《乡土中国》，中华书局2013年版。

⑶闻一多：《新君子广义》，转引自刘烜《闻一多评传》，北京大学出版社1983年版。

第七章　快意烟销向庙堂

　　王十朋一直受困于"双重生活"：个体读经与聚徒讲诵，科考入仕与挂冠退隐，现实处境和理想人生，矛盾重重，痛苦纠结。

　　《王十朋全集》诗卷八收录了绍兴二十五年乙亥（1155）至二十七年丁丑（1157）春两年间的诗，展现了诗人徘徊辗转的细枝末节及其幡然转折的进程：由自安于陇亩躬耕和聚徒讲授，企盼命运逆转，冲入"烟销日出"的人生境地。

　　其时，一手遮天的秦桧病故倒台了，奸相专权的时代即将结束。以"谋大逆"罪名遭受陷害的抗战名将张浚等人复职了，受牵连的胡铨也从吉阳军内移衡阳……

　　自信抬头，光明在望。王十朋一扫自伤自叹的低徊心绪，重新考察自我生存空间、自我生存价值，进而对关涉内心世界、人生道路、生命托寄诸多重大命题作出了理性思考，滋生出由江湖之远进发庙堂之高的理想生机。其笔下的平常山水顿时焕发出阳刚气象："天开地廓"，"峰高捧日"，"波阔浸天"，眼前一片远大光明；"拭目天衢骧骧足，下视汙池雀儿浴"，诗人恣情而为，述嵚崎之志，抒磊落之情。其阳刚振发气象所表现的积极乐观情绪，分明浸染着秦桧病故、天意分明、天道好还的政治信息和社会心理。诗人胸中块垒一除，积郁一消。

　　大道坦坦兮，不越乎人心。《明庆忏院上方地爽而幽》、《孟夏十有一日时雨初霁》及《再用前韵勉诸友》、《腊日与守约同舍赏梅西湖》、《春日游西湖》等篇，呈现一幅恣情而为的全景式山水立轴，构图宏大，境界邈远。

　　方寸虚明，才能含受万象；心志凝静，才可由静生慧，获致妙想。王十朋诗心氤氲，满怀"致身许国"的愿景，迎接一个值得期待的春天，自信满满地向心慕已久的庙堂进发。

一、劝勉向学进取："书生事业无雨晴"

左原闲居期间，十朋约有半年之久托迹于明庆忏院，不为厌世隐居，而是于佛寺建学馆读书授徒，冀望在隔离尘世喧嚣的氛围中会友读书，培养生徒。避静寡处于"爽而幽"的僧舍虚堂之际，诗人对关涉内心世界、人生道路、生命托寄诸多重大命题作出了理性思考。

而恰在此时，绍兴二十五年（1155）十月，秦桧病故了。投降派一手遮天的局面有了改变。王十朋精神为之一振，充满积极向上的情绪。他笔下的平常山水顿时有了阳刚振发气象。

作于次年初夏的诗篇登高兴感，反映十朋自我心绪调节的过程，隐约间把时局连在一起：天意分明，天道好还，奸佞身死，盛世在即！七律《明庆忏院上方地爽而幽，盖精蓝之胜也》诗曰：

> 下帷精舍远尘繁，境净心清事不关。
> 案上忘机有黄卷，眼中得趣是青山。
> 林泉欲共高僧老，事业未容吾辈闲。
> 准拟他年挂冠后，飘然杖履白云间。

首联由学馆事入题，申言选择在"精舍"、"下帷"讲诵，为的是"远尘繁"，"事不关"，求得"境净心清"；颔联说"黄卷"经书塑我"忘机"之诚，怎能随意放弃？"忘机"，即消除机巧之心，甘于淡泊，与世无争。这是十朋一心向往的。况且山水之资取之不竭，师徒伏案穷经之时能"得"青山之"趣"，何乐而不为？颈联说心存"林泉"之念，但"事业"在身，容不得"吾辈"偷"闲"。十朋心存仕进之志，向以励志苦读、科第取官为毕生"事业"。深知为家族发展和自己的抱负，只有走通科第之路，才能"粗有进身之阶"（《升补上舍谢宰相》文卷11）。尾联则许出一个心愿："准拟他年挂冠后"与高僧共赴"林泉约"——诗人未曾青云得路，却想到了"学而优则仕"，继而又想到了"则仕"之后再"挂冠"。"杖履白云间"的"飘然"意象，使诗题所言"意有感触"的主体内涵得以具象化的体现。

时年45岁的诗人，一扫往日自伤自叹的低徊心绪，对原先的"双重生活"有了新的设计，其"事业"之心终于重新振作。

这首七律的颔联、颈联是工整、妥帖、新颖、奇妙的联语。

"案上忘机有黄卷，眼中得趣是青山"一联，结构相对，内容相反，"黄卷"与"青山"、"忘机"与"得趣"两两相形互补，在意象反差组合和意义内涵比对中兼顾"书馆"、"僧舍"两头及其内外物象景观，紧承首联，使首联所言"下帷精舍"之举的价值倍增。

而颈联"林泉欲共高僧老，事业未容吾辈闲"，又一次形成严谨比对，在难舍"事业"与向心"林泉"的对举中凸显了身处俗世与心期物外的矛盾冲突，而且对句句内救拗，避免了"孤平"失律。此皆为十朋刻意锤炼而得之。

难能可贵的更在于，颔联与颈联一写形迹，一写心神，望中景与物外情相反相成，而意义上又有递进，连贯而下，于"自放"、"翻疏"中传递幽深禅思。全诗委婉曲折，情韵相生，意蕴丰足，既工稳又活泼，具有气韵流动之美。

无可否认，十朋笔下的一切好山水、好心境，全来自把控朝野的投降派即将倒台的时势运机！

在自觉"事业未容吾辈闲"的同时，王十朋向青衿学子们发出了"劝学新篇"《再用前韵勉诸友》^{诗卷8}，勉励生徒们继续向学进取。其诗有云：

> 蚕妇欲晴农欲雨，书生事业无雨晴……
> 纸为良田力耕获，一廛稼穑噬许行。
> 太山北斗仰韩子，千态万状穷周情……

首联出句以农夫蚕妇怨旱忧雨概括农事之苦，起兴比衬；对句推出本篇警句"书生事业无雨晴"，以诗书继世的价值观念，道明了"书生事业"的文明远旨，隐喻学养成长与人格修为少受外界人为干扰，也不拘于年长年幼的影响。警策醒心。在唐宋科举社会，"书生事业"自指励志苦学，经过科考获取功名。这就立起了本"劝学篇"的思想主旨，又切近农村学子励志苦学的生活思想实际。

全诗重在议论，关要处则多以农事苦乐设譬。"纸为良田力耕获"，将文人为生的笔墨纸砚喻为农人的良田，设喻浅近亲切，与十朋《和韩诗·和符读书城南示梦甲梦乙》^{诗卷9}诗所云"性情乃良田，学问为耘锄"相呼应，强调勤苦耕耘必有收获，精诵文字将终身受益。

诗人仰韩愈诗文为"太山北斗"，穷周情孔思为德性追求，强调自我完善的共同信仰目标，在"群居"讲习中"涵养"成熟。这是夫子自道的游学经验，也是十朋一以贯之的从教宗旨，现在作为赠言送给了即将离别的"诸友"，这是十朋向怀的乡邦亲情和教育善心的自然流露，来自乡间的青衿学子们想必更能体悟其亲切温馨。

二、高歌日出烟销："遥看扶桑观日浴"

作于同期的七古《孟夏十有一日时雨初霁，晨登高阁，极目四望，烟销日出，气象一新，复用前韵》，为我们俯拍了江南水乡孟夏之晨雨过天晴的宏阔场景，其阳刚振发气象所表现的积极乐观情绪为梅溪全集中难得一见。在幽深玄远的禅思禅味中，分明浸染着秦桧病故、天意分明的政治信息和社会心理。诗曰：

> 蝶梦惊回听残雨，鸟声唤起欣初晴。
> 梵宫烟火带雨湿，黉舍几席生微清。
> 披衣登阁忽四顾，顿觉远目增双明。
> 樵渔欸乃雾中出，舟楫荡漾田间行。
> 清和节物满眼界，柳垂暗绿花含情。
> 窗明几净日渐永，天开地廓阴不争。
> 俯视沧浪堪濯足，遥看扶桑观日浴。

这首七言古诗抒写孟夏之晨"披衣登阁"，凝神四顾，在静观中灵思飞跃，飘逸出憧憬虚静澄明生活方式的幽怀孤韵，令人心情为之一振。

开首两联写"蝶梦惊回"，"鸟声唤起"，在"残雨"声中迎来雨霁晓晴；"烟销日出"之时，"烟火带雨湿"、"几席生微清"的物象使"梵宫""黉舍"增添了静穆温馨的美感。由梦思至听觉，自听觉达视觉，再至触觉，意象纷呈，诗人以多重感官细细体味着大自然的神奇变幻。

"樵渔欸乃"以下两联，放纵视野，场景宏阔，以动生静，即动求静，以风雨之后的闲静气氛表现内心的冲澹向往："舟楫荡漾"，"柳垂暗绿"，节物清和，花木含情，夏日雨霁后"气象一新"的画面中，听觉意象、视觉意象交相重叠，乐音之美、画图之美交互移位，立体渲染，令人目不暇接，耳难兼听。

末四句齐天俟地，最具雄伟。抒情主人的视线由"俯视"转向"遥看",于是"沧浪"、"扶桑"尽收眼底,天地之间,空廓明净,阳盛阴弱,生气朗畅。外物由喧动趋于闲静,而诗人也慢下心来,宽容自展,回到本真的自我,一种脱身功名利禄世界的心理祈向油然而生。

好一派"天开地廓阴不争"的自然景象,不正是诗人于秦桧病故倒台之后所企盼的清明政治的生动写照吗?十朋关涉生命托寄、人生道路乃至政治理想诸多重大问题的社会心理和自我心绪等,在幽深玄远的禅思禅味中,都次第进入了一个崭新的阶段!

凝神骋目中,以"清""明"为基调的幽山远水,虽不缤纷却生机勃然,大千世界一片澄明,包容着近和远、动和静、喜和忧、哀和乐,读之令人身心虚静,物我两冥。登高远眺会产生这么多联想,大概也只有王十朋这样兼有诗性敏感和思想家气质的人才能做到。

诗的极度夸张写意与多层次映衬烘染,紧紧地把握住时代脉搏的跳动,有效地彰显了社会政治变革的前兆给一个南方读书人带来的心灵感应和思想冲击,这是很值得深思的。诗情可通画意。其艺术哲学精神用得上宗白华先生所谓的"提神太虚,从世外鸟瞰的立场观照全整的律动的大自然"、"集合数层与多方的视点谱成一幅超象虚灵的诗情画境"。[1]

诗人敏感于自然风物的生息变化,善于博采诗家名句,用表达玄想心境的语汇和相对整饬的意象框架,营造出一种超尘脱俗的清寥而神奇的境界,句意清爽,风致蕴藉,深厚内敛,见得梅溪风景山水诗的丰富色彩和多重风格,于朱熹称道的"浑厚质直,恳恻条畅"艺术风格之外,尚有另一风貌:"诗笔秀拔,吐属俊爽,正如天半朱霞,使人矫首,非靡靡之响可同日语也"。[2]

就梅溪的人生憧憬而言,当与年辈相接的诗友张孝祥取同一心向,唱同一声调,于"蝉蜕尘埃外"、"濯足夜滩急"的向往中声气相和。

而其隐藏于简淡中的丰蕴旨趣,则与陶渊明、柳宗元、朱熹诸家的萧散冲淡之作也有得一比。

柳宗元的"欸乃一声山水绿",自有奇趣,隐现诗人孤高孤洁而又不免孤情孤寂的心境;王十朋的"樵渔欸乃雾中出"却在散发人文孤独情味的同时,为晨岚飘渺之境平添了一份平和温柔的意蕴,有虚融清净、超尘出俗的情趣向往。

最后一联"俯视沧浪堪濯足,遥看扶桑观日浴",着意以转韵显示醒目警觉,其展示的壮阔朗畅,当然要比陶潜的"悲扶桑之舒光,奄灭景而藏明"来得高远阳刚。诗人借"沧浪""濯足"、看"扶桑""日浴"的逸兴幽怀和高洁志向,与朱熹《夏日二首》诗中"抱疴守穷庐,释志趣幽禅"、"望山怀释侣，盥手阅仙经"的精神追求相比较，看得出，两位哲人的禅意慧心遥相通和，但十朋的诗显然淡化了对仙佛二教的宗教祈向，更显爽朗通透——朱熹日后称赏王十朋"阳必刚，刚必明，明则易知"（《宋梅溪王忠文公文集序》[附录1]），是言出由衷、言之有据的。

三、明析儒释两端："未应中国异西方"

梅溪诗一方面与政教紧密相连，功利实用，庄严神圣，举凡科举考试、读经论史、乡绅事务、移风易俗、设馆授徒、社交结友等都离不开诗；另一方面，作为文化人的生活方式，梅溪诗也曾表现出对儒家思想的某些疏离，对超功利的佛道思想的些许靠拢——当然，这不是对教化的逃避，而恰恰是对诗的自适愉情功能的回归。试看杜甫就曾吟唱"陶冶性灵存底物，新诗改罢自长吟"（《解闷五首》其四），白居易虽有针砭时弊的讽喻诗，但也有"或退公独处，或移病闲居，知足保和，吟玩情性"（《与元九书》）的闲适诗。

王十朋在远离喧哗的禅林净境中，切近佛门的空静妙谛和高僧的悲悯心声，接受禅宗人生哲学、生活情趣的熏染，在心理观念、审美情趣和诗风走向上都发生了潜移默化的演变。托迹明庆忏院与青衿夜读的这半年，他的诗简古淡泊，清远绝尘，深蕴"境净心清"的禅思禅趣，我们从幽深中读出了敏感，从疏放处读出了细腻。七律《次济上人韵》尤能显示诗人的佛禅因缘及其对儒释之辨的深切参悟，诗曰：

> 老来未厌短檠光，又集青衿就故乡。
> 却荷道人能具眼，不同时辈有他肠。
> 心传潜涧源流别，首出新诗意味长。
> 我亦笔头为佛事，未应中国异西方。

诗题中的"济上人"是明庆寺高僧。诗标举他独具慧眼善心，应允十朋在佛寺办学馆读书授徒。如《题佛阁三绝》所云："珈蓝真长者，容我半年居。"

本诗由佛阁读书的叙事入题，渐次进入儒释二教的辨析议论。由叙入理，层次非常清晰。"青衿"集结，灯火夜读，本是十朋文士生涯的重要组成部分。"就故乡"道出此次聚徒读书有别于年前的远走刿溪书院，更能体现推动本土耕读文化的乡怀情结。

诗的主体内涵和旨归是抒写佛教因缘，参悟儒释之辨。总体看，用三联从三个方面展开：

颔联，深怀感恩之诚，称赏济上人独具慧眼，乐施行善，有别于"时辈"，慨然应允十朋在佛寺办学馆授徒；

颈联，由济上人的"新诗意味长"，称赏其"心传"潜涧法师的诗性渊源而新建流别，既推崇少年出家明庆忏院的舅公贾处严（法号潜涧）生前的学识诗才，又拉近了两辈人的佛儒交谊，禅心共存；

尾联由题面伸发开去。"我亦笔头为佛事"，大概是指十朋曾为乡间祭祀佛事代笔撰写各类文告及疏文、祝文等祈祷文字。祈雨祈麦等等，本身实属荒诞无稽之举，上天并不会因为人们的祷告而风调雨顺。十朋的笔头佛事、零雨诗文多为顺从民意，化解矛盾，怀感恩诚惠之心而一无"道""巫"气息，不涉迷信荒诞。而"未应中国异西方"一句，谓中国传统儒教与由西方传入的佛教不应有异。当指儒、佛二教对立中有相融统一处，在心性祈向上，本应是相通的。这两句表白十朋自己在佛儒二教交合处的人生姿态，值得细细体会思辨之。

十朋一路走来，时为生计穷悴辗转行役，诗中多有脱离政治的意念，纠结于儒佛搅合之困。宋室南渡之初的士林，禅悦之风较北宋更加盛行。十朋淫浸禅林日久，佛禅的思维方式与超尘情趣已在他的诗中打下了深深的印记。他一生结交方外朋友，有些交谊非同寻常，一朝知遇，终身契合，相互欣赏，成为人生旅途中的一种诗性存在。他以此排遣烦闷，并从中寻得过一些处世良方和养生之道。

十朋受佛教世界观、人生观的浸染，心有所向，还以佛学作为儒学的参照系，援佛入儒，援禅入诗，也热心于祈雨祝祷等佛事。他的多篇"为佛事"文辞，为神鬼仙佛祝祷，不无对世俗时尚的附和，但诗中既已下了"笔头"一词限制，就十分准确地框定了"为佛事"的范围和程度，只为以佛养性，借以泯灭荣辱，淡泊功名，化解社会矛盾而已。

佛教属于外来文化。经过隋唐三百年的大发展，与老庄易相结合，适合中国国情，体现中国智慧，将顿悟、直觉、直观理论进一步系统化，至北宋时期已然在中国牢牢扎根，完全本土化了，并开始转化成文学类的精神产品。两宋时温州僧侣诗人队伍兴盛。十朋的舅公潜涧法师贾处严，即是广有传人的诗僧。王十朋此处说的在宗教信仰问题上中国与西方不应有异，按他的理解，当是指二者皆求心灵之寄托。

在佛学是否与孔子之道相异的问题上，王十朋一方面说儒、佛有异，另一方面又持异道合一的观点，认为儒、佛二者的功用是相同的。十朋所持儒佛"同德""同功"说，与唐时刘禹锡在远贬南荒后对佛教的认识颇为相近，似乎比柳宗元要清醒一些，而与韩愈、白居易殊途同归。

看来，王十朋对中晚唐时期的释家思想是做过一番研究并形成自己的独立见解的。十朋僧缘屡结，但毕竟儒教根深，早年在《寄僧觉无象》[诗卷1]诗中即已明确表态："儒释道不同，相从苦无由"；此后又一再申言："儒服方袍两秃翁，两家元是一家风"（《宿东林赠然老》[诗卷19]）、"渊明修静不谈禅，孔老门中各自贤"（《莲社》[诗卷19]）。而这次来寺庙办学读书，诗人自觉寺庙"虽好莫留连"，且自比谢康乐，说："灵运本狂客，偶来莲社游。钟鱼听已厌，归去故园休。"（《题佛阁三绝》[诗卷8]）王十朋始终视孔孟之道为正统，在严别儒释两端"各自贤"的同时，申言"未应中国异西方"，赏识儒释"一家风"。

王十朋对儒佛二端的把持分寸及作为，足可助证陈寅恪先生多年一以贯之的思虑——既不忘本来民族之地位，又要吸收输入外来之学说。陈先生曾研判："宋儒若程若朱，皆深通佛教者，既喜其义理之高明详尽，足以救中国之缺失，而又忧其用夷变夏也。乃求得而两全之法，避其名而居其实，取其珠而还其椟。采佛理之精粹以之注解四书五经，名为阐明古学，实则吸收异教。声言尊孔辟佛，实则佛之义理，已浸渍濡染。与儒教之宗传，合而为一。此先儒爱国济世之苦心，至可尊敬而曲谅之者也。故佛教实有功于中国甚大。而通常人未之通晓，未之觉察，而以中国为真无教之国，误矣。自得佛教之裨助，而中国之学问，立时增长元气，别开生面。故宋、元之学问、文艺均大盛，而以朱子集其大成。"[(3)]陈先生不仅强调宋儒（当然包括王十朋在内）"吸收异教"的作为是"至可尊敬而曲谅"的"爱国济世之苦心"，也曾将"沟通东西学术"视为"一代文化所托命"之重大责任。

王十朋在禅悦之风盛行、儒佛之间互相融会、传统儒学受到侵蚀的南宋初期，表现出一个学人极有分寸的"爱国济世之苦心"，显示了一个具有独立意志的思想家应有的清醒和人格风采。

可贵的还在于，王十朋具有的一流思想家应有的兼容清醒，最终还酝酿出以儒家诗教为主旨的以简古淡泊、典雅清逸为指向的诗风范式。这种艺术倾向对后世特别是温州地区的诗风成长也产生过积极影响。

四、引领梅魂高格："北枝贪睡南枝醒"

据笔者粗略清点，《王十朋全集》收录的2200余首诗词中，咏梅涉梅作品共89首，其中以梅命题立意或以梅为主要意象的诗35首，词2首。最有影响的当属西湖孤山探梅组诗，有几个特点值得注意：

一是十朋首次咏杭州西湖梅花。且选地"武林深处"，特指西湖西北的孤山梅屿——梅仙林逋的住宅与墓地，避开了依西湖东南湖畔而建的皇宫官署梅苑。

二是结伴规模不小，人员档次甚高。"同行二十五佳客"，清一色太学同舍，"一一尽是离骚才"，且有临安府最高行政长官知府大人荣薿亲临其行。

三是唱酬不辍，所咏的梅之多、花之盛、爱之广、兴之浓，为十朋此前咏梅诗所未有且为他人所未及者。历来文人咏梅，多数只是月下独自寻幽吟唱。

四是开发了南宋杭州西湖梅花所具有的他地他时或一般性梅品不会有的独特意蕴，其推出的"北枝贪睡南枝醒"的审美境界，超越了明高启创设的梅花"高士"范型。

诗作于宋高宗绍兴二十六年丙子（1156）腊日，即十二月初八日，为古时夏历祭日。其时，十朋45岁，第六次从乐清左原赴补临安太学。已升为上舍生的王十朋，邀约了太守荣薿并太学同舍生"二十五佳客"到"武林深处"游西湖，赏梅花，"衔清杯"，追怀林逋，一口气写下了三首同韵七古咏梅诗。《腊日与守约同舍赏梅西湖》是第一首。诗曰：

> 西湖处士安在哉，湖山如旧梅花开。
> 见花如见处士面，神清骨冷无纤埃。
> 不将时节较早晚，风味自是花中魁。
> 暗香和月入佳句，压尽今古无诗才。
> 武林深处景益胜，十里眼界多琼瑰。
> 北枝贪睡南枝醒，杖履得得换出来。
> 旅中兹游殊不恶，况有佳友衔清杯。
> 手折林间一枝雪，头上带得新春回。

诗力破陈言，引领阳刚高格，折服时辈俊杰。

前半首八句，称誉咏梅圣手林和靖：梅花如处士，处士如梅花，一般的"神清骨冷无纤埃"，一般的"风味自是花中魁"。此段咏梅，无意于摹形刻影的突破，而胜在对林逋诗品、人格的赞誉。林逋成就了西湖梅花的美名，南宋西湖梅花也玉成了林逋的"高士"范型。

林逋是真雅士，在西湖孤山宅园种孤株散梅，朝夕相伴二十年，不涉杭城，堪破人世与历史浮华苦痛。十朋对林逋的赞誉落笔在两个方面。一是化用其咏梅经典佳句"疏影横斜水清浅，暗香浮动月黄昏"，出之"暗香和月"四字，以水月衬托梅花的娇姿丰采，同时颂扬林逋"压尽今古"的诗才，双管齐下，描摹传神而笔墨省俭。二是以"神清骨冷无纤埃"比拟处士风骨，虽是嗣响于北宋苏轼诗意"先生可是绝俗人，神清骨冷无由俗"（《书林逋诗后》），也昭示了南宋西湖梅花诗已对梅花各种神韵之美作了新的开发。王十朋以"神清骨冷"称赏同具冷寂寒雅特征的高士林和靖。

清范大士领会其意，在《历代诗发》中评曰："叫处士正为梅花添精彩。"(4) 其实，颂梅品也正为人格拟意蕴。推崇梅花演绎的士大夫清、贞、醒、明的道德品格，把梅品审美推向高峰，王十朋堪称南宋第一人！

后半首也是八句，写眼前"十里琼瑰"的美景和感怀。"武林深处景益胜，十里眼界多琼瑰"一联，放眼满山满谷，呈现西湖孤山梅之大景，琼瑰深幽，十里飘香，梅之多，花之盛，令人向往。

凭借自己赏梅咏梅的艺术积淀，诗人在佳词丽句的簇拥下推出了全诗的警策之句："北枝贪睡南枝醒，杖履得得挽出来"——向阳的梅枝苏醒过来了，正含苞吐蕊，而被冰雪覆盖的背阳枝上的花骨朵儿却贪婪地沉睡在酣梦之中。

这一"睡"一"醒"，用的是拟人手法，把花写得如人一样，显得生动有趣。"杖履得得"四字，写扶杖出游野外、步履放任的情状，表自然任意，含有急促的意思，记录了南宋士大夫们踏雪探梅的雅文化风尚，传达出知府和太学生们的赏梅逸兴和盼望梅花早醒的急切心愿，也寄托着文人士大夫的社会担当意识。"挽"，抢先，抢夺，用以歌颂梅花不负众望、先醒早醒的品格。王十朋的孤山咏梅诗突破了已然固化的"梅月"组合意象，换上了"阳光"的背景氛围；一个"挽"字，更凸显了南枝梅花"抢夺"先机、"抢先"开放的阳德刚明之气。这一联既写人，也写花，人花和谐，构建了一个"花与人物俱奇魁"的艺术佳境，凸显了诗人的高情逸韵。陈增杰先生称誉"北枝贪睡南枝醒"两句"极新警，是创造性的比喻语"，并指出，明初诗人高启咏梅名联"雪满山中高士卧，月明林下美人来"（《梅花九首》其一），"称誉于时，上句或脱化于此"。

考之文案，"南枝"、"北枝"之说不无依傍。唐刘元载所云"南枝向阳北枝寒，一种春风有两般"，毕竟只说地理方位对于花木生长的影响。只有"杖履得得"盼花心切如王梅溪者，才能从花世界里悟出一个"醒"字，凸显了探梅人的主观情感和能动意识。这个"醒"字，炼语炼意，语意两工，画龙点睛，情怀顿出。众人装睡，唯我独醒。王十朋处江南乡土之远却早醒于大宋江山沉迷之际，以仁人先知的思想境界引领革新时弊、抗敌救国的时代潮流！其独创的"南枝早醒"审美意象，为北宋以来幽逸冷艳的梅花形象注入了明丽阳刚的积极元素。

收结联"手折林间一枝雪，头上带得新春回"，不仅真实记录了"宋朝男人爱戴花"的民俗风尚，遗存一道亮丽的京城风采，且画面醇美，意境开朗，极富韵致，寄寓着山林初醒者的新春憧憬，美轮美奂，令人遐想。古人喜欢摘朵花插在头上，称"簪花"。唐杜牧在《九日齐山登高》中写道："尘世难逢开口笑，菊花须插满头归。"重阳菊花开，饮酒助兴，还插得满头黄花而归，这是人生难得一日之狂放。苏东坡也爱簪花，他的诗《吉祥寺赏牡丹》说："人老簪花不自羞，花应羞上老人头。"流离路上，簪花的习惯伴随东坡一生，一定也给他带来过快乐。《宋史》载："群官戴花北立，内侍进班奇牌，皇帝诣集英殿，百官谢花再拜，又再拜就坐。"在民间，士人簪花也成了甄别社会身份等级的标识。虞云国先生的《水浒乱弹》就曾论及宋朝女人戴花，男人也戴花，连老男人都戴花。⑸

据此，清范大士《历代诗发》有评曰，末联所创造的艺术境界，"较'菊插满头'更韵。"⑹意思就是，"一枝雪"和"新春回"较之唐杜牧的"菊花须插满头归"，更饶韵致，突出了梅花先醒先觉的诗情画意。郑园先生则称末联二句"酷似东坡'我持此石归，袖中有东海'。然而韵致不减东坡"，"可见王十朋诗中的画景韵味，而奇趣生姿"。

作于同时的另外两首同韵咏梅诗，继续歌咏包括"梅溪野人"自己在内的"同行二十五佳客"，在西湖天寒地冻之时，观赏梅花，亲近梅花，赞扬梅花，追慕孤洁高士，为的就是"濡毫一洗胸襟埃"，"载取十里清香回"。他们"探春色"，"衔清杯"，"办长笺"，终于大展"离骚才"，赢得"新诗一出花价长，糠秕桃李奴玫瑰"。

王十朋从35岁赴补太学至53岁自劾去国，或治学、或应试、或参政，盘桓临安18年，所撰诗篇量夥质高，可惜吟咏帝都风月繁华和世俗优游的诗篇留传甚少，不承想踏雪探梅之作一咏即成佳构，一度引发士大夫之间的唱和之风。最高学府的同窗学友，包括太学外舍生、内舍生和上舍生们，如李元翁等，竞相和作，对他的新警观念作出回应。次年，十朋殿试中魁后，同榜进士喻良能、同僚陈大监等也和其韵，称赏"东嘉夫子一何妙，笔端游戏成琼瑰"，感喟"西湖处士骨虽槁，一唤暗香风味回"（喻良能《次韵王龟龄状元西湖赏梅》）。由此不难看到这一赏梅组诗的介质作用。

鲁茜博士在《南宋杭州西湖梅花的文化阐释》一文中，将"南宋杭州西湖梅花"这一时空地域概念作为一个特定的审美意象，从"帝都意蕴"、"美人品象"、"高士范型"三个视角作出文化阐释，认为"林逋是把梅品转向高洁素雅的关键人物"，其"恬淡坚贞风骨、融梅于生命境界"的文化品象，"堪称中国咏梅史最高审美范式"。并据此进而探究赞赏王十朋的西湖咏梅诗，称，王十朋诗"见花如见处士面，神清骨冷无纤埃"一联嗣响于北宋苏轼，"把西湖梅品比拟林逋人品"，"赞梅格孤高只有西湖处士最称"，从而"大大深化了梅之寒雅醇美与史的对照，更深发微林逋沉静风骨、情深旨味"。[7] 笔者以为，这样的评判是切合中国咏梅史实际的，堪称公允之论。

从林逋到苏轼，从苏轼到辛弃疾、杨万里，再到明之高启，他们揭橥的梅品都局限于"闲适高洁"、"冷寂寒雅"一格，形成了一个一以贯之的内涵，即歌颂梅花的洁净、高雅：所谓"疏影横斜"、"暗香浮动"云云，说的都是梅花的芳洁纯净；直至杨万里的《雪中观梅》诗的"世间除却梅梢雪，便是冰霜也带埃"，《看刘寺芙蓉》诗的"是间万株梅，冷射千崖白"，强化的依然是梅花高洁冷寂、拒绝世俗污染的净土观念。包括辛弃疾《满江红》词以"似神清、骨冷住西湖"颂士子人品，及至明高启"雪满山中高士卧，月明林下美人来"（《梅花九首》其一）的"高士"范型，其核心意蕴几近固化。只有王十朋的孤山咏梅诗才在"神清骨冷"的梅品基础上，开掘出"南枝早醒"的梅花意蕴内核。这是王十朋对"南宋杭州西湖梅花"这一特定审美意象文化意蕴的精微把握。

梅溪的咏梅组诗虽然不以描摹细腻、文辞圆润争胜，也因此使寓意的提升少了点铺垫的张力，但它为自古以来幽逸冷艳的梅花形象开发出清新明丽的积极元素，提升了"南枝早醒"的品格象征意义：不媚俗，不倦怠，有操守，崇阳明，自信自强，先觉先行，一如朱熹所言，"纯乎阳德刚明之气"。由闲适而至于早醒，由清冷而至于阳刚，梅花诗的内涵丰富了，梅品的主流意蕴提升了，不仅助推了梅花审美意象逐步人文化、精神化、符号化的进程，还为忧患时代士大夫的人格自律增设了新标杆。南宋士人的雅文化融入了士大夫早醒先觉的担当意识和阳刚品性。从此，黯然冷寂的诗坛梅苑平添了一缕春光暖意！

作为南宋初期诗坛一大家、有宋一代梅诗梅词创作的热衷者和领创者之一，王十朋的咏梅作品，咏叹国事之忧、君主之辱、黎民之苦、功业之艰，多方位展露自己的胸襟、抱负、情操。其情韵关联，自成体系，诠释了诗主人倡导的忧患时代士大夫人格范式的基本内涵，笔者在拙作《忧患时代士大夫的人格范式及其审美价值探析》中曾为之概括为六项：展示仁人先知的思想境界，弘扬自尊自强的独立意志，彰显忧国爱民的德行操守，砥砺高尚向善的内质修为，张扬热爱生活的美好情感，构建明晰高标的人格范式。王梅溪首倡力行的人格范式明晰于从清寂书斋走向跌宕庙堂的艰难转折过程之中。西湖孤山七言咏梅歌行，高吟"北枝贪睡南枝醒，杖履得得搀出来"；"咏十八香"词之一《点绛唇·暗香梅》辑佚词再次吟唱"雪径深深，北枝贪睡南枝醒"。这一诗一词，相济为用，同咏"南枝醒"，彰显了王梅溪先觉的梅魂"早醒"意象，乃属梅溪独创。

梅格即人格。王梅溪的人格追求，他的仁人先知、早醒先行，他的忧国爱民、雄略远志，他的道德气节、博爱精神，践行的是以孔孟为代表的传统儒家的人格规范。王梅溪毕其一生，以梅花意象为载体，将孔孟人格演绎得生动形象而体系整然，近乎完美，具有引领时代精神的审美意义。

五、冥搜西湖春色："峰高捧日久，波阔浸天多"

历代诗论家和广大读者之所以喜爱王十朋的诗歌，不仅是由于他的诗具有丰厚的情思内涵，而且是由于其高度的艺术美。王梅溪十分赞同苏轼"诗画本一律"的观点，对王维的"诗中有画"心慕手追。《春日游西湖》是王十朋科场夺魁信心满满的诗情物化。陶文鹏先生称之为"一首诗中有画又超越绘画的优美山水诗"。其诗曰：

> 山色绿如染，湖光青似磨。峰高捧日久，波阔浸天多。
> 瑞气浮城阙，春光醉绮罗。能将比西子，妙句有东坡。

　　绍兴二十六年丁丑（1157）春，殿试在即，十朋游览西湖，自信满怀，春色满目。诗人立足于西湖之西，放眼湖山城郭，宛若丹青妙手挥洒色彩，将描摹自然风景与绘画联接起来，点染出如诗画面。

　　前三联均属工整的对仗。起笔高妙，一句一景，鲜华妍丽。

　　"山色绿如染"，语本欧阳修《春日西湖寄谢法曹歌》："西湖春色归，春水绿如染。""湖光青似磨"，点化刘禹锡《望洞庭》诗句："潭面无风镜未磨。"以雨后环山绿如染状空濛山色之奇，以平滑磨镜喻湖光澄澈潋滟之晴好。

　　继而以"捧日"、"浸天"两个雄词描绘西湖上下天宇奇观，以托举红日比衬环湖林峦之高远，以浸漫蓝天的倒影比衬湖面清波之渺阔，视野无涯，气势恢奇，词采华美，洋溢着礼赞光明、歌颂自然伟力的热情。

　　第三联进而为湖光山色配上了傍湖城郭瑞气浮蒸、绮罗飘香的背景，结构出一幅色彩鲜美、熏风和畅的图景。"瑞气"，吉祥之气，指缭绕城郭的云气风烟。"绮罗"，就地取材，以有花纹或图案的丝织品喻图景柔美。

　　颔、颈两联句法凝练，虚实相生，连用"捧"、"浸"、"浮"、"醉"四个动词，都精警峭拔，勾连起掩映迷离的山体、湖光、城阙与云气、绮罗这些西湖视觉元素，恰到好处地展示了远近、高低的空间层次感和立体感，显示出杭州西湖"三面云山一面城"的格局特点，遗存了八百年前西湖清野幽奇、潇洒风雅的意境，将西湖的空间、时间与景观的色泽、质地及其相互依存关系等糅合得十分和谐，视觉形象宛然在目。

　　从整体画面看，山、水、城的层次布局，高低远近，明暗隐现，错落有致，颇具空间透视之效果，而叠加的山色光晕恰是深远空间中的可视细节，使画面在充溢和谐安宁感的同时，生发飘逸晃动的意趣。其立意构图在西湖题咏中不乏生新之美。

　　诗人有意融画法入诗，将绘画的色彩、线条、构图、层次等艺术技法吸收到诗中，创设视觉形象。有诗人的慧心，亦有画家的眼睛。其驱使文字所臻至的强烈艺术效果，当是许多画家无能为力的。这也许就是陶文鹏先生所谓十朋山水诗"诗中有画又超越绘画"的奥妙所在。

　　画面取景简约，构图精巧，虚实相生，透出清新，透出沉稳。西湖诸多视觉元素，经过浓烈色彩的夸张组合，有层次地铺排出来，准确地突现了西子湖刚柔相济、湖山相依的时空特性。那掩映于飘渺云气中的城阙以及想象中城内街市的轻柔绮罗，又被选为湖山的最佳陪体，它们不仅是主体的一种呼应与衬托，更保持了画面结构中的平衡，背景的朦胧阴柔恰与湖山的厚重明晰形成对比，让我们想象到诗人此刻立足湖西山麓放眼湖山的情景和心境，领会到作者在结构画面时不同于历来游客的审美眼光及其饱满的共鸣情感。

诗最后借用东坡对西湖的千古定评"欲把西湖比西子，淡妆浓抹总相宜"，总赞西湖，将春日西湖比之美且才的古越美女西施，其用心也在于兼怀为千古湖山装点美意的东坡老人。苏轼是西湖的知己。他将西湖之美凝练成了一个现实与理想融合的丰富意象。南宋诗人武衍有诗云："除却淡妆浓抹句，更将何语比西湖？"近人陈衍则言，此二句"遂成为西湖定评"。

晴天水潋滟，雨天山空蒙。春色满目，自信满怀，这或许就是殿试在即时十朋美丽心象的生动写照。但从画面效果看，十朋的这一结笔似有美中不足。诗人笔下的春西湖，原是用粗线条勾勒的大写意，侧重写实，无艳俗之色，无雕琢之痕，犹如一幅大美的写意画，类似于作者诸多雁荡诗的笔意，其意趣追求本有别于东坡老的朝晴暮雨之类，何必囿于现成的"西子""妙句"呢？过于拘谨于前人的"西湖定评"，可能反而削弱了本诗主观内涵的提炼与升华。

但细察本诗意蕴所归，却发现引句于本诗却也恰到好处。苏轼西湖诗在描写西湖之美的同时，又蕴涵了一个耐人寻味的美学道理：美在素质，美在和谐。不论"淡妆"还是"浓抹"，关键在于"相宜"，相宜就是和谐，和谐即为美。而在十朋笔下，西湖"三面云山一面城"的美好格局备受赞赏，不也正在于西湖天然布局的"相宜"之美、和谐之美吗？十朋准确无误地提炼杭州西湖的美学特征，又深领了苏轼遗貌取神的哲思颖悟，实乃深思熟虑后的抉择，而非草率搪塞之举。这就是王十朋笔下的艺术西湖、宋韵皇城！

周笃文先生阐说诗艺，有云："诗还是一种冥搜的艺术，它能使创作进入最佳状态……好诗词既要'入情'，又须'尽象'。能'入情'则可诱发灵感，鼓舞意志。'尽象'者，穷形极象，铸造个性化的意象之谓也。唯能摄取其精髓，穷尽其形态，升华其幽情壮彩，创造独具异彩的的作品，才能成为真作手。"[8]以此观照梅溪的临安诗作，尤可见得其诗艺的"冥搜"苦心之一斑。十朋流连南宋京城18年，齑盐苦读，官宦进退，对柳永笔下杭州的物阜民丰和柔媚风致并没有生发多少逸兴，吟唱临安风光的诗篇不以十数，似乎有负湖山之美。但一旦"入情"，又能"尽象"，于景物穷尽冥搜，情动魂消，即成写景佳构，凸显了西湖"三面云山一面城"的形态，又巧妙地以"瑞气浮城阙，春光醉绮罗"作为湖山背景，透露出"自古繁华"的"东南形胜，三吴都会"的悠远风貌之一角，这就恰到好处地摄取了西湖春日美景的精髓，升华了西湖美的"幽情壮彩"，让诗心高境与画家彩笔妙合无痕，总算无愧于西湖，满足了后人对南宋京都的一切艺术想象。正如刘勰所云："陶钧文思，贵在虚静。"盖为诗人方寸虚明，心志凝静，始能由静生慧，"冥搜"得趣，诱发灵感，于习见为常的景观中发现美学意趣，并将其定格为一种引人入胜的新意境。

同科进士喻良能有《次韵王龟龄春日湖上》诗，可与本诗参读。诗曰："春老花茵积，云开天镜磨。暖风今日好，细雨向来多。柳荫青丝障，湖明金叵罗。何时成醉倒，烟草藉晴坡。"金叵罗，指金制酒器。其意韵不及十朋诗庶几远矣。

总之，王梅溪《春日游西湖》一诗的诗情与画意巧妙结合，诗人有意地融画法入诗，将绘画的色彩、线条、构图、层次等艺术技法吸收到诗中，创设了极生动鲜明的视觉形象，再现了"诗中有画"的艺术效果。

犹如民间所流传的，那一年，五彩云霓缭绕乐邑东山宝塔，王十朋于是有了廷试夺魁的幸运。此时，集英殿赐第在即，展现在十朋眼前的西湖春景，"峰高捧日久，波阔浸天多"，空阔、高远、通透、壮美，格局完美，空山静好，显影于秦桧被历史丢弃的后一年，似也正预兆着十朋政治命运的良好转机！

"瑞气浮城阙，春光醉绮罗。"伫立西湖西畔的王十朋，体感东方的"瑞气"，凝望咫尺之遥的"春光"，意气风涌，整装待发！

注释

⑴宗白华：《美学散步》，上海人民出版社1981年版。

⑵陶元藻：《全浙诗话》，中华书局2013年版。

⑶见《吴宓日记》，三联书店2006年版。转引自新浪博文《耶诞之思 流年淡写》。

⑷⑹范大士：《历代诗发》卷三十《宋补遗》，海南出版社2000年版。

⑸虞云国：《水浒乱弹》，中华书局2008年版。

⑺鲁茜：《南宋杭州西湖梅花的文化阐释》，载《泮池集》，上海大学出版社2012年版。

⑻周笃文：《周笃文诗词论丛·自序》，人民出版社2014年版。

中编

爱国纯臣的慷慨悲歌

  王梅溪的政治生涯正值高宗建炎、绍兴时期至孝宗隆兴、乾道年间。自绍兴十年秋试落第，功名蹭蹬，历尽艰辛。直至46岁，绍兴二十七年（1157），把持朝政的秦桧死后第二年，高宗赵构亲自主持殿试，王十朋作《廷试策》文卷1，笔压群儒，荣登榜首。作为"政治场中'君'与'臣'之间的首次相遇"，⑴王十朋的《廷试策》秉承儒家"仁政"思想，以"揽权"为对，以往史为鉴，全面论述朝廷如何集权、选贤、正储、廉政诸问题。思辩清晰，逻辑严密，分析透彻，议论潇洒，条理井然，文辞优美。高宗阅卷后，以其"经学淹通，议论醇正"亲擢为第一。此策文规避对朝野极为敏感的收复失地与抗金之事发表意见，得到高宗皇帝的赏识，并部分被采纳付诸实施。何忠礼、俞兆鹏两先生指出，策文"直言极谏"，"向高宗提供了揽权以守祖宗之法的治国之道"，恰是秦桧死后"南宋政治上的最大事务"，切合宋高宗"殷殷求治道"的策题命意。王十朋有意避言抗战复国只是权宜之计，应该理解为是一种入仕策略。惟其如此，才能与高宗此时的治国方略相合拍。

  凭借这一篇8491字的策文，王十朋得金榜题名第一。一个毫无从政经验而向以家国忧患为怀的吴越乡间诗人，从此进入国家的官僚系统，成为以国事为职责、为天下敢担当的从政官宦，而且干得风起云蒸。作为天子门生，王十朋春风得意，立志"金鼎调和"，报效朝廷，实现"达者兼济天下"的政治理想。

  不论门第高低，不讲财富多少，"一切以程文为去留"⑵——宋代的科举取士制度为王十朋开启了粉红色的政治梦想，而此后的仕途颠簸折腾却又更深化了他的忧患苦情。

梅溪的从政生涯延续14年。初授正三品京官承事郎，后改特遣绍兴府佥判，试以民事。秩满解官归左原。绍兴三十年除秘书省校书郎，寻兼建王府小学教授。次年受排挤，累章乞祠归里家居。孝宗即位后，除起居舍人，兼侍读，又除侍御史。其间除两度解官去国而短暂归里，前期在朝廷任京官，为皇帝近侍；后期则出京治郡，为州郡良吏。王十朋任京官时，坚持抗金中兴主张，践履"愿竭孤忠慷慨论"（《民事堂》^{诗卷11}）的政治梦想，英武慷慨，在秘馆政治风云与北伐中兴事业中大展政治才干。

王十朋的爱国思想以尊王、维护大一统为核心，以夷夏之辨为基础。他主张君主揽权，遏制权臣，整顿官风，用人唯贤，节约财政，力图恢复。认为朝廷应该做的是"内修厥政，外备强敌，开辟言路，以通下情"。

绍兴三十年（1160），他联合冯方、李浩、查籥、胡宪等忧国之士相继论事，深刻揭露朝廷弊政蠹民，权臣结党营私，文恬武嬉之腐败黑暗，指出"政出多门，是一桧死而百桧生也"，并提出整顿朝纲、组织力量抗金的正确主张，要求起用被贬赋闲的重臣、抗金名将张浚、刘锜。言辞激烈，矛头直指高宗。这番策对是鞭笞邪恶势力、鼓舞抗金意志的檄文。朝野为之震动，太学生为"五贤诗"以述其事。

孝宗赵昚继位后，王十朋的政治生涯翻开了新的篇章。隆兴元年（1163）春，时任起居舍人兼侍读的王十朋与左史胡铨同奏史职废坏者四事。继除侍御史，则力排和议，议论用兵事宜。声言"愿竭孤忠赞中兴"（《赴召》^{诗卷16}），"兴隆天下同贞观，愿为贤相为良臣"（《次韵何子应题不欺室》^{诗卷17}），毫不掩饰"赞中兴"以为"良臣贤相"之心志。每见皇上，"必陈恢复之计"，排群议，绘宏图，荐爱国老将张浚，弹劾当朝宰相史浩八罪。终使史浩罢职离朝，13年后才再次被起用。十朋犯颜纳谏，謇謇谔谔，声震朝野，人称"真御史"。

王十朋在朝期间，执政的秦桧虽死，余孽犹存，权奸掣肘，言路久塞；孝宗即位以后，作为太上皇的高宗，仍有很大影响。宋孝宗的抗金立场左右摇摆，北伐受挫之后，抗金之士备遭打击。王十朋的所言所为，得罪了德寿宫，还得罪了尸位素餐的衮衮诸公。这位"才大文章伯，忠纯社稷臣"（喻良能《留别王状元二十四韵》），在朝廷曾被誉为"五贤之首"的主战人物，被迫远离中央政治中心，两度去国奉祠归里。

中兴献策的一腔热血流淌在这一时期的十数篇奏章中，也有少量诗篇留存着他鼓吹中兴的忠愤激情，涌动着国事危难之际书生难伸壮志的血泪倾诉。

从政不废风雅吟事。作为宋诗大家，王梅溪这时期的诗歌表现失土与中兴、战乱与苦难、权争与雪耻等的时代政治主题，于诗风、诗境、句法等的视界颇高，多有创意。《陈郎中赠韩子苍集》^{诗卷11}一诗传达了诗人艺术追求的诸多信息，有导引诗坛风尚之功。他立朝刚介耿直、弘扬正义、反对卖国图存的意志人格，也多见于其时的诗歌唱酬之中。这些诗篇的激情热力，丝毫不逊于他的奏议疏策。

从初入仕途的美好憧憬到绍兴民事的踌躇满志，从秘馆五贤的风云变幻到中兴大业的波谲云诡，从宫廷抗争的志同道合到相继奉祠的明智豪迈，王十朋与他的同僚们肝胆相照，大智大勇，为后世称道。恰如周必大在《送王龟龄赴越州寺丞》所感佩的，"胡子真老骥，元章盖龙媒"、"王子乃汗血，疑是西极来。忠精贯日月，声名震陪台"，称赏王十朋、胡宪、查元章等都是千里马，赤胆忠心，光昭日月，堪为朝臣楷模。

壮哉，王十朋怀安邦治国之志，"不避刀钺之诛"，为中兴大业勇于直谏，献计献策，英武慷慨，功炳史册！

惜乎，王十朋怀霖雨四方之志，气节英名永垂青史，却生不逢时，终因势单力薄，未能一展其良相之才！

第一章　清明诗意夺魁时

　　绍兴二十七年（1157），秦桧病死后，宋高宗亲临集英殿主持殿试。46岁的王十朋以"揽权"中兴为对，笔压群儒，一鸣惊人，被高宗亲擢为进士第一，先授承事郎，赴任绍兴府，试以民事。从此，他兴致满满地步入南宋政坛，践履"致身许国"的政治愿景。

　　春风得意时，新科状元郎在高咏"圣恩宽大容愚直"的同时，表达"共报君恩有朴忠"的心愿；他与同科进士相勉"致身许国"，喟叹唐代刘蕡徒留虚名，警戒"莫学平津但取容"。其忠愤与谦和相谐的情怀预示着他的周边将集聚起一支阳刚力量。

　　作为宋南渡初年的诗坛大家，王梅溪内心涌动着整饬诗坛的激情和构想，其于诗风、诗境、句法等的识见时有胜人一筹的创意。《陈郎中赠韩子苍集》^{诗卷11}一诗，传达了诗人艺术追求的诸多信息：隆重推出"唐宋诗坛七大家"之说，又情有独钟地推崇"非坡非谷自一家"的韩子苍，鲜明表白自己"幸脱场屋累"之后的艺术追求。王梅溪以崭新的身份，以更清明的视野对两宋诗坛发出了自己的声音。

　　诗人于抗金复国大计、于个人仕途前程不无憧憬自得之意。重游雁荡时，借龙湫之水抒发"霖雨四方"、济世泽民的心愿，走马上任之际内蕴刚强而外显柔弱谦和的儒者形象脱颖而出。五言古风《游灵岩辉老索诗，至灵峰寄数语》^{诗卷11}，既歌颂家乡山水，又叙事述志，将投降派头子秦桧"了堂石室"的臭事作为一种遗存的历史符号引入诗篇，使雁荡景观与历史人物的活动紧密结合起来，泼辣深刻，痛快淋漓，大展整饬河山之豪慨。

　　致身许国，整饬山河，怀霖雨四方之志，为民伸张正义，从政不废风雅吟事，以自己的创作实践导引诗坛风尚，这一切都是王十朋起步政坛实践的题中之义。

一、赐第集英殿："却笑刘蒉不遭际"

集英殿的隆重殿试由宋高宗亲临主持。高宗御笔宣示考试官："对策中有指陈时事，鲠亮切直者，并置上列。无失忠说，无尚诡谀，称朕取士之意。"他亲阅十朋卷，御批"经学淹通，议论醇正，可作第一人"，并唱名赐予登第。王十朋等426人进士及第出身，十朋大魁天下，阎安中被擢为第二。孜孜以求的得一第而治国安民的夙愿得偿，十朋惊喜万分，作《丁丑二月二十一日集英殿赐第》^{诗卷11}记其事，曰：

> 太平天子崇儒术，寒贱书生荷作成。
> 槐市育才叨舍选，枫宸唱第冠时英。
> 圣恩宽大容愚直，御墨褒嘉佩宠荣。
> 却笑刘蒉不遭际，徒令纸上有虚名。

首联总叙，歌颂"太平天子"崇尚儒术，使得像自己这样的"寒贱书生"有了登第取仕的幸运。中二联写其在太学获"舍选"解送，殿试又名列第一"冠时英"；自己的《廷试策》^{文卷1}对策直切，赖圣恩宽大，容纳直谏，赐予第一，又得到皇帝亲赐御书褒奖，倍感荣耀。末联将自己与唐代的刘蒉作比，同样对策直切的刘蒉在唐代落第，而自己居然夺魁，这是时代昌明之幸。

诗句多歌颂恭维，但均属发自内心。王十朋非阿谀奉承之辈，万言《廷试策》以"揽权"为中心，针对时弊直言激谏，慷慨直切，言辞尖厉，与刘蒉作比也恰当不过。刘蒉，唐代昌平人，文宗时应贤良对策，极言宦寺祸国。当时考官畏怕宦官，不敢录取他，结果落第，徒留纸上空名。十朋诗引用此典，隐含着他对以往参试因直言而屡遭排斥的感叹——十朋愤恨秦桧专权和朝廷腐败，每每将应试作为忠言直谏的良好机会，但在权奸霸道之时，必然类为刘蒉之遭际。此时秦桧已死，赵构重整旗鼓的思想有所抬头，亲政策士，又亲擢自己为第一，感激"圣恩宽大"正是十朋心情的真实流露。

皇帝临轩唱名赐第的国家大典，历来令临场举子向往且惊惧不已。白居易十年苦学，两登科第，有诗云"慈恩塔下题名处，十七人中最少年"、"翩翩马蹄疾，春日归乡情"，踌躇满志之情可想而知。《宋会要辑稿·选举》载：雍熙二年（985）三月十六日，"帝按名一一呼之，面赐及第。唱名赐第，盖自是为始"。杨万里《四月十七日侍立集英殿观进士唱名》诗传神刻画及第举子的心情，曰："殿上胪传第一声，殿前拭目万人惊。名登龙虎黄金榜，人在烟霄白玉京。"韩驹《次韵王给事观殿试唱名》诗描绘场景热闹欢腾，曰："罢朝诏赐群公坐，合殿欢传万岁声。"相比之下，及第举子王十朋只写激动感恩，亦属平常，不足为奇。

二、绿袍天竺游："致身许国宜相勉"

按宋制，进士及第，赐穿绿袍，由皇帝赐琼林宴，游春三日，互道祝贺，相为勉励。状元郎王十朋与诸新科进士同游杭州灵隐西湖，自是英姿焕发。《游天竺赠同年》^{诗卷11}一诗把自己初受恩宠、喜不自禁的心情和无所顾忌、犯颜直谏的决心表达得淋漓尽致：

> 雅会清时不易逢，吾侪今日此游从。
> 逼人英气湖光莹，照眼恩袍草色浓。
> 文盛一时俱俊杰，名先千佛愧疏庸。
> 致身许国宜相勉，莫学平津但取容。

如果说《丁丑二月二十一日集英殿赐第》一诗是王梅溪在春风得意时感激皇恩浩荡的忠君表白，那么，本诗则重在表达"致身许国"的愿景。王十朋念念不忘君王的知遇之恩，形式上看是忠君，实际上是要"致君"，犹如杜甫的"致君尧舜上，再使风俗淳"（《奉赠韦左丞丈二十二韵》）、"致君唐虞际，淳朴忆大庭"（《同元使君〈春陵行〉》）、"致君尧舜付公等，早据要路思捐躯"（《暮秋枉裴道州手札，率尔遣兴，寄递近呈苏涣侍御》），他是要带领一众才俊，相互勉励，生死不顾，犯颜强谏，帮助皇帝，臻于郅治。

诗之上半首记述天竺游春"雅会清时"的欢欣场景。新科进士们的"逼人英气"使西湖波光更晶莹透亮，赐穿的"照眼"绿袍衬得湖边草色更加浓艳。皇恩浩荡，春风得意，诗人眼前一片灿烂。

下半首以自愧"疏庸"的谦怀，表白自己以身许国的心志，并勉励同榜"俊杰"们"致身许国"，"莫学平津但取容"——诗人以不肯犯颜强谏的西汉平津侯公孙弘为戒，表达自己要施展抱负，参与朝政，不做平庸之官，可见其心志境界之高。西汉丞相公孙弘，封平津侯，起客馆，开东阁，招请士人。为人外宽内深，为臣不肯犯颜强谏。后或因以"平津馆"、"平津阁"称只会延纳宾客的平庸甚至曲学阿世的高级官僚。

"致身许国"的庄严志向涌动于殿试夺魁的踌躇意绪中，铺展在与同年进士的唱酬中。集结于诗卷11的如：

《赠阎同年》云："休嗟世路多巇崄，共报君恩有朴忠。"

《阎和诗叙别再用前韵》云："幕府可能淹俊杰，宸襟应亦记精忠。"

《赠梁同年》云："赠君无别言，相期尽孤忠。"

《陈大监饯别用前诗珠字韵以谢》云："捐躯誓报明主恩，青史庶逃千古责。"

这些诗中的"朴忠"、"精忠"、"孤忠"、"捐躯"等等，诠释了新科状元郎"致身许国"的宏大心志。

状元在同年中声誉最高。十朋的同年喻良能作《留别王状元二十四韵》，前四韵曰："才大文章伯，忠纯社稷臣。七州钟秀异，孤屿赋精神。德蕴圭璋润，胸涵海岳春。麟经频得隽，槐市早称珍。"极力称誉王十朋钟山川之灵秀，德才兼备，冀望他成"忠纯社稷臣"。

王十朋谦和为怀，《阎和诗叙别再用前韵》诗曰："我本东嘉田舍翁，登科偶与蜀龙同。"《次韵陈大监掞见赠》诗曰："自惭俗学非名家，遗经独抱居东嘉。薅盐太学浪十载，岂有文许时人夸。"在《谢李侍郎琳赠御书》诗中更明确表示，这次殿试射策言犹未尽，俟待它日再披肝沥胆，展示底蕴："畎亩惓惓蓄忠愤，射策自惭言不尽。它日倘陪鸳鹭行，愿效魏公摅底蕴。"

新科状元王十朋的忠愤与谦和相谐的情怀感人心魄，预示着他的周边将集聚起一支阳刚力量。

三、独钟韩子苍："非坡非谷自一家"

殿试中魁，春风得意。宋高宗亲赐宸翰、端砚。据十朋诗文所载，有诸多同年、僚友、亲朋或致诗，或宴请，庆贺声中，尚有陈大监赠诗纸、谢荣帅和李侍郎分别赠御书、陈公说赠诗集、章季子赠端砚等等。而在所有赠品中，十朋最心爱、最得意的要算陈郎中（公说）所赠的《韩子苍诗集》了。

韩驹（？—1135），字子苍，四川仙井监人，世称陵阳先生，有

《陵阳先生诗》。早年学苏轼，蒙苏辙赏识而得名，然后由徐俯（黄庭坚的外甥）介绍，认识黄庭坚，列入江西派；晚年对苏、黄都不满意，不欲拘于一派，认为"学古人尚恐不至，况学今人哉！"周紫芝称其诗淡泊而有思致，奇丽而不雕刻。钱锺书《宋诗选注》评介韩驹称，有人说他"非坡非谷自一家"——钱教授说的这个"有人"，指的就是《陈郎中赠韩子苍集》^{诗卷11}诗作者王十朋。"非坡非谷自一家"即本诗中的一句。

《陈郎中赠韩子苍集》一诗，表明状元郎王十朋要以崭新的身份，在更大的范围，以更清明的视野对唐宋诗坛发声了！

> 唐宋诗人六七作，李杜韩柳欧苏黄。
> 近来江西立宗派，妙句更推韩子苍。
> 非坡非谷自一家，鼎中一脔曾已尝。
> 丈人珍重赠全集，开卷烂然光焰长。
> 诗如此公固足贵，赐出仁者尤难忘。
> 兼金白璧不足道，愿宝兹集为家藏。
> 鲰生幸脱场屋累，老境欲入诗门墙。
> 古诗三百未能学，句法且学今陵阳。

诗意清明夺魁时。诗中"开卷烂然光焰长"、"兼金白璧不足道"等句，热情评价了韩氏诗集的艺术价值；"鼎中一脔曾已尝"、"愿宝兹集为家藏"等语，道出了作者对韩诗的珍惜之情；"丈人珍重赠全集"、"赐出仁者尤难忘"几句感激言辞，在自然流露激赏喜悦的同时，还从另一侧面赞美了韩驹诗集之珍贵。

本诗直可作梅溪的一则重要诗论来读，因为它传达了王十朋诗歌艺术追求的诸多信息，较全面地总结提升了他的诗歌创作理念。其荦荦大者，有如下数端：

首先是总体评价"唐宋诗人"，隆重推出"李杜韩柳欧苏黄"七大家；

其次是在影响一代诗风的"江西诗派"中，情有独钟地推崇"非坡非谷自一家"的韩子苍，明确申言自己对韩驹诗的向慕之情；

再次是鲜明表白自己"幸脱场屋累"之后"老境欲入诗门墙"的艺术追求，其途径则是"句法且学今陵阳"，荡出蹊径，效法"烂然光焰长"、"天然圆熟"的韩驹"妙句"，以求达到"诗三百"的至高境界。

王十朋转益多师，诗学渊源深远，又深受传统文论如《文心雕龙》、《典论论文》等的熏陶洗礼，数十年淫浸于杜、韩、欧、苏的诗作之中。因而于诗风、诗境、句法等等多有新解创意。本诗推出的"唐宋诗坛七大家"之说，即是其一。此论不仅表明梅溪自己作诗取法杜、韩、欧、苏的创作走向，而且关乎唐宋诗坛数百年间的历史积淀，特别因其在"江西立宗派"之始即对江西诗派作出分解辨析，先着一鞭，其关切当代诗风态势的诚意尤显珍贵。

王梅溪推崇宋之"欧、苏、黄"三家，将其与唐之"李、杜、韩、柳"并称，但又不甘归附于"近来""立宗派"的江西一派；他未曾整体指责江西诗派包括黄庭坚的诗作，然亦从未表露什么好感。在诗歌语言机制取舍方面，梅溪凭借他淫浸诗坛的历练机智，明确反对江西诗派中"谓苏不如黄，又言韩、欧二公诗乃押韵文耳"的偏见，此后又推出长诗《读东坡诗》^{诗卷23}称赞欧阳修，赞扬苏东坡，而对黄山谷则略有称许，却毕竟未加深论；他并不反对黄山谷所谓的"夺胎换骨"、"点铁成金"说，却独具慧眼地推许韩驹"非坡非谷"，不拘于苏、黄一格，不拘用典，句法出色，自成一家，承袭江西派而能出江西派之上，足以补弊黄氏之缺失。还在《送黄机宜游四明》^{诗卷12}与《送翁东叟教授》^{诗卷17}诗中一再直白宣示"诗不江西语自清"！

此番言论高屋建瓴，深涵智慧，有诗坛巨擘风范。王十朋以状元之身，独树一帜，自有发聋振聩之效。如果说，陆游"在继承的同时表现出对江西诗派更多的疏离和排斥，使得陆游成为了从理论到实践都是真正彻底脱离了江西诗派的诗人"，₍₃₎那么，王十朋的诗学理论和实践无疑都是陆游的导夫先路者。

韩驹诗不效法江西诗派的故立崖岸、生峭瘦硬，在诗派中别树一帜。王十朋说韩驹诗"非坡非谷自一家"，抓准了韩驹诗的特点和佳处，称赏韩驹诗"烂然光焰长"之"妙句"，并申言效法韩驹诗句法，作为学诗三百篇的过渡跳板。十朋晚境爱作小诗，诗风渐趋老辣，诗境也显光洁、顺畅，在与主流诗坛保持距离中形成了一种个人化风格，自云晚作胜过少作。他的见解和实践，在宋诗发展史上颇堪留名，与八百年后的钱锺书不谋而合当属情理中事。

北宋末年，吕本中作《江西诗社宗派图》，把受黄庭坚影响的诗家罗列一起，因黄庭坚是江西人，故称"江西诗社宗派"。钱氏《宋诗选注》曾一再指斥江西派诗作"艰涩"，"生硬晦涩，语言不够透明"，"是费解，不是含蓄"，甚而深恶痛绝，挖苦黄山谷、陈师道二位，说："假如读《山谷集》好像听异乡人讲他们的方言，听他们讲得滔滔滚滚，只是不大懂，那么读《后山集》就仿佛听口吃的人或病得一丝两气的人说话，瞧着他满肚子的话说不畅快，替他干着急。"而对于韩驹，钱教授却情有独钟，认为他虽然跟其他江西派作家一样，十分讲究"字字有来历"，也注重怎样把故典成语点化运用，但他的作品受黄庭坚的影响是"浅"的，而且本人"比较有才情"，讲求诗意的"通体贯串"，语气的"承上启下"，"不很给人以堆砌的印象"，故借用王十朋的一句评语评价韩驹："非坡非谷自一家"。⑷终于让王十朋在钱注宋诗中侥幸地露了一次脸。

"北宋末南宋初的诗坛差不多是黄庭坚的世界。"钱锺书如是说。而像王十朋这样能不卷入江西浪潮的诗坛名家，寥寥可数；在南宋初的诗人里，有些瞧不起江西派末流而对黄庭坚却另眼看待的，王十朋算一个。黄庭坚并不像钱锺书所说的那么可憎可恶。还是周笃文先生说了公道话，"山谷为诗，能将才人的文心与学人的识鉴合而一之。工用事、雄说理、音节挺拔、造语生新，既有纵横的才情，又有渊茂的书卷气息和坚毅宏阔的精神力量……他的作品有深度、有咀嚼不尽的余味，有一种特异的美感。毫无疑问，他的创作丰富了诗的品种，提高和深化了诗的表现力，是一种可喜的贡献。"⑸清新俊逸的固然美，质拙奇崛的亦何尝不值得玩味。王梅溪之于黄山谷，其态度恰如元好问的《论诗》绝句所说："论诗宁下涪翁（黄庭坚的晚号）拜，未作江西社里人。"

王十朋独树一帜，以其诗歌理论及创作业绩著鞭在先，领时代风气之先声，自当得到后世的赞赏。由此推展，我们应该认识到，在南宋初期的文坛诗坛上，王十朋的文学识鉴与胆略已高居于一领风骚的地位。在《何提刑墓志铭》^{文卷25}中，他申言"永嘉自元佑以来，士风浸盛"，"至建炎、绍兴间，异才辈出，往往甲于东南"；此后形成的浙东派，用罗根泽先生所称，南宋"浙东派杂揉北宋三派（即二程道学派、王安石经学派、苏轼议论派）"；⑹而台湾学者郑定国先生则研判认定，浙东派源出北宋三派，"王十朋系其主要人物"。印证此后王十朋的诗文创作与文学理论创见，此一结论大致不差。

四、重游大龙湫："会见四方霖雨足"

丁丑殿试的当年九月，王十朋奉命携家离乡赴任。为国效劳的时机终于来临了，他重游雁荡，心气无比舒旷，作《宿罗汉三绝》^{诗卷11}云：

"雁荡屡经眼，个中方再游"，"故乡从此去，借问几时还"，于仕途前程不无憧憬自得之意。

他想起十年前的《大龙湫》^{诗卷3}所咏："龙大那容在此湫，银河得得为飞流。好乘风雨昂头角，直到天池最上头。"又欣然赋《游大龙湫和前韵》^{诗卷11}曰：

> 十年重到大龙湫，千尺新流胜旧流。
> 会见四方霖雨足，老龙还向此藏头。

首句交代行程路向，是纪行诗常见的写法，但带出了"十年"，就为诗铺垫了抒情基调。

第二句高吟"千尺"龙湫，写得生龙活虎："新流胜旧流"——不描摹实景，只突出风色更新。

第三句写"四方霖雨足"——有意在虚处着笔，尽显气象阔大。

第四句"老龙还向此藏头"——既描形貌，更写神韵，但显然不再是"十年"前的"龙大那容在此湫"、"直到天池最上头"那样的直白了。

这种张扬之后的收敛，正是十朋走马上任之际内蕴刚强而外显柔弱谦和的儒者形象的生动写照。"霖雨四方"、济世泽民之时，"老龙"依然"藏头"，隐匿龙头，仰视不见。这种不外露张扬的意象，潜藏着取之不竭的能量。

乐邑学者吴鹭山比照两诗指出："这两首，皆隐以龙自喻，俱见作者中第前后的心情，不能只当作纪游诗来看。"(7)

许宗斌先生品藻指出，写作本诗时，梅溪已非第一次来雁荡山，初见雁荡山时那种为雁荡山独特自然美震撼的感觉已经过去，这时的梅溪"更多的是作为政治抒情诗人的形象出现在雁荡山"，借雁荡山的景物抒情言志，表达他爱国忧民的情愫和志向。龙代表着力量和昂扬向上的精神，代表着霖雨苍生的人格理想。许先生称赏梅溪诗"是从大龙湫这一特定景观生发出来的，情和景能相洽"。(8)

五、河山重整饬："愿借灵湫水，一洗了堂碑"

雁荡的奇峰秀水多有美丽的神奇传说，但也难免"名山误见污"，令人不快，甚至愤怒。

承诸学者查考，清梁章钜《雁荡诗话》卷上《秦桧了堂诗》、陈瑞赞编《东瓯逸事汇录》卷二十九《秦桧留题》、宋释宗晓《乐邦遗稿》卷下及《东瓯遗事》诸书都有载引，说秦桧曾自称梦见一石室，众僧围坐论道，一高僧指说秦桧前身是雁荡高僧诺诅那，秦桧恍然有悟，便有出家之愿。那高僧却告诉他世缘未了，不得出家。绍兴五年（1135），一度失势的秦桧以观文殿学士知温州时，游雁荡山来到了观音洞。他装神弄鬼，向僧人编造故事，称自己发觉此洞与昔日所梦石室相似，诡云："前梦抵此石室，群僧环坐，曰尚忆此否？吾瞿然悟身为诺诅罗也。僧谓吾世缘未了，姑去。今睹此，始知所梦。"于是在观音洞中筑"了堂"，立"了堂碑"，作绝句题于壁，云："梦中石室尚依然，游宦于今二十年。欲了世缘何日了，服膺至教但拳拳。"其自命诺诅罗后身的用意在于神化自己，欺骗公论。说尘缘未了，则是为东山再起张本。

王十朋重游雁荡，宿夜的灵峰观音洞就是秦桧"了堂石室"的所在。听此传闻，十朋慨然赋诗谴责"了堂碑"，题曰《游灵岩辉老索诗，至灵峰寄数语》^{诗卷11}：

> 雁荡冠天下，灵岩犹绝奇。烟霞列屏障，日月明旌旗。
> 岩前有卓笔，可以书雄词。天聪况非遥，茫然听无疑。
> 愿起灵湫龙，霖雨行何为。愿用真柱石，永支廊庙危。
> 愿煽造化炉，四海归淳熙。愿招鸾凤友，朝廷相羽仪。
> 何人梦石室，妄诞夸一时。那能了世缘，未免贪嗔痴。
> 名山误见污，公议安可欺。愿借灵湫水，一洗了堂碑。
> 诗以寄老禅，狂言勿吾嗤。

这首十三韵的五言古风，既描摹实景，歌颂壮丽山水，又叙事述志，讽刺批判了投降派头子秦桧的诡诈无耻。十朋将"了堂石室"的臭事作为一种遗存的历史符号和情感符号引入诗篇，使笔下的雁荡景观与历史人物的活动紧密结合起来，增值了诗篇的审美内涵。

诗之前幅极赞灵岩风景的雄奇壮美，并借景言志，表露了登第后报国辅政的抱负。"雁荡冠天下，灵岩犹绝奇"两句是对雁荡山水的总括性评价。以下则作全景式扫描，绘出了烟霞嶂、展旗峰、卓笔峰、天聪洞、大龙湫、天柱峰的景观特色，连用几个"愿"字句表达自己匡拯天下的强烈愿望：蔚然"烟霞"列成屏障，日月辉映下的"旌旗"随风招展，诗人要以"卓笔"书写历史风云之"雄词"，要让圣明"天聪"关注民意"听无疑"，"愿起灵湫"之甘霖滋润万民，愿做"真柱石"支撑大宋"廊庙"，更要煽旺"造化炉"，化干戈为玉帛，重铸"淳熙"人间！

后幅转笔，借题鞭笞卖国贼秦桧。在罗汉洞看到秦桧筑的了堂，王十朋怒火中烧。"名山误见污，公议安可欺"两句，讥讽秦桧"妄诞夸一时"，"未免贪嗔痴"，义正辞严地指斥奸佞秦桧的谎言呓语自欺欺人，欺世盗名。"贪嗔痴"系佛教用语，指贪欲、嗔恚、愚痴三种荼毒人性的烦恼，秦桧三毒俱全，沉迷难返。他以"了"字名堂，别有用心：据陆游《老学庵笔记》记载，秦桧曾对主战派人士说："诸公皆分大名以去，某欲了天下事耳。"(9) 意思是说，你们主战，是为自己捞取好名声；我秦某主和，是为国为民解决一个大难题。王十朋认为秦桧在灵峰建"了堂碑"是玷污了名山，欺负了"公议"，因此"愿借灵湫水，一洗了堂碑"，为名山洗刷污秽。

诗的前幅视野开阔，含意深沉，后部分转向对奸臣秦桧的批判就显得顺理成章。前后两相结合，王十朋嫉恶如仇的刚正品格在巍巍雁峰的烘托下尤显雄伟壮美。这嫉恶如仇的声讨，义正词严，大快人心；山灵有知，当会深感慰藉的。

山水景观与地理文化融汇一体，使这首诗成了后人传诵的名篇，历来多为论者称引。

这是一首优美的山水诗，也是一首典型的宋诗。泼辣深刻，痛快淋漓，与金殿对策一样，犹如从政宣言，大有整饬河山之豪慨。

吴鹭山先生参证十朋日后《自劾札子》^{文卷4} 所云"及闻秦桧用事，辱国议和，常思食其肉，以快天地神人之愤"，概言此诗"至今读之，凛凛然有生气"，并析"此诗前十六句写灵岩景物亦藉以表露作者登第后，将为国效劳的心情。'何人梦石室'以下八句当另有所指。……梅溪对秦桧的奸诈欺世，心切痛恨，故此时因灵岩僧人辉老索诗而借题发挥，正表示其嫉恶如仇气概。'妄诞夸一时'、'公议安可欺'，其愤激之情亦可想见。"(10)

许宗斌先生指出：其时秦桧死去不久，朝中秦氏余党尚多，主和派势力仍很强大，而高宗为了稳住和议局面，依然褒奖秦桧，赠申王，谥忠献，直到宁宗开禧二年（1206）秦桧才受到清算，"王十朋这样说话还是需要一点勇气的"。(11)

总之，致身许国，整饬山河，为民伸张正义，有志霖雨四方，从政不废风雅吟事，以求导引诗坛风尚，这一切都是赴任在即的王十朋起步民本实践的题中之义。

注释

(1)宁慧如：《南宋状元策试析》，载2009年《海峡两岸宋代社会与文化学术研讨会论文集》。

(2)(9)陆游：《老学庵笔记》卷五，中华书局1979年点校本。

(3)杨理论：《中兴四大家诗学研究》，中华书局2012年版。

(4)钱锺书：《宋诗选注》，人民文学出版社2005年第三版。

(5)周笃文：《略论黄山谷的奇崛诗风》，载于黄君主编《黄庭坚研究论文集》，江西教育出版社2005年版。

(6)罗根泽：《中国文学批评史》，上海书店出版社2003年版。

(7)(10)吴鹭山：《雁荡诗话》，《乐清文献丛书·吴鹭山集》，线装书局2013年版。

(8)(11)许宗斌：《雁荡山笔记》，线装书局2009年版。

第二章　初试牛刀民事堂

如果说《廷试策》[文卷1]是王十朋的从政纲领，可称为十朋民本乐章的主旋律，那么他丰沛的诗文即是可视可歌的乐谱。君主揽权、用人唯贤、节约财政、力图恢复以及"内修厥政，外备强敌，开辟言路，以通下情"诸项政见及其践履，则是构建这一乐谱的矫健音符。

绍兴勤事慰民心。王十朋被宋高宗亲擢为状元，授承事郎，"特遣为绍兴府佥判"。在此宦游的首站，政治生涯的起点，王十朋虽有离乡之愁，却未曾消减牛刀初试的喜悦，其恳恳悃悃的民事作为尽见儒者的拳拳为民之心。

"民事"，在我国古代传统思想中占有重要地位。王十朋心目中的"民事"，涵义广远。囊括重民、贵民、惠民、安民、恤民、爱民、用民诸项内涵。忧国爱民，仁民爱物；惜财为民，兴修水利；关心民生，救灾恤民；公正办案，纾解民怨；整饬官风，惩戒害民……凡此等等，种桃种李种春风，一概纳入了王十朋的绍兴民事账本。

在有着深厚历史文化积淀的东南大府绍兴，王十朋兴致勃勃地游历山水，访贤探古，遭遇了太多的文化地理符号，在抒发思古幽情的同时，也触动了固有的忧国情怀和民本理念，从大禹到范仲淹的历代圣君、贤相、名臣都成了他吟咏膜拜的对象。他对绍兴的山川地理、风土人情作过极为详尽的考察，有称绍兴风俗百科全书的天才之作《会稽三赋》[文卷16]即是其心血结晶。

他秉承民本传统，事必躬亲，所思所作所为都与民事有关。在仕途初始之时有声有色地演绎了民本篇的第一乐章。

对历史典籍长年累月的研习，热忱敏感的观察判断能力，以及常人难以企及的诗性想象，使王十朋由此完成了从纸上谈兵到实战演练的蜕变！

一、传承文明："身在鉴中思古人"

王十朋于集英殿及第受赐冠群士，初授左承侍郎，金书建康军节度判官厅公事。后高宗又诏王十朋"系朕亲擢第一人，欲试以民事何得远阙，可特添差绍兴府金判"。金判，即金书判官厅公事，系官署中佐助的官员幕僚，审判民事案件，故称"幕官"。

十朋怀抱一腔赤忱，行水路，赶旱程，意兴风发，欢心赴任。尽管水寒路遥，一路行来如入蓬莱之境，眼明心畅。其七绝《过鉴湖》诗卷11曰：

> 朔风吹水鉴湖寒，千里扁舟赴幕官。
> 路入蓬莱天尺五，眼中见日与长安。

鉴湖在绍兴南，亦名镜湖。旧纳山阴、会稽二县之水。梅溪十年赴补期间多次过往，但此刻心境非往时可比，只觉得"蓬莱天尺五"，"见日与长安"。此景此情，纯属主观痴心想象。天何能缩如"尺五"？肉眼何能同时见到"日与长安"？诗人通过想象，将抽象景物化为具象，传达出深潜于心底的欣喜之情。诚如清贺裳《皱水轩词筌》所论，诗词有无理之妙，此乃以妙意翻出新奇之创意，令不合理者透过感情渲染变为合理。"天尺五"之说，语出杜诗《赠韦七赞善》："尔家最近魁三象，时论同归尺五天。"原注云："俚语曰：'城南韦杜，去天尺五。'"杜诗及所引这则俚语经常为治隋唐史者所称引，借以说明世居长安城南之韦、杜两族密迩皇宫、亲近皇权之政治社会地位的鼎盛。十朋诗引用只用以形容距离之迫近。又有七古《鉴湖行》诗卷12曰：

> 苍苍凉凉红日生，葱葱郁郁佳气横。
> 鉴湖春色三百里，桃花水涨扁舟行。
> 花间啼鸟传春意，声落行舟惊梦寐。
> 胡床兀坐心境清，转觉湖山有风味。
> 鉴中风物几经春，身在鉴中思古人。
> 禹迹茫茫千载后，疏凿功归马太守。
> 太守湖成坐鬼责，后代风流属狂客。
> 狂客不长家鉴湖，惟有渔人至今得。
> 日暮东风吹棹回，花枝照眼入蓬莱。
> 回首湖山何处是，欸乃声中画图里。

　　这首七古细致描绘鉴湖春景之美和历代名人在鉴湖的事迹。诗人以典雅流畅的笔触铺叙了会稽地区的历史沿革、山川风光、物产、风俗以及古今人物，借以表象江浙人文教化的隆盛和物产资源的丰富，可作帝王之资。尤其是对古今人物的铺叙，集中于他们的政治和文学才干。

　　"鉴中风物几经春，身在鉴中思古人"二句，以其居中位置关联上、下两幅。

　　上幅状景，细腻而有新意。"苍苍凉凉"两叠字，状春日初升时的视觉形象和触觉印象，苍茫氤氲而又温馨宜人，观察细致，感觉细腻；"葱葱郁郁"两叠字，状红日照映下鉴湖波光的亮丽和水汽的色泽，清新明艳，逗人兴味。

　　下幅思古，怀想汉马臻太守的疏凿功绩，评说唐贺家湖史事变迁，铺叙会稽人文历史，或有意强调会稽的文化正统地位。

　　最后以日暮时"花枝照眼"、归舟欸乃的风光收结，为鉴湖蒙上了一层绮丽梦幻的色彩。作者是想指出，会稽非断发文身之地，而是人文之奥府，文化发达，人才之盛甲于天下。

　　全诗从清晨写到日暮，气象阔大。比照上一卷的七绝《过鉴湖》[诗卷11]，本篇写景更显细致。王十朋兼擅古体诗与近体诗，能娴熟自如、得心应手地运用不同的诗体来抒写同一对象，表现多姿多彩的客观对象与主观感受。陶文鹏先生析曰："此诗二十句，或四句一韵，或两句一韵，平仄韵转换，音节流畅，又有抑扬起伏之致，很好地表达出诗人怀古赞今之情。"

　　绍兴是拥有悠久历史的文化名城，王十朋流连绍兴人文古迹，留下的诗文除了被称为绍兴风俗百科全书的《会稽三赋》[文卷16]之外，还有《旌忠庙》[诗卷11]、《愍孝庙》[诗卷11]、《会稽三贤祠诗并序》[诗卷11]、《禹庙歌》[诗卷12]、《吴越王庙》[诗卷13]、《右军祠堂》[诗卷13]、《吴先生祠》[诗卷13]、《贺知章祠》[诗卷13]等等名篇。王十朋谒禹祠，观禹穴，访菲泉，遍访稽山鉴水的名胜，情趣盎然。如《腊月望日出郊探春，游告成观，谒大禹祠，酌菲饮泉，遂至龙瑞宫观禹穴，薄暮而还》[诗卷11]作于绍兴佥判到任不久的"腊月望日"，王十朋与同僚出郊探春，不记游程，而着意以"峦高近日"、"水阔浮天"的壮阔自然气象作为背景，抒发追踪人文遗存的幽深感怀：稽山禹穴"不记年"，大禹陵园"庙依然"，"藏书穴"封存着太多的历史秘密，古圣贤的如流"俭德"却芳馨绵远，令后辈在酌菲饮泉时不忘奋起，幸存司马迁之高古情怀。叹息低徊中，诗人崇尚古圣人的心念汩汩流淌。

山水景观一旦与历史文化遗存结合起来，便成为一种文化符号和情感符号，使诗歌获得审美内涵的增值。十朋的不少访古诗做到了这一点。如七律《元日冒雪赴天庆观》^{诗卷11}，真正牵动人心的，是有着自觉担当意识的诗人那种挥之不去的家国情怀与民本意识。"禹穴地幽寒未歇，尧天日近暖先回"一联，出句实写，对句虚写，虚实对举，暖寒比衬，理趣融和，堪称精湛。从字面上看，写的是会稽元日的节候特点："寒未歇"，"暖先回"，乍暖还寒时节，"地幽"处的寒意毕竟挡不住由于"日近"赐予的春光暖意。诗人有意将"尧天日近"与"禹穴地幽"对举，或是着意透露政坛的某些信息和自己初涉政坛的感悟。

至于颇类《诗经》风味的四言诗《采葛》^{诗卷11}，写"陟彼越山"，仰怀的是越王功绩。诚如诗序所云："越有采葛，思越王也……予尝登是山，故作是诗以思之。"全诗以整齐的句式反复咏唱越王自强雪耻的精神，庄重严肃，格调高古，情深意远。

秦桧死后，高宗帝萌生重整旗鼓之念，自己的《廷试策》^{附录1}所涉有关政坛弊端已见整改端倪……而当此新春之时，"尧天日近"，越王"旷古有阙"、"世享不绝"，如此称颂帝王仁民爱物的盛德和暖意，如此称颂春阳和暖的太平盛世，不也正是十朋寄望于南宋一朝的吗？

二、倾情民事："事业浩无穷，筋力愧不任"

"民事"，在我国古代传统思想中占有重要地位。杨国宜教授引证，《尚书·太甲》："无轻民事。"指的是朝廷政务，范围很广；《国语》："舜勤民事而野死。"（谓征有苗，死于苍梧之野）则是专指征伐之事；《孟子·滕文公》："民事不可缓也。"则泛指民间诸事，亦是指农民之事。

十朋在他政治生涯的第一站，践履民事竭尽全力。奉命到绍兴府担任金书判官不久，即将自己居住的公寓称为"民事堂"，还作了题为《民事堂》的诗和赋，在"叙"和"序"中分别阐说："堂名民事，志天语也"；"天语丁宁，俾知民事。闻命惊惧，愧不克堪。"说明自己之所以这样做，是回报皇上对民事的关心，把它作为座右铭以"自警"，"庶几朝夕不忘圣训"。自己虽然"不才"，初次参加政务工作，没有什么经验，也一定"日以败官旷职为忧"，与同僚们"朝夕讲论，无非民事之要者"（《民事堂赋并叙》^{文卷16}）。

民事堂的上下内外，氤氲丰沛，洋溢着满满的民本情怀。请看《民事堂》^{诗卷11}诗：

亲擢深蒙圣主恩，宜知民事训词温。
仰惟睿意思邦本，要使书生识治原。
不惮勤劳驰禹会，敢忘精白奉尧言。
它时上问苍生事，愿竭孤忠慷慨论。

此诗写得恳恳恫恫，尽见拳拳为民之心。诗至少表达了下列内容：

一者，以民为"邦本"乃高宗帝"睿意"，"治"民事需"识治原"，本固才能邦宁；

二者，"试以民事"乃高宗帝亲自交待的任务，其用心就在于"俾知民事"，知遇之恩本当涌泉相报；

三者，此乃圣主赵构"训词"，"天语丁宁"，时时铭记在心，写七言律诗"以自警"，并与"同僚朝夕讲论"，意在"庶几朝夕不忘圣训"；

四者立下志愿，自此将为"苍生事"而"不惮勤劳驰禹会"，"愿竭孤忠""奉尧言"。王十朋的忠君爱民、利济苍生的抱负在治郡实践中有了实施的机会。

王十朋是十二月到任的。这年绍兴正罹凶荒，孟秋飓风大作，造成水灾，如十朋在《民事堂赋并叙》中所言，"是岁饥，民撷蓼花掘草根而食"，"上虞县淹死者几百人"。王十朋曾撰写《与都提举论灾伤赈济》^{文卷21}，向皇上回报灾情，揭示灾荒原因。他走马上任即到民事堂，这首诗就作于到任不久。

究其本意，是为牢记赵构的告诫，不忘民事，不忘为官之责，"愿竭孤忠慷慨论"。据载，赵构皇帝确有关心民事的叮嘱。早在绍兴二年（1132），赵构登绍兴中和堂，"远瞩稽山，思夏禹之功；俯瞰涛江，怀子胥之烈"，作有《中和堂诗并序》，表示"愿同越勾践，焦思先吾身"，希望自己像越王勾践那样报仇雪耻；希望自己"驾言苏远民"，"属意种蠡臣"，使国家长治久安。

而十朋本诗所谓"思邦本"，也如其《轮对札子三首》^{文卷2}其三开篇所云："臣闻民为邦本，本固邦宁。自古人君未尝不以得民心、固邦本为急。"

此君此臣，其初期的政治谋合是由"民本"一念为之贯通相接的。

十朋深情表白："它时上问苍生事，愿竭孤忠慷慨论。"这可认定是王十朋到任后对皇上的主动表态，以表身为绍兴府金判定当关心民事的一片挚诚，并希冀得到朝廷的重视，如其在《民事堂赋并叙》结尾所云："兹畎亩之惓惓兮，愿入告于天王。""不惮勤劳"，"孤忠慷慨"，此心此诚，堪比当年"左拾遗"任上的杜甫，为了每天能在第一时间内把自己的奏折交给唐肃宗，常常晚归，"避人焚谏草，骑马欲鸡栖"（《晚出左掖》），甚至彻夜工作，"不寝听金月，因风想玉珂。明朝有封事，数问夜如何。"（《春宿左省》）以天下大事为己任，居庙堂之高则忧其民，处江湖之远则忧其君。作为一个臣子，王十朋与杜甫一样，恪守儒家的忠诚和仁爱，尽职尽责，以备"上问苍生事"时，能"孤忠慷慨论"，可谓竭尽精忠之诚。

理政之余，王十朋还依然仰慕韩愈，披读韩诗，钩沉选粹，发扬幽潜，从先贤诗歌中汲取浩气英光以流播发扬。五古《夜读书于民事堂，意有所感，和韩公县斋读书韵》^{诗卷12}记录了他在民事堂夜读韩诗的心境，有云：

> 宦游寓幕府，幽怀属山林。兀坐窗几间，默求圣贤心……
> 事业浩无穷，筋力愧不任。丈夫固有志，宁在官与金？

韩愈当年因上书论关中旱饥被贬为阳山令，作诗《县斋读书》曰："出宰山水县，读书松桂林。萧条捐末事，邂逅得初心。……谪遣甘自守，滞留愧难任。投章类缟带，伫答逾兼金。"身为绍兴佥判的王十朋夜读韩诗，"意有所感"而作本诗。

韩愈忠君爱民，反遭贬斥，心中悒郁难平，读书以解寂寞，写诗以抒幽怀，故读来语语沉痛。王十朋和诗，实为次韵，关心民事与先贤同，但格调与境界则与韩愈有别，因其时王十朋正受皇上赵构重用，故和诗中表达的是"默求圣贤心"、"事业浩无穷"之心迹。

诚如绍兴学者邹志芳所析，如果说《民事堂》诗表达了十朋的民本思想从民事堂展开，那么《夜读书于民事堂》诗，旨在表达十朋勤为民事而时不待人之焦急心情。王十朋从"神穴"、"丹书"申发民本之理，舒张"民事"之业浩大无穷的感慨。试看，"青铜每自照，白发已见侵。事业浩无穷，筋力愧不任"，其心情何等急切，何等尽职！"丈夫固有志，宁在官与金"，大丈夫志在民事，岂会计较地位和金钱，其胸怀何等坦荡，情操何等高尚！

身在民事堂理政读书，心系天下民生，关切天时农事，时时下乡劝农，救灾恤民，忧雨祈晴，忧旱祈雨。如五古《次韵濮十太尉喜雨》^{诗卷13}，写为祈雨而举行的祭祀活动。篇末六句以陶渊明《归去来兮辞》开篇的呼告"归去来兮，田园将芜胡不归"作结，申言自己"归耕愿及早"的意愿，跌荡出闵雨喜雨的窾臼，传达了为宦者体恤民情的高尚心志。

王十朋一生热心民事，在绍兴期间倾情民事堂，民安才能国宁的观念明晰于心间，高扬于仕途。绍兴二十九年（1155）十二月，王十朋绍兴佥判秩满解官还乡之时，作《留别民事堂》^{诗卷13}曰：

> 二年宦东州，民事了无补。俯仰愧此堂，何以报明主。
> 故家萧峰下，归耕及春雨。平生畎亩心，感慨聊自许。

诗写得自省谦和。可以说是他初试民事的"小结"。他认为自己虽然做了一些事，但毕竟是佐吏，时间又不长，成绩不可能很大，稍有遗憾。所谓"民事了无补"、"俯仰愧此堂"、"感慨聊自许"者，正是王十朋在告别民事堂回顾自己两年来的民事作为时，"自愧"又"自许"的真实心境。所谓"报明主"、"畎亩心"者，则是他勤于民事的动力所在。

王十朋回到"故家萧峰下"，尚有《己卯腊月七日解官离越》^{诗卷14}记录离越之日的情景。多年之后，他还一再念及绍兴民事堂，可以说是《留别民事堂》情思之延续。

绍兴民事堂"志天语"，传圣意，寄托着诗人的中兴之望和为民"事业浩无穷"的心志，是十朋高扬民本思想的重要载体。

三、颂贤施仁："使君好事贤且仁"

王十朋爱民为心，践履民本，颂扬德政，施行仁义。在绍兴，能与同僚、乡绅齐心协力，协作共事，审理民讼，平冤救弊，合力为民。他与知府王师心配合密切，时以"目睹其事，辄敢以闻"（《与王安抚》^{文卷20}），多次作《代上札子》^{文卷5}，协助他作了许多民事工作，"越民仰戴"；还向提刑邵大受陈说"州县八弊"之"大略"，建议"倘有可采，愿赐施行"（《与邵提刑》^{文卷21}），受到重视，常被邀请参加宴会；又向安抚赵令誏提醒过一些需要做的民事，便被"顾遇不浅，辱宠赠礼"，有"感戴何穷"（《与赵侍郎》^{文卷20}）之慨。

范仲淹是十朋最最崇敬的贤臣。范文正公祠堂是绍兴戊寅岁（1158）在绍兴知府王师心的主持下建成的。王十朋作为绍兴府官员，也参与了这项建祠工作。祠堂建成后，十朋作长古《范文正公祠堂诗并序》^{诗卷13}颂扬之。诗略曰：

> 堂堂范公真天人，配我仁祖为元臣。
> 材兼文武怀经纶，先忧后乐不为身，
> 上与夔离相等伦。
> 正色朝端批逆鳞，三黜愈光名愈闻……
> 人亡迹在嗟已陈，断碑往往埋荆榛。
> 后人不识真天人，但能日饮堂中春。
> 使君好事贤且仁，治民律己唯公遵。
> 登堂感慨怀斯人，刻石绘像扬清芬……
> 当宁焦劳思若人，九原唤起清边尘。

这首纪实七古，前有191字的题序，叙事简约清晰，人物语言生动，犹如一篇精美的记事小品。诗歌文本35句，通押平声真、文韵，句句押韵，一韵到底。诗歌与散文巧妙分工，相互补充，交代了绍兴范氏祠堂的地点、环境和兴建的时间、缘由、规模及祭祀活动等等。二者和谐结合，可谓珠联璧合，兼有整散之美。

前半部分从两个层面颂扬范仲淹的政绩和人品。先是从三个视角对范公作高度评价："兼文武"、"怀经纶"、"批逆鳞"，概括了范公的才略和秉性，直接道出了当今在他的治地立祠祭祀的缘由。继而概叙范仲淹知越州的风教作为，垂教后世，坐实了范仲淹"治先风化"的政绩。

诗的后半部分叙事抒怀。叙立祠缘由和祭祀活动，抒缅怀敬慕之怀。范公的风范和王公的情怀都让王十朋感动。

先说"人亡迹在"，即诗序所云"阅岁既久，旧刻弗存"，这是说"堂而祠"的直接原因；而关键在于"使君好事贤且仁"。诗人用前后对比手法突出王师心的功德，道出了诗序所记"堂而祠"的过程和祠堂的规制风貌。"怀斯人"、"扬清芬"、"丹青炳耀"等描述，生动地凸显了王师心"贤且仁"的风教意识。

最后部分自然地收结于抒怀，揭示立祠祭祀的教化意义：不但"清我僚吏民"，"为国清簪绅"，更着意于"遗志伸"，"清边尘"。王十朋与王师心共同实施的敬慕追怀范仲淹的纪念活动，最终就这样落实于充满爱国情怀的"九原唤起清边尘"的现实关注！

就在这一年，十朋得知，金兵扎营汴京宫室，且扩张军马将大举南侵。借历史名臣高扬抗金复国旗帜，正是有"分司"之称的绍兴府上下的政治态度。次年，金将渝盟，十朋轮对，力陈抗战，成为朝中力主抗战的"五贤"之首。王十朋的诗心是与时势紧相脉动的。

时在临安为敕令所删定官的陆游，与王十朋心心相印，十分关注绍兴府为范文正建祠之举。后十朋受排挤迁大宗正丞，陆游曾寄诗《送王龟龄著作赴会稽大宗丞》_{附录5}有曰，"向来惟一范，真足壮吾州。高躅今谁继，先生独再留"云云，既称颂范公的高风亮节对于"壮吾州"的现实意义，又将王十朋与范公的高尚风范相提并论，说王十朋继承和发扬了范仲淹的风范，为士大夫树立了楷模。这是对王十朋的高度赞扬。其"先生"一词，用得十分凝重，从内心深处表达了对王十朋的崇敬。陆游还以"登堂吊兴废，想象气横秋"的诗句预测王十朋再次赴任绍兴，必将凭吊范氏祠堂，吊古而伤今，从而塑造了一个"一身正气、满腹经纶、满怀爱国热望的高大的士大夫形象"。[1]

孔凡礼先生称许陆、王二人的情谊，深情地说："陆游和王十朋是相知，不是相知，能理解得那么深吗？"孔先生经考证肯定，"陆游与王十朋有过很多交往，有过不少唱酬"，可惜"陆游涉及王十朋的诗篇，就这样散失了"。[2]而《王十朋全集》也不见与陆游唱酬的任何记录，且无人考察其原由。惜哉！

四、为民请命："按劾奸赃疏滞狱"

王十朋了解民意，尊重民心，在深入考察鉴湖水利的基础上，写出了治理鉴湖的四千余言《鉴湖说》，采取退田还湖等措施，解除越地水旱灾害，为民造福。

王十朋仗义执言，为民请命，既关心百姓的物质生活，也帮助他们避免冤狱的迫害。时值春夏之交，绍兴全域淫雨弥旬，农桑受害。十朋"区区忧国之心不能自己"，伤民心焦，上书朝廷报告灾情，又作诗《与赵安抚乞疏狱》_{诗卷12}呈赵安抚子潇，说正当农桑生产关键时节，淫雨连绵，弥旬不止，百姓有无衣无食之忧，"麦枯秋腐蚕不丝，无食无衣岂能育"；接着赞扬赵安抚是"今日贤方伯"，能及时实施赈济的仁政，借钱发放，救济灾民，免除租税、劳役等，其政绩超越汉循吏龚遂与黄霸，堪与舜时贤臣禹、稷、契、皋陶、伯益等媲美；最后提出疑问——为何安抚的仁风还不能感动上天，灾害愈演愈烈？遂终结于最后四句云：

> 伤和无乃有冤民，蠹政尚疑多大族。
> 使君有术开青天，按劾奸赃疏滞狱。

身为金判的王十朋适时提醒安抚大人：之所以灾害愈演愈烈，恐有大族作梗导致冤狱，故请求安抚按劾奸赃，查验弹劾，梳理长久积压的讼案刑狱，平冤救弊。王十朋尽职尽责，巧妙地为赵安抚指明了解救困局的施政方略。诗人为民请命、解民倒悬的担当慈怀光彩照人。

《粜米行》^{诗卷12}也是一首仗义执言、针砭时弊、为民请命的诗作：

> 诏书发廪周饥荒，使君减价粜黄粱。
> 奉行上意固已良，小人用心胡不臧。
> 斗米大半杂以糠，横索民钱名贴量。
> 怨语嗷嗷盈道旁，我惭寸禄偷太仓。
> 见之不言咎谁当，言之人指为轻狂，
> 作诗聊语同舍郎。

绍兴二十七年秋，绍兴遭遇特大灾害，王十朋为民请命，代绍兴王安抚向高宗皇帝连上二札，报告灾情。于是朝廷下旨抚恤赈济，"蠲免租税，并以内帑代偿"，打开粮仓救济灾民，对穷困的人给予物质上的帮助。绍兴府"奉行上意"，下文各县实施，传令"本府所有逋户，积年公私债，贫不能偿者，榜谕人户照应指挥，令至来年蚕麦成熟，然后理还"。（《又代上札子》^{文卷5}）这就是本诗所咏"诏书发廪周饥荒"、绍兴府"奉行上意"的事件背景。

作者"日以败官旷职为忧"，目睹不法官吏在卖米救济灾民过程中乘机谋私，坑害百姓，以糠杂米、"横索民钱"的劣迹，义愤填膺，作诗告知同僚，希望能追究"小人"责任，切实赈济饥民。诗人将饥民"怨语嗷嗷盈道旁"的现实场景与胥吏"用心不臧"的劣迹两相对照，痛心疾首，引出"见之不言咎谁当"、"我惭寸禄偷太仓"的沉痛自责，认为自己叨食朝廷俸禄，为民执言，责无旁贷。

此心与诗圣杜甫相通相连。杜甫流落巴蜀时，曾给长官严武呈文《说旱》，说蜀地旱情严重，或许是因为官吏枉法、民怨积郁所致，应该彻底清理狱案；而百姓面有菜色，则是因苛捐杂税太多，宜于减轻。又在名篇《岁晏行》中哀叹楚地人民在苛税下的悲惨遭遇，痛斥达官贵人铸造假钱蒙骗民众："刻泥为之最易得，好恶不合长相蒙！"诗人愤怒地说，何必用铅锡造假，干脆用泥巴铸钱不是更省成本吗？千古诗心相通，仁慈一脉相承。王十朋和杜甫一样，生性刚直，嫉恶如仇，深恶痛绝一切为官不公、残害百姓的腐败现象。

中国历来十分重视官员的道德规范，认为官德的好坏直接影响到社稷的安危兴衰。王十朋也敏锐地注意到这一问题，初历仕途时即对此有敏锐的警觉，并提出了有价值的官德思想和主张。

五、金鼎调和："衣冠与刀笔，未可分贤愚"

王十朋很懂得施行仁政必须上下一心，密切合作。作为绍兴府的非主政者，他善于与上司、同僚和下属保持良好的关系，善于体察下情，对下属推心置腹，因此他的民本主张获得普遍的支持与协助。

他与多数同僚都有诗歌唱酬，在唱酬中促进了解，互通心曲，增进践履民事的协调合作。例如与同年同僚县尉喻叔奇，常于公事之暇，在民事堂"终夕论文，欣然相得"，《赠喻叔奇县尉》诗卷12曰："同舍同年友，天资迥不群。诗文侵晋宋，兄弟类机云。梅市访仙侣，兰亭怀右军。公余时过我，无酒亦论文。"《元宾赠红梅数枝》诗卷11、《中秋赏月蓬莱阁呈同官》诗卷12等诗则记录了他与同僚或月夜衔杯，或互赠花木通心曲的飘逸意兴。唱酬诗《次韵赵观使鸳鸯梅》诗卷13曰：

> 奴视纷纷皙与休，芳心那肯贮离愁。
> 结成冰玉岳湛侣，开伴絅罗施郑流。
> 影照婵娟如并卧，枝横清浅似双浮。
> 不知他日调金鼎，胜得樱桃气味不？

首联写梅花"奴视""皙与休"、不存丝毫"离愁"的高洁"芳心"，设想出奇。"奴视"，谓视之如奴，轻视之意。"皙与休"，指不结果实的枣树和李树。鸳鸯梅为一蒂而结双梅者，所以卑视不结实的"皙与休"。颔联用拟人手法，引潘岳、夏侯湛、施郑（西施）诸多古代美者作陪衬，凸显梅花意象的身洁姿隽。潘岳，即西晋文学家潘安，美姿仪，长于诗赋；夏侯湛文章宏富，善构新词而美容观，两人过从甚密，均以文章著称，京都谓之"连璧"。施郑，即西施、郑旦，实为同一人。因西施母姓施，父姓郑，乃施家之赘婿。西施原名施夷光，天生丽质，中国古代四大美女之首。诗铺排如此众多的美者、善者，意在彰显梅花"冰玉"般的高尚贞洁，光彩照人。颈联创意最多，以"婵娟并卧"、"清浅双浮"写出"鸳鸯梅"的风姿特色，梅枝、花蕾各呈风采，既有立体形象，又有平面倒影，次第变幻，摇曳多姿。显示王十朋转益多师，在泛览博观中养成铺采摘文、广采众学的魄力，极大地丰富了梅花意象的组合模式："枝横清浅"采用的是林逋咏梅的水月组合、枝影组合的经典模式，写出了鸳鸯梅"并卧""双浮"的美好姿态；为了凸显鸳鸯梅的"冰玉""芳心"，诗人连连引用美人、高士作为意象陪衬，借人烘托，虚处传神。这些组合模式交叉综合，引发人们的美学体认。

诗人通过深邃的思虑玩味梅花意象所昭示的本质意义，末联引用"和鼎调羹"的典故，"他日调金鼎"，"胜得樱桃气味"。这既是自律，又是劝勉。忍辱负重、兼善天下，不降不辱、独善其身。王十朋通过梅之"正味"演绎儒家道德人格，将民本观念播扬于仕途中接触的每一位同僚。

《府吏有以老求退者，询其年，犹未六十，诘其去之由，云欲全身避祸耳。予善其知机勇退，可以愧嗜进之士夫。有感而作》^{诗卷12}一诗，很能形象见证王十朋与同僚相处的人格魅力，见得王十朋对于关涉官风民事、整饬官场、知人用人、信赏必罚等民本事宜的关注，确实是很全面、很认真的。其诗曰：

> 升高螨蚸堕，粘壁蜗牛枯。搢绅鸱粱肉，是亦螨蚸徒。
> 抽身簪楚中，勇退愧此胥。衣冠与刀笔，未可分贤愚。

"螨蚸"，小虫名。其形象出自柳宗元的《螨蚸传》，已为大家所熟知。但它与热衷于仕途的某些"搢绅"有某种秉性上的相似点，却是王十朋在本诗中的艺术发现。诗人称扬府中"刀笔"小吏"抽身簪楚中"的"知机勇退"之举，真可"愧"煞"衣冠"者；进而申言官与吏"未可分贤愚"，却有共同的人格底线，以"全身避祸"。对官场"嗜进"者的这种鄙夷态度，标示王十朋秉持的为官之道与人格修为，有其独具的以人为本的规范标准。

这番人格义理形象地显示于意象化的载体中，构成了联想之境。"搢绅"与"螨蚸"、"蜗牛"有一个相似点，即贪食负重，喜为力所难及之事。"搢绅鸱粱肉"，贪得无厌，或正如作者在《粜米行》中指斥过的那些救灾时贪图钱财、坑害百姓，在米中"杂以糠"的"劣吏"辈。

作者无情地将官场中"嗜进"之辈划归蠕体肉属的"蟛蜞"、"蜗牛"之类，严词指出恣意"升高"、"粘壁"者，个个逃脱不了"堕"与"枯"的结局。视觉意象的联想张力极强，其整饬官风、体察下情的爱憎情感与其秉持的民本观念一脉相承。

六、诗性判狱："更须移孝为忠臣"

纪实诗《赠王吉老县尉》[诗卷12]也作于绍兴金判任上，记叙并评析的是辖区内"渺然一书生""王孝子"为母复仇的一段故事。诗传达了王十朋对于事理的诗性评判，既不回避事件中情与法的考量申辩，又尊重"识与不识，莫不壮之"的社会舆论，显示了作者本人坚守金判职分，并有效驾驭儒者的忠孝大节，而这一切全都基于以民为本的信念。从诗人对于民事诉讼、忠义节孝、信赏必罚和知人用人等民本事宜的拿捏分寸，见得王十朋把控儒家民本理念的胆识和实践能力。诗是这样写的：

> 臣子大节孝与忠，父母仇雠天不同。
> 贤哉会稽王孝子，感慨有古烈士风。
> 松楸一夕盗破塚，亲获鼠辈闻之公。
> 有司守法贷其命，孝子衔命无终穷。
> 谁谓书生胆如许，貌若尪羸中甚武。
> 手斩凶人提髑髅，请死伸冤诣公府。
> 君不见齐襄内行世所羞，春秋贤之缘复雠。
> 又不见子胥鞭尸报父怨，太史为之作佳传。
> 君今枕戈志已伸，更须移孝为忠臣。
> 他年当作傅介子，誓斩楼兰雪国耻。

故事本身并不复杂，"引"中的概叙契合于《梅磵诗话》的记载："盗劫其母墓，狱成，盗不死，吉老手杀之，诣州自言"云云。[3]十朋"作诗以纪其事"，仅以八句五十六字（自"松楸一夕盗破塚"至"请死伸冤诣公府"）作有情的诗性叙述，精炼而富有情感美。

诗人指斥"破塚"者为"鼠辈"之"盗"，态度鲜明地维护州府执法，称"有司"判盗墓者有罪而免其死，乃属依法行政的"守法"行为。是非判断截然，感情倾向分明，其内持标准是一个"民"字。而称许王吉老者，也只限于王吉作为"书生""孝子"的"古烈士风"：一是胆识勇武，"貌若尪羸中甚武"；二是明理知罪，"请死伸冤诣公府"。

诗人以民心民理肯定王吉刚烈行事的动机是"孝子衔命"，"以报母雠"，认同盗墓者罪不当死，称"有司""贷其命"乃属"守法"，显然不赞同王吉的违法杀人之举。如此拿捏很见分寸。这样的诗性叙述，厚道公允，富有人情味，消减了盗墓杀凶之事先天具有的血腥气，平添了思考其内在义理的意趣。通情达理而合乎法度，尽显作者的高识淳情。

阐说义理是宋诗区别于唐诗的一个明显特点。宋诗的短处是议论化，但说理细密又正是它的长处所在。见之于本诗，细密的议论正是其表达主题不可或缺的组成部分，体现了宋诗"以理引领，情理交融"的特色。

诗人受杜甫"即事名篇"的现实主义精神影响，以歌行写时事，语言浅易通俗。其特点在于叙事与议论相结合，叙事简约含情，议论细密深曲，尽显宋诗"以筋骨思理见胜"的特色。闻一多说："古今中外诗境当不脱唐宋人所造的两种境界，前者是浪漫的，后者是写实的；唐人贵融情而宋人重炼意。所谓炼意，即诗人多谈哲理的作风。"(4)缪钺先生说："唐诗以韵胜，故浑雅，而贵酝藉空灵；宋诗以意胜，故精能，而贵深折透辟。唐诗之美在情词，故丰腴；宋诗之美在气骨，故瘦劲。"(5)所论宋诗各项，皆可移指梅溪本诗。十朋的这首纪实诗在"情"之外，更加之以"理"，在说"理"之时，则格外重视逻辑，提炼主旨，注重分寸，连用《春秋》、《史记》、《汉书》等史籍所载的齐襄、子胥、傅介子的典故及评判，为的就是更清晰准确而又更含蓄蕴藉地表达"移孝为忠"的题旨。

《梅磵诗话》在介绍王吉杀凶"诣州自言"之后，又言及其兄宣子，曾"请纳所居官，以赎其罪"。"宣子名佐，以南省高选奉廷对魁天下。绍兴间，因不附秦桧而斥。淳熙中，平潭寇有功，天子嘉之，官至八座。吉老风节亦如是。"(6)

宣子"平潭寇"事，即在潭州（今湖南长沙）抗击金兵的事迹，史书有载，陈与义在他的《伤春》诗中还以"稍喜长沙向延阁，疲兵敢犯犬羊锋"句歌咏之，可见得"有古烈士风"的王吉兄弟俩"移孝为忠"为国效力的人格走向，坐实了王十朋在诗引中所言的"必继有发扬之者"的希冀，也见得王十朋为官"专以爱民为心，治尚不扰，故所至可纪，有古循吏风"——王十朋曾为乡人何逢原作《何提刑墓志铭》文卷25，推崇"不扰"的循吏之风，他自己在绍兴任上也是这样顺应民心，忠诚践履的。

　　王十朋深明"为臣莫重于守官，治狱莫先于奉法"（《代越帅王尚书待罪状》^{文卷5}），尽管如此顺应民心的诗性判狱得到府帅王师心的首肯，但王十朋还是代王师心作"待罪状"直接向皇上禀报，申言王吉"孝节实为可嘉，盖欲朝廷敦奖其孝，而特贷其罪也"，又不失君臣上下之礼，以奏议形式请求朝廷对"臣本府官吏故纵失刑，尚荷宽恩"云云。王十朋初掌地方刑狱之事，在法理与规程方面能掌控得如此周全熨贴，其才干自有高人之处。想必王师心即是因此而对他大加赏识、力为推举的吧。其关键恰在于十朋能固守儒者仁心，倡忠孝，讲仁义，重情理，察民情，以德处事，故在行使职守与诗笔行文应对时能如此得心应手，彰显出独到的胆识和能力。

　　孔孟民本思想是中国传统文化中的一颗明星，它涵盖了包括重民思想、惠民思想、爱民思想与用民思想等丰富的思想内容。这种仁民爱物的太和气象，源自辉煌经典《卿云歌》所咏："卿云烂兮，纠缦缦兮。日月光华，旦复旦兮。"昭示着中华民族礼赞光明与对未来的向往。初入仕途的王十朋，身体力行为民本，是当之无愧的儒家民本思想的典范，传承的正是从太古洪荒中孕育的宏大气魄与坚定自信。

注释

（1）（2）孔凡礼：《王十朋与陆游弟兄》《读书琐记》，载《宋代文史论丛》，学苑出版社2006年版。

（3）（6）韦居安：《梅磵诗话》。载何文焕辑《历代诗话》，中华书局1981年版。

（4）转引自郑临川《闻一多论古典文学》，重庆出版社1984年版。

（5）缪钺：《论宋诗》，《宋诗鉴赏辞典》序，上海辞书出版社2010年版。

第三章 英武五贤秘馆诗

《廷试策》深受高宗重视，王十朋被派往绍兴府短期任职以后，即被召回朝廷担任秘书郎、建王府小学教授。

绍兴三十年庚辰（1160）春，十朋以主战派立场联合冯方（员仲）、李浩（德远）、查籥（元章）、胡宪（原仲）等上疏，向皇帝陈述政治得失、天下利弊，深刻揭露朝廷权臣结党营私、文恬武嬉、政出多门的蠹民弊端，并提出整顿朝纲，起用被贬赋闲的抗金名将张浚、刘锜。《宋史·王十朋传》^{附录2}云："金将渝盟，十朋轮对……秦桧久塞言路，至是十朋与冯方、胡宪、查籥、李浩相继论事，太学生为《五贤诗》述其事。"气概英武、忠勇无忌的王十朋被称"五贤之首"。

秘馆五贤同声相应，同气相求。王十朋"道不孤"矣！他处身风云激荡的政坛，"不避刀铖之诛"，为社稷计直谏高宗。这是陈东、欧阳澈伏阙上书、胡铨弹劾权臣的继续，高扬爱国主义精神。高宗终于从谏，下诏加强边备，免杨存中兵权，相继起用十朋等举荐的爱国旧臣张浚、胡铨等，朝政为之一新。

但此时秦桧遗党在朝中气焰尚盛，忠义正直者深受打击排挤。五贤们势不能安，主战派失势败走了。先是年长的胡宪（朱熹恩师）乞归，查籥被论列出朝，十朋、冯方、李浩等均请外调。

热血一腔文亦诗。五贤们的论议、奏疏，无蹈虚之语、盘空之论，或痛斥投降、力主抗金，或规划战备、力图恢复，以剀切详尽、条畅明白为特色，灌注了浩然之气，英伟磊落，笔力雄健遒劲，荡气回肠。同僚诗友赠诗壮行，记录政事，表达心志。他们的英武诗情融化其中。王十朋没有违背自己当初"慨然一吐胸中略"的誓言，参与朝政，施展抱负，压抑的爱国激情像是地下岩浆喷发而出。

一、采石大捷，功在书生："虏情殊未测，淮甸可无防"

宋高宗在位时，宋金有多次交战，采石之战是著名的大捷。人们只知道虞允文的指挥之功，却常常遗忘了同为"破敌书生"的王十朋所起的历史性巨大作用。

绍兴三十年（1160），局势像是又一次抵达某一拐点。任职秘书省的王十朋，凭借其敏感的政治嗅觉，察情观势，最先觉察到了战争的气息，即时连上三札，向高宗发出了金人即将南侵的预警，极言备战的重要。十朋申言自己"爱君忧国出于天性"，针对金将渝盟南侵而朝廷尚无战备良策的危局，指出，"臣谓今日御戎之策，莫急于用人，用人之要莫先于人望"，他提议张浚、刘锜、胡铨等爱国将领"可以图恢复之大计"（《轮对札子三首》^{文卷2}）。宋高宗一反往常刚愎自用作风，嘉纳十朋意见并次第施行，加严边防兵力部署，解除了杨存中执掌三衙的兵权，相继起用爱国旧臣张浚、胡铨等，朝政为之一新。^⑴王十朋忠勇无忌，"不避斧钺之诛"，忠愤直言，为采石之战运筹帷幄。

除了轮对上书，王十朋还将这番心迹录入《送查元章二首》^{诗卷14}之中，其一首颔二联曰：

> 圣主德宽大，小臣言激昂。虏情殊未测，淮甸可无防。

诗作于绍兴庚申年（1160），既是对同僚查籥危言犯颜忠勇的赞扬，亦是自我思想心态的表白与犯颜谏言边备的实录。

查籥是王十朋的生死至交。绍兴三十年的"论事"，是以王十朋为首的一场颇有声势的政治行动，他们相继"面对"，主张抗战，敢言直谏，开通言路，被激进的太学生们称为"五贤"。由于共同的政治理想，王十朋与查籥结下了一生的友谊。《宋诗纪事》卷五十载："（查）籥字元章，海陵人。绍兴辛未（1151）进士。乾道中，户部郎中，总领四川财赋司。"任秘书省正字，充省试点检试卷官等。与王十朋系同僚挚友，交情殊好。七年后，乾道二年（1166），王十朋《送元章改漕成都》^{诗卷21}诗曾回忆同僚生涯，称元章"雅抱畎亩志，共怀天下忧"，"慷慨论世事，不见范尹欧"，以宋仁宗庆历期间积极鼓吹改革的范仲淹、尹师鲁、欧阳修自命。

本诗所云"小臣言激昂"，即指王十朋与冯方、查籥等秘阁挚友曾上书论事，力陈抗战，荐用爱国老将张浚、刘锜，弹劾投降派杨存中。

查籥"面对"高宗时言辞尖锐，情绪激昂。"虏情殊未测，淮甸可无防。"说的正是此后虞允文防御长江之战备要略。正是因为王十朋、查籥等有预策在先，后金兵大败于采石，完颜亮趋走扬州，终至丧命。

南怀瑾先生研读十朋诗文，追寻史实，在《王十朋全集·前言》中还王十朋之历史功绩，指出："我人今读历史传记，仔细用心，即可知采石之捷，虞允文一书生而立功于千古，而忽略了南宋钦定第一状元王十朋，事先劝高宗备战之预策，殊不知运筹帷幄与决胜千里之功，始终出于两书生之手，洵为奇迹。"

二、爱国人臣，才华受困："春光无限好，共愧缚微官"

写景抒怀诗《次韵冯员仲正字湖上有作》^{诗卷14}曰：

> 殴蜀异乡客，西湖同日看。浪花随去棹，风絮逐归鞍。
> 水浸吴天阔，山涵佛界宽。春光无限好，共愧缚微官。

冯方乃蜀中名士，曾以御史台主簿为秘书省正字、校书郎兼国史院编修官。《南宋馆阁录·官联下·校书郎》载："冯方……普康（今四川安岳）人，刘章榜（绍兴十五年）进士及第，治《书》。……三十二年正月为吏部员外郎。"十朋尊之为"一代奇男子"。王、冯二人相知甚厚，均属坚定的主战者。绍兴末年，金海陵王完颜亮将挥师南下。冯方上《论措置之策札子》，建议朝廷全力加强战备。金军大兵压境，知枢密院事叶义问出任督视江淮军马，冯方任督府主管机宜文字。隆兴北伐，张浚出任都督江淮军马，冯方同虞允文一道在都督府任参议官。"冯方遍行两淮，筑治城垒，最为劳勩。"据王十朋记述，"符离（在今安徽宿州境内）师溃，员仲与张魏公父子在盱眙（江苏今县），不肯去，相约以死"（《冯员仲复元官与致仕恩泽》^{诗卷28}）。

王十朋先后盘桓杭州18年，或治学，或应试，或参政，断断续续，所咏西湖诗并不多，且多以借景抒怀为旨。供职秘书省期间，次韵新同僚冯方的这篇游湖之作，既赞美湖光山色，亦感叹才华难展。或者说，是借赞西湖"春光无限好"，感叹"共愧缚微官"；甚或说，赞美湖山的壮阔，正是为了反衬才华受困的局促。

诗起笔承题，交代"异乡客""同日看"西湖，语言平淡从容，却为下文张势。中间两联赞湖山之美：浪花扁舟，春风归鞍，虚实结合，游湖之乐自然不同于昔日的太学菹盐生涯；"水浸""山涵"，突出的是西湖水天山界的开阔深涵，写景大气而简约。属对工整，下语洗练，"浸"、"涵"二字是锤炼所得，尽显湖山的包容大度气象。末联点出题意，以寓警戒："春光无限好，共愧缚微官"，"愧"意与"好"景共存，在归结前二联的基础上道明好景毕竟掩盖不了"微官"受制、才华难展的郁闷。全诗以大衬小，以"阔"衬"微"，突出了宽阔背景下的内心压抑感。

时值宋廷和战两派明争暗斗异常激烈，十朋与冯方这对主战的"异乡客"，由共同的政治主张和理想抱负紧密联系在一起，肝胆输诚，同怀忧国之志，并以其政治敏感共叹受困之郁。复国中兴壮志难酬，正是满朝爱国人臣心境的真实写照。

三、虏情未测，抗争激烈："危言犯颜易，直道立身难"

作《送查元章二首》时，十朋除秘书省校书郎，兼建王府小学教授。这年冬天，查簿劝帝以虏情未测、淮甸应防，因言语激昂而去国。十朋愤愤不平，认为查簿的被罢斥是一项奇冤，立即写二诗为挚友送行，表达关怀与鼓励。前引其一后二联曰："直气思开日，寒威误陨霜。芳姿等兰蕙，摧折更芬香。"《送查元章二首》其二曰：

> 肝脑不自爱，精忠为上殚。危言犯颜易，直道立身难。
> 去国名逾重，还家迹始安。相将吾亦去，林下挂衣冠。

"五贤"之胡宪、李浩两人事迹已详《宋史》本传。冯、查却无传。孔凡礼先生通过考查《建炎以来系年要录》等史籍，认定："王十朋的这两首诗（即《送查元章二首》），是真正的诗史。"并推定，"查簿罢去的真正原因，是由于论事与宋高宗不合。"⑵

孔先生分析说，诗中"寒威误陨霜"句的一个"误"字，直截了当地指出查簿的罢斥，实是一项错误。这年十月，查簿参与"论事"，"面对"宋高宗，可惜的是，"面对""论事"的内容没有传下来。但从王十朋这两首诗里，可以隐约地知道一些情况。诗云："虏情殊未测"，查簿在"面对"时一定讲到金人将大举南侵这样一种严重形势。诗云："淮甸可无防"，他一定讲到淮甸要做好严密防御金人入侵的一切准备。诗云"肝脑"、"危言"，可以想象到查簿"面对"时激昂慷

慨，使宋高宗下不了台，表现了把生死置之度外的"精忠"。⑶

以纪实诗补史籍之不足，本是中国古典诗歌叙事性传统的表现，这在诗史上原不乏其例。孔先生如此解读梅溪诗，为我们鉴赏古代诗歌提供了一个新范例。

送行诗之二，由阐发查籥遭际的政治背景转向赞扬查籥不计个人安危的政治品格。诗人钦佩战友敢于"危言犯颜"的"直气"、"直道"及"精忠"精神。进而肯定"五贤"论事的意义和影响："去国名逾重"，被迫离开国都而名声将远播四方为朝野称颂。

其实，这也是王十朋自我人格的写照。置个人生死于度外的"精忠"，正是他毕生践行的人格范式。既然志同道合的挚友已经罢去，自己也不必久居此位了。"相将吾亦去，林下挂衣冠"，王十朋以悲愤之情明确宣示自己的政治态度。次年春迁大宗正丞时，他累章乞祠，归乡闲居。是出于迫不得已，有许多愤激，有许多无奈。赤胆忠心，俯仰无愧，实乃悲壮之举！

"危言犯颜易，直道立身难"一联，以严正的对仗揭示了查籥的悲剧人生及其悲剧原因所在，仕途体悟很有概括力。上一篇"芳姿等兰蕙，摧折更芬香"一联，以兰蕙芳姿赞赏查籥刚正不阿的人格，并寄以味久香馀之望，寓屈原香草美人之意，情致深婉。均堪称佳联。

王十朋一生交友，始终将政治取向和道德人格作为选友的首要标准。他自始至终都在努力追求并极为珍惜"生死以之"的真挚友情。他总是满腔真情地对待自己的朋友，赞扬他们的才干成就，同情他们的坎坷不幸，一旦朋友有所需要，他会毫不犹豫付出一切。他乐于向朋友们倾诉自己的喜怒哀乐，也在心心相印的交往中，得到了朋友们无私的支持、理解和安慰。他的送行诗内容丰富多彩，为忧患人生留下了令人欣慰的斑斓光彩。

四、忠勇爱邦，抨击奸邪："纷纷去国皆狂生"

枢密院编修王秬，字嘉叟，号复斋，徽宗时名臣，历官礼部侍郎、刑部侍郎兼权中书舍人。发为论谏则忠忱恻怛，十朋引为知己。梅溪集中多有二人互通性情的诗作。在秘馆期间，王嘉叟上疏论时事，荐用爱国名将张浚，遭遇打击排挤，外迁洪州倅。十朋愤愤不平，作《送王嘉叟编修》^{诗卷14}赠别，褒扬其义勇爱邦、抨击奸邪的精忠勇气。诗曰：

上书请剑人未复，开口荐贤君又行。
堂上伊优笑绝倒，纷纷去国皆狂生。
搢绅敢言似庆历，风俗渐美如东京。
手揩老眼看除目，一迁一去知谁荣。
南昌别驾亦不恶，三王高阁寻宗盟。
吴江漫漫楚天阔，羡君一叶春舟轻。

原题有注云："上书荐张和公（张浚），请外，得洪倅。"此即是本诗写作背景。

诗上半首言事。秦桧遗党久塞言路，"伊优笑绝倒"，气焰尚盛——伊优，"伊优亚"的省语。用以讥讽逢迎谄媚的人，谓其说话无定见，专事奉迎人意；"上书请剑""荐贤"的"敢言"者纷纷受压遭排挤，相继"去国"外迁——"上书请剑"句原注云：胡邦衡昔亦以密院编修上书；"搢绅敢言似庆历"的先朝风俗一去不复返，"如东京"的"渐美风俗"却如潮涌来，忠义正直者顿时忧心忡忡。"纷纷去国皆狂生"一语尤显伤痛沉重，揭露了忠忧恻怛之臣在奸佞当道之时的必然命运——汉语中"狂"字多有贬义，但从孔子开始，"狂"便获得了积极的高级精神形态的含义。他说："不得中行而与之，必也狂狷乎，狂者进取，狷者有所不为也。"何晏集解引包咸语曰："狂者进取于善道，狷者守节无为。"王梅溪将自己与政治挚友王秬嘉叟同归于"狂生"一列，引以为荣。如张海鸥先生所说，这种"狂者"，富于淑世精神，执著追求修身治国的理想，不屈不移，不夺不悔。这是一种智慧心态，是一种高尚的人文精神。(4)

下半首送行。"一迁一去知谁荣"，说人生荣辱未定，忠义之士不必灰心自馁；"三王高阁寻宗盟"，借洪州地标滕王阁事激励行者当追怀高远；作为上奏论用人、劾权臣、谏抚民的"五贤"之首，十朋预知"一叶春舟轻"必将是自己的归宿。十朋明察时势，爱憎分明，及其对于受挫挚友的安抚深情，尽显他之所以能成为这场朝廷政争"五贤"之首的识见高瞩和担当精神。

五、缙绅诤议，忠言见逐："方开公道口，遽中谗人钩"

陈之茂，字阜卿，无锡人。绍兴二年同进士出身。绍兴三十年除著作佐郎，与十朋同事，二人交谊深厚。治经学，才名腾播四十年。原在台阁，自察院迁郎官，因五贤上奏论事被迁，出为吴兴守。十朋作《送陈阜卿出守吴兴》^{诗卷14}诗曰：

> 台阁辍名士，符竹分帝忧。搢绅有清议，欲为朝端留。
> 才名四十年，骭髀成白头。方开公道口，遽中谗人钩。
> 触邪孤壮志，敛惠施一州。命义二大戒，能言亦能由。
> 去矣霅水清，孰障天下流。愿言如季路，乘桴共公浮。

原题有注云：自察院迁郎，未几得外。又注曰：阜卿尝作《命义天下之大戒论》，学者至今传诵。

诗以最大的篇幅称扬察官陈阜卿的功德才名："台阁名士"多有"清议"，分担"帝忧"，敢于直谏"开公道口"；其才名早播，《命义》大论手笔极佳，传诵甚广；尤其可贵的是他忠义正直，"骭髀"刚果，"触邪孤壮志"。如此忠勇人臣却"遽中谗人钩"而去国，可见得奸邪误国之烈。

末了四句，以霅水起兴，用乘桴典故，表达对挚友的勉励，对奸佞的愤恨。诗人祝愿挚友的高风亮节如霅溪清泉奔流无阻挡，而自己将如子路追随夫子泛海远游，不为名利所牵。

"方开公道口，遽中谗人钩"，"堂上伊优笑绝倒，纷纷去国皆狂生"，同怀忧国志的战友败落离散，遭逐出离京城。忠言见逐，忠臣零落，如《建炎以来系年要录》三十一年二月己酉条所云："先是胡宪乞归，查籥被论，李浩亦不安于朝，与十朋相继求去。"

以上这些送别诗、唱酬诗，在内敛而深沉地表露强烈的孤忠忧愤的同时，也隐约可闻深藏不露的挽救民族危机的呼唤。"手揩老眼看除目，一迁一去知谁荣。"老泪纵横的控诉无情揭露了"危言犯颜易，直道立身难"的严酷现实，一一还原了秘馆五贤掀起的诤议风云，旗帜鲜明地评价了五贤论事的意义和影响，预示着暗涌的抗争潜流有朝一日会向我们奔涌而来，势不可挡。

王十朋的廷对策论，高扬爱国主义精神，反对投降，坚持抗金，冒死抨击朝政，弹劾奸臣，是继陈东、欧阳澈、胡铨之后，讨伐权臣、反对和戎，彻底揭露朝廷黑暗面的檄文。但在瞬间都化为泡影。刚刚卷入朝廷政治斗争的王十朋，迅速尝到了失意无奈的滋味，也同时滋养了群臣的浩然正气。王十朋致君尧舜的政治理想受到了冲击，有志不能展，有才不能施，对朝廷、对高宗失去了信心，于是就有了乞外丐祠甚力的后事。

注释

⑴见《续资治通鉴》卷第一百三十四。

⑵⑶孔凡礼：《王十朋的挚友冯方与查籥》，载《宋代文史论丛》，学苑出版社2006年版。

⑷张海鸥：《狂者进取：宋代士人的淑世情怀》，《社会科学论坛》2001年第11期。

第四章　献策中兴孤愤吟

　　绍兴三十一年辛巳（1161）八月，金兵大举南侵。在军民一片抗战声中，宋高宗求和不成，在次年六月宣布退位，传位赵眘，此即孝宗，时年35岁。

　　孝宗即位，改元隆兴，以强硬姿态立下锐意抗战恢复之志，赶出了秦桧党人，下诏追复岳飞和岳云官爵，任命王十朋等举荐的张浚为江淮东西两路安抚使，又复胡铨原官职，除起居郎，等等。这仿佛一缕暖风，送走了冰冻九尺的寒冬，朝野上下为之一振。

　　孝宗即位第十天，即召十朋赴京对策，商议国家大计。君臣如此相得，王十朋自然信心满满，声言"愿竭孤忠赞中兴"（《赴召》^{诗卷16}），"兴隆天下同贞观，愿为贤相为良臣"（《次韵何子应题不欺室》^{诗卷17}），毫不掩饰"赞中兴"以为"良臣贤相"之心志。

　　王十朋的政治生涯翻开了新的篇章。以司封员外郎兼国史院编修再任职史馆，迁国子司业，又除起居舍人，寻除侍御史。王十朋与胡铨同为左右史，每见皇上，"必陈恢复之计"，排群议，绘宏图，荐爱国老将张浚，弹劾当朝宰相史浩八罪，并使之罢职。十朋犯颜纳谏，勤事爱民，有口皆碑，人称"真御史"。

　　中兴献策的一腔热血流淌在这一时期的十数篇奏章中，也有少量诗篇留存着他鼓吹中兴的忠愤激情，涌动着国事危难之际书生难伸壮志的血泪倾诉。这些诗篇的激情热力，丝毫不逊于那些流传千古的奏议疏策。

　　短暂的辉煌与终久的憾恨，在或战或和的朝政争斗中随着孝宗帝的政治反复而跌宕翻转。而秉承"致君尧舜"君臣之礼的王十朋，对多舛命运逆来顺受，佛教思想和道教情怀交错呈现。

一、力主复兴计："愿竭孤忠赞中兴"

绍兴三十二年壬午（1162）六月，高宗内禅，孝宗即位。召王十朋知严州，未赴任即召对。九月，十朋赴临安，上疏力陈时政缺失。除司封员外郎，兼国史编修，迁国子司业，言百官"居其官不履其职"等。

孝宗隆兴元年癸未（1163）五月，52岁的王十朋受宋孝宗信任器重，授任侍御史，为御史台副长官，官秩三品，职实位高权重，负有重要言责，可参与廷议，有权对上至宰相下至文武百官进行监察纠劾。

王十朋没有辜负孝宗厚望，敬业勤政，忠心耿耿。《赴召》^{诗卷16}一诗表达他对于孝宗帝新任命的态度。诗曰：

> 圣主龙飞才十日，微臣得郡古严陵。
> 诏书又趣归天阙，愿竭孤忠赞中兴。

有了经常与皇帝单独见面的机会，王十朋"每见必陈恢复之计"，一再嘉许孝宗中兴之略，召对时首以"明作、有为、任贤、讨军"为言，表达"愿竭孤忠"之诚。《上殿札子三首》^{文卷2}广言历史经验教训与当下中兴复国之道，即作于此时。

"愿竭孤忠"的表达，基于君臣的相互信任和政治主张的高度契合。十朋原是昔日皇子建王、当今皇上孝宗的"侍读"，既有君臣之义，又有师生之情。早在庚辰除秘书省时，逢建王35岁生日，十朋作《皇子建王生日》^{诗卷14}诗祝贺。全诗30句，先叙建王淑质端貌，从小亲师傅，求学专精，善心涵养。接着即提出希望，略曰：

> 日亲端士远佞便，纸上兴衰鉴古先。
> 诞辰朱邸锡玳筵，鼎来福禄方绵绵。
> 不须丹灶求神仙，不用贝叶慕真诠。
> 诚存性尽万善圆，身与国寿俱千年。

作为王者之师，王十朋希望建王自重自爱，诚存善心，"不须丹灶求神仙"，精心求治，致力抗战复兴大业，必能"身与国寿俱千年"。其耿耿忠心，尤显高位政治家的识见与担当。徐顺平先生评曰："这首生日贺诗，不用艳词丽句一味颂扬，不空泛而重写实，还向建王提出将来继君治国的具体要求。十朋的忠君爱国与正直、真诚，建王与王子颇为了解敬重。"[1]十朋企盼久远的君臣和谐一体的构想在此庄严时刻似乎已经变得近在眼前了。

二、梅花三绝唱："压倒屋檐斜入枝"

绍兴三十二年（1162）冬，秘书省任职期间，王十朋同僚程泰之以三绝句觅省中梅花，十朋称赏其诗"清奇"，即和诗三首。十朋诗中的佳句引发了好友胡铨的逸兴，胡铨连称"奇甚"，即时赠十朋一绝。于是又诞生了十朋的"依韵奉酬"之作。三位挚友往返酬唱，声气互应，大展正气豪兴，成就了咏梅诗坛的一段佳话。

程泰之郎中，名大昌，徽州休宁人。英年及进士第，为秘书省正字，孝宗即位迁著作佐郎。勤政爱民忠君，累官权吏部尚书，以龙图阁学士致仕。在秘书省和鄱阳任上与王十朋相友，似有"同舍同年"之谊。"省中"，即王氏、程氏任职的秘书省。《程泰之郎中以诗三绝觅省中梅花因次其韵》^{诗卷16}作于51岁时，叙情谊，明心志。诗围绕梅花写，但都不实写，而是人、物并举，重在述写梅花的神韵、气势，舍弃了一般咏物诗注重形貌具体描写的惯常套路。其二曰：

> 诗似西湖处士诗，十篇三绝斗清奇。
> 更将正味森严句，压倒屋檐斜入枝。

"西湖处士"指"梅妻鹤子"的梅仙林逋。王十朋称赏程诗堪比有咏梅绝唱之誉的"西湖处士诗"，且敢以三绝"正味森严"、清新奇崛与林逋的清淡高逸"斗清奇"。程诗有云："花中结子酸连骨，正味森严众苦之。待得和羹渠自会，如今莫管皱人眉。"称梅子因"酸连骨"而"众苦之"，但为"待得和羹"就不必"皱人眉"了。十朋显然被感染了，即兴点化友人诗句为己用，直将程氏诗句喻作酸梅之"正味"，"森严"醇正，诗法整齐严肃；再将其诗句的震撼力喻作"斜入"屋檐的梅枝，有"压倒屋檐"之势。"正味"一联既是十朋对好友诗品的赞赏，也是十朋自道的诗风高标。

王十朋酷爱梅花，也是写梅圣手。这三首虽是次韵诗，但思路不受拘禁，宛若自倡，篇篇明亮通畅，如韩愈手笔，力大而思雄。

《王十朋全集》存胡铨诗二首，王十朋称赏的"口占绝句奇甚"的七绝即是其一。胡氏诗曰："南山旧说王隐者，北斗今看韩退之。不须觅句花照眼，行见调羹酸着枝。"气势雄魄，刚伟十分。胡铨将十朋比为韩退之，对十朋名节文才深表敬重，末句寄意亦深。就在胡、王初次"亲见""小酌"时，王十朋"举和程泰之梅诗'压倒屋檐斜入枝'句，胡颇称赏，和枝字韵以赠"，这才有了王氏下面这首《某依韵奉酬》^{诗卷16}诗：

> 平生恨未识刚者，今日岂期亲见之。
> 欲把江梅比孤洁，江梅无此岁寒枝。

雍正本注：时除起居舍人，寻除侍御史。按，胡铨（1102—1180），字邦衡，号澹庵，庐陵（今江西吉安）人。建炎二年（1128）进士，授枢密院编修官，政治家、文学家，爱国名臣。宋高宗绍兴八年上书主张抗战复国，因乞斩主和派秦桧、王伦、孙近三人之首而触秦桧之怒，先谪昭州，再谪新州，后又因作词泄愤，徒步谪往吉阳军（即珠崖）。谪逐达二十余年，以直声闻名于世。孝宗即位，复胡铨原官，历职秘书少监等，权兵部侍郎，兼侍读，历知饶州、漳州、泉州。仕途中与王十朋交游甚密。诗中称他为"刚者"，谓胡氏一生主张抗金，刚肠犯颜，急切之情有过于十朋。

十朋引胡铨为知己，多有酬唱。此即为其一。诗一、二句为相识太晚而深感遗憾；三、四句称道以高洁耐寒著称的江梅怎能比得上胡公的高尚气节。即兴点化，心心相印。取梅比拟，对胡铨刚正不阿的高风亮节深表敬慕之意。

点检以上所引诸篇咏梅诗作，可见得王十朋与他的蓬山秘馆挚友胡铨、程泰之等忠贤志士在时局艰难时期的心志与作为。他们不避斧钺之诛，屡屡联名射策论事，并在生死斗争中结下相知高谊。程氏悟得梅之"正味"的"森严"苦旨，申明自己期待金鼎"和羹"的坚定信念；"刚者"胡铨称赏王氏咏梅诗句"奇甚"，将其名节誉为"北斗"，文才高比韩退之，深表敬重；王氏则赞扬程氏三绝"清奇"，更力挺因极力主张抗金复国而名扬朝野的"刚者"胡铨。

王十朋凭借自己阳德刚明、忠耿刚毅的品性行守，终于聚合起一个以清醒而激进的名臣士人为主体的爱国诗人群体，慷慨刚肠，爱国忧时，唱响了反对议和、抗金复国的时代主旋律。

特别值得关注的还有，这些志同道合者忠勇无忌，声气互应，在各自的诗中都有"和鼎调羹"的共同主题。他们以"和羹""正味"为政治理念相互激励，以共怀的"韩愈情结"和"刚者"名节相勉，肝胆相照，快慰平生。此足证"阳德刚明"、"和鼎调羹"的人格规范在山河破碎的南宋一朝具有特殊价值。

三、唱和酴醿诗："刚肠出清婉 …… 兴尽要知返"

孝宗即位后，王十朋与胡铨同被召赴行在，胡铨授吏部郎官，迁秘书少监、起居郎；王十朋授司封员外郎，迁国子司业、起居舍人。两人相见如故，往来日密。这天，胡铨邀诸友赏酴醿，用唐宪宗以酴醿酒赏赐直言宰相李绛之典故作《酴醿诗》曰："唐时真宰相，劲气凌谏苑。危言工切劘，壁立万仞巘……不妨便醉死，闻香定魂还。"^{诗卷16}十朋因太学监试未能参与"雅会"，于是事后补了下面这首《某次韵》^{诗卷16}诗：

> 红紫纷争先，酴醿分甘晚。谁栽群玉府，童童张翠幰。
> 华共芸芬香，韵随官逸远。奚用燃青藜，端能照书苑。
> 先生海上归，平步到蓬巘。招邀饮醇酎，刚肠出清婉。
> 遥思吴宫魂，故作楚辞挽。勿为花所留，兴尽要知返。

本诗次韵胡铨秘监的《酴醿诗》。诗的上幅写花。扣合胡铨诗的吟咏之意，说虽有万紫千红"争先"开放过了，但晚开的酴醿在"群玉府"中"童童张翠幰"，以其鲜妍的芳姿和远播的馨香，使"道山""群仙"得以共享，其耀眼光彩足以烛照秘馆"书苑"。彩笔写花，暗喻人事光辉，道出了胡铨结束贬谪生涯，从"海上"回归"蓬巘"的现实意义。

下幅写人。"刚肠出清婉"，是直接赞颂"海上归"的胡铨在朝廷的刚直作为和清婉秉性。因胡铨诗引唐直臣李绛事自勉自赏，故十朋回应以"吴宫魂"的典实赞之颂之。因胡铨诗有"不妨便醉死，闻香定魂还"句，在友人心中难免会有些风险，故十朋多了一份关切，应之以"勿为花所留，兴尽要知返"的劝勉。思致微婉，平淡中不乏回环真味。

这首五古用胡铨韵，立意、韵律、节奏俱称上乘，有韩愈诗风韵。在政治上同调同步的两诗人肝胆相照，情深谊重。次韵诗能作到如此韵致契合，辞文相应，实属不易。除了情意投合，诗笔驾驭自如当是必备条件。

酬醲唱和的另一首题为《馆中三月晦日闻莺，胡铨有诗用东坡酬醲韵，有"君侧无谗人，发口不须婉"句，某次韵》^{诗卷16}，诗曰：

> 久伤伐木废，每叹吾生晚。黄鸟从何来，乔林绿垂憾。
> 忽作相呼声，朋来无近远。高矗凌云烟，斜飞集池苑。
> 中有幽谷姿，迟迟下遥巘。群英巧相和，出语独不婉。
> 哑哑如老乌，闻者弓欲挽。知心有杜鹃，劝尔故园返。

胡铨酬醲诗在朝廷"群英"中所引发的"巧相和"场景，使当年曾是轮对"五贤"之首的王十朋兴奋异常。故十朋似乎意犹未尽，再和了一首。与上一首次韵诗由咏花开篇不同，这一首全篇借鸟颂人，意象鲜明，委婉地说出了胡铨沉浮宦海的身世，以密集的意象组合展示他"弘毅"的人格精神，寄托敬慕景仰之情，不无劝勉心意。

诗由"馆中三月晦日闻莺"的节令特点入题，以挑起故园之思收结。开篇的"久伤伐木废"，引人联想胡铨因言抗战复国而遭贬的不平常经历；"乔林绿垂憾"则分明是对孝宗即位后思图奋发场景的现实描绘。

诗的主体部分以"黄鸟""高矗"设喻，敬慕胡铨的高尚气节，赞赏胡铨此次重返朝廷的作为和实绩。"凌云烟"、"下遥巘"颂其志向高远，引领时代主旋律；"相呼声"、"巧相和"写朝中群情奋起，彼此呼应，一个以爱国名臣为主体的士人群体似已广具规模。因胡铨酬醲诗有"君侧无谗人，发口不须婉"句，流露出立稳朝堂的自适绪，出于敏感和忧心，十朋在诗中多有互勉和警戒，一方面提醒"出语独不婉"的友人，应当警戒现实中尚有"谗人""弓欲挽"，虎视眈眈；一方面示意自己正是"劝尔故园返"的"知心杜鹃"！

对于仕途中的种种不测，十朋似乎先验性地有某些预感了悟，而这种预感了悟不幸往往精准。

十朋借鸟喻人，在群发的意象中，尽情表达了对政治盟友的赞赏和警戒，对孝宗新朝的热切期望以及自己的忠耿刚直和独具的清醒识见。抒情张扬外露，说理直白浅显。再次证明诗人的爱国热情和忧患意识的表达总是与对宦海风波的忧惧、无奈和郁闷杂糅在一起的。

四、进谏德寿宫："诸君何苦恋河山"

孝宗隆兴元年（1163），十朋作为起居舍人兼侍讲，与时除起居郎的胡铨一道，都有了与孝宗亲近之机，经常能单独面见进言。这年四月，"扈跸老臣"王十朋随侍孝宗帝的车驾诣太上皇于德寿宫，与诸公会食和乐楼，所作《四月从驾诣德寿宫，与诸公会食于和乐楼。是日借洪景严承旨马，戏云"从驾滥骑承旨马，朝天叨缀舍人班"。异日再集，胡舍人邦衡云"不可不成篇也"，遂于楼中足之》^{诗卷16}即记录其事，见得帷幄近臣亲近君主、参与朝政的自得与自律。诗曰：

> 殿坳经帷侍清閟，学术空疏愧在颜。
> 从驾滥骑承旨马，朝天叨缀舍人班。
> 登楼虽喜民和乐，论事还惊世险艰。
> 圣主英姿同艺祖，诸君何苦恋河山。

诗的上幅写承旨骑马进宫，从驾诣高宗太上皇，"清閟"、"空疏"、"滥骑"、"叨缀"诸词写谦怀愧意，而显映于"经帷"、"从驾"、"朝天"诸多庄重词汇之间，则难掩诗主人的自得踌躇之意，很能表现十朋初除起居舍人时的心境。

此时国家形势危急。就在三月间，金向宋索取海、泗、唐、邓、商五州，孝宗坚持不与。时张浚谏孝宗皇帝迁都建康（今江苏南京），以借助地利优势壮我国威，稳固政权，再跟金国较量。孝宗又动了心。故诗的下幅针对侍从诸公的异论，在"喜民和乐"之际，警示"世险艰"，一方面鼓动"圣主"效法"艺祖"，以功光祖宗，孝安社稷；一方面则规劝群臣"何苦恋河山"，当为皇上的雪耻复国而尽忠，积极进取，支持移跸建康！其用意显然全在敦促皇上振作抗敌。

在《论用兵事宜札子》^{文卷4}中，十朋申言："天下之势，不在国之强弱，而在气之如何。气振，则转弱以为强；气沮，则变强而为弱。"他列举本朝景德间，强敌压境，有人主张退守巴蜀，寇准劝止，激励真宗幸澶渊，于是将士鼓勇，强敌败退。建康为六朝帝王之宅，据东南形势之胜，可以援吴蜀、控四方，可以远海道之虞，可以壮淮甸之势，地理环境十分重要；故十朋坚持劝谏孝宗驻跸建康，并借此从驾诣高宗之机，谏言得到宋高宗的支持，目的在于前移政治中心，以振作朝野抗战士气。本诗最后一联"圣主英姿同艺祖，诸君何苦恋河山"，把这层意思表达得十分周全而委婉。

五、霜台屡犯颜："爱君忧国寸心赤"

御史职司弹劾，为风霜之任，故称霜台。御史台因官署内遍植柏树，又称"柏台"。又因森森柏树上常有乌鸦栖息筑巢，乃称"乌台"。据载，孝宗朝为便于集中皇权，控制朝政，培养自己的台谏势力，御史与谏官合起来，最多时不超过八人。王十朋作为御史台副长官，职实位高权重。他没有辜负孝宗厚望，"愿竭孤忠赞中兴"（《赴召》诗卷16），每次见到孝宗帝，"必陈恢复之计"。任职御史台虽然只有一个多月时间，但凭借他的影响力与公信度，政绩却非常显著，对南宋朝政产生了重大影响。作奏章十六首，平均两天一札，始终围绕一个主题：抗战复兴！他竭力建议起用张浚等抗战将帅，坚决弹劾败国求荣、徇私舞弊的主和官僚，提出进取方略、用兵法度，以及与战时相适应的朝政休假制度和内庭减员节省、扩军理财增赋等等建议。札札观点鲜明，举措给力，言近旨远，充分表现了王十朋心系国是、造福黎民的政治抱负，心地光明、刚直立朝的高风亮节，经学淹通、世事洞明的远见卓识。

孝宗虽然在史浩等人的反对下对北伐有所犹豫，终在枢密使张浚、侍御史王十朋、谏议大夫王大宝等主战台谏群体的鼓励和支持下，坚定决心，决意北伐。王十朋不畏权相，上任没几天，即呈上《论史浩札子》文卷3弹劾史浩，罗列了当朝右宰相即尚书右仆射史浩怀奸、误国、植党、盗权、忌言、蔽贤、欺君、讪上等八大罪状。又作《再论史浩札子》文卷3，终使史浩被彻底罢职，回家奉祠。其同党史正志、林安宅吓得主动要求退休。王十朋也不放过，又连上几个札子罗列其罪责，也使之罢官。这就为隆兴北伐扫清道路。十朋真乃视恶如仇，穷寇猛追，一时轰动朝野，天下称快。

王十朋刚直不阿，铁面无私，满怀爱国忠愤献策北伐，鼓励孝宗雪耻复国的信心与决心，孝宗嘉纳施行，终于取得了一月三捷的胜利，朝野欢腾一片。不料情况突变，符离战败。原因有三：一是宋军对这次反击作战缺乏全面谋划和充分准备；二是张浚统兵作战思想简单，书生气太浓；三是两路部队指挥李显忠、邵宏渊之间结怨，互不配合。结果先在宿州会战中大败，退至符离（今安徽宿州北），又遭重创，损失惨重。

宋孝宗首次出师未捷，很是震怒，下罪己诏。朝中主和之声鼓噪一时，纷纷乘机指责王十朋、胡铨、王大宝等推荐张浚之误。不少主战人士受到压制，有的受到惩罚，有的被贬出朝廷。但是王十朋并没有因此一改初衷、退缩沉寂，而是坚持劝说孝宗不要动摇恢复中原的决心，据理力争，为张浚、李显忠等主战将帅作了实事求是的辩护，使孝宗在对他们处理上"不致滥罚"。

孝宗终于在主和派的非难声中犹豫动摇起来，次年竟然同意与金国议和，史称"隆兴和议"——此是后事。十朋满腔忠愤，给"罪己"退让的孝宗皇帝上了著名的《自劾札子》^{文卷4}。这份忠心报国的自述，是王十朋对国事危难之际壮志难伸的血泪倾诉！

王十朋在侍御史任上留下的诗作极少。有两首诗回放中兴献策、霜台犯颜的仕途场景，可谓之立朝阶段的政治小结，引人联想隐藏其背后的宫廷争斗与诗人经历的艰辛轨迹。一首为七古《术者谓予命犯元辰，故每仕辄已。予笑曰："有是哉！"戏作问答语》^{诗卷16}，诗曰：

> 问君胡为入台省？问君胡为官辄冷？
> 宣尼犹且畏元辰，羊鼠龙猪作君梗。
> 退之宿直斗牛箕，声名诽谤常相随。
> 死生穷达端有命，予知之矣当安之。

十朋并非信奉星相占卜、崇尚阴阳灾异之说的术士之流，但"术者"（指以占卜、星相等为职业的术人）既以"命犯元辰"谓其仕途多舛，他就凭借其渊博学识以笑对应之，举史之"宣尼"、"退之"迍蹇穷厄的宿命事例权作答问，聊以自宽自慰，自我调适。表达出一种接受命运的坦然、顿悟与旷达。

这篇"问答"形式的七古体"戏作"，学习东方朔《答客难》、扬雄《解嘲》一类游戏文章，以诙谐犀利的语言，通过自我嘲讽，吐露胸中郁积的怨愤。

起笔设问，咄咄逼人；中间四句用散文笔法，文辞直白，妙在寓正于谐，机智轻巧；末联转入议论，也无须婉曲，还用上了一、三、三的节奏句格。全诗先仄后平，节律自如。

王梅溪的诗缺乏幽默，不少人因此并不怎么喜欢读他的诗，而一再推崇苏轼。这也不无道理。如法国罗贝尔所言："在我们这个极度紧张的社会，任何过于严肃的东西都将难以为继。惟有幽默才能使全世界松弛神经而不至于麻醉……把命运交给人们自行把握，因而不至于被命运的重负压垮。"（《论幽默》）然而，这可能吗？世上有多少人能"自行把握"自己的命运呢？苏东坡的幽默缘于旷达，而旷达是因为看透了世事不过是一场梦而已。再痛苦的梦，也会有解脱的一天。再欢乐的梦，也会有终结的时候。"泥上偶然留指爪，鸿飞那复计东西。"人生在世，来来往往，偶然留下一些痕迹，就像随处乱飞的鸟雀，不经意间在雪地上留下一些爪印而已。苏轼这样想着，一切痛苦和灾难似乎都在一时间消解了。苏轼真的自我解脱了吗？杜甫、李白也这样自我解脱过吗？王十朋永远浸浸于传统的儒家文化中而不能自脱。他的这首可以幽默的"戏作"诗依然写得那么沉重，自嘲得那么有理有据，口气依然严肃，只是心境更显苍老。

浸浸于传统儒道文化的王十朋，早已将听天顺命作为调适心理、抚慰失落感的最佳镇痛剂。他以"死生穷达端有命"化解纠结，慰解宦途遭受的打击，以求"知之矣当安之"，"恝然无复得失之在怀也"（《和韩诗·和秋怀十一首并序》诗卷9）。在南宋政治生态日趋恶化的时候，王十朋进退以道、穷达知命的观念和作为，依然离不开士大夫"以天下为己任"的担当意识。

爱君忧国寸心赤。该诗表面上的自宽自慰、认命闲散，实难掩盖其受排斥而不得继续在朝参政的耿耿不快。那些留在雪地上的脚印永远留在他的心里，阵阵痛楚时会发作，不能自行消逝。

见证侍御史职任的另一首诗，题为《得张大猷尚书书，云比每进对屡以侍御为言，而邦衡舍人言尤数切云云，某为群邪所疾，独见知二公，因读邦衡和和乐楼诗复用前韵》诗卷16，抒写正在家乡疗伤时得到来自京城挚友的慰藉。诗曰：

> 一月霜台屡犯颜，未回天听已身闲。
> 爱君忧国寸心赤，感物伤时双鬓斑。
> 文举才疏意徒广，子云思苦语尤艰。
> 尚书左史虽知我，超海应难挟太山。

张大猷，名阐，永嘉人，登宣和六年进士第。历职秘书郎、监察御史、工部尚书。与王十朋志同道合，主张抗敌复国，敢于忠言直谏。《宋史·张阐传》云："当时应诏数十人，惟阐与国子司业王十朋指陈时事，斥权倖无所回隐。明日，召二人对内殿，帝大加称赏，赐酒及御书。"

十朋在朝廷有一帮声气相投的朋友。去国后，这些爱国志士十分惋惜。大臣进对时，常以"真御史"王十朋的去国为念。这次张阐尚书来书，言及胡铨"言尤数切"，十朋深为感动，写了这首诗答谢。诗沿用京城留别诗韵，其情感与离京时犹可贯通一气。

首联回顾自己任职御史台一月里，屡屡上谏"妄"议朝政，虽时有被采纳的，但终究"未回天听"，竟至自己赋闲乡间。屡上谏，"屡犯颜"；"屡犯颜"，依然屡上谏。这就是从政诗人王十朋，这就是王十朋的执着、坚毅！霜台践履，为国为民，一本初心，秉性使然！

胡铨对十朋的去国深感惋惜，曾多次上书孝宗，有云："陛下自即位以来，号召逐客，与臣同召者，张焘、辛次膺、王大宝、王十朋，今焘去矣，次膺去矣，十朋去矣，大宝又将去，惟臣在尔……"，惋惜之情溢于言表。此即诗题所云"邦衡舍人言尤数切"，十朋永志不忘。

中间两联诉说闲居时依然"爱君忧国"，"感物伤时"，但自比孔融、扬雄，困于"思苦"而"才疏"，以至于"意徒广"、"语尤艰"，于国事时艰丝毫无所补益。

尾联用"挟山超海"典事扣题答谢，以"见知二公"为幸，以"挟山超海"之典敬谢不敏，实是再次申说无力回天的憾恨。

心怀忠诚而命运多舛，只因妄议犯颜即被驱逐。王十朋对于霜台职位上的不公遭际，未曾吐露一句怨言，只是凭借儒释道合一的人生气度，于浮沉中自持，仍然秉承"致君尧舜"的君臣之礼，始终保有个人的信仰与才气。"爱君忧国寸心赤"，既忧国爱民，又乐道顺命，畎亩之臣的内心世界在这里表达得深沉婉曲。

六、临别托遗志："公应不创昔时艰"

《用登和乐楼韵酬胡邦衡送别，兼简刘韶美秘监》[诗卷16]的写作，与《四月从驾诣德寿宫》相隔四个月。这段时间十朋一直无暇作诗。这首留别诗作为进谏驻跸建康促成北伐后的第一首诗，或称关涉北伐符离之战的唯一诗作，可视为对南宋王朝一场大规模和议争斗的政治小结，也可看作他去国之际的政治交代。诗是这样写的：

> 未访鄱阳范与颜，雁山深处且投闲。
> 紫泥长记曾同召，丹陛何由更对班。
> 我愧未行平日志，公应不创昔时艰。
> 笔端能制人生死，兼有刘郎在道山。

诗题所称刘韶美秘监即刘仪凤，韶美其字，蜀地普州人。绍兴二年进士，任秘书丞、礼部员外郎，绍兴三十二年兼国史院编修官，后兼权秘书少监、兵部侍郎。在朝十年，与王十朋同事多年。二人交游始于绍兴府幕职。道山，指史馆，儒士聚集之所。诗有原注曰："予与邦衡、韶美尝同为编修官，予既入台，即罢吏职，而二公如故。"云云。有助于对本诗的理解。

沉重的家国之忧，尽显扈跸老臣的孤忠义胆，其间关万里的忠挚精神分外感人！

如果说移跸建康还不是和战之争的要害所在，那么，始自隆兴元年五月，十朋上奏的诸札子所涉，则事事关切主和两派的生死争斗。其时，十朋已由起居舍人除任侍御史，掌纠察官邪、肃正纲纪、廷辩弹奏诸项要事，即本诗所谓的"笔端能制人生死"。十朋上陈弊事，弹劾奸党，献策北伐，可谓日夜操劳，殚精竭虑。直至北伐受挫，形势急转，这盘输掉的棋局一片狼藉，十朋遭群邪嫉恨，毅然辞官还乡。

诗的前四句回顾史馆往事。"紫泥""同召"与"丹陛""对班"，浓缩了王十朋与胡邦衡、刘韶美自去年秋迄今任职史馆结下的深情厚谊，再现了王十朋奉召入朝任职御史台坚持"历诋奸幸，直言无隐"（《王十朋传》语）的政治风貌。作为朝议左右史，王、胡二人曾同奏史职废坏之四事，进谏孝宗，共商国是；曾接连上疏，陈述复国大计，驳斥投降之论，弹劾史浩误国罪状，为孝宗北伐扫清障碍；出于爱国忠愤，十朋曾在数天之内连上六札，在北伐前后的一个多月时间里，则呈书上札达16篇之多，因而无暇赋情成诗。但这番作为现今都成过往，十朋是引为自豪、十分留恋却徒叹奈何的。

后四句抒发去国感慨，怀愤懑之情，发通脱之语。随着符离战败，北伐失利，朝中形势急转，主和派幸灾乐祸，乘机大肆围攻北伐主帅张浚，孝宗在主和派的压力下转向和议，力荐张浚的王十朋也"为群邪所嫉"。

抗敌复国的希望彻底化为泡影了，王十朋义愤填膺犹"独抱孤忠"，上表自劾，请求辞职，且坚决不受孝宗抬举的吏部侍郎之职，归乡赋闲——"雁山深处且投闲"。其理由竟是："求罪而得迁，何以塞群议？"在官场争斗中，十朋的自责谦让即无奈退却，是封建"纯臣"的人格范式使然，惜乎此刻也未见"将以有为"之雄心后续。此后践行民事的种种作为，或许只是脱离政治漩涡后报答皇恩的另一选择。

但十朋在诗中毕竟表达了自己终身不逾的政治诉求，作出了对理想传人的政治交代：检讨自己，"未行平日志"，愧恨交加；寄语患难与共的僚友："不创昔时艰"——但愿胡铨左史与韶美秘监在此儒士荟萃的京城继续共赴时艰；"笔端能制人生死"——正面阐说必须努力掌控中央决策的话语权，纠举百官，整肃朝仪！"兼有刘郎在道山"——诗至此处戛然而止，但这意味深长的留白却是无声胜有声。王梅溪竭力把自己的所有志向和信念托付给值得信赖的政治挚友。于万般无奈之中，"生死以之"，把自己的梦想委托他人去兑现，也算是了却一桩夙愿，至少是聊胜于无吧。

这番情境不由我们想起穷困潦倒的杜甫晚年，漂泊荆楚，以船为家，在给途经潭州前往道州任刺史的裴虬赠诗中，叮嘱其到任后"上请减甲兵，下请安井田"（《湘江宴饯裴二端公赴道州》），"致君尧舜付公等，早据要路思捐躯"（《暮秋枉裴道州手札》）。贫病交加、心力交瘁的杜甫不向命运低头，把平生之志托付给了好友。十朋这里是领得千古诗心而传之。但两位诗人不能亲自兑现理想的遗恨，想必直至他们生命的最后一刻，也是难以解脱的。

做得一首好诗，自然少不了布局谋篇的技巧，遣词造句的能力。古来才高八斗、气势凛然之人不在少数。十朋写诗讲究的可能不惟技巧，追求的可能正是气势之属。除却满腹才华，此诗取胜处就在一个"真"字，真心真意，真诚真挚，真率真性。每次选择，都是舍弃；每次告别，都是起点。在告别政治挚友之际，掏心掏肺，以诚直言，焉得不真，焉得不震彻心魄！

诗从理学的角度阐述自己乐观通脱的人生哲学，临别嘱托，卒章显志，道出了这篇留别诗的写作本意。王十朋追寻一生的梦想以失败告终，满怀悲情与失意，却苦苦坚守心志，不失英雄气概，虽败犹荣！

王十朋青年时就深怀"会须徒步谒天子，慨然一吐胸中略"（《送子尚如浙西》[诗卷1]）的崇高志向；此后守饶州时回顾前期仕程，也声言在"同贞观"的"兴隆天下"，"愿为贤相为良臣"（《次韵何子应题不欺室》[诗卷17]），不曾掩饰"贤相"心志。此刻去国还乡，殷切嘱托僚友坚守"能制人生死"的职责。他心里实在放不下这份治国平天下的天职！

千万声叹息融入了诗笔，这首诗该有多么沉重呀！古来送答之诗，汗牛充栋。因袭旧体，落入窠臼的屡见不鲜。离别在即，十朋的这首诗，回顾旧谊，不说离散，不说留恋，不写把酒言欢，也不空泛地道一声"珍重"，有愧意而无怨恨，有不舍却无伤情，诗人将"我愧"的个体融入重于泰山的"丹陛"，郑重其事地对放心不下的家国事业作了交代。这是政治同盟者坦荡襟怀最挚情的表白，情理相融，在答别诗中实属难得！

这首留别诗是王十朋忠心报国的自述，是对国事危难、政坛动荡、壮志难酬的血泪倾诉。

从此，他无可奈何地离开了本以为最适合自己的、最有望施展抗敌复国抱负的权力中心；

从此，他从仕途的高峰转向下坡，且渐行渐远，再也没能回到他期待为之倾尽心血的朝廷；

从此，他无权参与中央层面的决策，报国无门，转而无奈地在州郡延续他的仕宦生涯；

从此，他压抑了当年"永支廊庙危"、"同扫万人锋"的豪情与自信，不能面对朝臣发抗敌复国的慷慨言辞了！

古以刚直而愚者为"戆夫"。如果说"其智可及，其愚不可及"的宋皇祐状元郑獬为其一，几乎被景泰皇帝活活杖毙的明代进士、乐清籍的南京礼部侍郎章纶为其二，那么为守护名节而坚辞孝宗提携的王十朋当无愧称"戆夫老三"了。

有的事，一晃而过；有的事，却注定要用余生去琢磨，去惦念。

十朋此举，不但让他自己纠结终生，无法释怀，也令后世良知为之扼腕叹惜不已。

乐邑学人许君宗斌在他的乡土文化随笔中为"一介儒臣"的悲剧命运慨然生议："一个文人型的政治家，他可能具备文人的一切长处，比如说举止优雅，情感丰富，注重操守，崇尚廉耻，可他却缺乏封建社会里一个大政治家最重要的素质：超人的意志力，和扑闪腾挪翻云覆雨上下其手的本领。"[2]

许君又援引王十朋最为服膺的杜甫为例，说他"渴望参与政治生活，却又无法改变他的文人脾气，在肃宗新贵和玄宗旧臣之间的斗争中，终至作了牺牲品"，"令人千载之下，思之怆然"！[3]

对十朋辞职的良苦用心，张国谦先生作了一番堪称通透的诠释：王十朋是个顶天立地、敢于担当的血性男儿，向来鄙视贪权恋位的奴颜媚骨之徒。在其位谋其政，政不能谋，留位何用？王十朋向孝宗上了《自劾札子》，从大局出发，恳劝孝宗不因一战失利"为群议所摇"。十朋慷慨陈词：如果是臣狂愚，不应该妄自呼吁恢复中原，不应该请求委任张浚，现在王师失利，张浚与其部属都在等待处理，我怎么还可以留在御史位子上？因此请求解除自己职务，以使那些对抗战对张浚非议的人无话可说。这似乎有些无奈与负气，其实是认定自己并没有错。王十朋是以辞职表明自己决不悔改的主战立场，从另一面促使孝宗能坚定恢复决心，并主动承担责任，减轻对张浚等主战将士的失责追究，用心可谓

良苦，品格尤显高尚！（4）

乡哲人南怀瑾则以"纯臣"角色盖概王十朋平生——"以致君盛德为旨，以纯臣之道自处"，"终梅溪先生一生之立身出处，所有抱负经纶之才……被困于谨严恭肃之行，贞守于纯臣循吏之间，难展所志"，因而慨叹："生于帝王封建之时代，居人臣之位，诚非易为也！"（5）

高人高语，所论皆乃悉心体察，在深致的人生体悟中探得历史玄机与政坛奥秘。就说在左拾遗任上的杜甫吧，当性情高洁的宰相房琯在平乱中失败被罢相时，杜甫却依凭一片赤子之心，上疏为房琯鸣不平，言辞激烈，廷诤忤旨，一封奏折写得如同他的诗作一般的直率，终遭查办贬职，还原为布衣一个。"居人臣之位，诚非易为也"，除了儒家思想，尚需懂得官场之道，玩转权术。王十朋与杜甫，充其量只能算是儒家思想教化下的一对忠贞士子。作为言官，没有落得如同比干一样的下场，算是幸运的了。

屈原"长叹息以掩涕兮，哀民生之多艰"，杜甫"性豪业嗜酒，嫉恶怀刚肠"，白居易"壮心徒许国，薄命不如人"，王十朋"去国怀明主，离群念旧游"，他们忠君报国，眷恋政坛，一身傲骨，处处碰壁，屡受打击，活得多累！看来，大凡孤忠直节之臣，都难逃落魄宿命！

但历史也总是以一种重复的姿态提醒人们，完美总是在饱受挫折、历经沧桑之后才会显得越发珍贵。如果司马迁没有受到宫刑，他怎么会写出浩瀚厚重的《史记》？如果杜甫没有这番磨难变故，聆听到底层百姓的悲惨哭喊，我们如何能读到后来的《三吏》《三别》？如果王十朋长期周旋于宫廷，我们如何能欣赏到后来这么多的壮美长江诗、悯农水车诗与刚烈赠别诗呢？"文章憎命达"，"文穷而后工"，即此之所谓吧。

注释

（1）徐顺平：《瓯越文化丛书·王十朋评传》，作家出版社1998年版。

（2）（3）许宗斌：《何处是归程——〈雁山三臣〉之一》，载《驿边人语》，国际文化出版公司1997年版。

（4）张国谦：《御史一月 奏章十六》，林霞主编《王十朋故事与传说》，线装书局2012年版。

（5）南怀瑾：《王十朋全集·前言》，单独发表时题为《抱负经纶之才 贞守纯臣之道》，载王祝光主编《王十朋纪念论文集》，辽宁人民出版社2001年版。

第五章　一腔热血怀家国

"三年两度归"是王十朋立朝政治命运的结局。在你死我活的抗战与和戎的搏斗中，王十朋们的主战派两次败下阵来，两度被赶出京城。

十朋立朝，"竭尽孤忠"，但正如朱熹指出的，"天下望治，在上人不主张"，高宗、孝宗虽号称"更化"，但在政治路线与对金决策上却因循不改，反复无常。他们对王十朋的某些主张"圣德能容"，有所谓"言略施行"，但王十朋总是犯颜直谏，终至绝对不讨皇上的喜欢，必将阻碍和戎政策的实施。他们受排挤成了必然的事实。

对于忠君爱国而不弃诗人气质的王十朋来说，恳乞外放甚或请祠归里当是不二选择。和戎决策已定，回天无力，朝堂上一时沉寂得死了一般，政治上难有清明之望。王十朋本可以暂时接受高宗的安排，到绍兴府供职"大宗正丞"；也可以先接下孝宗的任命，留京做"吏部侍郎"。然而他不屈，他不屑，他不就！王十朋与他的僚友们毅然决然地选择"乞外丐祠"，相继去国外迁。他以辞官表明自己仍坚持主战派立场，不改初衷，且为孝宗分担政治压力。此举既有政治担当，又显个性品格。

爱国老臣零落四散。从政治辉煌顶端坠落的王十朋，伤痕累累，愤怒，愧疚，不屈，回归家园沉思，调适，舐舐伤口。他恪守儒家固穷的坚毅精神和"致君尧舜"的君臣之礼，守望济世救民之心，种兰种竹，坚守孤忠，感恩乡情，不发怨愤，其家园吟咏中怅惘不平的叹息，如泣如诉，似竹似兰似梅。出于肺腑的"去国常忧国"、"身虽疏外亦何妨"、"岂容南北分三光"、"用儒端可复侵疆"、"却忧疆场正干戈"等诗句，真实而深切地表达了十朋去国离京之际忧愤交织，心系疆场，思慕高洁志士，粪土屈节小人的一腔忠愤之情。

一、长怀去国忧："君恩报无所，含愧出京华"

梅溪立朝，以隆兴元年（1163）任侍御史的前后一段时期最著风节。他以国事为己任，日夜操劳，为孝宗帝献计献策，接连上札力陈时政，议论用兵事宜，力排和议，支持张浚北伐复国，弹劾宰相史浩怀奸、误国等八罪，使之罢职，清除北伐阻力。后因符离战事少挫，国是动摇，十朋毅然上表自劾，辞官归里。

朝政变幻，世事纷纭。王十朋短暂的仕途辉煌终结于《去国》^{诗卷16}一绝。诗曰：

> 去国常忧国，还家未有家。君恩报无所，含愧出京华。

王十朋何尝不留恋这个朝堂？这里寄托着他毕生的梦想。这首五绝强烈地宣泄这次去国的纠结情怀，以四句二十字浓缩了诗主人的去国之恨与忧国之诚。此乃一介纯臣的一曲仕途悲歌，后人读之，无不为之黯然神伤。

"去国常忧国"——以"常忧国"应对"去国"，字面的游移对映突出了仕途悲情。"去国"是因为"忧国"，"去国"是为了"忧国"，"去国"以后仍然"忧国"。一个"常"字，写尽了一个爱国志士进亦忧、退亦忧的"孤忠"。十朋《自劾札子》^{文卷4}有言："今王师不利，浚与其属待罪，臣其可尚居风宪之职，使朝廷失刑？"可知其自请"罢御史职事"，为的是"以塞众议"，为尚存北伐之心的孝宗减轻来自和戎派的压力。

"还家未有家"——以"未有家"对应"还家"，无奈的现实耸动读者的心理负荷。诗人自注云："先人弊庐为风雨所坏。"所述当属实情，十朋成了"无地寄食宿"的人了。虞云国称"未有家"只是诗人的"夸大之语"，也不无根据。虞先生由此"探究其有恃无恐而不改初衷的原因"，认为先人留下兄弟经营的"东皋二顷田"，"'赖有东皋遗业在'才让他能有底气去坚持自己的孤忠直节"。这不妨作为一说。十朋于"未有家"之境况却依然选择"还家"，凸显了这番"去国"乃迫于形势的无奈。

"君恩报无所"——诉说的是诗主人"去国"的严重后果。且不说他的"进士第一"是太上皇赵构亲擢，孝宗即位第十天即召赴行在任职御史台，已属"君恩"浩荡；就说入御史台以来，自己的诸多改革时弊、抗敌复国的建议包括罢黜奸佞史浩的弹劾，孝宗都一一诏准实施，且多褒奖与鼓励。正如他在《除侍御史上殿札子》^{文卷3}所希望的，孝宗当为报靖康君父不共戴天之仇以尽孝，群臣当为皇上雪耻复国而尽忠。现在去国辞归，从此远离权力中心，忧国报君的耿耿忠臣能不心存愧恨吗？

"含愧出京华"——这是王十朋入仕后第二次去国还乡了。壮志未伸而去国，满怀愧恨别京华，忧国之情无法片刻释怀："愧"对"君恩"，"愧"对"京华"，"愧"对入仕报国的初衷，"愧"对重召入朝之初的踌躇满志，也"愧"对与自己患难与共的同僚挚友……总之，诗主人的"愧"，全在于自己的一切努力未能使孝宗皇帝坚持抗敌复国，反而在主和派的非难声中犹豫动摇，甚而至于准备起用秦桧余党汤思退同金和议。至此，十朋彻底失望，"愧"意中裹挟着壮志难酬的满腔义愤。

一曲悲歌愧与恨，状元诗笔系朝廷。吴亚卿《南宋杭州诗》一文以《去国》诗为王十朋一节压轴，置评曰："《去国》一绝，更见其无力回天之遗恨。"⑴

本诗语意凝练而反复深进，写得十分悲壮，尽吐诗人心底的悲怆沉郁，也写尽诗人仕途辗转的艰辛苦恨，其沉郁顿挫之杜诗风味蔚成十朋后期诗作的风格特色。王十朋俯仰无愧，有愧的当是高宗赵构、孝宗赵昚和朝廷"股肱之臣"们。

王十朋有为相之材，惜乎生不逢时！赵宋一朝历来被称为中国历史上的辉煌时代。陈寅恪先生也认为："华夏民族之文化，历数千载之演进，造极于赵宋之世。"⑵ 宋孝宗在位的隆兴、乾道、淳熙年间，更一向被史家视为南宋史上最好的时期。然而，像胡铨、张浚、王十朋、张孝祥及此后的陆游、辛弃疾等忠心耿耿的爱国志士，却个个遭遇冷落排挤甚至打击迫害。宋孝宗自登基以来，先是慌忙北伐，稍受挫折即改弦易辙，重新起用奸佞之臣，屈服于北部的金人与蒙古族。这个时代动乱板荡，黑白不分，是非颠倒，被认为是最好的，也恰是最糟的。如侍御史汪澈上疏所表，秦桧虽死，但以汤思退为代表的秦桧余孽仍然把持朝政，专权植党。一心想帮祖宗雪耻的宋孝宗泄了气，纵然有心伐金，也难抵挡已退位的高宗施加的压力。北伐恢复事业，已然成为暮春之荼蘼花，枯萎凋零了。王十朋落得个透心凉，没有等到汤思退辈"番思世事总如华，枉做一场活靶"（汤思退：《西江月·被谪怀感》）的最后结局，就心灰意冷"含愧出京华"了。

二、忧愤长交织："身虽疏外亦何妨"

王十朋远离政治漩涡，很快回味到屈辱、隐痛、愧疚、不舍、眷顾。请祠归里并非不愿参政，更不是要背叛入仕初衷。王十朋是一个始终一节、寤寐不忘恢复中原的爱国志士，弘毅人格贯穿于生命全程。

寒风冷雨扑面袭来。王十朋势单力薄，自劾去国。这是王十朋入仕后遭受的沉重打击，也是他人生的重大转折。

第一次去国，时在绍兴三十一年（1161），为的是轮对上札的秘馆风雨，诗人受秦桧余党打击排挤，朝中五贤无一幸免，先后外迁。王十朋乞外丐祠，高宗未许，特以"大宗正丞绍兴府供职"处之。宋时大宗正司，"掌纠合宗室而检防训敕之事"，职掌皇族纠纷，连"嫁娶房奁、分析财产"这类非常琐屑的事都要管。下设大宗正丞二人，十朋为其一。应该说，朝廷的这一任命，对于迫切希望施展爱国抱负、急于兴利除弊、对宫廷大臣祸国殃民勇于揭发批判而奋不顾身的王十朋来说，是不恰当的。这样的处置，等于是叫王十朋远离帝国核心地带，不要再参与朝政了。王十朋认为这是"阳不胜阴"，正气受邪气之抑，故累章乞祠。

十朋受排挤外迁，一时惊动朝廷上下。朝臣周必大赠诗《送王龟龄赴越州宗丞》以壮行，诗曰"王子乃汗血，疑是西极来。忠精贯日月，声名震陪台"，把王十朋比喻成从西域来的汗血马、千里马，光昭日月，足见十朋在朝作用何等不寻常！而政见相似、时任敕令所删定官的陆游作《送王龟龄著作赴会稽大宗丞》二首云："向来惟一范，真足壮吾州。高躅今谁继，先生独再留。"称赏"直臣"王十朋的高尚行迹堪比当年范仲淹，冀望王十朋能继承发扬范仲淹的高尚风范，以壮绍兴声气。又提醒十朋谨慎处理好琐碎复杂的皇室宗亲事务，云"宗藩虽旧识，莫遣得亲疏"，给身处逆境中的王十朋以强大的精神支援。陆游此诗作于十朋丐祠请求尚未获批准之时。陆游在诗中高咏："登堂吊兴废，想象气横秋！"——想象王十朋第二次到绍兴府后，一定会去拜谒范文正公祠堂，吊古伤今，滋长浩然正气，充塞天地广宇！"气横秋"三字连在一起，王十朋"一身正气、满腹经纶、满怀爱国热望的高大的士大夫形象，立刻便出现在我们面前"，"王十朋的精神境界，升华到一个新的高度"。(3) 但此时年少十朋13岁、仕途未经大曲折的陆游，还一味"恭维陛下圣，方采直臣书"，惟有待到他自己也被扣上"交结台谏，鼓唱是非，力说张浚用兵"之罪名而遭废黜，致使英雄坐老、请缲无路报朝廷之时，才可能对十朋秘馆风波中的愤激无奈之情有深切体认。遗憾的是，《梅溪集》中未见十朋有诗回赠。始终一节、寤寐不忘恢复中原的王十朋，终于辞职归里，续乞祠，得主管台州崇道观的虚职，在左原家居一年多。

还乡途中，魂梦怀旧。《五月十八日去国，明日宿富阳庙山，怀馆中同舍》^{诗卷14}曰："去国怀明主……终夜绕瀛洲。"不舍为国之诚，不弃作为之念，情意感人。回乡家居，忧愤难释。《十月朔日偶书》^{诗卷15}一诗则委婉深曲地表达自己赋闲后的"不遇"与"疏外"交织的伤痛忧愤心境：

> 去年此日对清光，圣德能容一介狂。
> 言略施行非不遇，身虽疏外亦何妨。

王十朋对于赵构皇帝尽丧抗敌复国之志而甘心对金称臣求和，并在主和派左右下，疏远外迁正直大臣，使自己壮怀受挫也被"疏外"的遭际是深感伤痛的。诗人卑称自己犯颜直谏乃一介狂生所为，并庆幸自己阐说的治国谋略和实施意见等尚能被高宗采纳。深究之，其之所以忍认自己"一介狂"，并貌似淡然的说一声"非不遇"、"亦何妨"，甚至不得不违心称颂"清光"、"圣德"，盖因未曾忘怀"太平天子崇儒术"（《丁丑二月二十一日集英殿赐第》^{诗卷11}），"亲擢深蒙圣主恩"（《民事堂》^{诗卷11}），依然心存报效国家以期臻于中兴的愿望。所谓"一介狂"，本有积极进取的精神含义。孔子有曰："狂者进取，狷者有所不为也。"王十朋自认"狂"，定位十分准确。

对第一次去国的原因，王十朋心如明镜。徘徊又顾恋，牢骚加感叹，不平之心、难隐之痛搏动其间，只是因为爱国忠义始终不变，忍着不直言罢了。本诗以四句之精将赋闲乡居的"不遇"与"疏外"的复杂心境表达得如此委婉深曲，非孤忠慷慨且涵养深邃者莫办，非精于谋篇且娴于选词用语者亦莫办！

南宋初期的政治环境与北宋后期相比没有丝毫改善，文人的忧患意识依然笼罩着文化专制和党争的阴霾，因而，尽管王十朋有着高宗皇帝亲擢的背景，他的爱国热情的表达依然很难尽情，而始终与宦海的忧惧、无奈和郁闷杂糅一起。有说赵宋一朝"与士大夫共天下"且"不杀士大夫"，士大夫们的政治境况竟然如此困厄，为人臣者的宿命，真如苏东坡所言，"魂惊汤火命如鸡"！

第二次去国，为的是中兴献策，上陈弊事，弹劾史浩，结果因符离战败，主战派受压，孝宗皇帝对抗战北伐产生动摇，十朋深感失望，满腔忠愤上《自劾札子》^{文卷4}，"欲乞陛下正臣妄言之罪，罢御史职事，仍赐窜殛，以塞众议"。十朋面见孝宗询问："听闻陛下准拟以杨存中为御营使，真的吗？"孝宗默认。至此，孝宗欲主和议已很明显。朝廷迁除王十朋为吏部侍郎，十朋坚决不就，辞职回归故里。《过婺女，同年王节推（夷仲）、黄教授（万顷）、乡人华主簿（子周）会饮双溪楼》^{诗卷16}作于第二次罢职回乡途经婺州时。诗曰：

> 年时尝泛婺溪舟，未上清风八咏楼。
> 天为故人偿夙愿，水知吾辈喜清流。
> 沈郎不为吟诗瘦，王粲长怀去国忧。
> 明日山川共人远，乡情年契两悠悠。

"情深白首年"，场屋相知最有情。与太学同年、同乡好友会饮于去国途中，其共同语言自是去国之慨与时事之忧。

这首同年诗首联写年前未能如愿聚会之遗憾，自然带出了至今难忘的君虏国亡之痛。颔联写这次天赐良机，如愿以偿得以团聚会饮，但"偿夙愿"的喜悦难掩"去国"之忧思，也不能挽回随水东逝的年华。"喜清流"语含双关，既指八咏楼前的双溪清水，又指同年同怀者的清兴雅志。颈联缅怀八咏楼史事，以古仁人王粲、沈约比肩，写自己去国忧国之情。尾联写即将分别的依依不舍之情，或有杜甫《赠卫八处士》所吟"明月隔山岳，世事两茫茫"之慨。

同年之契、时事之叹、忧国之思交织一处，全诗情调沉郁悲凉。

三、君子固穷节："子耕我当耘，固穷待秋熟"

十朋应对生活困境的心灵资源来自于儒家固穷的坚毅精神。梅溪第二次罢职返乡，时在六月，适遇旱灾，庄稼歉收，生活日见窘迫。为了解决基本生活，只得在花园里"畦以植蔬"，亲自参与劳作，希冀"今冬百指可以无馑"。他作五古长诗《种蔬》^{诗卷16}记其事，诗略云：

> ……归来日弹铗，食无肉与鱼。却将种花地，町畦毓嘉蔬。
> 骄阳每抱瓮，时雨亲荷锄。……孔门陈蔡色，借问何如予。

境况艰难困顿如此，正是他归田生活的部分写照。他还靠老妻缉麻织苎来增补家计。《荆妇夜绩》^{诗卷16}诗曰：

> 凉飚堕黄叶，促织催女工。鬓丝不堪织，细君哀我穷。
> 青灯绩深夜，绩成寒素风。愿为隐者衣，德耀随梁鸿。

秋寒将至，青灯夜织。"细君哀我穷"一句，道出"细君"（妻的通称）不辞劳累"绩深夜"的最初动力；"愿为隐者衣"一句，则是十朋长夜忧思的仁心迸发。"隐者"自指，当也心存"大庇天下寒士俱欢颜"的少陵雅意。个人忧患已然升华为系念天下寒士的疾苦，十朋的心胸不可谓不阔大。末句"德耀随梁鸿"是十朋对妻子的称赞。妻子是"随梁鸿"的"德耀"，贤惠勤俭，当号寒之患而能分忧家计，同舟共命。十朋夫人孝贤勤俭，聚随三十年，堪称"孟光第二"，是"贤内助"的典范。

《家食遇歉，有饭不足之忧，妻孥相勉以固穷，因录其语》^{诗卷16}一诗记述十朋自己拙于谋生以致家贫几乎无饭可吃的情况下，妻子出言宽解安慰之事。这首好诗值得细细品味：

> 渊明事高尚，瓶中缺储粟。鲁公凛名节，乞米给饘粥。
> 广文富才名，官冷饭不足。少陵老风骚，橡栗拾山谷。
> 嗟予何为者，处世真碌碌。谋生一何拙，甔石无储蓄。
> 三年两去国，囊橐罄水陆。还家索租苗，不了腊与伏。
> 前秋遭飓风，摧折数间屋。今年丁大侵，破甔尘可掬。
> 绝粮瘦百指，告籴走群仆。乡邻苟不救，定恐填沟渎。
> 家藏千卷书，父子忍饥读。一字不堪煮，何以充吾腹。
> 细君笑谓我，子命难食肉。去岁官台省，侥幸食君禄。
> 有口不三缄，月奏知几牍。圣主倘不容，宁免远窜逐？
> 归来固已幸，富贵非尔福。东皋二顷田，得雨尚可谷。
> 子耕我当耘，固穷待秋熟。

十朋为官清廉自律，宦囊如洗。本篇为回乡居家的次年春作。于峭劲质朴中道出"饭不足"的清贫困境和"相勉以固穷"的志向。通篇叙事陈情，娓娓道来，质而不枯，淡有腴味，颇有渊明躬耕意趣，深得杜陵神理。明陆钺（静逸）言梅溪诗"句句似杜"，(4) 盖即谓此等之作。陈訏《宋十五家诗选》选录此诗。

　　全篇可分3段。起8句引前贤陶渊明、颜真卿、郑虔、杜甫穷厄故事，以自宽慰。中20句是歉岁家居困窘生活的实录："瓶石无储蓄"之时，还得"腊伏"受"索租苗"之累；"遭飓风"之灾，"数间屋"受"摧折"，"百指"几至"绝粮""填沟渎"；耕读之家无以"充吾腹"，惟有"家藏千卷书，父子忍饥读"……生存之境何其窘迫困顿，心情何其真切恳至！为官经年，居职台省，位显权重，而清贫如洗，家无蓄粮，足见十朋两袖清风的高节。后14句回翔往历，借妻子调侃语，托出固穷不悔所为、不易所守的志操。

　　十朋有过"致君尧舜"的大志，有过一呼百应的号召力，而今衣食无着之际慕效渊明，躬耕自立，拥抱田园生活，亲力亲食，不无自足之乐。其上述所言，甚显困顿中"事高尚"、"凛名节"、"富才名"、"老风骚"的理想追求。昭明太子萧统有言，读陶渊明之文，"贪夫可以廉，懦夫可以立，岂止仁义可蹈，亦乃爵禄可辞"。王十朋之慕渊明，大意亦在此吧。贪鄙之徒，明哲保身者，读十朋此诗亦当惭惶自警矣！

　　这段记叙妙在借细君之口作了归结，非常感人，寓正于谐，又见夫妻"相励以固穷"的深情。为人们所熟知的温州南戏《荆钗记》是以王十朋为原型创作的，主要描写了他与娘子钱玉莲缠绵悱恻的爱情故事。但据史料所载，王十朋生平只有一位贾姓妻子。十朋夫人贾尤凤，乐清贾岙人，出身于书香门第，知书达理，贤淑勤俭，可亲可敬，堪称史上"贤内助"之典范。王十朋27岁时与其结为夫妇，二人婚后感情忠贞不二。王十朋一生仕途坎坷多舛，妻子跟随其四处流落，不仅共同经历了精神上与羁旅行役中的种种痛苦，而且任劳任怨地相夫教子。王十朋能安然度过多次挫折及承受沉重打击，其子女能顺利成长且都有一定出息，与其妻的无私付出有着必然的联系。王十朋对妻子贾氏一生都心存感激并深深依恋。以上二诗记录了妻子的勤劳体贴和无怨无悔对其莫大的心理慰藉。

　　这段记叙更妙在把诗人个人的困境纳入了全村"今年丁大侵，破甑尘可掬"的背景之中。受灾受穷的不单是罢官回乡的十朋一家，而是整个梅溪村，不但遭遇"飓风""大侵"的自然灾害，还要承受"腊与伏"都"不了"的"索租苗"。天灾人祸，王十朋一家"百指"难能支撑，乡民们怎能忍受？但正是在此困境中，穷乡亲们伸出了救援之手。"乡邻苟不救，定恐填沟渎"一句道出了十朋对乡邻生死相救的感恩情怀。从这里，我们读懂了梅溪诗集何以屡屡充溢着对故乡故土的眷眷深情。这友情亲情在乱世窘境中格外让人感动，这份淳朴的感情格外让人珍惜，足以支撑起一个人的全部精神世界。

官场失意的王十朋在家乡收获了温馨。王十朋有一双发现美的眼睛，更有一副感恩的心肠，而这也正是梅溪一生为平民百姓鼓与呼的内在原因。因为他的朋友不仅有文人、同僚，也有知情知底的左邻右舍、普通乡亲，为他的诗情提供着灵感的源泉。"请为父老歌，艰难愧深情。歌罢仰天叹，四座泪纵横。"（杜甫《羌村三首》）这是杜甫当年穷途末路、朝不保夕之时受村人热心款待后发出的肺腑之言。为父老而歌，为百姓而歌，这正是伟大诗人之所以伟大之所在。

四、眷恋故家园："明月清风不计钱"

曾经因梦想而出发，如今触碰山岩血流满面，不得不回头。当年圣殿夺魁时的激情变质为怨愤了，家山田园才是受伤游子舔舐伤口的好地方。这里水清木华，重新滋润十朋失意的心。一些在匆忙中丢失的人文风物，终于涤荡出澄碧、明澈的色泽，恰原来是一幅难得的丹青画卷。试以咏乐清中雁荡白石岩的两首诗来诠释十朋摆脱仕途困境、寄兴湖山胜景的心怀：既有"明月清风不计钱"的自然惬意，又有"转觉此心名利轻"的心灵顿悟。《十一月二日自金溪访钱用章于白石，览山川景物之奇，以东道之姓为韵》^{诗卷15}曰：

> 朝离文君故宅边，莫寻谢守旧行田。
> 黄羊先示神仙迹，白石俄开洞府天。
> 两派琮琤鸣玉涧，一声欸乃钓鱼船。
> 王孙佔得湖山胜，明月清风不计钱。

本诗写景抒怀，轻松明快，异常感人。从乐清县城的金溪到白石玉甑峰——中雁荡山主峰，洞天玉涧，清泉琮琤，渔舟欸乃，朝发暮至，"览山川景物之奇"，访白石钱氏"王孙"旧友于山间，不亦乐乎！一路行来，怀远吊古，丰沛的人文史迹传说更添湖山之胜，其乐无穷也！传说中的"文君故宅"，流传着高士张文君炼丹金溪的故事；诗文吟咏的"谢守行田"，记录着南朝宋永嘉太守谢灵运（385—433）到白石乡村考察督促，劝教农事的业绩。最后一联，颂友人"佔得湖山胜"，独享"明月清风"，何况无"计钱"之忧，今得以共享，其乐更在众人之上！一个"钱"字，既应了诗题"以东道之姓为韵"，又暗寓东坡老《前赤壁赋》所咏清风明月"取之无禁，用之不竭"的雅意，一举而二得，巧妙而风趣。看来，回乡半年，十朋的心境开朗了许多。

再看《又书岩上》^{诗卷15}，诗人终于亲自登游玉甑峰，放眼白石岩下十里湖山，视野胸襟无限拓展。诗重在借眼前景抒发心志怀抱，借古贤人规范仕途行守：

> 十里湖山翠黛横，两溪寒玉斗琼琤。
> 路从飞鸟上头过，人在白云高处行。
> 岩下行田谢康乐，洞中辟谷李先生。
> 凭栏下瞰人间世，转觉此心名利轻。

诗以湖水、山川、飞鸟、白云这四种具有广度、高度的意象相互映衬，着力营造大自然辽阔壮丽的空间感，由此激发胸襟，忘却机心，抛开浮名功利，投入大自然的怀抱，享受自然本真情趣。登高望远，欣赏大自然的美景，诗人自有一种居高临下"一览众山小"的自我满足。

凭借其对故乡山水人文的审慎透视，弥漫的翠色、琼琤的双溪触动了诗人心头与此东南名山相应的思慕幽情：谢灵运"岩下行田"，积极入世，忧国忧民，为守永嘉一郡建树了利民善政；李少和"洞中辟谷"，消极避世，十朋多予腹诽。两相比照，诗人发出了"凭栏下瞰人间世，转觉此心名利轻"的深切感言。叶嘉莹先生有言："在这个世界上有两类人：一类是老庄之徒，他们总是站在高高的云端，讽刺嘲笑这个世界的庸常和忙碌；另一类是儒家之徒，他们从感情上与这个世界有千丝万缕的联系，但从理智上又不接受这个世界的肮脏，他们致力于改变世界，却又常常遭受到沉重的甚至致命的打击。"⁽⁵⁾王十朋当然属于后一类。他登高望远，"凭栏下瞰人间世"，所关怀、所期待的，是山下的人间大地而不是飘渺的虚空，他与大地上的那个世界、那个国家始终休戚相关。

这番申发于先贤怀惠而殊途的感喟，代表了有宋一代文士群体高尚其道、轻视名利的处世理念，正是王十朋本人勤政爱民仕途生涯的人文底气。

邑人张云忠君称赏本诗云："作品诗味神韵，意随境高，把读者引导到高尚的境界。"⁽⁶⁾贾文斌先生也对十朋山水诗孤高避俗的隐逸情怀作了申发："诗人这种淡泊名利、清高脱俗的情怀在广袤平和的自然环境下屡屡被激发出来。山光水色的秀美奇丽激起诗人拥抱自然、抛却俗世的情感波动，从禅机的向内无限回归自我，转变为向外自由舒展心灵，从而达到心斋坐忘、天人合一的思想境界。"⁽⁷⁾

从本诗意境的艺术表达看，历来受人称赏的是"路从飞鸟上头过，人在白云深处行"一联。此联情真意新，对仗工妙，堪称工炼隽拔之句。初看像是虚语，写的是"路"和"人"，不着写"峰"。但正是这"飞鸟上头"的"路"和"白云高处"行走的"人"，生动形象地反衬出白石岩高拔云天的气势和雄奇瑰丽的景观。既写出山之高峻，又见人与白云相接、天地相融，飘渺不知归处，给人印象极深。较之直接写玉甑峰高耸入云有无可比拟的艺术效果。

郑园先生称赏十朋此番诗意，媲美于东坡《江上看山》诗"仰看微径斜缭绕，上有行人高飘渺"，称其意境略似，而视角不同：东坡乃江行远眺，梅溪则身行其间，故东坡所望是行人飘渺不可及，梅溪亲感的是身在飘渺白云中。且东坡诗句但云山高，"路从飞鸟上头过"的奇趣却是王十朋所独创。王十朋另有《过盘山宿旅邸》^{诗卷5}诗曰："一岭迢迢十里赊，行人半日踏烟霞。青山遮莫盘千匝，归梦何曾不到家。"前两句也写山路崎岖，人行于高处之景，但无此诗之奇。

此联的超群技艺也移植于陆游后来的诗中。《御选唐宋诗醇》录陆游诗《游修觉寺》额联云："山从飞鸟行边出，天向平芜尽处低。"写出了游至山中高处，正可见飞鸟身边过、平芜尽处低的情景，生动而形象。选者称赏此句"真登临妙语"，曰："曲江（张九龄）有'一水云际飞'之句。竟陵评云：若入俗手，定作'一云水际飞'矣。此额联若作'鸟从山边出'，更有何味？"此诗评引竟陵派之评来赞赏陆游诗，认为若是"水"与"云"、"山"与"鸟"二字颠倒，则将景物之动静落入凡手、坠入俗套了。此赞语甚为精切，道出了陆游诗的点睛奥妙，殊不知在陆游之前，王十朋的诗句技艺就已臻此妙境了！

以七律格式观之，诗中第三句的"上"字，第四句的"白"、"高"二字，第五句的"谢康"二字，第八句中的"名"字，似属平仄不协，但作者均在句内或在下句中一一予以救拗，使稳固的七律声韵平添了跳荡变化之势。十朋于诗之声律一向是十分讲究，绝不马虎的。

五、孤忠兰竹心："阳浮屑琼玖，风泛馥檀栾"

故乡水清木华，滋润了壮怀受挫而伤痛的心。王十朋写了不少歌咏园林花卉、山水田园的诗篇，收获了家园乐趣，既有"明月清风不计钱"的自然惬意，又有"转觉此心名利轻"的心灵顿悟。大型组诗《左原诗三十二首》^{诗卷15}集中地展现诗人在艰难时势中永葆冰雪兰竹般的胸襟、抱负、情操。

《宝印叔辩上人各赠瑞香花》^{诗卷15}云：“小小园林意自怜，名花十八拟唐贤。”

《余全之赠菊栽二十品》^{诗卷15}云：“分君佳菊二十品，增我东园十八香。”

他为昌龄弟西园花木书题十咏，为小小园的杜鹃、黄杨、梅花、菊花题诗，重申“岁晚不妨开自好”的心迹。而于兰竹则情有独钟，洋溢于《人日有雪竹间种兰》^{诗卷15}一诗中的自赏逸兴与冰雪兰竹般的高洁雅意，尤能拨动读者心弦。诗唱道：

> 人日又飞雪，竹间仍种兰。阳浮屑琼玖，风泛馥檀栾。
> 花点黄金胜，丛依碧玉竿。世间桃李眼，肯向此中看。

本诗作于绍兴壬午年（1162），十朋乞祠家居次年。诗自注：“去年人日临安大雪。”人日，指农历正月初七。并注云：“旧尝于竹间种兰。”

诗首联扣题，雪、竹、兰于人日一齐登场。中间两联对仗，多方位描摹物象：“阳浮”、“风泛”写时序转换，春为四时之首，阳气浮动，春光初萌，万物方始生荣；“屑琼玖”、“馥檀栾”状冰雪之晶莹、竹兰之馨香，雪花片儿带着竹林散发的浓郁香气犹如美玉般在空中飘扬；“黄金”、“碧玉”写花朵、竹丛的色泽英姿，“点”和“依”两个动词道出兰花与修竹的投合之美，凸显了本篇合咏雪地兰、竹的写作特点。尾联宕开一笔，引入“桃李眼”——争荣斗艳、品格底下的世俗庸人眼光，以比衬法收束全篇，彰显了冰雪兰竹的高洁品格，冒雪种兰于竹间的自赏意兴满溢于字里行间。

王十朋喜欢并擅长从山水名、人名、地名展开意象思维，引发诗意的想象和联想，从而获得灵感，写出构思新巧又意蕴深远的诗篇。《左原诗三十二首》是诗人家山自娱的大型组诗，很集中地表现出他的这一艺术特长。物我融而为一，多角度多侧面地展现诗人不希求名誉、自乐其志、葆全自身人格的坦荡胸次。如《撒水岩》曰：

> 龙卧灵湫志未伸，时时喷水撒行人。
> 虽然未救苍生旱，聊欲澄清世上尘。

艺术联想是王十朋山水诗中用得很多的艺术手法。本诗借观照自然景物而逗发义理，联想自然，有层层推进之势。读书穷理，索居苦吟，这正是返乡独居的诗人为保持人格独立和心态平衡而自觉选用的对抗现实的重要方式。王十朋的爱国思想从来都是把反侵略与反投降紧紧结合在一起的，将奸佞误国与外敌入侵相提并论。本诗以"志未伸"的卧龙自喻，倾吐出要澄清乾坤、拯救苍生的豪情壮志。"世上尘"，囊括了侵略者和投降派扬起的浊尘污氛。诗人托物喻志，把真挚的爱国之情流注于山水吟唱之中。再如《宋家尖》曰：

> 皇恩西被复东渐，四海苍生尽仰瞻。
> 畎亩微臣尤戴宋，结庐长向此峰尖。

忠君和爱国往往密不可分。十朋诗《次韵题曹大夫怀忠阁》[诗卷1]就说过"平生忧国丹心在，一饭思君血泪横"，在金灭亡了北宋并继续大举南侵之际，忠于赵宋王朝更多地体现在抗敌救国的思想和行动。陶文鹏评云：峰名"宋家尖"触发了诗人的灵感，于是他妙以"结庐峰尖"的想象，表达出"四海苍生"对赵宋王朝收复国土的期望，以及他作为"畎亩微臣"永远拥戴宋朝的耿耿忠心。

《撒水岩》、《宋家尖》等篇运用比兴寄托手法，因物喻志，托景刺世，以自然物象寄托人格理想，平淡中山高水长，理趣盎然，如钟嵘《诗品序》所言，有"使味之者无极、闻之者动心"的艺术魅力。

王十朋流连家园的闲山逸水，去国后永葆孤忠兰竹心怀，始终惦记着大宋江山、人间冷暖。

六、离群思隐逸："禅定吟馀思清越"

一个王朝的倒塌也许在史籍中只留下几页稀稀疏疏的文字，但对于以天下为己任并亲历痛苦的人来说，却是整个思想情感世界的崩溃。

王十朋思念故国，激情如昔，在离别京城的归途中，他不禁萌发隐逸之思；在漫长的乡居日子里，他还反复考量儒、释、道的归宿。

三年两去国。请祠不赴大宗正丞的王十朋，途经桐庐严子陵（严光，字子陵）钓台，不禁逸思飞动，作《钓台》[诗卷14]诗，连用隐逸高士的数个典故，浓缩时空，在轩轾中极力赞扬严子陵的孤高气节和"立懦廉贪"的万世之功："清风却在夷皓上，千古真能激贪懦。"字里行间亦有对光武帝刘秀的赞许："南阳故人幸无失，先生胡为亦高卧。"严光所以能成就隐逸之名，主要是遇见了像刘秀这样宽宏大量的圣君。

隆兴癸未十朋自劾归，再次经游严子陵钓台，想到自己三年来奔波劳碌却于国事毫无补益，于是作《重游钓台》^{诗卷16}，再度触发了"圣主雅恢光武量，微臣当遂子陵高"的感喟。倘无刘秀不计较严光屡召不应之雅量，也就不会有严光隐居终老的名节。诗综合重现历史事件和历史人物，暗示着观照历史的新角度，蕴含着对君臣关系的思考。

既赞名隐，又颂圣主，而且"钓台"的意象更暗含周文王重用隐士姜子牙的典故，从而折射出知识分子理想中的君臣关系：一方面他们渴望建功立业，兼济天下，因此希望有知人善用之圣主；另一方面他们又向往功成身退的隐居生活，所以更需要开明宽宏的帝王的尊重和理解。

严子陵钓台历来是文人墨客吊古抒怀的载体。隐逸山林终究是一种消极行为，本非王十朋的念想。十朋此番出于义愤而去国还乡，在钓台前敬慕赞美严光，他选择的是范仲淹对严子陵的心向情怀。范仲淹不但在《严先生祠堂记》里仰望"先生之风，山高水长"，还写过一首《钓台诗》："汉包六合网英豪，一个冥鸿惜羽毛。世祖功臣三十六，云台争似钓台高。"诗明确地用隐士比对功臣，推崇严光的高尚人格超越了东汉的所有功臣，他们建功立业，画像于云台，却不如严光隐居于钓台。

朱刚先生在论述宋士大夫心态转变的文章中曾指出，以范仲淹为首的庆历士大夫倡导忧患意识，提倡士大夫投身政治，"但他当然要求士大夫依据自己的儒学理想去改善政治，而不是苟且随顺于现实政治。鉴于现实政治肯定不会尽如人意，那么为了使理想不被污染，从政者的心中便应该时刻准备去当严子陵。"(8)

王十朋正是这样，他以儒学理想投身政治，声称"隆兴天下同贞观，愿为贤相为良臣"（《次韵何子应题不欺室》^{诗卷17}），不曾掩饰自己当"贤相良臣"的意旨。此刻去国还乡，报国无门，复国中兴的壮志付之东流了，但理想操守却绝不能被仕途风波所湮没，他心中依然有一座比纪念功臣名将之所的"云台"更高的"钓台"！多年后，他作《钓台三绝》^{诗卷25}，明确表示归隐意向，曰："功名分付云台上，愿学先生事隐沦。"

诚如朱刚先生所说，"对隐士的仰慕，经常是羞于表露功名心的士大夫瞒己不瞒他的掩饰"，王十朋"来"朝廷之时，早已做好了"去"的准备——如此，进则有道，退则有守，进退裕如，王十朋堪称"裕然于进退之际的君子，而不是进退失据的小人"！(9) 在《读岳阳楼记》^{诗卷24}

诗中，王十朋慨然曰："先忧后乐范文正，此志此言高孟轲。暇日登临固宜乐，其如天下有忧何！"

以上说的是十朋离京归途中的隐逸怀想，再来看看他回乡闲居时的离群思隐之念。"莫缘富贵负林泉"，"禅定吟馀思清越"，梅溪诗笔所营造的隐逸情调，是士大夫因"犯鳞"而失落的一种自我安慰的诗意栖居。

王十朋在仕宦的每个阶段都曾向往田园。怀旧与进取，进德与归田，庙堂与林泉，依然是他回乡闲居时面临的两难选择。十朋深思熟虑，心地豁达开明，在与挚友同僚相逢叙旧、诗酒悠游之时，每每袒露离群思归田园的心迹。饮酒诗深沉、滞重，快意中掺杂着过多的悲悯与无奈。

曹梦良是十朋多年同窗好友，即将赴任桐庐户掾时，特地从瑞安许峰来左原看望十朋，留山间数日。二人诗酒谈心，依恋叙别，赋诗数十章。十朋在《送曹梦良赴桐庐户掾》^{诗卷15}等诗中，深情回忆"年少论交老愈坚，交情尽在和韩篇"，"愿将清白师韩范，从此高堂有四贤"。诗之三称赏曹梦良"才如子建"、"性类西门"，末四句则云："车马戒途君欲去，田园迷径我初归。男儿所尚惟名节，莫堕人间富贵机。"——在依依惜别之际，十朋自明离群恋乡的心迹，并以"尚名节"、"归田园"与挚友共勉。

五位泮宫舍友"把手"悠游，逸兴犹浓，十朋深慨："莫缘富贵负林泉"（《赠诸公》^{诗卷14}），道出了白首梅溪此际思念林泉、向慕禅僧、摆脱名利枷锁的心愿——大凡失意的忠直之臣都难免此一宿命。当年，袁陟《赠郭功甫》诗即云："各厌尘劳思物外，莫辞携手访林泉。"

离群思隐逸。仕途挣扎状态还导致梅溪在乡里闲居时一再考量儒、释、道的归宿。杂言诗《题月师桂堂》^{诗卷15}有云："山中作堂俾月窟，禅定吟馀思清越。要令坐上生清风，须使心中似明月。"此际的十朋颇多禅家的妙悟和机锋，他将淡泊名利的隐逸情怀叠加于"禅定吟馀"的"清越"禅趣，终于使归隐林泉的心向得到了美好的诗意栖息。

同卷有《李少和像》诗曰：

> 少和辛苦学飞仙，遗像今犹在洞天。
> 都似先生能辟谷，何须太守为行田！

本篇由隐居白石岩的道士李少和遗像入题，就地取材，以儒学观念评说道教修炼术。诗通过永嘉太守谢灵运到白石乡村"行田"劝农与隐居玉虹洞的前朝道士"学仙""辟谷"的比照，从逻辑角度揭示道教修炼术的荒谬性。事例选择典型，逻辑推进简捷，观点鲜明，反诘有力。十朋一念向儒，关注人世，饱含精诚，积极入世的儒教观念持之有恒。在道教风靡温州之时，有此一论，颇见个性，这是需要勇气的。

梅溪儒教根深，但这次去国返里，不禁触动了禅林静修的向往。置身于大自然之中，除去尘世的一切浮躁，洗心涤虑进入一种高尚其道、轻视名利的境界，作者摆脱名利的"吏隐"情结在诗中得到了突出的表现：

"仙人心境无名利"（《过仙人渡》^{诗卷4}），"只将青眼对青山"（《过彭泽》^{诗卷24}），这与他咏范蠡"五湖渺渺烟波浩，谁是扁舟第二人"相互呼应，同时也映射了陶渊明辞官归田的情形，又与李白《独坐敬亭山》有相通之处。

"天下林泉看未足"（《游石门洞》^{诗卷14}），"出岫云归倦鸟还"（《过彭泽》^{诗卷24}），则既表现了诗人对林泉的喜爱、对陶渊明的欣赏，更有对陶渊明"山气日夕佳，飞鸟相与还"的人与自然合一的悠然境界的向往。

大自然的山水之美，具有某种净化心灵的作用，它能涤污去浊，息烦静虑，使人忘却尘世的纷扰，激发孤高避俗的隐逸情怀。王十朋以自然的真淳反思人世的浮华，寻求心灵的自由和净化，这是王十朋山水诗的重要主题。

张培峰先生曾论说，中国艺术普遍"推崇闲适静谧或清新淡雅，在潇洒情怀的抒写中渗透对于人生万象的深沉思索，自然平淡、不假雕琢，用最自然的形式表达禅机与禅趣，而所有这一切，皆是艺术家心灵境界的外化。"(10)诚哉，王十朋的儒释道考量及外化的心灵境界，正是中国诗歌作品中普遍存在的共同精神。

七、素心系国事："岂容南北分三光"

无论外部环境如何变幻莫测，报国无门的苦闷终究掩盖不了爱国直臣激励名节的心志。王十朋的忧乐进退是与范文正同趋同质化的。达则兼济天下，穷则独善其身；出则儒，入则道；进则治国经邦，退则修身齐家。在庙堂与江湖之间，士人不断寻找抉择着自己的位置。

事实说明，包括王十朋在内的宋代士大夫，堪称中国历史上前所未有的具有强烈的社会责任感和历史使命感的群体。这个群体的精神意识出自强烈的政治关怀，不会因君臣契约的毁弃、讽谏功能的幻灭而有分毫减弱。宋代士大夫的政治责任感已内化为一种自觉的道德意识。王十朋即是他们中的典型代表。面对自然山水、家园风物，王十朋心中所产生的淡泊名利、尽享林泉之趣的隐逸情怀及"禅定"的"清越"禅趣，目的是为让忧国而劳累的心志得以栖息。他在诗中透露的出世隐居的企慕之情，更重要的是其追求内在的独立人格、渴盼内修、探求人生真谛的折射。

"士当以道自任"的儒家士大夫的使命感和责任心使得士子们始终对君主怀有幻想，他们随时等待出仕的机会，为"兼济天下"一展拳脚。王十朋从来没有终身隐遁的打算。他两次主动请辞，后又重返朝廷便是最好的证明。可以说，他那颗为君主、为百姓所跳动的心从来没有真正的平静过，他多次"犯鳞"之后的离京去国、回乡闲居实际上只是无奈之举。

国势日渐飘摇，奸佞当权，朝政昏暗，抗金事业不再被提起了。但身处江湖之远的诗人依然心系国事安危，何曾一刻忘怀疆场干戈，还时时发为激烈言论。作于隆兴元年癸未（1163）冬的《未腊而雪，丰年兆也。大老有诗次韵》[诗卷16]诗曰：

> 明年禾黍定千锺，瑞雪挽先舞晓风。
> 更愿平淮捷书至，西平擒贼献司空。

诗中大老，指十朋表叔贾如规司理的儿子。诗写雪夜思念唐代平叛名将李晟，表达自己受排挤赋闲之时一如既往的抗敌复国心愿。

对于"未腊而雪"的天象，梅溪有两个兴奋点。一则为喜，瑞雪兆丰年，受天灾之苦的百姓有望解脱了；二则为忧，处于冰天雪地里的平淮前线何时能传来"擒贼""捷书"？自己敬仰并曾极力举荐的抗战主将张浚，先前少挫于符离，现降授为江淮宣抚使，有无作为？何时会带来好消息？诗人以"更愿"二字，突出了自己抗敌复国的急切心愿。

无独有偶。在国事临危之际怀想因平叛有功被封为西平王的唐朝名将李晟的还有陆游。十多年后，陆游作《长歌行》有云："人生不作安期生，醉入东海骑长鲸；犹当出作李西平，手枭逆贼清旧京。"王梅溪与陆放翁，这两位南宋著名的主战派，在受排挤赋闲之时，不约而同地怀想起从叛将朱泚手中收复长安城的唐代名将李西平，他们的心思本是相通的，都想做一番杀敌报国、收复沦陷国土的大事业。陆游的这首

《长歌行》抒写了平生的理想和抱负，以及理想无由实现的悲愤；还对驱逐金人，尽复失地的令人神往的情景作了热切的憧憬，以其格调雄放豪轶被推为陆游集压卷之作。

抗金国事一直牵动十朋的心。回望隆兴元年八月，金人以书来求地及岁币，孝宗诏淮西安抚干办官卢仲贤报之。卢仲贤至金，不遵帝之勿许割地之旨，而按汤思退之命许诺割地，帝大悔。十一月，遂以胡昉为金国通问所审议官使金，不许四郡，抗虏不屈。至二年正月，十朋作《闻小使胡昉抗虏不屈，上甚嘉之。有旨命右揆抚师，仍有"和不可成"之语，皆出睿断，宗社之福也。昌龄有诗次韵》诗卷16一诗，称赏孝宗的英明决策与使者抗虏不屈的英勇，寄寓诗人驱除胡虏、光复中原的强烈愿望。诗曰：

> 用儒端可复侵疆，活国何劳别取方。
> 文帝要须亲御马，子卿宁患远看羊。
> 抚师暂屈黄扉老，论将宁咨白发郎。
> 行见车书混天下，岂容南北分三光。

首联言救国不必别求方略，只要重用张浚这样始终主战的儒者，就可收复失地。"活国"指光复失地。颔联建议天子要如汉文帝那样在匈奴入边时亲驾御马，督将劳军，赞扬胡昉如苏武那样不辱使命。颈联出句言张浚以宰相而视师江淮，亲临前线，对句谦称选拔将领不必垂询自己。尾联谓天下行将统一，岂容胡虏与大宋朝廷共分天下。所言"车书混天下"，指车同轨，书同文，表示文物制度划一，天下一统。所言"分三光"，指绍兴三十一年，金国使者高景山至临安，曾对高宗傲慢无理，声称要以长江为界，与宋平分天下。

诗人直面现实，调动多个历史事典，通过今古比照、虚实对比，一方面赞扬现实社会在消沉中难得奋起的"抗虏不屈"精神，同时不忘促发孝宗皇帝一丝尚存的"和不可成"的抗争意气，将义愤、悲慨、沉痛、惋惜等种种复杂的心绪与讽谏、警示、劝勉、期待等丰厚深广的政治意图凝聚笔端，共同构筑了深邃的抒情意境。

这篇以议论为主的政治抒情诗，犹如一篇浓缩的廷对箴言，凝练精警，深沉感人，字字句句都熔铸着强烈执着的爱国情感和尖锐而含蓄的批判精神。

三十年前，青年王十朋曾次韵乐清僧寮过客钱之翰所题二绝，用的也是"车书"典实。诗人痛感满朝文武面对"干戈满眼"却"衣冠南渡如东晋",不思恢复;三十年后,自己苍颜白发,又被排挤出权力中心,不得施展抱负,"车书混天下"的政治理想更显遥遥无期了。

"岂容南北分三光",王十朋的壮语掷地有声!谁说王十朋离京后即无"妄议"之慷慨?有关国事总销魂。你看,在国策既定、自己身处江湖之远时,诗人依然坚守复国信念,且发为激烈言论,以其跨越三十余年的诗自塑了一尊精忠刚正的爱国志士形象。

值得关注的还有,王十朋始终对自己的"儒士"身份保有充分的自信和期待。本诗首联"用儒端可复侵疆,活国何劳别取方。"说始终主战的张浚就是值得信赖的"儒士",救国何须别求方略?这是从另一角度表达自己对杜甫的追随。杜甫晚年仕途失意、久经浪游,给自己定位"腐儒"、"迂儒"——腐朽无用的儒生,其《江汉》诗有云:"江汉思归客,乾坤一腐儒。"大概是因为既坚持为"儒",又无法为世事尽力之故。杜甫的自谦,未必有损他独立天地间的中唐儒家复兴先驱形象。王梅溪《次韵翁东叟知县见寄并简戴俊仲》^{诗卷25}用"腐儒"自况,有云:"腐儒老矣身多病,日日言归犹未归。"内心却坚定自信地自视为"儒士",引军中武官张浚等"儒士"为同类,明确表明他以儒家价值的实践作为人生的首要目标。

注释

(1) 陈一辉、林正秋主编:《南宋杭州的文化艺术》,北京艺术与科学电子出版社2011年版。

(2) 陈寅恪:《邓广铭〈宋史职官志考证〉序》,载《金明馆丛稿二编》(二版),生活·读书·新知三联书店2009年版。

(3) 孔凡礼:《宋代文史论丛·王十朋与陆游弟兄》,学苑出版社2006年版。

(4) 李东阳:《麓堂诗话》,中华书局1983年版。

(5) 叶嘉莹:《与诗书在一起》,生活·读书·新知三联书店2016年版。

(6) 张云忠:《海山情怀》,中国文联出版社2011年版。

(7) 贾文斌:《王十朋诗歌研究》,鲁东大学硕士学位论文,2008年。

(8)(9) 朱刚:《从"先忧后乐"到"箪食瓢饮"——北宋士大夫心态之转变》,《文学遗产》2009年第2期。

(10) 张培峰:《佛教心境论与艺术本源思想》,《兰州学刊》2015年7月。

下编

知郡诗人的民本乐章

　　"才大文章伯，忠纯社稷臣。"（喻良能《留别王状元二十四韵》）二任帝师、三任京官的王十朋，在南宋一朝云谲波诡的和战争斗中，回天无力，被迫离开中央政治中心，外放治理州郡。王十朋的官宦生涯自此进入第二阶段，即由中央政府转往地方政府任职。护民安，解民忧，暖民心。凡其爱民仁民、惠民恤民、安民保民、犯颜纳谏诸实绩，謇謇谔谔，声震朝野，其自塑的勤政爱民、才识兼茂、果决任事的良吏形象，堪称践履儒家民本思想的典范。

　　请祠外放并非不愿参政。尽管内心淤积着种种怨愤，一朝有缘登风云际会之舞台，王十朋总是急着要去了却那份深植于灵魂的民本旨意与即将扮演的社会角色之间的固有情缘。从隆兴二年（1164）至乾道六年（1170）的首尾七年中，他先后任职饶州、夔州、湖州、泉州的知府。知郡诗人初心依旧，忧国忧民，忠纯履职，践行民事，为黎民百姓鼓与呼，以其丰沛的诗作高奏出一曲纯臣循吏的民本乐章！

　　在他的治下，社会渐趋安定，郡民安居乐业，监狱屡空。他还定期会见书生，听取他们的政见，采纳施行。人们尊敬他，爱戴他。去职时涕泣遮拥，不让离境；有的越境相送，不忍分别。离职饶州时，士民阻拦，竟然拆去他必经的桥梁，他只得偷偷地绕道离开。离开夔州、泉州后，当地百姓立祠、画像追怀纪念他。《宋史》称郡民"思之如父母"；汪应辰在他的墓志铭中说，"近世为政得人心未有如公比者"；孝宗称许"南宋无双士，东都第一臣"。正如葛金芳教授《从王十朋的治郡实践看其施政理念》一文所总结的：

他从整顿一地的吏治入手，来谋求州郡行政之"善治"，显然是抓住了施政之要害；他从减轻百姓的赋役负担入手，以达"田里不扰"、"诉讼日稀"之良序，显然抓住了地方行政的核心；他廉洁奉公、一身正气、敢顶权贵，为其僚属做出了榜样，既是其为人准则和价值追求的体现，更是其施政实践的成功基础，值得今人发扬光大。

王十朋立朝治民的名节政声，足以让时贤后世肃然起敬。究其因，盖为其以天下为己任的儒者情怀及其所铸造的一代士人深沉激切的救世济危心态自能光照千古。在那个把人的道德与人格考验推向极致的艰难时世中，即使远离中央权力中心，处大孤独、大绝望之境，王十朋始终关注民生，秉承大坚忍、大担当，其内心始终有崇高正义感与大无畏气概的强力支撑！

十朋的仕途生涯，长期纠结于进退选择、达隐起伏的挣扎之中，属于典型的传统士大夫"儒道互补"或称"儒释道互通一体"的文化心理结构。"兼济"和"独善"都有充分的理由，且能在不同环境和心态下得以相为权衡，支持着他济世惠民并诗酒风流的情怀。履行职守不回避，不推诿，不苟且；权势面前不畏惧，不屈服，不颓废。处政坛之高危，王十朋不愧为有担当的血性男儿！出世情结日见浓烈，但并不妨碍他一次又一次地成为新任所的名宦，深受同僚的称道与民众的爱戴。钱志熙先生在《论南宋名臣王十朋的学术思想与生平事迹》文中指出，"如果说在朝政方面，十朋还不能完全超脱于当时不同派系的政争分歧之上，那么他在地方行政方面，则完全是出于公心，一以国计民生为重……对于造成王十朋历史影响的作用恐怕比前者还要重要"。

这一时期的梅溪诗，从内容到形式都紧趋杜诗轨迹，融入了较为强烈的民事关怀，真实而深刻地再现了特定时代的社会变迁和人物命运。尽管其晚年诗作中的杜甫，多次呈现苏轼化了的"一饭未尝忘君"形象，难免酸腐，但其"一饭未尝忘民"的作为毫无疑义地饱含儒者的家国情志，只是因为远离政治中心、治国方略屡屡见弃而减少了奋发有为的意气与慷慨陈说的激情，多了一些沧桑寂寞。其报国思用的壮怀中饱含的孤寂苍凉，使我们怀想杜陵诗中的沉郁顿挫；其以委婉情语抑制怨愤宣泄的用心,又使我们感受到平和、澹定的坡诗风范。明人陆静逸、李东阳关于梅溪诗"句句似杜"的评骘,可在他的丰沛诗作中得到明晰而切实的印证。王梅溪忠实践履杜甫的现实主义创作精神,关注社会现实与人生命运,并且善于学习杜诗用典、炼字、炼句、对偶、叠字以及以对入绝、移情于物、营造意象、声律用韵等技法,属对工巧,古淡厚朴,诗风渐趋沉郁顿挫。诚如郑定国先生在《王十朋及其诗》中所言:"杜诗之体貌、用韵、节奏及风格十朋多能体认,所谓皮毛尽失精神出,乃反复用功所得,岂捕风捉影而粘皮带骨者可比拟乎哉?"

诗人王梅溪携带着江南乡土文化的积淀,播撒于绍兴与饶、夔、湖、泉四郡一路;也荟萃了吴越文化、荆楚文化、巴蜀文化以及大宋江山固有的黄河体系的中原文化、齐鲁文化余绪于一身。不同地域、不同族群的生活方式和文化思想交汇、碰撞、涵容,激荡荟萃,因能包容而成其大,因能调适而成其久,其民本乐章的主旋律汇入了华夏文化主流。

概言之,"愿竭孤忠赞中兴"、"中原入望涕频挥"、"无补于民合挂冠"、"事业浩无穷,筋力愧不任",是这位从政诗人民本乐章的强健音符;"非坡非谷自一家"、"诗不江西语自清"、"忠怀雅合杜陵诗"、"泪满襟如老杜诗"、"论文欣对少陵尊"、"难追老杜风骚手"、"渊源师老杜,体制陋西崑"、"千首诗开锦绣肠",则是这位诗人从政后苦苦践履的诗艺高标。凭此政坛威名及文学成就,王十朋同年喻良能推崇王十朋为南宋初年文坛第一巨擘,规劝其主天下文字,以挽回大雅不作之狂澜,"大雅久不作,淳风日浇漓。挽回既狂澜,此道非公谁","苏公亦有言,公合把旌旄"(《怀东嘉先生因诵老坡"今谁主文字,公合把旌旄"作十小诗奉寄》),实乃顺应时势之倡言,于十朋则为实至名归。

第一章　楚东诗社不欺魂

　　王十朋自劾裸退回乡的次年，即隆兴二年（1164）夏，孝宗诏命王十朋以集英殿修撰起知饶州。其时正当南宋与金签署了第二个屈辱条约——"隆兴和议"，宋金称叔侄关系。在用出卖主权换取的太平假象中，王十朋转身外任州郡，遭遇的是一个人生瓶颈。闻知孝宗尚有"和不可成"之语，王十朋还是怀揣匡时济世的宏愿，践履为民鼓呼的郡守民事，精明强干地投身地方政务。

　　旱涝反复成灾，地方财政面临危机。王十朋弘扬爱国老将张浚的正心诚意之学，坚守"不欺民意"的耿耿忠怀，爱民勤政，兴利除弊，抚字为先，救灾恤民；他关注农事，下乡劝农，忧雨祈晴，忧旱祈雨；他审理滞案，抑强扶弱，平反冤狱，解民倒悬。他与同僚属官齐心协力，合作共事。一年"州院狱空"，政绩斐然，深得民心，完成了关心民瘼、才识兼茂、果决任事的良吏形象的自塑。

　　此时组结的楚东诗社，作为一个研讨诗艺的文学社团，主要活动是流连光景，抒写日常生活情趣。但政治失意的诗人们，在回环往复的唱和中，总也掩不住对政局的忧虑，对人生的悲慨。王十朋拜谒张魏公，追怀颜范氏，诗哭冯员仲，缘结张孝祥，联唱不欺室，致力发展地方诗教。他与他的诗社同仁们，以"不欺"为魂，开展了有组织性、有规律性的唱和活动，虽远离政治中心，仍不疏离有关失土与中兴、战乱与苦难、权争与雪耻等时代政治主题，在唱酬诗作中时时透露出尽忠国事、力挽狂澜、扶大厦于倾危的中兴呼唤。诗社唱和形式灵活多样，采用跨地域诗筒传递方式，一时风生水起，取得一定的诗学成果，在宋南渡初期南渡文人与江南本土诗人的唱和之风中具有典型标本意义。

一、为民施仁政："初无龚黄政，滥继秦侯躅"

王十朋六月一日离家赴任，七月三日抵达府署所在地鄱阳（今江西上饶）。

其时，饶州干旱与洪涝灾害轮番发生。十朋诗笔多有反映："忍饥面目类颜回，仅得青天半日开"（《数日天气朝阴暮晴复用前韵》^{诗卷18}）、"亟下霈然泽，救我心如焚"（《五月二十日闵雨》^{诗卷18}）、"新诗首及民疾苦，更闵鄱阳境无雨"（《又次韵闵雨》^{诗卷18}）。何况，南宋的地方财政并非某些史论所夸耀的那么富庶，十朋所到之州，时时面临财政危机，真德秀描述孝宗年间饶州岁计军粮的窘境说："岁入田租十二万，皆输大农，谓之上供。而官兵米月为七千石，皆取给其入之赢。"[1]

在这样的困局中，王十朋深感有心无力，"心惭陶靖节，政愧范饶州"（《寓栖真四宿》^{诗卷19}）。他与同僚赤诚协作，高咏"鄱水同僚总不群，公馀相与共论文"（《十月望日同官会饭荐福送酒》^{诗卷17}）；"隆兴天下同贞观，愿为贤相为良臣"（《次韵何子应题不欺室》^{诗卷17}）。十朋对朝廷负责，让百姓受惠，政绩斐然，百姓盛赞，显示出吏治中才识兼茂的某些特点。

1、开局见精诚

十朋知饶伊始，当地"亢阳为灾"，赤地千里，"饥馑连年"，祈天求雨均无应验，百姓焦急万分。说来实在凑巧，在他上任入境之时，饶州普降甘霖，于是百姓欢腾，称颂新任太守精诚爱民感动上苍。即如何宪诗所云，"人间正作云霓望，天半忽惊霖雨来"。十朋作《次韵何宪子应喜雨》^{诗卷17}一诗以应和何宪。这首入饶开篇诗记下车伊始开局之事，表明十朋民生民事的责任意识。诗曰：

> 亢阳谁谓不为灾，饥馑连年甑有埃。
> 旱魃忽随冤狱散，雨师遥逐使车来。
> 平反尽欲归中典，调燮端宜位上台。
> 更喜诗如杜陵老，江流坐稳兴悠哉。

何宪，即何麒，字子应，号金华先生，新津（今属四川）人，徽宗大观间宰相张天觉外孙，乃张浚荐拔于朝。十朋《次韵何子应得宣城笔》^{诗卷17}诗说他"须笔有神人不识，奴时真可气吞胡"。《子应和诗再用前韵》^{诗卷17}诗曰："句工冰柱老研磨，赓酬往事思蓬岛。"可见得与十朋心灵契合，志气同调，文采交辉。

本诗首联扣何宪诗意，记灾情饥馑之酷烈。中间两联写下车即雨，抒发了难得的职守开局欢情。所谓"冤狱散"、"归中典"，简说理郡成效初显，以常行之法审理重案，平反冤狱，行从中典。"调燮端宜位上台"一句宕开一笔，指出调和阴阳、治理国事的职责，当由"位上台"者——诸如何宪您先辈宰相张天觉者来担当。既抬举了对方，又表白"使车"者的自知之明，说得轻松自然。末联回扣题旨，道出了结识新知的喜悦。称何宪《喜雨》"诗如杜陵老"，尽显才情，令人"兴悠哉"！

饶州政务，亮色多多。《宋史》本传载：王十朋"出知饶州，饶并湖盗出没其间，闻十朋至，一夕遁去。"十朋的政治威名及治郡能力由此显露一角。

2、勤民状元心

和王十朋一样，张孝祥也是状元。两位状元诗人同为郡守，皆有政声。这年春夏之交，饶州雨旸不调，旱涝成灾，十朋忧心如焚，作闵雨、劝农诗多篇。张孝祥前有《鄱阳使君王龟龄闵雨》诗，这年五月入南陵知鄱阳雨旸不同而忧民生疾苦，作《月之四日至南陵》诗曰："圩田雨多水拍拍，山田政作龟兆拆。两般种田一般苦，一上祈晴一祈雨。"⁽²⁾十朋于是作《张安国舍人以南陵鄱阳雨旸不同示诗次韵》^{诗卷18}以应和张孝祥"示诗"，可见得关注民瘼、爱民劝农是两位状元诗人的共同心事。诗题二首，试读其一：

> 春水平原天可拍，夏日如焚天可拆。
> 哀哉农民亦良苦，厌见常旸与常雨。
> 去秋鄱阳偶中熟，巨室犹言廪无谷。
> 万亩家输数千斛，路旁安得黔敖粥。
> 吾君罪己同禹汤，思起傅岩调雨旸。
> 暂勤千骑作南伯，要使炎峤无馀殃。

张孝祥（1132—1169），字安国，号于湖居士。绍兴二十四年（1154）进士第一。南宋著名主战派人士，著名文学家，爱国词人。历礼部员外郎、起居舍人、权中书舍人，官至显谟阁直学士，任建康留守，因赞助张浚北伐，罢职。乾道六年突然中暑身亡，年仅38岁。据《梅溪集》所载，本次唱和是二位诗人交往的开始。

次韵诗上幅八句，步孝祥诗意，极言旱涝反复成灾给饶州民生带来的痛苦。在为"农民良苦"而哀痛的同时，十朋强调"巨室廪无谷"、"安得黔敖粥"的现实考察发现，透露出他关注社会安定的忧虑。父母官的心事自然比外郡之守更为深切。

下幅四句换韵，将郡守心事由鄱阳一郡推向"吾君"的天下：皇上下诏责己，力效禹汤德政，"思起傅岩调雨旸"；我辈属臣更当奋起"千骑"，勤政爱民，消灾避祸，救百姓于水深火热之中。

十朋入仕前即深怀"好将正味调金鼎"（《林下十二子诗》诗卷7）之诚，表白愿做酿酒时的药引、作羹时的盐梅，尽朝臣职责，辅佐君王治理国家，现在遭遇外放，依然不改初衷，终身践行。其以国计民生为重的行政理念和耿耿忠怀由此可见一斑。

3、追怀范与颜

饶州有颜范二公祠，祭祀北宋郡守范仲淹（文正）和唐时郡守颜真卿（文忠）。旧祠失修，十朋为其葺修一新，并立遗像，撰《颜范新祠成奉安祝文》^{文卷24}云："鄱阳九贤，咸有善政。文忠之忠，文正之正。九贤之中，于斯为盛。祠宇一新，丹青辉映。凛然如生，尚余刚劲。以激忠义，以警邪佞。"

杜甫与颜真卿失之交臂，原因有点复杂，就不细说了。在饶州善政九贤人中，王梅溪虽同等敬重唐宋"绝伦""两朝臣"颜文忠和范文正，但显然着意将歌颂声语更多地投向范文正。同时歌颂颜范二人的如《祠颜范二公》^{诗卷17}诗，末联曰："安得神仙返魂药，九原唤起静边尘。"——颜范二公忠诚未遂，空恨于九原，而今九原如可作，吾欲起颜、范，以使国家再得廊庙之才，自己也无愧于典型！此即十朋《饶州谒颜范祠文》^{文卷24}所云："二公名节，百世所师。"也即《颜范新祠成奉安祝文》^{文卷24}所云："以激忠义，以警邪佞。"

在重现历史场景的同时，诗的结句采用"今"的视角，点明作者自己当下的感受和思考，使历史场景的叙述与诗人作诗的当下叙事形成比照，让读者进入历史，然后又走出历史，感受深刻的历史悲情和现实政治诉求。这是十朋咏史怀古诗常用的写法之一。

王十朋对范氏更倾尽歌颂之情，作《追和范文正公鄱阳诗》^{诗卷17}六首，其《郡斋即事》诗曰：

理郡端如理乱丝，范公往矣欲谁师。

典刑犹有堂中像，光艳长存壁上诗。

未报国恩嗟老去，不逢人杰恨生迟。

一尊坐对鄱江月，耿耿忠怀只自知。

本诗追和范公"壁上诗"的"光艳"诗韵。拜光芒犹在的范公"典刑"，叙"如理乱丝"的"理郡"方略，抒"未报国恩"的"老去"之嗟，发"不逢人杰"的"生迟"之恨，一切皆由郡斋庆朔堂中的"堂中像"生发开去，最后又归结于"堂中像"："一尊坐对鄱江月，耿耿忠怀只自知"——仰怀范公遗像，诗人的"耿耿忠怀"与范公的"忧时爱君"融为一体，即如《观郡守题名再书一绝》^{诗卷17}诗中所吟咏的——"人才相远心相似，均是忧时与爱君"。于是，静止的画面中叠印出两个伟人的身姿，在明艳的"鄱江月"辉映下光彩熠熠。

这首七律虚实相生，往复生姿，一气呵成，将静坐郡斋中的抽象情思幻化为绝美的诗境，其焦点则始终对准"堂中像"，诗意最后落实于结尾的"自知"二字上。如此紧切着题目布局谋篇，且全诗比喻生动，对仗工整，用语精炼，如何不教人喝彩！

又如风咏言志之作《州宅十二咏》^{诗卷18}，多托物取兴。诗人瞻仰范仲淹当年在官署后圃所建造的庆朔堂，感慨当年的"栽花者"未待花开即移官润州（今江苏镇江），如今，"旧花"早已不复存在，但人们依然缅怀"栽花者"，颂扬建堂人"芝产三茎，松栽百尺"的治州理念和政绩。其中《庆朔堂》诗曰：

昔日栽花者，官移花未开。旧花今岂在，犹说范公栽。

范仲淹《怀庆朔堂》诗曰："庆朔堂前花自栽，便移官去未曾开。如今忆着成离恨，只托春风管领来。"清陈焯《宋元诗会》有云："按志，公曾植九松于堂前，间以杂卉。未几即移润州，故作此诗。所谓芝产三茎，松栽百尺者是也。"(3)十朋诗以堂命题而不写堂，只写花；写花又不写具体名花，而只将花作为意象起兴。睹花思人，咏花颂人，构思奇巧，以小物象寓大意境：花开花落有时，范公任内"治化大行"的风教遗德绵延久远！

不直接描述历史事件的具体内容，也不必把所有事都说尽，而是集中于一点，摄取富有想象张力的物象"花"以寄托情思，带出对整个事件的映射；在四句诗的布局上，则两两分设，构设关联密切又形成对比的今昔两个场景，让读者从中体会诗人含蓄深沉的意蕴。

有志仿效先贤做"栽花者"的王十朋，辗转仕宦，践行风教，每至治地，不但作诗撰文，还修庙崇祀，以标榜忠孝大节，表彰勤政爱民的先贤美德。在饶州时重建了颜范"二贤祠"，又名平政堂之北的亭阁为"思贤阁"，大书特书"忠孝之性"、"仁义之学"，为士风民风建设传送正能量。王十朋理所当然地也受到历史的敬重。清朝康熙年间，饶州人建"三贤祠"，并祀颜真卿、范仲淹、王十朋三人，供人瞻仰其风教遗德。

4、狱空惭德政

《州院狱空赠知录孙听》^{诗卷18}一诗记录的是十朋知饶州时不遗余力地审理滞案，平反冤狱。诗曰：

> 把麾承乏楚邦东，狱及期年始报空。
> 顾我自惭无德政，同僚深喜有于公。

十朋知饶一年后，冤狱平反，"州院狱空"，狱中再无关押犯人，冤民自然感激涕零。然而，十朋却以冤狱"期年始报空"而"自惭"主郡"德政"不够，而将"狱空"政绩归功于属官。他赠诗属官，称赏纠查府事、掌管文书的"知录孙听"，治狱公平，办事贤明，有如汉代狱吏于公。

《汉书·于定国传》载，西汉于定国之父于公为县狱吏，治狱公平，自谓有阴德，子孙必有兴者。后世称为官贤明而子孙显贵的人为"于公高门"。十朋用此典称赏掌管文书的"知录事参军"孙听。"深喜有于公"之情不局限于己，而推及全体"同僚"，用词之精微皆因用心极为周全。

十朋爱民如子，关心民瘼，抑强扶弱，解民倒悬，其严于责己、下礼僚属的高风亮节自能促成一地好士风、好民风。

5、断桥怜老守

孝宗乾道元年（1165）七月九日，王十朋饶州任满移知夔州。临行，同僚送别四十里，而饶人遮道、断桥，顾犹挽留不得，可知循吏受民爱戴之情景。赴夔次年，馀干翁簿以诗画见寄。十朋回应以五言古风《馀干翁簿以予去饶之日郡人断桥见留画图赋诗见寄，因次其韵》^{诗卷21}，较为系统地回顾自己年前知饶情景。诗曰：

> 我慕郑子真，躬耕老岩谷。不慕苏季子，腰金诧宗族。
> 失脚落尘网，回头念幽独。向来鸳鹭行，进退惭碌碌。
> 把麾番君国，饮水清湾曲。缅怀九贤人，痛闵千里俗。
> 奉扬乏仁风，黎庶因炎燠。畴能政有成，敢望诺无宿。
> 厚颜叨禄廪，汗背拥旌纛。命下忽夔门，诸公孰推毂。
> 水陆三千里，湖重岭仍复。至喜谒文忠，衤希归怀李蠹。
> 番人怜老守，去类楚臣逐。出门桥已断，拥道颇争蹙。
> 初无龚黄政，滥继秦侯躅。仇香旧同僚，别寄两竿牍。
> 赋诗仍画图，开卷宛在目。清音满於越，馀韵到巴蜀。
> 我有二顷田，荒芜雁山腹。愿画归去来，芒鞋事耕育。

诗回顾知饶州经历，抒仕途感慨，内容繁复，又因是次馀干翁簿诗韵，限制又加一重，但洋洋洒洒二十韵，二百言，放笔写来，层次清晰，节奏流利，进退情节历历在目，官宦感喟款款情深，尽显诗人把握长篇铺叙的功力。

试以四句为一段析其行文脉络，可知抒怀明志之意犹如红线贯串全篇。

开篇二段总说，对举郑谷、苏秦，评判进退得失，爱憎取舍分明，统领全诗情脉。

以下六段从三个层面铺排开来：

一述仕途经历——自饶州至夔门，在饶州时"痛闵千里俗"，"汗背拥旌纛"；到夔门后则企盼"龚黄政"、"秦侯躅"。

二述本心向往——"缅怀九贤人"，追求"政有成"、"诺无宿"，赴任途中也不忘"谒文忠"、"怀李蠹"。

三抒仕途挣扎——"乏仁风"、"叨禄廪"，照应首二段"落尘网"、"惭碌碌"的总说。

这三条线索交叉重叠，时见波澜，特别是，当这番愧无善政的自责感慨，对比着饶州军民断桥截留"怜老守"的生动场景自然奔涌时，诗人清廉淳真的为宦形象就更令人肃然起敬了。

诗人从政以来，向以"龚黄"、"秦侯"为政绩标杆。"龚黄"，即汉代良吏龚遂、黄霸。《汉书·循吏传》载，龚、黄二清官宽刑罚重教化。黄霸后位至丞相，龚遂因年老不任公卿，拜为水衡都尉。"秦侯躅"，或指秦东陵侯召平的高风。《史记·萧相国世家》：召平"秦破，为布衣，贫，种瓜于长安城东，瓜美，故世俗谓之'东陵瓜'"，云云。

末二段紧接"别寄两竿牍"的文气，扣合题旨，以"愿画归去来，芒鞋事耕育"收结全篇，大类陶渊明《归园田居》"复得返自然"的风味。

全诗思丰意广，质朴自然，用典精当，铺陈有序，出语诚挚典雅，自然中有变化。这篇晚期古风作品，气势虽不及青壮时之奔放惊人，但意丰文淡，杜诗之沉稳抑郁意味犹胜往昔，虽不能算是长篇精品，但凭借本篇炼意谋篇的成效和时见高妙的淡真词采，依然堪称掷地铿锵之作。这当是得韩、杜、苏、黄古风奠基，又历数年官场磨砺之气象。

二、诗哭冯员仲："宁为独醒鬼，不作附炎官"

冯方，字员仲。与王十朋相识早，交往深。二人皆有忧国之志。绍兴三十年（1160），廷对"论事"即是一场颇有声势的政治行动，十朋是其中的领袖人物，与冯方、胡宪、查籥、李浩共称"五贤"，"忧时论事，肝胆同披"，相知甚厚，"义均兄弟"。冯方的死大约是在隆兴二年的秋天，十朋"惊闻讣音，哭之以诗"。《哭冯员仲》^{诗卷17}二首作于这一年的冬天。

其一紧扣"哭"字，起势峭拔突兀，呼天抢地，称冯方为"一代奇男子"，悲情如江河倾泻而下。末联忽作慷慨激扬之语："烦言何足辨，公论不容欺。"诗人面对压向"奇男子"的汹涌的污泥浊水，正气凛然地宣示：公道自在人心，"烦言"不屑一顾，不平之气撼天动地。其二曰：

> 身为多才误，朝无一日安。宁为独醒鬼，不作附炎官。
> 梦断吴江冷，魂归蜀道难。郡斋挥老泪，重取近书看。

诗的前三联皆为对仗，着眼于朝中战和两派针锋相对斗争的现实，从家国的前途命运出发，以严整的句式回顾冯方的悲剧人生：身负有用之才，而处"无一日安"之世，终被"多才"所误；心怀"独醒"之诚和许国孤忠，奉持宁折不屈、"不作附炎官"的节行，终究以忠见疑，"梦断"魂销；胸郁抗敌复国之志，遍行两淮吴江前线，却横遭冤屈，被逐还乡……正如十朋《祭冯少卿文》所言，可谓"初为贾生之逐，卒抱屈原之悲"！

"宁为独醒鬼，不作附炎官"一联，不啻对冯方人格命运的精致提炼，也是对南宋一朝爱国士大夫悲剧人生的高度概括，具有典型的社会意义。仕途的险恶使历史变得如此沉重，其决绝的判断如闪电惊雷，引人警觉。非身历颠沛不知其言之工也！

承四川师大张邦炜先生《王十朋的巴蜀情缘》一文征引，冯方之死乃深受冤屈。他在张浚都督府中地位重要，"效力尤多"，张浚的政敌、宰相汤思退"尤恶之"，指使谏官"论方不当筑城费财，方遂罢"。冯方"以论列罢，三军叹息，有流涕者"。虞允文"力为辨之"。王十朋的"梦断吴江冷，魂归蜀道难"一联写的就是这番悲情：一个"冷"字，既写江淮前线抗战局势的清冷，也写甚嚣于朝廷之上的主和论调的寒意，"梦断"之后冷彻心肺；一个"难"字，写尽了一位爱国奇男子的英雄末路，"蜀道"艰难，"魂归"何处？

悼诗收结于一个特写镜头：端坐于饶州"郡斋"的王十朋，"重取近书看"——重新取出冯方前不久的来信，反复吟读，老泪纵横……全诗戛然而止，把再多的悲愤伤情话留给读者慢慢体味。这是冯方被罢之后，回蜀中家乡途中行至江州时写给十朋的信。想不到收信不久，就惊闻他的噩耗了！

这一收笔看似随手拈出，实则无法掩饰作者内心的激越不平，颇有举重若轻、以淡语见警策之妙。诗虽短却不局促急迫，这是作者在继承屈赋的基础上，更得温柔敦厚风人之旨的体现。

冯方的死沉重地打击了王十朋，十朋自此再也没有重返朝廷。恢复大计幻灭了。轮对时的慷慨陈词，成为永远不可重复的过往。王十朋陷入了极大的痛苦之中，诗格调沉郁，心迹悲怆，格律精严，切近杜诗风范。

悼冯方二诗都发自肺腑，写得悱恻动人。为我耶？为彼耶？引天下仁人同声一哭！忠节不遇，古今同悲，梅溪此作既以吊同怀挚友，亦以自吊也。一言以概之，堪称生死以之的至情文字，苍凉悲壮，声铿金石，能为宋时诗坛生色。

历史果真为"奇男子"冯方，也为正气凛然的王十朋赢来了公正：乾道五年，冯方终得官复原职，他的子孙得到了致仕恩泽。王十朋的愤愤不平之气至此才有所舒缓。这是后事，暂不详表。诚如孔凡礼先生在《宋代文史论丛》中所指出的，冯方的被谤以致死去，是一个时代悲剧。王十朋对冯方的深厚感情，绝不仅仅是朋友之间的个人感情，而"应该提高到家国前途的高度"！(4)

三、缘结张孝祥："光艳真能照简编"

世间最悲怆的事莫过于生死离别，最欢愉的事莫过于结识新知。张孝祥是王十朋在楚东经由诗社结识的新交，情意相投，缘分颇深。

张孝祥，文采风流，独步辞翰。绍兴三十年（1160）除知抚州。张孝祥欣赏楚东诗社的作品，因自己的诗作未能收入其中而深感惋惜，作《夜读五公楚东酬唱辄书其后呈龟龄》诗曰："平生我亦诗成癖，却悔来迟不与编。"（5）王十朋读后步其原韵作《次韵安国读〈楚东酬唱集〉》^{诗卷18}六诗相酬答。其一曰：

> 麾把江湖遇列仙，赓酬篇什满鄱川。
> 窦家兄弟联珠日，庐阜峰峦夕照天。
> 三郡美名俱赫赫，一台遗墨尚鲜鲜。
> 紫微妙语题诗后，光艳真能照简编。

此诗夹注中所提到的陈洪州、洪吉州、王兴化、何宪等四人，加上王十朋，正是张孝祥诗题中所谓的"五公"。楚东诗社的成员都是当时名士，而且都是支持张浚北伐，主张抗金复国的志同道合者。十朋不无骄傲地称诸公为"列仙"，堪比"窦家兄弟"，有"三郡美名"，又赞赏诸公"满鄱川"的酬唱之作犹如"庐阜峰峦"、"五老夕阳开"，称刚去世的何宪诗作"遗墨尚鲜鲜"。

酬唱集诗作得到张安国的称赏，王十朋深受鼓舞，称其题诗为"妙语"，并说"简编"得"紫微"、"光艳"的照耀，必有大的发展。

果不其然，张孝祥不久后按捺不住激情，也加入了楚东诗社，二人唱酬多多。相继而出的十朋诗题有：《安国读〈酬唱集〉有"平生我亦诗成癖，却悔来迟不与编"之句。今欲编后集，得佳作数篇，为楚东诗社之光，复用前韵》、《次韵安国读荐福壁间何卿二诗怅然有感》、《次韵安国题馀干赵公子养正堂，堂张魏公所名也，并为作铭》、《次韵安国题清音堂》等等。王十朋一再吟咏"公似虞臣宜作牧，我惭鼠技滥烹鲜。新诗不减颜公咏，贵若山王定不编"，"客过楚东吟楚些，唱酬新集定须编"，回应"楚东"之"客"张安国读何麒题壁诗的感怀盛意，表明诗社盟主王十朋对诗社新加盟者的敬仰、欢迎盛意，其新编《楚东酬唱后集》的急切之情令人感动。

诗坛从此又多了一个知己，王十朋兴奋不已。相遇、相识、相知，不过六个字，却常常是只有开始，而后便无疾而终。知音难遇，得后复失，也许算得上是世间残酷的事了。乾道元年（1165）五月张孝祥离开鄱阳时，自然不可能预料此去竟成永诀，诗社同人王十朋、洪迈、王秬三人，在荐福寺设宴为张孝祥饯行。王十朋作《五月二十五日，饯安国舍人于荐福》^{诗卷18}，说的还是诗社前后寻常事，未及人世感慨与国事沧桑之类。诗有云："江东渭北四方客，楚尾吴头五月天。"

王十朋是浙江人，张孝祥是安徽人，洪迈是江西人，王秬是河北人，所以称"江东渭北四方客"。张孝祥欲尽和《楚东唱酬集》诗，王十朋表示期待：将张氏的"红药翻阶句"，尽收"鄱阳一集编"。

张孝祥亦作诗答赠。其《龟龄携具同景庐、嘉叟饯别于荐福，即席再用韵赋四客诗》曰："我欲采芝非辟世，公当立极要擎天。诗声政尔容传稿，僧律何尝禁割鲜。"孝祥以"立极擎天"高评王十朋，并说"一笑鄱阳逢岁熟，问公钟磬几时编？"(6)对楚东诗社及其诗作寄予厚望。张孝祥还有诗《王龟龄用韵送行走笔和之》，(7)盛赞王十朋的抗金壮举：

> 忆公总领道山仙，自挽狂澜制百川。
> 廷策万言功盖世，台评三上力回天。
> 楚东胜喜诗邮速，天北催颁诏墨鲜。
> 老我江湖堪野史，看公勋业手亲编。

张孝祥这首和诗着眼于抗金大业，历数王十朋任京官时的抗金壮举，意在为主战派张目。诗刚劲有力，洋溢着激越的热情，能让人感受到一种强烈的社会责任感。张孝祥写这首诗当年即因中暑而辞世，年仅38岁。

张孝祥生前热捧王十朋，冀盼能结集于梅溪麾下，以实际行动成为楚东诗社的一员，除了证明其本人政治思想立场的归属，也佐证了王十朋的人格魅力足以感召天下士人。

乱世当前，知己难求。张孝祥与王十朋，无须任何预热，相逢犹如"金风玉露"胜却人间，相知相慕，心神两契。诗人相得如此，实乃世间稀事。如果不是因为张孝祥过早去世，两颗诗心将会长期交融唱和，浓墨重彩书写出"紫微妙语"新诗编。

从他们的忘机相得、肝胆相照，可知十朋倡言的以文会友并非虚言；也不难推知，不论在朝在外，王十朋的周边始终聚集着一个代表正义忠贞的士人群体，共同推动着一代诗风的积极走向！

四、联唱不欺室："方寸长存不可欺"

在王十朋的主持和苦心经营下，楚东诗社成了王十朋结交同僚和地方名士的平台，也是他聚集人气、发扬教化的阵地。在研讨诗艺的共同追求下，一个以朝臣儒士为主体的较为清醒而激进的诗人群体，终于奏出了阳德刚明的民本旋律。饶州楚东诗社成员题咏王十朋老家"不欺室"的系列诗作，由王十朋发起，何子应、张安国等社友唱和，自然旨归于为"不欺室"题词并作铭的抗战名将张浚的历史功绩和高尚人格，弘扬张浚的正心诚意之学，表达终身服膺之愿。

1、"不欺室中双至宝"

绍兴壬午（1162）年，十朋在左原家居时以"不欺"名读书之所，作《书不欺室》诗曰：

> 室明室暗两何疑，方寸长存不可欺。
> 勿谓天高鬼神远，要须先畏自家知。

诗申明警勉诗人自己"与人不欺，与世不欺"、表里如一、言行一致的为人为官之道。隆兴二年十朋请张浚为"不欺室"题额，并撰《不欺室铭》。张浚（1097—1164），字德远，汉川绵州（今属四川）人，号紫岩，封魏公。比王十朋长15岁，第一次拜相时，王十朋还在家乡念书。秦桧执政后，张浚遭到排斥，流外近二十年。王十朋对这位身历四朝的抗金老将的崇敬，始于少年时代。入朝后与胡铨等全力支持张浚，曾多次力荐重用张浚。隆兴元年（1163），张浚任枢密院使，都督江淮东西路军马。次年因符离失利罢相，离京返乡途经饶州。时知饶州的王十朋得以拜会张浚于馀干水南僧寺，即请张魏公为他的"不欺室"题额撰铭。王十朋视张浚题额堂铭为"不欺室中双至宝"，感奋而成《不欺室三字参政张公书也，笔力劲健，如端人正士俨然，人望而敬之。因成古诗八韵》^{诗卷17}。此七古前幅紧扣题面，评述魏公书法"笔力劲健如端人正士"，以"严霜烈日"、"抉石奔泉"的自然生态作书法形象描绘，极写魏公书法艺术令人"望而敬之"的巨大感染力，于中展示书写者"端人正士"之志行。后幅由书法入人事，曰：

> 我来求字盖求人，不为有官缘有道。

> 紫岩之铭云山笔，不欺室中双至宝。
>
> 玉箫峰下梅花溪，愿学云山归去早。

说请魏公题额撰铭原是"缘有道"。"求字盖求人"的表白丰富了"双至宝"的思想内涵。抒发"愿学云山归去早"的心向，退隐于玉箫峰下、梅花溪畔，依然是十朋心存的"端人正士"的向往。

王十朋一生"意思诚悫，表里如一"，[8]"不欺"是他人生理念的主题词。张浚自幼"行直视端，无诳言"，在朝"知无不言，言无不尽"（《宋史·张浚传》）。二人"缘有道"而性相合，共进退。

张浚为不欺室题额作堂铭，为朝臣士人的人格规范带来了深远影响。继何子应《题不欺室》诗之后，唱和之作联翩而至，如绍兴进士林之奇作《和王龟龄不欺室》二首，礼部、刑部侍郎王秬作《题不欺室张魏公为王龟龄书也，何子应赋诗》，朝议大夫喻良能作《次韵王龟龄侍御不欺室》，显谟阁直学士张孝祥作《和何子应赋不欺室韵》，等等，可见得两位"端人正士"的高标行举，在包括楚东诗社在内的朝野诗人群体中已然形成了巨大反响。

2、"八十四字腾光芒"

"八十四字腾光芒，便是千年不欺史。"不难看出，这些唱和不欺室的诗友都是北伐老将张浚的支持者，是主张抗金复国的志同道合者。张浚病故后，王十朋作《次韵何子应题不欺室》^{诗卷17}曰：

> 公如忧国房玄龄，我如郑公思批鳞。
>
> 隆兴天下同贞观，愿为贤相为良臣。
>
> 我去公来不同日，各展忠怀对宣室。
>
> 江湖邂逅论赤心，更约联翩书史笔。
>
> 坤爻敬义诚君子，可惜作铭人已死。
>
> 八十四字腾光芒，便是千年不欺史。

魏公张浚病逝于题铭不欺室的次月。噩耗传来，十朋悲痛至极，接连两次写下祭文。其《祭张魏公文》^{文卷24}曰："公学造诚明，才全文武，忠孝根于天性，节操贯乎岁寒。社稷之功最高，亲曾取日（意为迎回落日，即助废帝复位），君父之雠未复，誓不共天。"《重祭张魏公文》^{文卷24}曰："公存敌惧，公死敌肆。……九原不作，苍生曷慰。遥望衡山，滂然堕泪！"此后，王十朋仍怀念不已，有诗句云："可怜未战身先死，贯日精忠化白虹。"王十朋尤其难以忘怀的即是本诗所咏的张浚绝笔之作《不欺室铭》。

本诗虽是次韵何子应的，但其主体内容却无关何氏，而是追怀魏公的道德绩业及自己与魏公心心相印的爱国情谊。前八句由远及近追怀往事：以"忧国房玄龄"赞扬"贤相"张浚，以"思批鳞"的魏徵自况自慰，继以不久前"江湖邂逅"时"联翩书史笔"的"赤心"相约，既描画了忠义老臣的忠孝诚明，道出了两人"各展忠怀"的相知情谊，更留下了生不得志、痛彻心肺的耿耿遗恨。诗笔浑重，一联一定位，历历在目。最后两联切近不可践诺的"联翩书史笔"的憾恨，紧扣铭文"君子敬义，不忘栗栗"的主旨，悼念"作铭人"，感叹"腾光芒"的铭文将成"千年不欺史"，垂名后世。

张浚在历史上是一个有争议的人物，恢复之才不足，可指责处不少。他几次执掌军政大权，显赫一时，但终因缺乏深谋远虑，准备不足，而遭到两次失败，大伤南宋元气。符离之败受到朝野指责。当时十朋即因受他牵连而自劾去国。但他在宋、金对立中，始终是个主战派，反对和议，治事勤奋，复国之志可嘉，人格无可非议，且卒不能为，故死有余恨，空留英雄泪满襟之憾。临终时，张浚对儿子张栻的遗言是："吾身为宰相，不能恢复中原，尽雪祖宗之耻。即死，我已无颜葬在先人墓左，将我葬在衡山之下足矣。"这是早于陆游的"但悲不见九州同"的历史浩叹！

王十朋和张浚"素不识"，但久相知，二人始终站在一起，共进退，其原因在于两位忘年知己的政见与理念惊人的一致。南宋后期官至参知政事的理学家真德秀认为，"王公与公（指张浚）均为一代正人"。(9) 而张浚之子张栻则赞扬王十朋"世推忠纯。正色立朝，奸邪所惮。其于当今大义，胸中见之甚明，非苟然假窃者比也"，并说："兹世痛公之亡，而非独下交之私情也。"(10) 赞赏的正是其于南宋一代士大夫有标杆意义的识见与高谊。

五、疆场长梦中："却忧疆场正干戈"

在精神层面上，王梅溪始终惦记着大宋江山，随时准备为"兼济天下"一展拳脚。先前抨击现实的尖锐与激愤，此时化作深沉的忧思；昔日执着真率的情怀，此时内化为一种理性的反省。故其诗作在阳刚中多绵柔情怀，明畅中兼含蓄，淡泊中含深意，雄浑中能读出清逸，体现出时代的某些精神特征。

隆兴二年，边境形势吃紧。宰相汤思退奏遣魏杞赴金和议。十月，金兵复渡淮。十一月，汤思退以自坏边备革职，谪居永州。孝宗遣王抃使金军，许割商秦地，称叔侄之国。次年，宋金"隆兴和议"成立。知饶州的王十朋作《郡斋对雪》^{诗卷17}，表达"疆场正干戈"的忧心。诗曰：

> 平生为雪牵诗兴，今日无诗奈雪何。
> 净几翻书拥炉读，冷斋呵砚带冰磨。
> 寒江独钓句思柳，银海光摇人忆坡。
> 欲两三杯贺丰岁，却忧疆场正干戈。

这又是一个难眠之夜。自己的抗金梦想早已搁浅，但雪夜里想起淮甸将士正在冰天雪地里征战，诗人怎能平静无诗。

诗起句平弱。颔联、颈二联对仗工整，意境渐宽。身处"净几""冷斋"之中，"拥炉"读书，"带冰"磨砚，这本是士大夫诗书生涯的常态。但十朋何曾一时一刻忘怀国事？联想淮甸疆场形势，预感和议将成，诗人的思绪飞向"寒江独钓"的柳宗元，飞向"银海光摇"的苏东坡，严寒中不乏温馨，孤寂时倔强不屈。

时空流转，今昔对映，虚实相生，局促静止的画面顿时开阔生动起来了。最后，推出了主人公郡斋夜读时的动态图像：出句是外在的举杯"贺丰岁"，对句是内心的"忧疆场"。"欲"与"却"转折得斩钉截铁，不留余地——"两三杯"清酒怎敌得了"疆场正干戈"之"忧"！

全诗从夜读开始，以忧思收结，情景的融合加浓了诗的遒劲意味，杜诗风味油然而生，生动的画面耸动着读者的耳目。

《闻捷报用何韵》^{诗卷17}也表明诗人怀想淮甸抗战志士的忠义激情。诗曰：

> 淮甸流离唐赤子，将军奇特魏黄须。
> 愿将银管书忠义，粪土东京赵与胡。

《宋诗史释》将本篇归入"边防"门。引《宋史》之《张浚传》、《王十朋传》、《李显忠传》与周密《齐东野语》卷二"符离之师"条所载大量史实，笺说疏证，称"此诗为孝宗隆兴元年（1163）张浚北伐所作"，"孝宗隆兴元年，张浚北伐，初有灵璧、虹县、宿州连捷，中外鼓舞"云云。《宋史·王十朋传》载："张浚出师复灵璧、虹县，归附者万计，又复宿州。十朋奏：'王师以吊民为主，先之以招纳，不获已而战伐随之，乞以此指戒浚。金将既降，宜速加爵赏，以劝来者。'上皆嘉纳。"正可为"淮甸流离唐赤子"之注脚。[11]

诗又以"奇特魏黄须"称许张浚"将军"。"黄须"，亦称黄须儿、黄须客，指曹操次子曹彰，性刚勇，须黄，故称"邺下黄须儿"。按《三国志·魏书》载："（曹）彰北征……北方悉平。时太祖在长安，召彰诣行在所……彰到，如太子言，归功诸将。太祖喜，持彰须曰：'黄须儿竟大奇也！'"诗中代指刚勇征战的魏公张浚。

"赵与胡"，《宋诗史释》释为"当谓后赵石勒"。[12] 不妥。按，石勒，羯族，属"五胡乱华"之一胡。奴隶出身，乱世英雄，史称后赵明帝。史上争议颇多。有说"是中国历史上的唯一一个奴隶皇帝"，"是一位受汉文化影响较深的杰出的少数民族帝王"云云。似难与"粪土"、"东京"联系起来。其实，"粪土"一句用的是汉李固以粪土视胡广、赵戒典事。李固（94—147），字子坚。东汉中期名臣。博览古今、学识渊博，屡次不受辟命。顺帝驾崩后为梁皇后所倚重，受到梁冀的忌恨。质帝驾崩后，与梁冀争辩，不肯立刘志（即汉桓帝）为帝。商议确定继承帝位的人选之前，李固和司徒胡广、司空赵戒及大鸿胪杜乔都建议立清河王刘蒜。但梁冀想立蠡吾侯刘志为帝。在压力下，胡广、赵戒曲从了，导致李固最后遭梁冀诬告而遭杀害。"其顾视胡广、赵戒犹粪土也。""粪土"，以……为粪土。名词的意动用法。苏轼年迈时被贬岭南惠州，政治上落到谷底，诗情却达高峰。和陶诗，轻生死，看重活着的价值。曾将胡广与李固进行对比，看不上胡广慑于大将军梁冀的威势不敢正言，而欣赏李固坚持真理宁死不屈。用的也是"其视胡广，犹粪土也"这个典故。王十朋的人格是与苏轼相通的。

全诗于一褒一贬之中，洋溢着歌颂并勉励抗敌将士的热情，见得王十朋忧患家国的"忠义"心事可谓四十年间刻骨铭心，从来未曾放弃或动摇。宋金"隆兴和议"成立之后，十朋的关注重心转向民事政事，这是时势的无奈，也是心事的升华。爱国忧国激情依然跃动于他的诗作中。咏屈原，咏寇准，瞻望古迹，缅怀故友，看到几朵鲜花，夜闻几声鼓角，都会惹起报国仇、雪国耻的心事；闻捷报更是感奋不已，想到前方将士，意欲"书忠义"、"静边隅"，热血沸腾起来，泛滥到梦境里去。王十朋激情如昔，一生"表里如一"，坚执不懈地遵循张浚"行直视端，无诳言"的人生理念。

六、楚东诗社情："诗不江西语自清"

在知饶期间，王十朋与何宪（子应）、陈之茂（阜卿）、王秬（嘉叟）、洪迈（景卢）等五人结成"楚东诗社"，王十朋为诗社盟主。五人均为官员：洪迈为吉州（今江西吉安）太守，陈阜卿为洪州（今江西南昌）太守，王秬为兴化知军，何宪为饶州提点刑狱公事。后何子应死，加上张安国（孝祥），也是五人。考其居官之地，在春秋战国时均为楚地，又辖江南东路，故以"楚东诗社"名之。这个由官员士人自由组结而成的诗社开展有组织性、有规律性的唱和活动，不时唱酬，互通怀抱，辑集刊行《楚东酬唱集》一卷，洪迈为之序。

诗社同仁雅集讽议，谐谑排郁，在赏花游乐、流连光景的闲适之作中，总也掩不住国事不堪的酸涩悲凉。唱和形式灵活多样，有一唱一和、一唱多和、自唱自和等等。无须引录诗文具体内容，只要看看《梅溪集》中相关楚东唱和的诗题与自注若干，即可大略了解楚东诗社雅集兴会的概貌及其业绩。

1、唱和野处园

楚东结社期间，王十朋曾以《郡圃栽花》[诗卷17]诗韵发起五轮次韵唱和。据统计，第一轮唱和，王十朋原唱一首，社友洪迈、王秬各和作五首；第二轮唱和，十朋单独次韵一首；第三轮唱和，王秬又和作两首，十朋和作一首；第四轮唱和，始于十朋与王秬同去拜访洪迈，十朋和作两首，洪迈和作一首；此次访问结束，十朋意犹未尽，又拉社友何麒发起第五轮唱和，十朋又作诗两首。在近似于诗赛的活动中，社友们往复唱和，作诗达20余首，创作数量得以提升。

例如《二月朔日同嘉叟、蕴之访景卢别墅，用郡圃栽花韵即席唱和二首》[诗卷17]其一曰：

> 鄱水芝山四望赊，雨馀风物倍光华。
> 名园种果仍脩果，妙手栽花似判花。
> 行见晋公开绿野，聊从子美酌流霞。
> 坐间宾主皆人杰，我质如蓬赖依麻。

坐落于"鄱水芝山"的野处园,"种果仍脩果","栽花似判花",雨后"倍光华"。诗人更以"晋公开绿野"、"子美酌流霞"两个典实极写名园的物华之美和"论文对酒"的人事之乐。诗人称赏"坐间宾主"吉州太守洪迈、兴化知军王柜和状元木待问等"皆人杰",而身为当地父母官的王十朋则谦称只是"赖依麻"之"蓬"草。

这首并非十分出色的唱酬诗以诗主人的谦怀及其流畅典雅的诗风折服时辈,赢得了饶州知名士大夫们的酬和连连。正如鄱阳湖文化研究会汪填金先生称扬的,王十朋的这首野处园首唱"成就了鄱阳诗歌史上的一段盛事"。

《王十朋全集》收有唱和、赠答诗500多首,能确定为与楚东诗社社友唱和的诗达50首。张孝祥《于湖集》卷七载楚东唱酬诗《夜读五公楚东酬唱辄书其后呈龟龄》、《龟龄携具同景卢、嘉叟饯别于荐福,即席再用韵赋四客诗》等篇。

看来十朋是很聚人气的,他周边的一个小群体自觉追随其后,仿效他新鲜轻巧的命意造句,于是,王十朋个人化的诗风也随之扩展为群体化的追求。

2、讽议排抑郁

无论立朝或守郡,基于相似的仕宦履历和共通的政治诉求,王十朋所结诗社的情志意向渐转深沉委婉。诗友们雅集讽议,谐谑排郁,未能忘怀的依然遗存辱国之耻和抗争意气。面对"隆兴和议"这样丧权辱国的奇耻大辱,政治失意的王十朋虽没有凭借楚东诗社发起直切的抨击抗争,但在用出卖主权换取的太平安乐假象下,其流连光景的闲适之作,总也掩不住国事不堪和仕途失意的酸涩悲凉。请看诗卷17、18收录的楚东诗友唱和诸篇:

> 郊圻正多垒,兵会忆夷吾。
> ——《和洪景卢用三白韵作四白诗》
> 须笔有神人不识,怒时真可气吞胡。
> ——《次韵何子应得宣城笔》
> 心忧机妇寒窗士,诗句分明似谏书。
> ——《元夕次何宪韵》
> 未报国恩嗟老去,不逢人杰恨生迟。
> ——《郡斋即事》

欲两三杯贺丰岁，却忧疆场正干戈。

> ——《郡斋对雪》

安得神仙返魂药，九原唤起静边尘。

> ——《祠颜范二公》

不堪冀北群空后，况是江东日暮时。

> ——《次韵何宪修图倦游怀鄱阳唱和之乐》

更向金陵看，六朝馀故城。

> ——《次韵何宪太平道中书事》

这批经受政治沉浮、渐离政治中心的官员士人们自由结社，在政治较为宽松的后秦桧时代吟诗赋文，砥砺气节，各抒意愿，同气相求。社友们诗笺往返，有言必酬，各呈其能。他们秉承孔夫子"以文会友"与诗"可以群"的儒家传统诗教，在两宋易代的政治博弈中，其唱酬诗作时有超出诗酒的社会民生内容。

兴亡之叹，失土之恨，一直是王十朋无法抹去的心结。在与社友何子应等的次韵唱和诗中抒发得更为直率明畅。

3、诗筒走山川

诗筒传递是楚东诗社进行异地唱和活动的重要方式。诗社的五个成员分别在饶州、洪州、吉州三地做官，此三地虽说相距不远，但他们均有公务在身，显然不能像其他同地诗友一样经常宴游相从，聚在一起开展活动，故因地制宜地采用了古已有之的诗筒往来方式：

元白诗筒数往还，小生阁笔愧言艰。

> ——《次韵李怀安赠何宪五绝》

欲遣诗筒寄诗伯，恐嫌白俗孟郊寒。

> ——《陈阜卿书云……戏用竹萌韵以寄》

更须速返鄱君国，莫遣诗筒久寂寥。

> ——《送何宪行部趣其早还》

诗筒续元白，治境接龚黄。

> ——《哭陈阜卿》

忆昔江东会众仙，诗筒来往走山川。

> ——《提舶示〈观楚东集〉……复用元韵》

诗筒是古人用以传书递简的一种器物，用竹子制成，称作邮筒。这几位地方长官利用职务之便派遣使者在三地之间传送诗稿，便捷可行，自然成了首选的交往方式。《次韵何宪修途倦游怀鄱阳唱和之乐》[诗卷18]诗云："马上诗成驿使驰，社中犹恨使来迟。"写的正是盼望驿使持诗筒到来的心情。这种方式打破地域局限，使结社交游范围得以扩展。到夔州后，王十朋与惠夫、若拙等"天遣西来"的僚友结成诗社，依然提倡"邮筒毋惜往来传"（《与惠夫、若拙小酌郡斋……并寄子绍》[诗卷22]）。

诗歌唱酬的这些方式，虽不属十朋首创，但显然出于对这种唱和方式的喜爱，与唐元稹、白居易的唱和传统一脉相承。王十朋在《会稽风俗赋》中曾提到："宾窦临白，唱酬往来"，说白居易任杭州府官员时与任浙东观察使的好友元稹常常用竹筒装诗互相交流思想。又作《诗筒铭》[文卷6]云："我腹空虚兮，好斐然而成章。尔腹空洞兮，宜为吾之锦囊。"诗筒往返客观上使诗社形式更为灵活，诚如欧阳光先生所说，"王十朋之楚东诗社展开活动方式是很值得关注的"，可以使我们"看到宋代诗社活动的另一侧面"。[13]这种方式至明清时依然流行。

4、倡导清醇语

翁东叟教授，乐清人，系十朋三十年前乡校笔砚友，曾官湖北教授，主簿，调知县。十朋知饶州时，翁君自湖北来，因有唱酬。作于此时的《送翁东叟教授》[诗卷17]重申了"诗不江西语自清"的观点，以抗争江西诗派末流。诗略曰：

> 三十年间旧友生，眼青头白见交情。
> 官于湖北况尤冷，诗不江西语自清……

这首送别诗回顾主客二人跨越三十年的交往情谊，从当年"旧友生"历官的漂泊和"教授"的清冷际遇引发自己"扁舟便合相随去"的归耕乡思。感情深沉，转合自然。诗人称赏翁东叟诗风特点，脱去了江西诗派的拘束，诗语清醇。即本题其一所咏："笔端妙语出离骚，酒后刚肠吐名节。"这就阐明诗歌语言艺术的追求标准，成为王十朋"非坡非谷自一家"诗学主张的重要组成部分。

六年前，十朋任绍兴佥判时送别同僚黄子鲁，作诗曰"人如元祐气尤直，诗不江西语自清"（《送黄机宜游四明》[诗卷12]），既称赏同僚诗艺，又深究了"气直"与"语清"的内在关联。

如此一语两用现象，犹如十朋的咏梅名句"北枝贪睡南枝醒"重现于一诗一词之中，在十朋诗中极为少见，尽显诗主人的深重用意。

近年来，王十朋的诗歌理论及其语言审美追求已逐渐引人关注。在第六届宋代文学国际研讨会上，吕肖奂先生根据王十朋"非坡非谷自一家"的理论主张，将"非坡非谷体"列为宋代诗坛的非主流体派之一。可惜吕先生在论述采例时却依然局限于钱锺书《宋诗选注》所举的唐庚、李弥逊两家，毫无深入扩展之意。吕先生说，"从徽宗到高宗诗坛……真正的'非坡非谷体'还没有形成足以与苏、黄二体抗衡或鼎足而立的诗风，像唐庚与李弥逊也是稍具个性而已，在当时的诗坛上追随者也不多，属于边缘化的诗体"。(14)"非坡非谷自一家"本是王十朋首唱的，吕先生若能多读一些王十朋本人的后期诗作，读读他的诗论诗，再看看他所推举的诗人诗风，特别是深入考察他们的诗歌语言特色，则不难发现，践行"非坡非谷体"、试图挣脱江西派末流影响的诗人绝不在少数几个，而倡导者王十朋在这一诗派中的主导地位亦将随之明朗起来。

"胸中万卷古今有，笔下一点尘埃无"（《读东坡诗》^{诗卷23}），"句法天然自圆熟"（《郑逊志胡叔成……和诗复用前韵》^{诗卷5}），不拘用典，句法出色，自成一家——王十朋的审美标准与他标榜的"文以气为主"的观点一脉相承，自然不同于江西诗派，值得深入研究开发。

5、悠悠楚东情

诗坛唱和之风的兴起，肇端于中唐，至宋代则铺天盖地，蔚然成风。以王十朋为盟主的楚东诗社，其组建本身就是地方行政长官推行地方文化建设、营造文化环境、改善诗歌创作的重要举措之一。一群诗坛精英以交流友情、沟通思想、精研诗艺为目的，反对江西诗派用典、资书以为诗的恶习；倡导用通俗明白的语言记事、抒情、达意，将其创作成果与特色推而广之，自会形成一定的社会影响。楚东诗社成员交游唱和，互相激赏，形式多样。唱和诗数量不少，延续时间不短，区域日渐扩大。从他们题咏王十朋书斋"不欺室"系列作品可以看出，其社会作用不可低估。

楚东诗社情悠远。王十朋珍惜楚东唱和诗集，在此后的入夔跋涉劳顿中不时翻读，作诗《读楚东倡酬集寄洪景卢王嘉叟》^{诗卷20}曰："预控吾侪有别离，急忙刊得倡酬诗。江东渭北何曾隔，开卷无非见面时。"

任岁月流逝，任物是人非，楚东诗社解散多年之后，王十朋还常常作诗怀念昔时唱和之乐。治泉州时，他写的《提舶示观〈楚东集〉，用张安国韵。因思鄱阳与唱酬者五人，今六年矣，陈、何二公已物故，余亦离索，复用元韵》^{诗卷26}诗，深情回忆诗社活动："忆昔江东会众仙，诗筒来往走山川。"说的就是诗社活动的主要形式。又曰："堪叹交游隔生死，尚馀文字带芳鲜。"回望历史，重彩浓墨，情深意重，发扬光大之意兴绵延不绝。

朱熹对《楚东酬唱集》的诗作质量曾有上优的肯定。在读到了《楚东酬唱集》等诗文后，朱熹曾以"晚学"身份致书王十朋，称"盖无一言一字不出于天理人伦之大，而世俗所谓利害得丧、荣辱死生之变，一无所入于其中"，"读之真能使人胸中浩然，鄙吝消落"云云，希望一见"大君子道德之馀光"（《上待制王梅溪先生书》^{附录5}）。

或许正是由于《楚东酬唱集》的良好反响，王十朋帅夔之初雄心勃勃，在《又用行可韵》^{诗卷21}诗中表达了"酬唱又成夔府集"的宏伟愿景。

据江西省鄱阳湖文化研究会汪填金先生考，同治《饶州府志·艺文志·书目》载洪迈有《楚东酬唱集》二卷。孙诒让《温州经籍志》也有记载。欧阳光《宋元诗社研究丛稿》以《王十朋楚东诗社》为题作了介绍。日本学者甲斐雄一对此也有专题研究，有《关于王十朋编〈楚东唱和集〉——与南宋初期的政治状况相关连》一文。王十朋关于诗坛唱和活动的种种努力，理应受到诗论家的更多关注。

注释

(1) 真德秀：《西山先生真文忠公文集》卷四五《少保成国赵正惠公墓志铭》，商务印书馆版。
(2)(5)(6)(7)见《于湖居士文集》卷二、卷七，上海古籍出版社1980年版。
(3)转引自谢海林《陈焯〈宋元诗会〉的编纂特点及其评价》，《黔南民族师范学院学报》2010年第1期。
(4)孔凡礼：《宋代文史论丛》，学苑出版社2006年版。
(8)黎靖德编：《朱子语类·本朝六》，中华书局1986年版。
(9)朱熹、李幼武：《宋名臣言行录》，文海出版社1967年版。
(10)张栻：《张栻全集·祭王詹事》，长春出版社1999年版。

〔11〕〔12〕曾祥波：《宋诗史释·边防门》，中国社会科学出版社2016年版。

〔13〕欧阳光：《宋元诗社研究丛稿》，广东高等教育出版社1996年版。

〔14〕吕肖奂：《多元合力共生：北宋诗坛非主流体派论》，载《第六届宋代文学国际研讨会论文集》，巴蜀书社2011年版。

第二章　壮美长江慷慨歌

　　宋乾道元年（1165）七月，53岁的王十朋饶州任满迁知夔州。

　　古人做官，许多光阴都花费在奔波的路上。梅溪这次入蜀，行程万里，劳顿艰辛，但沿途浏览山川胜概，诗兴犹如江流奔涌，成就了诗歌创作的一个高峰期。

　　赴任前十朋曾上疏乞祠回乡。待命期间，有庐山一游，多所题咏。八月十五日离别庐山，经兴国军大冶县（今属湖北），过樊口（今属湖北鄂城），然后自鄂州（今武汉武昌）南浦解缆，溯长江而上，于十一月一日抵达任所，历时两个半月。一路风光，一路艰辛，一路诗文。沿江上溯，风物寄兴，作诗130多首。长诗《自鄂渚至夔府途中所见一百十韵》[诗卷20]即是著名篇章。主郡两载，兴利除害，史迹兴怀，得诗230多首。乾道三年七月十七日别夔移知湖州，九月一日到达临安。历时月余，沿江观览胜迹，又写下了130多首诗。

　　王梅溪漫游在历史的洪流中，慷慨激昂，感喟身世，悲悯千古。诗人秉承杜甫的现实主义创作方法，模写山川胜概，抒发逸兴壮思，或写景状物，或凭吊怀古，或评论时政，或记录民俗。大多即事名篇，放笔而写，直抒胸臆，无复依傍。行旅苦乐存录翔实，数量多，成就高，题材丰富，诗风古淡，句律精深，饶有情趣，具有纪实文学的斑斓色彩。旧梦追忆与未来瞻望，民生观照与历史回眸，对时局的忧虑与对朦胧未来的希冀轮回交织，使诗歌充满了难以排解的悲凉，寂寞幽独中少了一些愤激而多了一些喟叹。其笔下雄伟壮丽的物象和意象，都与诗人博大的胸襟、高尚的人格以及随着奔涌江流而得以不断扩张的时空视野相呼应，相契合。其昂扬慷慨之气格一反南渡初诗坛弥漫的消沉颓废气象，实乃"才力富健"的杜诗嗣响。

一、以雄阔诗境展博大胸襟："大泽胸可吞，秀色手宜揽"

王十朋以夔州为纽带的山水诗、宦游诗，多用白描手法将一个个自然意象巧妙地组合起来，犹如连环卷轴，随着时间流程而不断转换，构成一幅色彩斑斓、融和雄浑与清逸之美的山川行役图。陶文鹏先生《论王十朋的山水诗与宦游诗》一文指出，这些诗抒发诗人忧国爱民、修德勤政的高尚情操，跃动着一颗光明正大、仁义忠孝之心，是仁者、贤者、学者的真诗。呈现出以实录为主、崇尚理致、朴实条畅的艺术风格，也体现出诗人擅长铺排、对仗、锤炼字句的艺术功力。又如陈增杰先生《南渡第一流 馀事作诗人》所称，"局境开朗，襟怀豁达"，"诗笔隽秀，饶有情趣"。试分三类型简说之。

1、直接描摹山川高远之境，展示诗人博大雄阔之襟抱

梅溪长江诗多有韩愈所喻杜诗风格，得《史记》的"雄深雅健"气象。

诗人曾雄立于临江的一览亭，眺望万里江流奔腾东去。吐纳云气，收揽朝晖夕照，江河灵气的激荡回旋，天地精神的舒卷飞扬，一时间都从四方奔来，恰是苏轼《涵虚亭》所咏："惟有此亭无一物，坐观万景得天全。"五古《题一览亭》[诗卷19]诗云：

> 危亭顶鄂渚，欲上初不敢。肩舆蹑峥嵘，眼界惊坎窞。
> 青山缭江湖，烟雨抹浓淡。千帆破沧浪，万室昭菡萏。
> 大泽胸可吞，秀色手宜揽。形势控上游，天险卦侔坎。
> 登临迫吹帽，秋声在葭菼。衔杯情有欣，怀古意多感。
> 两雄孙与刘，壮志鲸鹏噉。赤壁走阿瞒，功业炳铅椠。
> 黄鹤去何之，灵竹色犹惨。楼余庾公兴，洲遗正平憾。
> 北望旧中原，激裂壮士胆。何由登太山，一快天下览。

这首五古诗视野宏阔，想象丰腴，胸襟高远，情调悲壮。开篇极言亭之高险："蹑峥嵘"，"不敢上"，"惊坎窞"。诗人含情凝眺，指点江山，由于视野开阔，更由于胸襟博大，上下千载、南北广宇的时空弥望得以无限扩展，历史风云一一融入笔端。诗采取平览远景的视角，兼以时空变换组景，具有强大的情感张力。"青山""烟雨"，"大泽""千帆"，广袤动荡，气吞万里，其可揽之秀色全凭神思把控。

　　浩瀚秋景的凄凉氛围，渲染了从役之苦、归思之浓，江浪淘洗的千古风流人物——呈现：敬慕三国英雄孙刘争霸，"功业炳铅椠"；怀想征西将军庾亮，迁镇武昌，"崇修学校，高选儒官"，"坦率行己，招集有方，政绩丕著"，被地方誉为典范；慨叹东汉末奇人祢衡（字正平），曾于社庙裸衣骂曹操，终被曹操借黄祖之刀所杀；也由眼前"灵竹"想念"千古舜妃湘水底，必应憔悴有惭魂"的美丽传说……历史烟云掩藏下的乡国之愁势欲笼罩整个中华大地，抒情主体呼之欲出。

　　历史烟云翻滚而过，一切都为最后的"北望"蓄势。末四句回扣题旨，收结于"北望旧中原，激裂壮士胆。何由登太山，一快天下览"。直抒对大宋山河的眷恋及收复故土的强烈渴望。意憾"登太山"之不能，"天下览"已成幻。南渡恨，恨何了？

　　登高情怀本是古代文人所共有的。南北朝时期的文人刘勰说："原夫登高之旨，盖睹物兴情，情以物兴。"明人谢榛《诗家直说》也说："凡登高致思，则神交古人，穷乎遐迩，系乎忧乐，此相因偶然，著形绝迹，振响于无声也。"人们因各种原因登上高地，然后把汹涌的才思化作锦绣诗篇。王十朋这一登，面对不尽的长江，终于为无处宣泄的情愫寻到了一个出口。一览天下，江山千古；古往今来，江山如画。好一派海涵山负、吞吐日月的气象！可是，"何由登太山"？何处望神州？——这一问，问得情真意切，黯然凄凉；问出几多辛酸，几重泪水——"中原""旧"景，已易主金人；"壮士"胆略，空怀"激烈"！此时的南宋与金朝以淮河为界，各自为政，大宋江山只剩半壁，登一览亭遥望中原，不免兴江山易主之慨，一腔报国热血无处挥洒！抒情主人公的伤怀凄凉中不无暮年烈士的豪迈气概。

　　本诗语言浅近，意兴澹远，格调高古，兼得汉诗之朴茂和魏晋诗之超脱。郑定国先生称赏"大泽胸可吞，秀色手宜揽"两句，说"此种联想襟抱非常，本诗中北望中原、壮怀江山之忠爱浓情，当沿此襟抱而来。诗境之张大，自是联想之功"。

2、粗线条勾画朗豁寥落之境，呈现诗人放达超阔之逸兴

　　荆楚、巴蜀的自然山水宏阔寂寥，十朋诗多了几分凝重、端庄之美，不无放达超阔之逸兴。宦游长江一线，流淌而出的五律如《宿多福院》^{诗卷19}、《宿大冶县》^{诗卷19}、《遇雨两宿县驿》^{诗卷19}，七绝如《芦花》^{诗卷20}、《过金口市，江中有渚名鲤鱼甲》^{诗卷20}、《九华山》^{诗卷24}诸

篇，自然的、本色的，也是人间的、世俗的。寂寥与超阔相伴而生，古朴与清丽浑然一体，充满生活气息。警联佳句迭出，如："人家数点火，风物一川云"，"江淮两岸雨，吴楚一天云"，"封疆一川隔，烟霭两州连"，"好风知几苇，送我上青天"，"浮云不碍天边眼，放出神仙八九峰"，与"樯影落江疑是钓"、"小舟忽自花中出"、"肝胆崔嵬自作梯"、"廓然山色为吾青"等等，设喻脱俗，夸张奇特，虚实神合，令人过目难忘。

五律《解缆南浦，初泝长江。江流出鄂渚、汉阳两山之间，云霭横之，如一山然》[诗卷20]就是一个佳例。诗曰：

> 解缆长江口，回头思黯然。封疆一川隔，烟霭两州连。
> 水鸟飞沿渚，江豚跃傍船。好风知几苇，送我上青天。

"以秋为客"的王十朋，水陆兼程，一路行来，诗情为山川形胜拨动，客思黯然，每每于寥落清远的秋山秋水中寄寓行旅情思，抒发放达超旷之怀。

本诗从大处渲染，在小处着笔，大小相形，远近交映，大自然的生机与诗人的心境互为映发，显得错落有致。境界开阔，笔力矫健。

颔联写俯瞰：大江奔涌，烟霭遮眼，长江南岸的鄂州（今武汉武昌）和江北岸的汉阳军（今武汉汉阳）两州隔江相望，极有气势。

颈联写近观：水鸟沿渚飞，江豚傍船跃，清冷中传神微妙，大自然生机盎然。一远一近，一巨一细，工对成趣。

结联空灵放达，更是天然好语。"好风知几苇"，语本《诗·卫风·河广》："谁谓河广，一苇杭（航）之。""几苇"比喻小舟分量轻。句谓好风仿佛觉察到小舟只有几束苇叶那么轻似的，故而不费力地不断吹送；而轻舟却凭借风力快速行驶，"初泝长江"，直向上游，真有"上青天"的感觉。空灵一结，韵味悠长，不禁使人想起杜诗所谓"春水船如天上坐"，黯然心境为之一阔！

陈增杰先生慨叹，如此好诗却被长期埋没了，未见诗论家举及。人们都传诵《红楼梦》第七十回写的，"众人拍案叫绝"的薛宝钗《临江仙》咏柳絮词："好风凭借力，送我上青云。"其句意实仿用自王诗，只是改易四字而已，却未有注者指出。

3、以议论说理为基调，阐述诗人对事物与人生的宏阔思考

王十朋的山水诗长于在写景抒怀中寄寓对于历史、社会、人生等问题的种种见解。如五古《泛清溪》诗卷24：

> 清者未必贵，贵者或不清。胡为贵池内，却有清溪名。
> 清贵两俱足，造物如有情。溪有夷屈风，池非赵孟荣。
> 三秋冷浸月，十里光涵城。真可弄兹水，更堪濯吾缨。
> 天亦知吾意，故令居水精。水精岂吾居，龙湫老余生。
> 满壁画清溪，坐觉名利轻。

本诗以池阳城的"清溪"为歌咏对象，却不对溪流作具体描摹，而只就溪、池两水名作"清"与"贵"的思辨。清，清高；贵，高贵显要。由"清"和"贵"的相互关系转达出诗人对社会价值评判的观点。

开篇两句"清者未必贵，贵者或不清"，体现了全诗议论说理的鲜明特点，为作品定下了宋诗特有的基调。当头棒喝，如天外飞来，却又自然地引出吟咏对象。

"胡为贵池内，却有清溪名。"诗人的价值追问在清溪身上得到了统一：如何能够像清溪池水一般清、贵两全呢？诗人徜徉在这"清贵两俱足"的清溪旁，熏染于这条清溪流淌着的屈原人格风范；贵池不以显要为尚，不崇仰世代执掌晋国朝政、显贵无比的晋臣赵盾及其后代赵武、赵鞅、赵无恤们。"沧浪之水清兮，可以濯吾缨。"人不仅要刚直进取，也要有豁达的心胸。"出淤泥而不染"的遗风，正可以涤除自己为仕途功名所污染的杂念。

十朋说自己意外地受命移知湖州，不配居住在这高洁之地，虽是自谦，却表白了他自重节操、摒弃功名利禄的决心。诗人以杜老飘零身世自况，借以传达的心意当是：爱国忠怀，始终如一！诗人为自己规划的人生是："龙湫老余生"，"满壁画清溪，坐觉名利轻"——在家乡雁荡山下度过余生，像清溪之水，崇尚名节，淡薄名利。

诗借满眼清澈之水铺展深曲议论："濯吾缨"——"居水精"——"名利轻"，层层转折，议论渐至细密。这最后"坐觉名利轻"一句，曲终意雅，卒章显志。

如此繁复丰沛的感情借议论而出，这番议论当然也就包涵了不同寻常的思致与情韵！诗写景、叙事、议论三者合一，借清溪之名和清溪之景，阐述事物与人生的辩证哲理，终结为要像清溪水一样，淡薄

名利，清白为事为人。

全诗意境雄阔，胸襟博大。写景简约含情，议论细密深曲，尽显宋诗"以筋骨思理见胜"的特色。语言朴淡而又意蕴深隽，笔下的清溪闲适淡远，着意临境消解俗念。这首重理的山水诗字斟句酌，老成持重，虽不免拘谨整饬，却因其富于思辨内涵而耐人寻味。这就是宋诗的"理趣"所在。

王十朋山水诗议论深曲、理趣幽深的艺术倾向，是山水诗发展在宋代特殊文坛风气影响下的必然结果。应该看到，江西诗派开创的议论入诗的传统对王十朋诗歌的表现风格是产生了一定的影响的，再加之宋代士大夫特有的文化思维模式，王十朋山水诗之"理"有了许多新鲜的内容——诗人关于人生与社会的价值判断或睿智哲思。这样，王十朋山水诗的理趣在始于山水诗鼻祖谢灵运辈而发扬于唐人王维、柳宗元们所潜心阐发的玄理禅机之外，具有了更为现实和丰富的内容，寄寓着诗人对于历史、社会、人生等问题的种种感悟。同时也应该看到，这种变化虽然充实了山水诗的内容，拓展了纪游诗的表现力，有利于清晰准确地表达丰富曲折的意思，却也或多或少影响了诗歌审美意境的有效营构。

二、以跌宕文气显顿挫风格："妙曲亦无滕子京"

梅溪晚年诗作才情与腴学表里相资，见得其接受杜诗风格的主动意向及浸润杜甫诗艺的深切程度。品读其长江诗或可窥其诗风诗格渐转深沉之大略。这些诗神会点化，文心独运，在布局谋篇上讲求结构的安排和章法的变化，使感怀诗笔曲折迂回，文气运转跌宕起伏，体现出杜诗沉郁顿挫的格调风貌。

所谓顿挫，是布局谋篇的一个重要手段。指的是文气的跌宕起伏，结构的转折迂回。试看老杜的《登岳阳楼》："昔闻洞庭水，今上岳阳楼。吴楚东南坼，乾坤日夜浮。亲朋无一字，老病有孤舟。戎马关山北，凭轩涕泗流。"这首晚年漂泊诗章的中二联，以乾坤之雄阔，陡然跌入老病孤舟之悲戚，落差极大，顿生回肠荡气的艺术效果，最后以"戎马关山"作结，使跌宕文气再经起落转折，可谓顿挫抒怀的极致笔调。梅溪的长江诗篇也多有以顿挫见长的。凄婉哀愁背后的宏阔与悲壮，本是梅溪山水诗若隐若现的基调，这种基调扎根于梅溪固有的文心诗怀，经历了万里长江之行的劳顿艰辛，感化于山川胜概的悲悯情怀犹如江流奔涌，慷慨激昂，终于自然而然地接受杜诗转折迂回的结构，外化为顿挫的篇章风格。其气脉之贯注，顿挫之蓄势，自是大家手笔。试略观以下几端：

1、"误恩分阃方图报，宿处那堪是报恩"

七律《至归州宿报恩寺》^{诗卷20}巧借双关语义成顿挫之势，结构波澜起伏，声调抑扬顿挫，巧寓君臣通透之理：

> 终夜江声枕上喧，子规未叫已销魂。
> 身乘筚路思熊绎，词诵离骚吊屈原。
> 城邑旧为夔子国，民人多是楚王孙。
> 误恩分阃方图报，宿处那堪是报恩。

王十朋此行，离乡之慨与感恩之思并重，波涛迭起，几经折转得以重重蓄势，步步推进，笔意顿挫有致。

千里跋涉，夜听江声怒吼不息，自感凄清。这是第一波。

水陆兼程，离家千里，尽管"子规未叫"，亦感孤寂。这是第二波。

一路行来，人文景观多多，屈原《离骚》的风采，夔子国的兴衰，楚王孙的恩怨，千年往事每每发人思古幽情。这是第三波。单说那个夔子国，本为春秋时期楚国国君熊绎的六世孙熊挚的后代所建。他的后代受封于夔城（今湖北秭归县），秭归东有夔子城，后为楚国所灭，其后代子孙就以原国名夔为氏，称夔姓。如今早已化为烟尘。

念及此行皇命在身，出任将帅，为封疆大吏，正寻思"图报"，而恰恰又夜宿"报恩寺"，让人情何以堪！无须景语渲染，这最后一句"宿处那堪是报恩"，以"报恩"的双关语义巧妙造句，利用修辞方法把"报恩寺"的宿地纪实与"误恩图报"的内心意愿糅合在一起，蕴蓄着深厚的忠愤之情。这推出的第四波喷发出巨大的冲击力。

报恩寺里思报恩，让人想到的是文天祥"惶恐滩头说惶恐，零丁洋里叹零丁"的情与景。

清王士祯《蜀道驿程记》引梅溪诗"城邑旧为夔子国，民人多是楚王孙"一联，谓"荒山寒日，江声怒号，独坐吟此数诗，不必'猿鸣三声泪沾裳'也"。(1)

2、"刘郎如问旧江山，永安宫草年年绿"

诗人善于在随意点染的景象中寄寓思亲之情、乡国之恋、兴亡之叹、隐逸之思，其所具有的文化意义，正可看作中国诗人所共通的儒家文化情怀。陆游们以及南宋后期的众多山水之作注重山水意象与时代精神、诗人胸襟的契合，正是这一传统合乎逻辑的发展。如作于离夔州东下时的七古《望石首山》诗卷24其一有句曰："吾乡石首黄金色，五年不见深思忆"，由与故乡偶同的山名抒乡国之情，其二则"吟哦"三国刘备史事，发流年之逝、兴亡之叹，笔意顿挫有致，凝聚其中的感情真挚，思想精警。诗曰：

> 巴夔之山厌太多，荆江其奈无山何。
> 舟中遥遥望石首，一点亦足供吟哦。
> 舣舟亦向刘郎洑，应是刘郎招我宿。
> 刘郎如问旧江山，永安宫草年年绿。

离夔东下，厌巴夔山多、荆江无奈，王十朋在沉静中转换哲思视角：刘郎的多情招引，王朝的治乱更迭，引人感喟山河的永恒、时光的易逝、生命的短暂。"舣舟"句有原注云："是夜宿刘郎洑，地以刘玄德得名。"刘郎洑即刘郎浦，位于今湖北省石首市城北的长江北岸，是一个渡口，因蜀汉先主刘备曾在此处屯兵纳婚而得名。《三国演义》中"赔了夫人又折兵"的故事就发生在这里。下句"永安宫"即为刘备托孤的故址。"刘郎旧江山"之问在反复回环中转出了深沉意蕴——杜陵老当年曾带领全家辗转漂泊至此地，看到的尽是冬天的萧条和民不聊生的悲惨场景："挂帆早发刘郎浦，疾风飒飒昏亭午。舟中无日不沙尘，岸上空村尽豺虎。"（《发刘郎浦》）写空村人少，故豺虎纵横，浦中不可复留，飘流未有归计。据《湖北省志》、《湖广通志》、《荆史府志》等方志记载，自唐迄清，无数文人墨客慕名来游，以"刘郎浦"为题的诗篇数不胜数，皆发思古之幽情。王十朋此时可能还想到唐吕温《刘郎浦口号》所云："吴蜀成婚此水浔，明珠步障幄黄金。谁将一女轻天下，欲换刘郎鼎峙心。"苏轼也有《王齐万秀才寓居武昌县刘郎洑正与伍洲相对伍》诗云："江上青山亦何有，伍洲遥望刘郎薮……仲谋公瑾不须吊，一酹波神英烈君。"所咏"波神"，远涉杭州伍子胥庙所祭的英烈王。王十朋的不古之情越转越深，由遥思"旧江山"归落于"永安宫草年年绿"。诗将对自然景物的观照与对历史、人生的反思结合起来，将江山风物转换为饱蘸着诗人奇情异彩的审美观念，表达浓郁的兴亡之感，寄托深重的人生感悟，顿挫笔意应声而出。

在南渡初年内忧外患的时代环境中，凄婉哀愁背后的宏阔和悲壮成为王梅溪山水诗或隐或现的基调，正是诗主人追求人格独立、探求人生真谛的折射。其内心毕竟是苦闷抑郁的。

3、"雄文谁继范文正，妙曲亦无滕子京"

特别值得涵咏体味的是七言古诗《初欲维舟岳阳楼下，适风作，遂泊南津》^{诗卷24}，以徘徊咏怀之致作君臣不古之叹。以章法的转折迂回助推文气的跌宕起伏，其内潜的沉郁顿挫之致一经涵咏令人动容，一流思想家的政治感悟尤显精警深刻。诗曰：

> 岳阳城下风波恶，过客舟船不容泊。
> 遥从湖口入南津，看尽湖山与城郭。
> 楼阁峥嵘照眼明，君山当面如蓬瀛。
> 雄文谁继范文正，妙曲亦无滕子京。

岳阳楼，洞庭湖，历代迁客骚人多有吟咏，乱世时尤多。十朋经历了国土沦丧、仕途颠簸，其洞庭诗作逼近杜甫五律《登岳阳楼》"吴楚东南坼，乾坤日夜浮"的风味，沉郁悲壮，寄托遥深，可谓异代同感。

这首七古宦游诗，写途中遇上"阴风怒号，浊浪排空"的险恶境况，身处南津渡口遥望岳阳楼，援引典故以丰富感怀情思，寄怀仕途感慨。

饱受蹭蹬之苦的王十朋，对岳阳楼早已蓄足观瞻之念。诗的起句直述洞庭"风波恶"，岳阳楼下"舟船不容泊"，登楼不再可能，这是一抑。

次联紧承反转，说自己面对险境，不减向往急切之情，迎风破浪，迂回泊舟，"看尽湖山与城郭"。这是一扬。

第五句"楼阁峥嵘照眼明"，遥承首句，反转"风波恶"之意。

第六句"君山当面如蓬瀛"，谓湖中苍翠的君山像神山仙岛，以眼前所见遥承次句，陡折"不能泊"之意。

这中间两联状景寄慨，视野开阔，气象闳放，意境苍凉，有步武当年杜甫登楼览景之慨，让人感受到洞庭湖的浩渺动荡与岳阳楼的峥嵘照眼，涌起万端意兴，有关身世，也有关国事。

尾联笔墨顿转，观景生情，穿越时空，由追寻"湖山相得"的情景牵来"诗心相得"的一段佳话，于是翻出了一个精警的结句："雄文谁继范文正，妙曲亦无滕子京。"这首七古散句直下，至此以尾联对仗的特殊布局喷发隐痛，形成全篇精神的结穴，画龙点睛，引人警觉！

滕子京本是范仲淹的同科进士，干才明敏，敢于直言。在抗击西夏与治郡安民方面卓有贡献。晚年谪守岳州，治绩为天下第一。司马光《涑水纪闻》称其"修岳阳楼省库银，不敛于民……所得近万缗，楼成极雄伟。"特别是当年心曲美妙，属意范仲淹作《岳阳楼记》，这才有了名垂千古、无人后继的"雄文"；可惜，当今却再无滕子京弹奏的"妙曲"了！"谁继"范文正？"谁继"滕子京？"亦无"范文正，"亦无"滕子京！上句"谁继"是设问，下句"亦无"是判断，互文见义。这个篇末警策之联，似问非问，似答非答，意蕴幽邃，在"微斯人吾谁与归"的无限感慨之中，倾泻了无限的仕途怨愤与苍凉，也深寄着君臣相得、同僚相谐的政治愿望。深沉的寄慨提升了全诗的意蕴品位，使本诗区别于一般摘藻敷采的写景之作。这正是宋诗深折透辟、咀嚼而弥感隽永的地方。

在传统的儒家思想那里，王朝兴衰的要素从来就是两个方面，除了帝王的贤明勤政以外，还应该有股肱之臣的梅盐之和，补偏救弊，匡时济俗。二者缺一不可。王十朋岳阳楼下的这番苍凉感慨，千百年来几人能言？几人敢言？又有几人能懂？

全诗大笔勾勒洞庭风波景物，全是白描如话，不着色象，至尾联才由望中景引出对前朝史事的凝思，从而抒感遣怀。其章法结构和声调节奏波澜起伏，散句跳荡，笔笔顿挫，抑扬有致，而真意贯注，一气流转，内潜的深痛忧愤之情与其往复抑扬的表层风格相融合，从而形成了全诗沉郁顿挫的风格特点。

范仲淹写《岳阳楼记》，忧君忧民，流传千古。试看：

因支持范仲淹而被贬途经岳州的欧阳修作《晚泊岳阳》，感慨曰："一阕声长听不尽，轻舟短楫去如飞。"洞庭夜景清丽明快，诗人独自面对江月江涛，巧妙地以相悖的情与景，感慨个人的失意和对家乡的思念；

黄庭坚《雨中登岳阳楼望君山》其一曰："投荒万死鬓毛斑，生入瞿塘滟滪关。未到江南先一笑，岳阳楼上对君山。"化用柳宗元诗意及班超典故，显示终于挣脱政治风波、九死一生的庆幸，喜悦中深含苦涩；

此前不久的1128年，避乱登楼吊古的陈与义作《登岳阳楼》，感喟"万里来游还望远，三年多难更凭危"，用上了杜甫《登高》"万里悲秋常作客，百年多病独登台"的句法和意境，慨叹苍凉激越……

他们尽管都有无限的离乱悲情和羁旅愁思，可谁敢将思绪追至"妙曲"的弹奏者，将锋芒直指悲恨的制造者？

王十朋同怀伤时念乱之情，然而其诗的命意却迥然有别于诸前贤。当然，企慕君臣相得、同僚相谐的王十朋，尽管积郁深重，憾恨绵绵，发为诗则从来不违"纯臣"身份，依然如此平和、澹定，不作激烈的爆发。王十朋沉郁风格的情感内潜，根柢于儒家传统诗教"怨而不怒"的忠厚之旨，在悲愤之情的表达上，向来善于将感情调控得中规中矩，契合温柔敦厚的诗教。这不是一般诗人能做到的，也不是读者初读之时就能感受其震撼巨力的。

考察王梅溪这番乡关之恋、兴亡之叹所具有的文化意义，我们可以感受到中国诗人所共通的儒家文化情怀，他们总是以宗法制家族体系为基础，以国家利益为最高价值取向。易中天先生概言云，中华文明的内涵应包括"男耕女织的经济生活方式，四世同堂的家庭结构方式，君臣父子的社会组织方式，称兄道弟的身份认同方式，家国一体的政治管理方式"，这"家国一体"一项更是"中华文明的要害"。[2] 小家小国，大家大国，道理是相通的。因此其乡关情结、家国观念，落到文化个体心灵小而化之，很大程度上就起步于家庭观念——齐家，即对于家庭、对于故乡的无穷依恋与责任感。齐家——思乡——治（爱）国——平天下，实际上有一以贯之的精神内涵，展现在诗歌中，辗转激荡，回环生姿，就构成了以杜诗为代表的从形式到内容的"沉郁顿挫"风格。

三、以简笔白描引无限联想："人家数点火，风物一川云"

陶文鹏先生研究指出，"宋代诗人喜爱并擅长营造荒寒意境。宋诗中的荒寒之境蕴含着丰富、复杂、深微的情思意蕴，有政治性、现实性很强烈的，但更多是超越尘世、闲逸淡泊的，饶有诗情画意"；并说："这一首首意境荒寒的诗，乃是两宋士大夫诗人的时代境遇、生活状态、人格个性及其审美情趣所折射出的动人风景。"[3]

1、"香烧数炷柏，移下小僧房"

宋诗人善于借荒寒阴惨之景抒发国家危亡的悲愤伤感，在用白描简笔记录登临、行旅、宿夜、送别等日常生活场景时，善于发现并营造荒寒之境，营构诗歌艺术的理想境界，抒发其怀乡思归之念与落拓不遇之感。王梅溪的五律《宿多福院》^{诗卷19}或称典例。诗曰：

> 古刹名多福，初来宿上方。蜂巢悬败壁，燕垒满空梁。
> 蝙蝠沸盈室，尘埃堆满床。香烧数炷柏，移下小僧房。

本诗只叙不议，留给读者以广阔的联想余地，因了冰冷的浸润，带着些萧索和寒意，却不乏空灵深微的情思意蕴。

颔联、颈联白描古寺的斑驳、衰败、荒寂。刻画具体，形色暗淡，与古刹之"多福"美名形成尖锐对比。大宋王朝一位封疆大员的行旅劳顿与食宿苦境，远非今人所能想象体悟。

尾联与首联呼应："初来宿上方"，后"移下小僧房"，为的是不忍与"蜂"、"燕"为伍，与"蝙蝠"、"尘埃"共宿。尽管僧阁破败荒寒，令人不堪，但诗人移位时仍不忘"香烧数炷柏"，焚香礼佛，不减敬畏神明的慈怀善意。

荒寒背景下的一个佛禅细节的简笔白描，清晰地映现出一位失意官员在跋涉途中的内心世界：向往澄明、追求高洁、恪守人格理想、自觉践履君子修为。儒士形象清晰活脱，大雅君子萧然出尘的锦绣襟怀亲切可感！

诗以片段式的呈现方式平淡地记录生活场景，让读者依据这些平淡的事件要素和细节推想全貌，理解诗人所要表达的情思意绪。

全诗未发一字议论，只次第叙说一夜住宿的经历见闻，即呈现出古刹的凄冷荒寂和行旅的艰辛，透露出诗人的人格取向和行事规范，为人们在盛衰变迁、人世沉浮、穷达离合、得失是非、幸与不幸诸多方面，皆留下无限省思之空间。此或可为宋诗人喜爱"荒寒意境"的诗歌史研究课题补充一个佳例。

宋诗人对荒寒景色似有特别的喜爱与追求。与大唐雍容华贵的气质相比，宋代的确是有一点纤弱的，在北方金人的映射下，这大宋半壁不免显得羸弱、纤细、胆怯。宦游骚人常以诗营造荒寒意境，在半壁山河中寄寓寂寞荒芜人生，寄寓政治失意的苦闷愤懑或旷达超脱的思想感情。

陆游《秋夕书事二首》其二云："僧阁荒寒外，渔村缥缈间。画工今代少，谁为写家山？"《纵游深山随所遇记之四首》其四云："古寺萧萧不见僧，飞鼯满屋老枭鸣。空房终夜无灯火，断木支门睡到明。"秦观贬谪途中作《题郴阳道中一古寺壁二绝》其二云："哀歌巫女隔祠丛，饥鼠相追坏壁中。北客念家浑不睡，荒山一夜雨吹风。"二诗人写的都是荒山古寺，一片败壁颓墙、饥鼠满屋、黑灯瞎火的荒寒场景。其萧索凄凉的景象与夜宿通宵不寐的行旅经历，与梅溪本诗所叙何其相似乃尔！透露的正是宋士大夫们仕宦途中的孤苦凄清与落拓不遇之感。情景相生，细腻深微，真挚感人。

2、"辗转无眠到五更"

再看七律《夜宿思湖口，系缆芦苇间。夜半闻丛中有声，舟人惊起，终夕为之不寐》[诗卷20]，也以平淡的简笔白描写荒寒意象，发羁旅物我之思。诗曰：

> 老境残秋路入荆，眼中何物不关情。
> 芦花间蓼红依白，江水归湖浊带清。
> 狐兔丛深应自贺，鱼龙穴浅已相惊。
> 扁舟夜宿无人境，辗转无眠到五更。

舟宿葭苇深处，夜半惊闻怪声，诗人终夕不眠。静夜中的视觉深受局限，听觉感知却分外敏锐。极远极近，极奇极幻，奥秘无穷，深幽惊险的情状隐然其间："芦花""江水"一联，写秋夜旷野寥廓，芦蓼红白相间，注入湖中的江水一清一浊，界线分明又混沌一片，空阔寂寥的视觉意象蕴含无限情思；"狐兔""鱼龙"一联，写夜间生灵百态，"无人境"中时闻或巨或细的梦幻声响，推知"丛深""穴浅"处的生灵万物有自安者，亦有相扰者，辽远深邃中隐藏着夜半怪声之所自。

全篇白描写实，动态与静态结合，清晰与蒙浑交错，苍凉与鲜活对举，荒寒之夜景透着凄清，透着孤寂，然而即使苍森衰残，却又蕴涵着一种郁勃的生机，"老境残秋"的空旷里寄寓着诗人惊惧相扰、苦乐交织的浩渺思绪。这种鲜明入画的艺术境界与扑朔迷离的自然意象，全出于平淡诗笔，选用的是平常的语词，一经排列组合却生出波澜，见得朴素自然的语言乃平淡风格的重要因素。

自然界的幽静与诗境的空寂，往往需要用声音与动态来衬托。王维《山居秋暝》的中间两联："明月松间照，清泉石上流。竹喧归浣女，莲动下渔舟。"以动写静，用有声衬无声，反衬出终南山的空旷幽静，表现作者归隐山林的生活情趣。这类例子在唐诗中极多，如王勃《春庄》："直知人事静，不觉鸟声喧"；崔颢《入若耶溪》："岩中响自答，溪里音弥静"；杜甫《题张氏隐居》："伐木叮叮山更幽"……钱锺书先生指出，这种以声衬寂、以动写静的现象，属于心理学上的"同时反衬现象"："眼耳诸识，莫不有是；诗人体物，早具会心。寂静之幽深者，每以得声音衬托而愈觉其深；虚空之辽阔者，每以有事物点缀而愈见其广。"(4)

这首诗顺读自然流畅，思路井然，如果倒读，也颇见诗人思绪之转合及其布局之用心："辗转无眠"的原因在于"夜宿无人境"；"无人境"即是中间两联"芦花"、"江水"、"狐兔"、"鱼龙"营造的深邃神秘之境；而此四者正是第二句"眼中何物不关情"所示的"关情"之"物"，它们共同演绎了诗人在首句已然概括的羁旅之思——物与我的"老境残秋"之慨。

3、"樯影落江疑是钓"

又如七绝《过金口市，江中有渚名鲤鱼甲，甲渚上有芦花。连日遇逆风，舟以寸进，挽舟者行芦中，成四绝》[诗卷20] 其二曰：

> 鲤鱼甲露江中渚，芦荻花浮渚上霜。
> 樯影落江疑是钓，巨鳞惊跃鹭飞忙。

长江武汉江夏区金口水域暗礁密布，漩流湍急。原诗其四写舟行江上，逆风千里，"江神不借一帆风，急水难收寸进功"，故诗题有"舟以寸进"之说。

本诗四句全是景语，作不议之叙，写得清新流畅，豁达新奇。一句写江中渚露出水面，扣"鲤鱼甲"其名；二句写芦花白犹如凝霜，以"霜"喻芦荻之白。一个"浮"字，最具动感。秋之时令特色也在动态中鲜明起来：江风吹来，渚上芦荻披靡一片，恍若江浪浮动，起伏撼荡，意象豪阔。后二句，樯影似钓竿，巨细悬殊，比拟奇妙，动中思定；鱼跃鸥鹭飞，虽为惊皇之态，却也生机盎然。

活跃于寒汀远渚的霜天万类，全由简笔白描写出，活力四射，饶有情趣。这是本诗的可爱之处。具象化境，动静结合，远近相连，虚实相生，无须议论道白，平生未遇的激荡风浪中自有亲历者的淡定自安。

4、"秋深山驿冷，萧瑟夜深闻"

梅溪五律《宿大冶县》[诗卷19]曰：

> 隔岸呼舟子，湖山日欲曛。人家数点火，风物一川云。
> 小渡渔人占，中流县界分。秋深山驿冷，萧瑟夜深闻。

本诗以平淡诗笔记游纪行，简笔白描，只叙不议，通过巧妙的意象组合诱人无限联想，体悟思索。

诗侧重于简笔白描舟行江流、夜宿山驿的行旅。由渡河"日欲曛"至晚炊"数点火"，再至"夜深闻"秋声，随着时间的推移，山川胜概历历在目，人的活动次第呈现。黄昏落日的意象是时间变化的符号，映照客子之愁，也映衬着士人的四方之志。

中间两联均属精警名联。

颔联"人家数点火，风物一川云"，写景雄浑而细腻，细大冷暖之对有天趣。暮色里，立江岸观看城内，数点灯火缀闪于房舍之间；立城头瞭望江天，眼前风物笼罩在一川暮云之中。寥廓江天掩映着江城风光、村野气息，冷落中不乏人世温馨。

颈联"小渡渔人占，中流县界分"两句，字面顺序应是"渔人占小渡，中流分县界"，以拆字安排而刻意取胜。将"中流分县界"的自然景观与"渔人占小渡"的生产活动组合在一起，似不相关，这一"分"一"占"却组成一幅冷暖相宜的天然画图，呈现了大千世界的内在机理。

前六句大笔渲染，动静结合，冷暖对映，细大成趣，诗人沉迷景色，不知身在行旅中；尾联以声衬寂，写夜宿秋山冷驿闻秋声萧瑟。一日行旅收结于荒寒幽静的场境，一个"冷"字点明了行旅心境，骨子里终于透出了属于诗人自己的羁旅愁情、寥落客怀——这恰好反映了十朋的情感本色，对壮美景色的体悟往往融入了他独具的忧患意识，臻至雄浑与清逸交汇融和，古朴与清丽浑然一体。

钱志熙教授将诗派之争置之一旁，放眼有宋一代的诗风流变，引此诗作为十朋后期诗风"受到当时正盛行的江西诗派影响"的例证。指出，像《宿大冶县》这样的诗，"在写景的五律诗中，是算比较雄浑的，但骨子里仍然是清逸的"，"让我们想起宋初的九僧和他的同乡永嘉四灵"。[5]

知言哉，此论也。江西诗派末流的影响本是王十朋有意识排斥的，王十朋本人也自有一番出入江西的诗学历程；"永嘉四灵"则是南宋反对"江西诗派"而独成的一个诗歌流派。钱志熙先生有意将它们与宋初九僧勾连起来，特别是勾连了同来自雁荡山的两位诗坛高手，从王十朋"淳淳穆穆，有元祐之遗风"的诗中读出了江西诗派的影响，读出格近晚唐的九僧诗、翁卷诗的风味来。几种不同的风格在一首诗中互相渗透融和，这或许有些让人匪夷所思，但毕竟让人品味出来了。应该承认，写诗者与赏诗者都是极有能耐的！

钱志熙先生对梅溪融和诗风的体认定位，确是深得三昧、一语破的之卓论，创获醒人，似未前闻，令人耳目一新。

回望钱锺书先生当年在《宋诗选注》中，曾特引王十朋"非坡非谷自一家"句称赏韩驹的诗风诗格，在评析江湖诗派时又指出："江湖派不满意苏黄以来使事用典的作风，提倡晚唐诗；严羽也不满意这种作风，就提倡盛唐诗。江湖派把这种作风归罪于杜甫，就把他抛弃；严羽把杜甫开脱出来，没有把小娃娃和澡盆里的脏水一起掷掉，这是他高明的地方。"(6)这段话不妨引来印证未曾独立成一派的梅溪诗。王梅溪不可避免地濡染江西诗风，却情有独钟地推崇"非坡非谷自一家"的韩子苍，称赏韩诗跳出苏黄窠臼而融汇苏黄之长，不拘用典，清新圆熟，锻炼工稳；从而透露出梅溪本人不拘一格、句法出色、自成一家的诗学追求。梅溪尊杜学杜，排斥江西派末流，一再直白宣示"诗不江西语自清"，他的诗追慕韩驹清逸圆润风格，补弊黄氏之缺失，在疏离江西派的努力中，有回归晚唐诗风的现实表现，却依然留存时代风潮熏染的江西习气痕迹。王梅溪的诗学理论主张及其转学多师的诗学实践，深涵智慧，对于南宋中兴诗人群体的形成和发展自有导夫先路的作用。

《中国诗歌通史·宋代卷》在论述"绍兴诗风的典型特征"时称："绍兴诗歌，作为一种文学史现象来说，是指建炎、绍兴年间的诗歌，即南渡以后、中兴之前三十多年间的创作。"又概言云："宋诗从苏、黄的元祐时代，经历了北宋末年的低谷，到南宋陆游、杨万里的乾淳时期获得中兴，而这与南渡之后绍兴诗人的努力密不可分——正是他们拉开了宋诗中兴的序幕。"(7)如果认可这个结论，窃以为，绍兴诗歌的江南本土代表人物王梅溪，正堪当"拉开了宋诗中兴的序幕"这一重要角色！

祝尚书教授在论述"中兴四大家"的诗学群体意识时，指出："四大家继承江西而又超越江西，重新建构了外向型的中兴诗学体系，实现了由'闭门觅句'到'征行有诗',由'资书为诗'到'诗在山林'的诗学转变。诗人视野由狭窄重新转向开阔,诗歌境界由自闭逼仄再次走向开放扩大。"(8)钱志熙先生体悟的梅溪诗风味,其开阔的视野、开放的境界以及"继承江西而又超越江西"的种种现象,不正是开"四大家"风气之先的艺术表征吗?梅溪诗在继承江西派的同时表现出了更多的疏离和排斥,却又不像江湖诗派四灵那样完全宗法晚唐,显得偏激决绝。梅溪诗的整体审美趣味之于江西诗派,可以说是在继承江西派基础之上的去芜存菁、去弊纠偏的重建。他的"诗不江西语自清"的审美倾向与王庭珪的"诗从平淡人难到,语不雕镂句自清"(《和曾英发见寄二首》)颇为契合。

其实后人的体味评判,无论好坏高低,已与诗人没有多大关系了。梅溪只是习惯性地简笔白描沿途见闻,稀释遥遥宦途的寂寞,为孤寂的灵魂找一个安放的处所,无意于后人会由此产生怎样的联想。乡邑后学如钱先生者对本诗的这种体认和识见,似在启示我们:南渡初的王十朋,转益多师,他的诗包括五律山水诗,自有特色,内容上未必每首都有鲜明深刻的社会现实性,形式上也不属于哪一个特指的流派,但却有细腻深微的情思意蕴,是诗人某一心境的写真,具有"雄浑"与"清逸"的融和之美。梅溪诗炼字锻句,讲究格律,诗思新活而不见斧凿痕迹,正体现出他所推崇的"非坡非谷"体的清逸诗风。王十朋诗风的原生态,也许本来就属于清代诗论中那个兼取唐宋的"择善而从,分体各师"的无派之派!

四、以斑斓意象呈宋诗韵致:"眼中何物不关情"

梅溪长江诗既有跋山涉水的艰辛,也有寻幽探胜的愉悦,少不了关心时政、留意民瘼的篇章。与诗人独到的人生体悟以及立身原则相关,这些诗中的不少"质直"篇章,意象斑斓,呈现出宋诗的某些独特风味。有的析儒释通透之理,有的发羁旅物我之思,有的富有戏谑调侃之味和夸张神奇之妙,呈现宋诗特有韵致,不乏哲理之趣与婉曲之韵。试分四个类型简说之。

1、禅林之幽,清逸意象,悟儒释通透之理

如七律《题讷庵》[诗卷19]曰:

休论摩诘与文殊，试把庵名扣大儒。
君子于言端欲讷，贤人终日只如愚。
乐山自昔称仁者，利口由来恶啬夫。
听法双峰空耸耳，老禅惟要一言无。

诗序云："圆通讷老以讷名庵。题是庵者，多用禅语。予以儒说证之。"其用意在于提领诗的主旨。圆通寺讷老以自己的法号"讷"名庵，禅者多以禅语题说，当然也无可非议，但王十朋却试着不用禅语，不以"摩诘与文殊"论说，而要"以儒说证之"。诗开宗明义："休论摩诘与文殊，试把庵名扣大儒。"其用心或许就是要尝试选用典型个案，从儒释相通的一面切入，阐述早年试论过的"中外信仰不异"说："我亦笔头为佛事，未应中国异西方。"（《次济上人韵》诗卷8）

诗由讷老的"讷"字引意，综合化用《论语》中有关仁者品性的论句，将"君子讷言"与"贤人若愚"、"乐山称仁者"与"利口恶啬夫"两两比照，突出圆通寺讷老佛道渊源深邃而"惟要一言无"的"仁者"风范。"君子于言"句语本《论语》。《学而篇》："子曰：'君子食无求饱，居无求安，敏于事而慎于言，就有道而正焉，可谓好学也已。'"又《子路篇》："子曰：'刚、毅、木、讷，近仁。'""讷"是指说话谨慎，不随意，少言语。"讷""愚"之说正契合于孔夫子的"大儒"之道：具有刚强、坚毅、质朴、慎言四种品质，方才近于仁德。与孔子在《学而篇》中反对"巧言令色"，在《宪问篇》中"耻其言过其行"，在《颜渊篇》中的"仁者，其言也讱"的主张是完全一致的。"听法双峰空耸耳，老禅惟要一言无"，是说禅林听法者仅凭"耸耳"专心是不可能有所得的。"一言无"正是"仁者"高标，讷老一如"君子""贤人"，慎于言，不随意说话。

言谈举止是仁者的外在表现，十朋秉承儒说，以圆通寺讷老为典例，以"刚、毅、木、讷"为标准，强调了仁者的内心修养，沟通了儒释二教的修为范式。用心可谓周全，释理有据而通透。又如《石镜溪》诗卷19循物生发，涉笔成趣，融纯逸无邪之韵。诗曰：

山中有镜石为台，云雾深藏未肯开。
别有一溪清似镜，不须人为拂尘埃。

郑定国先生以禅意解读此诗，谓"全诗皆有禅味，似可作'菩提本无树，明镜亦非台，本来无一物，何处惹尘埃'之注脚"云云。这是对梅溪悟性诗境的称许。叶嘉莹先生有论曰："我以为境界就作者而言乃是一种具体而真切的意象的表达；就读者而言则是一种具体而真切的意象的感受。"[9]诚然。此诗一、二句说山中镜石深藏云雾之中，难得一见，犹如人心之难明；三、四句说溪水清澈如镜，一尘不染，化用禅诗意，以喻意人之本性清纯无邪。作者的表达和读者的感受都臻至禅悟之境。诗人亲临清溪石镜台的美悦体悟，温暖人心，警戒人世。这或许就是"禅味"之所在。

2、山川胜概，雄浑意象，饶有情理调侃之趣

王十朋模写山川胜概，抒发逸兴壮思，诗笔隽秀，饶有情趣。如七绝《望大孤山》[诗卷19]曰：

> 番阳古渡留遗冢，湖口烟鬟露淡妆。
> 九女何由从童子，两姑那肯嫁彭郎？

诗咏大小孤山，绘长江两岸美景，意境自然雄浑，以传说中的民俗文化寓戏谑调侃之趣，有禅悟之韵。

大孤山在今江西九江市东南鄱阳湖中，四面洪涛，孤峰挺峙；小孤山在今江西彭泽县北的长江中，屹立中流。两山遥遥相对。欧阳修《归田录》："有大、小孤山，在江水中，巍然独立，而世俗转'孤'为'姑'。"讹音称大姑山、小姑山。彭浪即彭浪矶，在江西彭泽县西北小孤山附近，临长江。欧阳修《归田录》云，彭泽县境长江"江侧有一石矶，谓之彭浪矶，遂转为彭郎矶，云彭郎者小姑婿也"。

诗运用了诗歌与散文相结合的表现手法。所谓散文，是指诗前序文，云："湖口罗家渡中流见大孤山，世俗以孤为姑，以彭浪为彭郎，遂有小姑嫁彭郎之语，东坡戏见于诗。番阳有童子渡，渡头有小山如冢，世传为九女冢，见于图经，其事甚怪，盖亦世俗流传之讹。遂以二渡所见，戏成一诗。"序文交代了作诗的时间、地点、环境，记叙了诗人所见所闻的关于大孤山、小孤山与彭浪矶，童子渡与九女冢的故事传说及相关考证简况等。诗人就以此见闻戏成一绝。诗歌文本与题序散文巧妙分工，相互补充，和谐结合，可谓珠联璧合，使作品兼有诗歌与散文之美。宋代诗人中把诗题序当作精美的小品文来创作的人不少。梅溪

山水诗与宦游诗题序小品文数量多，艺术水平高，很值得我们关注。

全诗28字，写景生动形象，抒情轻松放达，对仗工整，堪称佳构。以"烟鬟""淡妆"描摹大、小两孤山的外在形貌，其朦胧于如烟如雾云霞中的素雅妆扮，逗人遐想思慕；又由东坡当初"小姑前年嫁彭郎"的决绝语态生发开去，向世俗流传发出了"何由从童子"、"那肯嫁彭郎"的疑问，在貌似严肃的诘问审察中不乏戏谑调侃之趣，流露的是艰辛行旅中对民俗文化的浓烈兴致。

3、瞬间感知，了悟意象，富涵生活情趣哲理

王梅溪善于捕捉自然景物的瞬间景象，创造出令人感动的生命意象，给人以惊喜冲击之力。如《芦花》[诗卷20]其二曰：

> 芦花两岸风萧瑟，渺渺烟波浸秋日。
> 鸥鹭家深不见人，小舟忽自花中出。

首句写芦花夹岸，秋风瑟瑟，景象不免萧条；次句写烟波渺渺，秋光浸漫，秋日淹没在水里，远近空旷寂寥；三句写鸥鹭深藏，不见人影，周遭寂静沉闷。一切都像是静止了，凝固了，枯竭了，了无生机。末句却突显转折，"小舟忽自花中出"，欸乃一声，"小舟"自芦花丛中悠悠荡出……这静谧中的动态让人眼前豁亮，心生惊喜，富有喜剧效果。这一转一接，曲尽其妙，极有冲击力，"萧瑟"意绪一扫无遗，残秋老境顿显生机。郑定国先生对此激赏有加："第四句之跌宕生姿，实自前三句之蓄势。末句景中有情，意象类似'柳暗花明又一村'，多予人了悟之境界，此种人类知觉与潜意识溶叠之感受，令人有勃勃光明之生命力。"

诗中三四句所写的情景，人们在生活中往往会遇到，优秀的诗人能通过艺术作品捕捉下来，化为感人意象。宋人诗句如："隔林仿佛闻机杼，知有人家住翠微"（道潜《东园》），"青山缭绕疑无路，忽见千帆隐映来"（王安石《江上》），"菰蒲深处疑无地，忽有人家笑语声"（秦观《秋日三首》），"春雨断桥人不渡，小舟撑出柳阴来"（徐俯《春游湖》），"山重水复疑无路，柳暗花明又一村"（陆游《游山西村》），"荒桥断浦，柳阴撑出扁舟小"（张炎《南浦》词），等等，都富有生活情趣，且在一定程度上越出了自然景物描写的范围，寓涵生活哲理，跃入人生境界的高度。这些诗句在当时都极受称

道，据记载，与王十朋同时代的徐俯还因此名动一时。可憾者，十朋的此等好句却未见有诗论家举及。

4、夸张浪漫，意象神奇，颇多婉曲深沉韵致。

如《上大望州钻天三里》[诗卷20]其二曰：

> 豆子山前火墨溪，迢迢一岭与天齐。
> 肉身安得钻天手，肝胆崔嵬自作梯。

钻天岭者，顾名思义当高耸入云。原诗之一言其高曰："试于大望山头望，望见人间是峡州。"简直是天界幻视，想象奇特。本诗则只用"迢迢一岭与天齐"一句，极言其"欲与天公试比高"的气概，重点在铺写想象，说自己虽无钻天之长臂，却有巨大雄伟的肝胆，可自作云梯登上岭顶。藐视高峰，气概豪迈。

一个极度的夸张，一个奇特的想象，营造出一个具有独创性的美妙意象。王梅溪这些夸张与比喻并用、写实与幻想结合的诗，颇有南朝梁代文论家刘勰《文心雕龙·辨骚》所说"酌奇而不失其真，玩华而不坠其实"的艺术效果。又如《初入巫山界，登罗护关，云雾晦冥。默祷之，因成一绝》[诗卷20]曰：

> 西来水陆备艰辛，只为君恩不为身。
> 为向巫山神女道，莫将云雾恼行人。

巫山在四川境内巫山县东，是巴山山脉的高峰，有十二峰，巫山神女峰下有神女庙。传说楚襄王与宋玉游云梦台馆，宋玉告以楚怀王曾游高唐，梦见巫山女神与他欢会。神女辞别时说："妾在巫山之阳，高丘之阻。旦为朝云，暮为行雨。朝朝暮暮，阳台之下。"其夜襄王寝，亦梦与神女遇，其状甚丽。

水陆兼程，备尝艰辛。王十朋八月十五日离别庐山赴夔州，直至十一月一日才到达夔府任所，历时两个半月，途中辛劳可想而知。"只为君恩不为身"，肩负皇命"西来"夔州的王十朋，怀着一种不负圣命、舍我其谁般的使命感承受沿途艰苦，时有诗性浪漫之思。此刻，巫山群峰但见云雾弥漫，白昼晦冥，于是诗人不无浪漫地向巫山神女默祷：请不要卷起漫天云雾，阻挡行程，烦恼行人！诗人向神女的默祷类属戏谑，居然灵验惊人。请看下一首《雾开复成一绝》^{诗卷20}：

> 关登罗护饭邮亭，云雾迷人昼晦冥。
> 神女有灵呼即应，廓然山色为吾青。

"有灵"的"神女"，一呼即应。也许就是一顿饭的工夫，漫天云雾即被吹散，天空豁然开朗了，山色为我青苍！尽管云集云散、水涨水落纯属自然现象，并非甚么神明能主宰的，但在痴情的梅溪看来，那绝对是"神女有灵"！真乃神奇幻想，颇有浪漫风情！

诗运用了白描写实与想象虚拟相结合的艺术表现方法，营构意象创造意境。末句"山色为吾青"的神灵意象，化用李白《独坐敬亭山》"相看两不厌，只有敬亭山"的诗意，妩媚可亲，与王安石诗《书湖阴先生壁》"一水护田将绿绕，两山排闼送青来"、辛弃疾词《贺新郎》"我见青山多妩媚，料青山见我应如是"有异曲同工之妙。陶文鹏先生评曰，"写实与幻想的结合，使此诗意境瑰奇迷人，情趣盎然"，"生活气息浓郁，又不乏瑰丽奇幻的浪漫色彩"。

再如《石笋》^{诗卷22}一绝：

> 白帝祠前石笋三，根连滟滪立相参。
> 不知此石能言否，往事应同老柏谈。

王士禛《带经堂诗话·遗迹类上》云："白帝城枕白帝山，石垣缭绕，上及青冥，羊肠数转，始达绝顶。正俯瞿唐两崖，滟滪石在其西，孤峙江面。南向为昭烈庙……"，引陆放翁《白帝庙》诗曰："参差层巅上，邦人祀公孙。力战死社稷，宜享庙貌尊。丈夫贵不挠，成败何足论。"⁽¹⁰⁾

亲切生动地称呼没有生命的山、石、草、木、虫、鱼等物，并赋予其生灵迹象，这是杜甫诗的习惯技法。宋人很喜欢学这一点，如王安石《与微之同赋梅花》："少陵为尔牵诗兴，可是无心赋海棠？"郑樵《灵龟潭》："着手摩挲溪上石，他年来访汝为家。"梅溪绝句《石笋》也是一例。诗人将石笋人格化，想象白帝祠前的千古三石笋、百年二老柏，"根连滟滪"，见证过白帝城的历史风云，千百年间阅尽人世变迁，必会将所历"往事"倾情相诉交谈。诗人也参与这场历史对话，"谈往事"，"立相参"，却不免心忧"此石"言之未畅，诉之未尽，故使历史又显得极为沉重，思古之问转向了婉曲深沉，不再那样直白了。

梅溪诗中还有以通篇意象见奇的。如去夔东下时所作的《虾蟆碚水》^{诗卷24}，精心构思，创意新奇，以诗人自己宦海翻腾的阅历着意拓展对社会历史的宏观透视。诗人异想天开，由汲水瀹茶之"险"、之"迂"、之"遐"、之"僻"等切身之苦劳，痴想石虾蟆"有灵""上天衢"，到广阔的天空，任意通行，能"以水为雨露，助天泽寰区"——遍播恩泽，滋润天下！

此番意境虽属一厢情愿，但谁能说这是不合情理的痴心妄想。宦海翻腾、纵横忧患的社会阅历拓展了诗歌的题材，壮大了诗歌的生命。诚如宋真德秀所言，梅溪诗"绝去雕琢，浑然天质，一登临，一燕赏，以至赋一卉木，题一岩石，惓惓忠笃之意，亦随寓焉"。（11）

总体说来，王十朋万里长江行的山水吟唱，艺术技巧趋于成熟。不少点滴题材，顺手拈来，一经掉弄，自成佳趣，值得反复体味。非斫轮老手，何可及此！然而，也不能不指出，在清新洗练、形式自由的同时，也不免落入宋人的一贯窠臼，往往有佳句却少佳篇，难以达到严羽所谓"别才"、"别趣"之境界。

五、以异体之调发时空之慨："千秋长在月明中"

一般说来，组诗多为同体组合。但《江月亭二绝》^{诗卷21}却一为五言，一为七言。细察之，或可见得诗人擅长调遣异体的艺术匠心，由此更探得诗人与自然的契合及其风月同天的宇宙意识。

胡应麟《诗薮》云："五言绝尚真切，质多胜文；七言绝尚高华，文多胜质。"又云："五言绝调易古，七言绝调易卑。"（12）考之王梅溪的这两首绝句，信然。其五绝句短调古，情感真切，偏重于"质"，全诗没有铺张的描绘形容，没有出人意表的构思，内容茂朴蕴藉；而七绝便与五绝不同，词汇富丽了，声调雄健了，起承转合的层进很明显，诗意宛顺，偏重于高放的议论，"文胜于质"，较之五绝的古拙感受，自有不同的韵味。梅溪洞然于诗之句型格律与风神韵味的内在关联，以易古易卑之组合二绝发千古时空之慨。作如此体式布局，可谓之深得为诗奥妙。

1、《江月亭二绝》其一

　　　　长江何处水，明月几州天。月与江无约，相逢是偶然。

　　乾道丙戌二年（1166），十朋时年55岁，于长江之畔的江月亭上临江观景赏月。诗人伫立江月亭，面对江流明月，意兴飘逸，在极为悠阔的时空背景上高视阔步，联想苏轼《与莫同年雨中饮湖上》诗："到处相逢是偶然，梦中相对各华颠。"用两短章抒发对宇宙、人生的无穷感慨。

　　这首五绝，临水遐想，望月兴叹，着意于空间感悟。首句写江，二句写月，三句合笔江与月，四句归于人事聚合。笔法俨然，意绪却水天飘飞，物我转合，气度恢弘高远。

　　起笔似问而非问，"何处"、"几州"，两个无指代词无限地拓展了江流和明月的地域空间，在好奇的、天真的、难有答案的趣问之中把读者引入水天一碧、上下无垠的境界。天宇广袤，江河辽远，怎能奢望有阴晴圆缺的月光会时时普照万里长江水域的东西南北？宇宙万物按照各自的规律运行，只有明月中天之时，寥廓江天才会呈现月光照水、水光映月的澄明景象。三、四句道明江与月的"相逢"照映，只是"偶然"机缘，并非由单一的某方主观邀约而成。况且，如前辈东坡老所言，人生"到处相逢"尚且属于"偶然"，自然风物本无人的意念和灵性，哪有相约在先的事呢？白居易当年送别元稹，作《重寄》诗云："悠悠天地内，不死会相逢。"而后来者辛弃疾词《鹧鸪天·离豫章，别司马汉章大监》则说："聚散匆匆不偶然，二年历遍楚山川。"岁月蹉跎，转瞬即是千年，人生自是离多会少，飘零路上匆匆分别或者相逢，都属寻常事理，难能刻意求之。贵乎梅溪将人事与江月勾连起来了，既明白揭示"月与江无约"，因而"偶然"的"相逢"弥足珍贵；但又深信即使"无约"，月与江终究会"相逢"辉映，因为"偶然"也是事理发展的一种机缘。

　　王梅溪像宋时许多思想家一样，积极探索"天人关系"，把自己的生命意识、人的精神世界置于广袤的宇宙之中，思考历史的发展、王朝的盛衰、自然的规律，寻求生存的价值、人生的意义与生命的最终归宿。蕴含于两首小诗中的此番时空哲思，无所不包，浩瀚无际，既演绎了自然物理，又揉入了身世人情，盖出于对自然规律的信仰和敬畏。其援引的苏轼诗意，使诗句又平添了一番浪漫开阔的情调。

　　2、《江月亭二绝》其二

江山今古几英雄，割据并吞总是空。

唯有江流不转石，千秋长在月明中。

这首七绝，侧重于时间感慨。连用两典，都出自杜甫诗句。

"割据并吞总是空"，指白帝城的征战兴衰历史，从古夔子国为楚所灭，到西汉末公孙述据以自称白帝，再到三国时蜀先主伐吴兵败托孤……杜甫《阁夜》诗曰："卧龙跃马终黄土，人事音书漫寂寥。"句中"卧龙"指诸葛亮，"跃马"指公孙述。语本左思《蜀都赋》："公孙跃马而称帝。"诗圣所咏"黄土""寂寥"，即是梅溪所言"割据并吞总是空"，秉承儒家正统观念呼应前辈苏轼《赤壁怀古》"大江东去，浪淘尽、千古风流人物"之哲思浩叹。

诗中的"江流不转石"，语出杜甫《八阵图》诗："功盖三分国，名成八阵图。江流石不转，遗恨失吞吴。"杜诗原意谓江流虽冲激甚烈，但八阵图遗迹却终不消失。十朋改"石不转"为"不转石"，依然是三仄声连用，或用以特称横贯于瞿塘峡口江心的滟滪堆巨石。王十朋《滟滪》^{诗卷22}诗云："天将此石垂深戒，看取形如象马时。"又，《与二同年观雪于八阵台》^{诗卷22}诗题有"诵少陵'江流石不转'之句"。

诗起笔于"江山"胜迹、"英雄"伟业，随即就"今古"变迁发出了霸业成"空"的一声喟叹。文字极简约，内容极丰沛。历史上几多英杰，尽管"割据并吞"，叱咤风云，不可一世，但"卧龙跃马终黄土"，虽有大志而未成大事，无论贤愚忠逆都同归于尽。唯有浩瀚的长江水，从远古至今奔流不息；耸峙江底的不转石，自蛮荒以来岿然不动；更有这中天明月，即使历经阴晴圆缺，终究会千秋普照，亘古长存！"千秋长在月明中"，诗人将古今兴衰、得失荣辱的无限感喟全然消融于永恒的江天明月之中，终归于一片高远超旷！一切有生，终归泯灭，犹如曹操所咏"神龟虽寿，犹有竟时"，他的过人之处在于相信宇宙的永恒及由此申发的人生的千秋价值。生命意识的考量在此有了上乘的表现。

"转头空"的话题已被历代诗人千番言说而远未穷尽。白居易《自咏》诗说得轻巧："百年随手过，万事转头空。"苏轼《西江月·平山堂》词云："休言万事转头空，未转头时皆梦。"同代陆游《黄州》诗云："君看赤壁终沉寂，生子何须似仲谋！"明之杨慎《临江仙》词云，"是非成败转头空"，"古今多少事，都付笑谈中"……表达的似乎都是这个意思。但"转头"并非易事，明知是梦，人们还是要把这梦做下去。相比较而言，王十朋所言之梦指的是那些"割据并吞"的"英雄"。王十朋并不消极避世，"不转石"与"千秋月"是他参透世事后的执着选择。至今读之犹令人神情振奋。

再说"长江"与"明月"，在我国古典诗歌中，永远是个奇伟而美妙的存在。特别是月亮，这个千古之谜引得多少诗人沉思追问。屈原的《天问》这样问月："天何所沓？十二焉分？日月安属？列星安陈？"诗仙李白这样问月："青天有月来几时？我今停杯一问之，人攀明月不可得，月行却与人相随……今人不见古时月，今月曾经照古人。"他的愿望只是"唯愿当歌对酒时，月光长照金樽里"。到了张若虚的《春江花月夜》，更是把月亮、长江、诗人自己统统问了个遍："江天一色无纤尘，皎皎空中孤月轮。江畔何人初见月？江月何年初照人？人生代代无穷已，江月年年望相似。不知江月待何人，但见长江送流水。"轮到苏轼和王十朋发问了，苏轼问道："明月几时有，把酒问青天。"他在意月亮的"阴晴圆缺"，把"天上宫阙"当成自己前世的家；梅溪慨然自答：月江无约偶相逢，"江流长在月明中"。强调的是月亮与江水的"千秋"之长远。他们是在接续前人的未竟之思，继续探究那个永远难有谜底的谜。大千世界的运行自有其道，岁月不居，时节如流，千秋不易。我们似乎懂了，却依然不能道尽其中的奥秘和韵味。

自古以来望月抒怀与登高望远一样普遍。每个时代都有人面对如谜的月亮发出过追问。王梅溪江亭望月，临水兴慨，所作《江月亭二绝》自有开阔宇宙、跨越古今之势。

月还是那弯月，然而江山已改，人事亦非。明月的清辉，千载同怜；诗人的追思，古今同感。王十朋的探究是在回应千古诗人的追问吗？"人人心中皆有，个个笔下却无"，王十朋妙手"偶"得，也算是借江山神明之助吧！

《江月亭二绝》的创作是梅溪诗歌艺术成就的一大进展，这反映了梅溪的现实主义笔触不仅执着于现世中的人、事、物，也转向了人们幽深而渺阔的思想灵魂深处，从情感的角度追踪动荡现实下人们的一缕哲学思考。

诗人借景抒情，将议论融于写景叙事中，感悟空间，也感慨时间，寄托了自己对自然宇宙和历史人生的哲理体悟。他没有被困于简单的世情之中，而是超脱于外，俯瞰尘土功名、人生悲欢、世事兴衰。"江石明月"就这样被赋予了优美而蕴藉的意象，从而使功名的虚幻、人世的悲欢得以被审视、被体验、被超越，提炼出普遍的哲学意义。

黑格尔说，诗的最高境界是近于哲学的。梅溪诗的文采与理致高度统一，体现了风月同天的宇宙意识及人与自然一体的哲学意味，气定神闲，淡泊、宁静、通达、自然，饱含着诗人个体复杂的人生体验和态度。梅溪既有锲而不舍的奋斗与持久抗争的积极一面，也时而在无法掌控的命运面前感到茫然无措、听天由命的软弱一面。面对浩渺莫测的宇宙，他时而振奋、时而错愕，时而为浓重的失落感、空幻感所包围。但毕竟历尽仕途的险恶、人生的坎坷，百忧尝遍，他获得了一种由"总是空"迅即转为"江石明月"般的坦然心境，以超越世事的姿态面对当下的困局。他善于把自己的思想和人生落寞放在广袤的时空中寻求解脱，寻求通透。

这种近于哲学的觉解是他治疗政治失意的一剂药方，逃忧遣闷，虽然苦涩，却往往有效。可以看作是他诗风渐趋沉郁顿挫的内在心境基础。

溯其源，石不转与水长流并提，江水之无穷与人生之短暂相比，这些朴素的辩证思考始发于《论语》的"子在川上曰，逝者如斯夫，不舍昼夜"，再经由李白《把酒问月》诗的"今人不见古时月，今月曾经照古人"，一直发展到杜甫《戏为六绝句》的"不废江河万古流"和《登高》诗的"不尽长江滚滚来"，终于由苏轼的《赤壁赋》从对"水"与"月"的永恒性的体认中定格于他的"变"与"不变"的至理名言。沿着历代名家吟咏杰作的轨迹，王梅溪同怀俯仰豪情，以天上之"月"、地上之"江"以及江中之"不转石"为标杆，以短促人生、英雄业绩为对立面，借寥廓、邈远、神奇而精巧的诗境俯瞰今古，歌颂永恒，娓娓道出了属于他自己的宇宙观念即对于宇宙永恒性的领悟，可谓一脉相承，真有笙磬同音之合！

除了李白、杜甫、苏轼，世上会有几个诗人能把常人难以言表的人世的悲欢离合、兴衰得失以及宇宙人生的时空哲理，说得如此深挚旷达、哀婉美好？

梅溪的警策之句辉耀于群星灿照之间，昭示诗人不逊于先辈思想家特具的开阔胸襟与哲思风采。谁能一语定其轩轾呢？谁能说后浪不能推前浪呢？

王梅溪之所以能在纷繁的时空追问中留下自己的声响，归因于别有怀抱之人自能兼容并蓄，自有奇思妙想，由星辰万象发而为警言奇语，给心怀天下之人传送熨帖暖意！

对人生与世界的观念是一种宇宙式的观念，在自然科学极不发达的千百年前，王梅溪的思索探求，超越他所在的物质存在之上，本是一件匪夷所思的事情。而哲人王梅溪居然于伫立江头的所在作天上人间的精神远游，即地择取江、月、石等自然物象意象，以最贴切的语言，透析层层虚空的神秘，揭橥事物与世界的本质，提炼出风月同天的宇宙观，给人以最熨贴的心灵安慰。纯乎是灵性使然，根植于诗人的天性，涵盖了人生、道德、政治、哲学、艺术等一切领域，着实让后人无比感佩怀念，生出无限感悟！

从七绝的演进情况来看，唐绝句的主流是浑然天成的风格，杜甫绝句已有精细变化，黄庭坚绝句基本继承杜甫的，苏轼绝句则融入了特有的浪漫开阔的理性情调。王梅溪这类既圆润自然又兼及哲理、议论的绝句作品，虽然为数不多，走的当是苏轼的路子，即盛唐风格与宋诗特点的融汇之路。王梅溪向以入世务实自许，此番超越生命意义的哲思，为其纵向的人生思考注入了一种缠绕翻滚的情绪，深情苦语中有无限开阔的豪情深慨，仕宦蹭蹬、老大失意的抑郁终究掩盖不了全篇高视阔步的浪漫雄放之气。

另外，按平起式七绝格律，"唯有江流不转石"句中的"不"字处当为平声。此处三仄声连用，下句又不见平声救拗措施，疑有不妥。但考之格律原理及其救拗法则，若下句"千秋长在月明中"的第五字"月"改用平声救转，则犯"三平落脚"不被允许，故这一"不"字的用仄历来从宽解释。诗人承用杜甫"江流石不转"句意，改主谓结构的"石不转"为偏正结构的"不转石"，既照应了上文的"唯有"，组成动宾结构，成为"千秋长在月明中"的叙述主体，读起来气势通畅，且有加深本诗古风式印象之用心，略存古诗意趣，引人涵咏深味。王梅溪作诗锤句锻律，下字调韵，于抑扬抗坠之间甚为讲究，格律严谨，经得起推敲。值得称赏的是，杜甫五绝中"江流石不转"的意象被梅溪七绝用得有神无迹，神形兼备，如此自然。作者主张"非坡非谷自一家"，此诗当可引为一佳例。

六、以运词之妙见诗艺之精："放出神仙八九峰"

陶文鹏先生称，"王十朋喜欢并擅长从山水名、人名、地名展开意象思维，引发诗意的想象和联想，从而获得灵感，写出构思新巧又意蕴深远的诗篇"。前录《左原诗三十二首》及《过白溪》等篇什很集中地表现出他的这一艺术特长，《至瞿塘关戏用山名成一绝》[诗卷22]也有异曲同工之妙，构思新巧，意蕴丰富，凸显其谐音构思之巧。诗曰：

> 取友要如山"胜己"，居官宜似地"清帘"。
> 边亭未静尚"赤甲"，鼎鼐欲调须"白盐"。

　　诗人运用瞿塘峡两岸山峰名的字面意义或谐音之趣，引经据典，沉咏歌吟，谐趣横生。四句诗分咏四座山，表达了四项精辟见解："胜己山"——无友不如己；"清帘山"——为官当清廉；"赤甲山"——御边尚武力；"白盐山"——执政作辅臣。构思新巧的诗歌，显示出王十朋作为学者的思辨力与诗人的想象力的结合。又如《九华山》诗卷24其二凸显梅溪诗炼字之精。诗曰：

> 舟出清溪尚逆风，观山却得少从容。
> 浮云不碍天边眼，放出神仙八九峰。

　　九华山，位于安徽池州市东南，素有"莲花佛国"之称，与普陀山、五台山、峨眉山合为佛教四大名山，原名九子山。诗仙李白多次登临，改九子山为九华山，"妙有分二气，灵山开九华"。

　　一路行来，十朋游兴盎然。"灭没于云雾之间"的九华翠峰撩人逸思，"从容"之际，天眼眷顾，终于放出了神仙翠微，欣喜之情轻灵溢出。陶文鹏推崇十朋"重视炼句，又精于炼字"，赞赏"浮云不碍天边眼，放出神仙八九峰"一联，说，"'放'字将浮云拟人化，早于杨万里的'正如万山圈子里，一山放出一山拦'（《过松源晨炊漆公店》）"，是"精警动人的诗眼"。笔者以为，"永嘉四灵"之一赵师秀《数日》所咏"林疏放得遥山出，又被云遮一半无"，其"放"字之妙亦当作如是观。由他们重视炼句、又精于炼字的诗风，我们似可进而勘探南宋山水诗从宋室南渡初期到中兴的嬗变脉动。梅溪诗的炼字之精，用例举不胜举，后文尚有论及，此处从略不赘。

注释

(1)王士禛：《蜀道驿程记》，《带经堂诗话》卷十三，人民文学出版社1982年版。

(2)易中天：《易中天中华史·总序》，浙江文艺出版社2014年版。

(3)陶文鹏：《论宋诗的荒寒意境》，《清华大学学报》2010年第2期。

(4)钱锺书：《管锥编》第一册，中华书局1986年版。

(5)钱志熙：《乐清历代诗词漫谈》，《萧台清音》，线装书局2001年版。

(6)钱锺书：《宋诗选注》，人民文学出版社1979年版。

(7)韩经太主编：《中国诗歌通史·宋代卷》，人民文学出版社2012年版。

(8)祝尚书：《中兴四大家诗学研究·序言》，中华书局2012年版。

(9)叶嘉莹：《迦陵论诗丛稿》（第二版），北京大学出版社2014年版。

(10)王士禛：《带经堂诗话·遗迹类上》，人民文学出版社1982年版。

(11)真德秀：《西山文集·题跋·梅溪续集》，商务印书馆1937年版。

(12)胡应麟：《诗薮》，上海古籍出版社1979年版。

第三章 拜帅爱民守夔州

乾道元年（1165），屈辱于金的宋金"隆兴和议"正式实施。这年七月十八日，王十朋移知夔州。

据王宇先生考证，王十朋知夔州时已升为敷文阁待制，跻身侍从行列，担任夔州路安抚使，除负责监察州县官员外，也"总一路兵政"，主管夔州路十州三军的军事和治安事务。[1]"四郡一路"之政拓展了他的政治军事视野，也考验了王十朋的行政能力。

夔州地处边远，财力贫乏，民生粗粝。王十朋抱杜甫"致君尧舜"的情怀，体恤民瘼，勤政爱民，兴利除弊。他善谋长远之计，实施的诸多工程都是造福夔民、利及后世的大手笔。王十朋还组结夔州诗社，与诗友寻访古迹，畅谈古今，纵论时事，品评诗文，共同施行了一系列惠民利民的德政。马纲恢复走旱路一举轰动朝野，民本乐章奏出了强音。

入蜀时期是王十朋认识杜甫、师法杜甫的新阶段。他探访老杜旧迹，接受杜甫的"诗史"精神和现实主义创作方法，写诗赋文咏怀杜甫的仁政理想和弘毅精神，对老杜的人格、命运和创作有了超越江西诗派的新的深入理解，酝酿着新的诗学思想。其诗作既有陶渊明的冲淡之美，饱满豪逸中又有老杜的沉郁顿挫之致。2009年由重庆出版社出版的《夔州诗全集》是迄今有关夔州人情风物的一本材料最齐全的诗集，收录梅溪夔州诗300多首，是历代夔州诗中除杜甫外数量最多的。拜谒武侯、追慕诗圣两类组合诗尤为精深有韵致。

王十朋入蜀为官勇于任事，甘于为民请命，充满智慧和理性；诗论时见新构，写诗则师法诗哲，左右逢源。王十朋不仅是一位值得后人怀念的良臣能吏，也是一位有才能的诗人；他不仅有如火的为民之忧，也有如水的诗性灵动，他的诗歌创作实绩巩固了夔州由杜甫开创的"诗城"地位。

一、拜受帅印，保民安康："忠怀雅合杜陵诗"

据宋人罗大经笔记集《鹤林玉露》载："王龟龄自吏部出帅夔门，有临安录事参军祝怀抗疏银台，谓十朋忠义塞谔，即令不容于朝，亦合置诸近藩，缓急呼来，无仓卒乏使之忧。今遣万里之外，非计之得也。虽不报，时论韪之。"[2] 说明对王十朋被远调边郡任职一事，当时就有人提出异议。

夔州虽然远离京都，但当时是西南地区的重镇，而且，三国时这儿是刘备托孤处，有诸葛亮八阵图遗址，也是诗圣杜甫写下无数诗篇的地方。王十朋对朝廷远调似乎并不介意，反而对万里之遥的"乌蛮白帝"心怀神往，做过如诗如幻的梦，像是期待得太久太苦而一往情深。大概就因为入蜀一途有"圣主"的神明"天威"，有诸葛亮、杜子美、苏东坡诸先哲的诗意遗存吧。

1、"谶语"端成缘

《初到夔州》[诗卷21]诗说自己与夔州似乎有些缘分：他守饶州时曾与人唱和，分得"夔"字韵，在梦中又观看了诸葛亮"八阵图"，后来果然就有改任夔州的命令，人人都说这是"谶语"，"忠怀雅合杜陵诗"。诗云：

> 分甘易守不劳麾，梦已先予到古夔。
> 谶语端符楚东韵，忠怀雅合杜陵诗。

"谶语"之说，萌动了诗人在少陵旧地再续"楚东韵"的诗性向往。说十朋初知夔州即有"唱酬又成夔府集"（《又用行可韵》[诗卷21]）的构想或许为时过早，但他"未尝一饭忘君"的"忠怀雅合杜陵诗"却是明明白白写着的。

这番话是对外迁遭际的自我调节，是对此前曾经一再乞祠的补充解释，也是有心说给中途随行的两个儿子听的。闻诗、闻礼得知父亲远迁夔州，放心不下，放弃了太学秋试，沿江追至兴国，"走侍双亲蜀道行"，伴随父母同赴任所。十朋颇感欣慰。

王十朋，固乃性情中人也！短短四句话曲尽了几年来仕途生涯中郁积的愤懑、抗争、酸楚、无奈和自省、自嘲，以及轻虚名、重天伦的情感倾向。情真意挚，千载之下读之，依然令人感佩。这或可视为他知夔州勤政爱民，施行德政，因而赢得百姓衷心爱戴的先声。

2、拜受大帅印

经过两个多月的跋涉，王十朋于乾道元年十月二十四日到达秭归大拽铺，前任安抚使派人送来安抚使印信，十朋谢恩拜受，作《二十四日视帅印于归大拽铺》^{诗卷20}曰：

> 大拽名何壮，孤峰势更巍。拜恩罗吏卒，列炬照烟霏。
> 分阃来鱼复，怀乡过秭归。石门观峡水，东注疾如飞。

一旦进入长江三峡深处，感染到"孤峰势巍"、"石门烟霏"、"峡水如飞"的雄伟气势，十朋心境也随之"壮"而"飞"，对于拜受帅印，担任分阃、帅阃之职，早有心理准备，且乐于受命。《宋史》云，"旧制，安抚总一路兵政，以知州兼充，太中大夫以上，或曾历侍从乃得之，品卑者止称主管某路安抚司公事。"⁽³⁾王十朋所受安抚使，是南宋路一级监司中重要的职位。

十一月朔，十朋到达夔州治所上《夔州到任谢表》^{文卷17}说："比因有疾而丐祠，不谓误恩而分阃。"《再论马纲状》^{文卷4}云："况臣蒙误恩，擢居帅阃。"《除敷文阁待制谢表》^{文卷17}说："由列郡而擢居帅垣，自集英而超跻华阁。"这些都证明，十朋知夔州同时任夔州路安抚使，已从知饶州时的庶官（侍从以下称庶官）升为敷文阁待制，跻身侍从行列了。

3、修整旧城墙

安抚使和知州的职权与管辖范围有很大不同，十朋上任后，其政治视野和阅历大大拓宽，行政能力也得到考验。修整旧城墙、视察制胜楼等保民安民举措都被列为职分内的事了。七绝《修垒》^{诗卷21}曰：

> 莫将逆旅视居官，直作吾家活计看。
> 墙壁时时为修葺，安知劳苦是平安。

诗注云："夔城颇恶，予修之，虽雉堞一新，然土城易坏，兵有守城者，勿它役，随坏而补，则城常固矣。"夔州作为西南重镇，"西控巴渝收万壑，东连荆楚压群山"，地理位置十分重要。但古城年久失修，多处坍塌。作为"总一路兵政"的夔州路安抚使，王十朋出于军事和治安责任，适时组织加固修葺，雉堞为之一新。第一联说的是把筑城保平安当成是自家的活计，这是古代社会清官思想的典型表现。第二联说的是随坏而补，平时劳苦，正是为了战时平安无险。用语浅近显易，修筑城墙和保家卫国的道理却寓于其中了。

4、三咏制胜楼

制胜楼位于夔州城东，建于北宋神宗时期。王十朋治夔期间三咏制胜楼，五律《制胜楼》[诗卷22]曰：

> 绝塞依天险，高城瞰阵图。公孙曾帝蜀，诸葛欲吞吴。
> 尊俎冲千里，关山敌万夫。人谋兼地利，端坐静边隅。

诗紧扣"人谋"、"地利"两个关键词布局谋篇，咏"制胜楼"之"制胜"特点，高瞻远瞩，显示了地方帅守统揽军政大权的历史识见和军事战略眼光。

首联写制胜楼的地理位置，言城楼高峻兀立，可俯瞰诸葛亮八阵图遗迹，得"天险"之"地利"。颔联回顾制胜楼上的历史英雄人物，写西汉末起兵据蜀、自称白帝的公孙述和"欲吞吴"的刘蜀诸葛亮辈皆凭此要塞雄霸一方，演绎了"一夫当关，万夫莫开"的历史故事，说的是"人谋"。颈联"尊俎冲千里，关山敌万夫"，深入开发，思慕英雄们不出尊俎之间而折冲于千里之外的运筹谋略，这就水到渠成地归结出了本诗题旨——"人谋兼地利，端坐静边隅"：正是因为制胜楼兼有"人谋"与"地利"的优势，故只需"端坐"城楼便可"制胜"，维护夔州城的宁静和平！

早在张浚北伐期间，王十朋就曾向孝宗皇帝上《论用兵事宜札子》[文卷4]，论及"荆襄居天下形势之中"，要皇上重视荆襄军事，不让虏人乘虚而入，隔绝川陕。肩负圣命，为皇上守西南重镇，王十朋必须具有高于其他郡守的政治战略智慧。

五绝《制胜楼》[诗卷22]则曰："英雄多失守，制胜在人和。"一语道破了历史上公孙述等"英雄失守"、霸业无成的重要原因——"制胜在人和"，正面阐扬历史教训，强调"人和"之于兴衰的重要意义。这是作为夔州安抚使的王十朋深思熟虑的思想成果，是他执政理念的诗化表述。

5、寄意赤甲城

为保民安民而备战的观念贯穿于一路"兵政"之首的一系列诗文中。《至瞿塘关戏用山名成一绝》[诗卷22]云："边亭未静尚赤甲，鼎鼐欲调须白盐。"《赤甲》^{诗卷22}诗云:"赤甲城连白帝城,子阳曾向此屯兵。"王十朋擅长由山水名、地名引发诗意联想,从中获取灵感,构思出别致的诗篇。这两首咏及"赤甲"的诗即可谓对军事素材的别出心裁的发挥。诗将"边亭未静"的时局与崇尚"赤甲"、"子阳屯兵"的历史军事事件联系起来,从而展开对与"赤甲城"、"白帝城"相关联的历史政治意义的反思,实乃唯军事长官才有的构想。

试比较杜甫当年咏赤甲之作《暮春题瀼西新赁草屋五首》,诗云:"欲陈济世策,已老尚书郎。"杜甫表达的是自己欲献济世安民之策,无奈年迈体衰,透出一股悲凉之情。再看北宋的司马光居洛15年,对时事不发一言,埋头撰写《资治通鉴》以避过政治风险。王十朋不似司马光的避世,不似杜甫的悲凉,也不至于像苏轼,作为王安石新法的反对派,毫无顾忌地对新法"大放厥词",讥讽时政。王十朋极有分寸地践履他职守范围内的责任,包括当下的修城建堡工程以及早先时对西蜀之地用兵部署提出的谏言,等等,即使并不都那么高明,然而我们不得不佩服王十朋区别于一般官员的政治气度和军事胆识,直可与前辈范仲淹媲美,为后世示范。

二、为民解忧,造福后世:"端为夔民解百忧"

王十朋初到夔州时,看到夔州府署前立有一方"戒石",戒石上刻的是宋太宗赵光义钦书的16字圣训"尔俸尔禄,民脂民膏,下民易虐,上天难欺"。戒石立于北宋嘉祐年间,已有一百多年历史,字迹模糊,难以辨认。王十朋让工匠把戒石重新整修,并抬高位置,四周加上护栏,还在新立的戒石后面刻自撰诗"自警",紧扣圣训,阐明整修戒石以自警的重大意义:"下民易虐天难欺","天威咫尺颜不违",警示众官师,皇上"天威"近在咫尺,大家决不能做"虐民"之事!要求州府同僚共同遵循,勤政爱民,尽责尽力治理夔州,以不负圣命。

宋朝制度规定不让官员长期任职一方。故作为任期有限的地方官,在政务上一般注重短期行为,打一枪就换一个地方。但王十朋不,他关心民瘼,热心政事,善谋长远之计,为官一地,即要造福后世百代,"端为夔民解百忧"。他的夔州工程多为利及后世的大手笔,开掘出深埋的历史辉煌。

为了开通便民言路,每月的初一和十五,王十朋都要到郡学为士子们讲课答疑,并且询问郡政得失,让大家反映百姓的要求和批评。《题卧龙山观音泉呈行可元章》^{诗卷21}一诗记载的就是百姓反映的缺水情景:

夔州苦无井，夔俗殊可怜。竹筒喉不干，可浣不可煎。
日汲卧龙水，屡赖担夫肩。所取都几斛，深惭未投钱。

通过考察落实，王十朋看清了夔州百姓的艰难，以通俗易懂的诗与民分享改善民生愉悦之情。夔州缺水，他用自己的薪俸补公廥，免费为民供义泉；夔山皆秃，他就买山植木，绿化荒山；为效法周代召公甘棠树下决狱政事之举，他在瀼水东西十里余亲手种柳二千株；他还新修了社稷坛与武侯祠。

接筒引水下山陬，端为夔民解百忧。
长使义泉名不断，莫教人费一钱求。
——《给水》^{诗卷21}

书生为郡亦迂哉，剩买童山买木栽。
但遣牛羊勿践履，它年定出栋梁材。
——《买山》^{诗卷21}

瀼水东西十里馀，新栽杨柳二千株。
会看耸干参天去，能似甘棠勿剪无。
——《种柳》^{诗卷21}

王十朋以改善民生为己任，这是他奉行以人为本的传统政治理念和"通经致用，义利并行"治体主张的生动体现。《给水》诗短短四句话，第一联先写行动后表目的，第二联先出警戒后举措施。王十朋立诗碑于井旁，以警戒后世官府不准收取百姓水钱，免费供水，使义泉名副其实，真正为民使用。《买山》诗以自嘲起笔，情调轻松诙谐。三、四句借《诗经·大雅》原句"牛羊勿践履"，道明"作诗以告后人"的用意，寄以"栋梁材"之愿景。十朋栽树育人、以诗教讽劝民俗的厚重用心令人感佩。《种柳》说的绿化工程何等气魄！竣工之日，夔守伫立河堤眺望，不无欣慰，想到瀼水两岸"耸干参天"的美景，他写诗规劝郡民"能似甘棠勿剪"，爱护树木，不要砍伐！

以上诸什记录了王十朋主夔郡两年的部分政绩，反映他寓风化诗教于实事的理政观念。其掌握民情可谓精准，措施力度也恰如其分，温暖人心。

三、马纲再奏，与民同庆："书为爱民成再奏"

马纲恢复走旱路一举轰动朝野，王十朋的民本乐章在夔州任上奏出了强音。

所谓"马纲"，指的是朝廷编纲运输马匹的制度。王十朋知夔后，经过缜密的调研，发现川蜀马纲走水路的弊端，与周行可等同僚诗友协力上奏，极言此举弊民害马，强烈要求恢复旧陆路。慎思明辨的父母官为缓解民生之困，果敢上报了切合实际的举措。但此项惠民之举竟然遭朝廷否决。王十朋得僚属支持，坚持再奏，句句忧民，字字真情，史上罕见。后在朝廷中一些有声望的大臣支持下，水路马纲终于被改，恢复原有旱路。消息传来，十朋兴奋中流泪赋诗《闻马纲复行旧路，圣主之恩，诸公奏议之力也，元章用前韵喜而和之》^{诗卷21}，放歌道："利博仁言亟奏闻，恩光万里烛夔门……坐看巴蜀回生意，放我欢呼到酒尊。"又作七律《行可再和用其韵以酬》^{诗卷21}曰：

> 孤陋书生宽见闻，西来端欲扫儒门。
> 怀人久作周公梦，访道欣闻孔子孙。
> 书为爱民成再奏，泪因忧国有双痕。
> 休论身世无穷事，但愿常陪北海尊。

乾道二年，周行可与查元章同任夔州路转运使（通称漕官）。按宋制，转运使是朝廷派往州郡的监司，行使日常监督郡守的职权。周、查二漕官却与后到任的知州王十朋联名上奏马纲事，其协作理政之状态可见一斑。"书为爱民"句有作者自注云："漙台再奏马纲事。"

这首酬友七律写同僚情谊之欢愉、治州时势之沉重。因为久怀"周公梦"，着意"扫儒门"，治夔志向高远，故初治夔州即遭遇困局，王十朋的纠结之情自当难以排解。诗人庆幸夔州"访道"中结识了笃信儒学的"孔子孙"周行可，使自己"宽见闻"；又结合再奏马纲事，慨言曰，"书为爱民成再奏，泪因忧国有双痕"，道出了二人为废止水路马纲而不顾个人安危，为国事艰难而泪流双痕的共同心事。诗以"北海尊"的典实收结"漙台"挚友的情谊，虽属以文为诗的构架，却有情致委婉的晚唐诗风味。

以诗歌传达马纲奏折事中的民事思想和执政理念，王十朋的酬友情感已由个人"身世无穷事"之慨提升为"扫儒门"的圣贤"周公"忧国之思。胸襟博大，爱民情切。夔守一心为民的高尚品质和坚忍秉性，由此凸显。其政治眼光和办事格局都异乎寻常。

马纲不行水路，百姓的痛苦立纾，政府的损失也立减，效果立竿见影。夔州上下沸腾了。富有生命力的夔民，以歌舞表达欢乐。他们敲锣打鼓，披红挂彩，舞龙灯、耍狮子、跳竹枝舞，欢庆了三天三夜。夔州人的这种欢乐热情传递给垂暮的夔守，王十朋乐见夔民的欢乐，写诗记叙当时的欢庆情景，题曰《上元山中百姓出游作三章谕之》^{诗卷21}：

> 邻里相呼入郡城，巴歌楚舞沸欢声。
> 三宵游罢同归去，勉力耕桑事父兄。
>
> 三日嬉游喜遇晴，还家又见麦青青。
> 但须及早输租税，莫要勾呼到讼庭。
>
> 好去耕耘陇上田，但能勤苦有丰年。
> 家家饱暖身康健，更向明年看月圆。

与改马纲奏折的爱民用心完全一致，诗人"作三章谕之"的目的并非显摆自己的功绩，而是以诗歌传达地方长官的民事情怀。首章概述太守与夔民欢度节日同命运的情景，劝谕子民"勉力耕桑事父兄"；次章一正一反，规劝摆正"租税"与"讼庭"的现实矛盾关系；第三章祝福百姓"家家饱暖身康健"。

马纲奏与马纲诗，职守与诗作同出一人，理性与感性完美融合。组诗文字朴实流畅，喻理直白，关注民生、讽劝民俗的苦口婆心一以贯之。诗性想象中呈现的是一种政治家的理性之美。正如陶文鹏先生感怀的，"诗人关怀民生，如此体贴入微，千载之下读之，仍能感受到那种烘暖人心的热力"。

看来，仅以"爱民"来形容王十朋是不足的了。十朋与一般官员不同，他为官的出发点不是政绩和仕途，而是内心深处对农民百姓的同情，历经一番地方政事之后，他几乎把自己当成他们中的一员，与他们一起沐浴天地的恩泽，一起承受天地施与的痛楚，他与百姓同忧同喜、甘苦同当。究其原因，也许就在于使君也曾栖息于山村，躬耕于陇亩："我昔躬耕陇亩间，也知农事最艰难。"（《出郊劝农，饭蔬于法石僧舍》^{诗卷28}）

四、入乡随俗，官民好遨："好遨蜀风俗，夔人贫亦遨"

王十朋爱家乡，也爱他乡。主夔政务后，对当地风物和民俗投情颇多。五古《人日游碛》^{诗卷23}记叙正月初七"人日"这天，夔州全城人随太守到江边"踏碛"时的欢乐情景：

> 好遨蜀风俗，夔人贫亦遨。今日日为人，倾城出江皋。
> 遨头老病守，呼宾酌春醪。归来及初鼓，繁灯照霜毛。

"人日""倾城"出动，团聚江滩"游碛"。诗社成员们与夔民万众歌舞升平，乐极一时。诗不具体叙写江滩拾石穿珠等游艺内容，突出的是踏碛活动中不分老幼，不分贫富，千家万家团聚而饮，日暮乃归的节庆气氛，强调夔人"好遨"、官民同乐的风尚特点。郡守大人自称"遨头"，以老病之身与民宴饮同乐，乐而忘返，全身心地融入了夔州的民生欢乐中。最后定格于"繁灯照霜毛"的特写镜头，一位酕醄而归的老郡守形象跃然纸上。

这个特写镜头于十朋的仕途生涯中难得一见，或能叠印融和于诗人弱冠时在故乡西岑山下"好遨"的忘形情景，既让人感慨，也清晰地凸显了与民同乐的太守情怀。青年王十朋30年前曾与县学同伴冒雨"好遨"于江南古城的郊外，千金沽酒，冠发散乱，泥浆没股，处惊不变，发出过"人生贵在适意耳，安能局缩身如蜗"的浩叹，只是记忆中的青春激情早已过往了⋯⋯

本诗笔墨简洁，记录了宋代一个较少为人关注的地方性节日，以一幅南宋峡江风俗图呈现农家在沉重负荷下小小的欢乐，难得的轻松。这对于了解当时夔州的人文环境及社会风俗有较高的民俗价值和历史价值。

与诗友吟咏当地风物，相互唱酬，也是夔守一乐。"三峡藏春绿不枯"等美好诗句记录蜀地民间风情，歌颂夔州山川美景，笔触细腻生动，绘制出一幅幅峡江风俗图。七律《蜡梅》^{诗卷22}综合运用细节刻画、对比衬托、意象组合等手法，细腻描绘峡中蜡梅特具的色泽、香气、习性和生命力：

> 天工着意点酡酥，不与江梅斗雪肤。
> 露滴蜂房酿崖蜜，日烘龙脑喷金炉。
> 万松张盖黄尤好，三峡藏春绿不枯。
> 题品倘非坡与谷，世人应作小虫呼。

诗首联写花的颜色：恰似蜂蜡，呈"酡酥"红晕，且为"天工着意"点染而成，不与江梅比拼"雪肤"，自有一番可爱。颔联状花的香味：犹如蜂房之蜜经"露滴"滋润、龙脑香料受"日烘"熏蒸，香味浓郁隽永，分外诱人。颈联描摹枝影叶色：在三峡如盖万松的掩映之下，梅枝铺展开的葱葱嫩叶，黄绿相间，藏春不枯，与酒后酡酥脸色的花朵儿相映成趣，生机盎然。

全诗从形貌细节的镂形刻似到感觉氛围的整体把握，准确而细腻，从而具体而形象地凸显了夔州蜡梅因地气暖和而有别于东南蜡梅的特点，如作者自注所云："东南蜡梅，叶落始开，峡中地暖，花开而叶不落。"全诗营造出绝佳的意境，使读者得到全新的审美享受。

最后一联，诗人为别具一格的峡中蜡梅不为当地人赏识而大发感慨：多亏东坡、山谷辈的题咏，否则如此美好的峡中蜡梅将永远只能被称作"狗蝇花"了。这类地缘发现为夔州文化增添了活力，或许也寄托着某些仕途感慨。

十朋的这类纪实诗，以实录为主，多秉笔直书求其翔实，崇尚理致，朴实条畅。余霞先生指出："求实的态度、丰富的题材，使王十朋的巴渝诗较为翔实记载了其在夔两年的生活，这些诗歌不仅是研究王十朋个体创作的重要资料，还对研究南宋时夔州人文历史地理具有一定参考价值。"[4]夔州诗社同仁们形影相随，宴饮唱酬，漫游兴怀，畅谈古今；他们居官仁爱，相互支撑，默契呼应，在人世变迁中重温真挚感情，进而形成了较好的政治合作。诗友们"怀少陵"、"笔有神"，"瞰阵图"、"思君恩"，"看倒流"、"积羽忧"，"叹诸葛"、"陋公孙"，"游东坡"、"盛元祐"，还崇儒重文，建学兴教，联手兴建文化设施，为民办实事，争福泽。《闻马纲复行旧路》[诗卷21]等诗记录了他们联手救济民生的史实。

五、流连史迹，思古怀今："山川满目古今迹"

王十朋夔州之任，心情比较舒展，一个重要原因是出于对长江一线及古城夔州丰厚的历史文化遗存的思怀与敬仰。"山川满目古今迹"，诗人通过自饶至夔的长途跋涉以及到任后对边城的实地考察，观览了不少名胜古迹，创作了许多咏史怀古的诗篇。追慕圣贤，发思古幽情，抒逸兴壮思，十朋的历史意识和现实感得到前所未有的增强，呈现出凄苦哀怨的现实主义特色。

1、"愧过渊明五柳湾"

王十朋一路行来，每遇人文古迹，都徘徊久之，吟诗赋文。《过五柳湾》^{诗卷19}诗曰：

> 出守江湖日念还，又扶衰病入巴山。
> 不能早作归田计，愧过渊明五柳湾。

五柳湾，地处都昌道中长江畔。当年陶渊明曾隐身林间古刹栖真寺。本诗即景兴怀，赴任途中过此，有愧对渊明之念。

十朋为官前老困文场，为屡试落第心多挫折；入仕后，历官场诡变，又年老体衰，每感孤忠难伸，苦不堪言。此次自饶易夔，路经由陶渊明号命名的"五柳湾"，念及先贤毅然归田的高风亮节，借题发挥，一吐挣扎仕途之痛苦，也道出了南宋多数州县官生活于"心惭陶靖节，政愧范饶州"（《寓栖真四宿……颇以为怀》^{诗卷19}）的矛盾处境。

诗前三句皆为"愧过五柳湾"张势，有"烘云托月"之效。细察之，上疏乞祠回乡不成，只得"出守江湖"，此为大愧；身"扶衰病"，远"入巴山"，愧意再添；"归田"、"念还"无计，何言"早作"，则愧念深重又加。三句诗积压愧意，层层蓄势，步步推进，赴任途中的矛盾挣扎之情在与陶渊明的心灵对话中得以尽情宣泄。

2、"倚遍阑干思黯然"

庾信（513—581），南阳新野（今河南新野）人。梁元帝承圣三年出使西魏长安，被羁留不得南归，作《哀江南赋》，寓飘泊之感。诗风刚劲悲凉，多抒写故国乡关之思。杜甫《咏怀古迹》称："庾信平生最萧瑟，暮年诗赋动江关。"十朋行经江州湓浦江畔以庾信命名的庾楼，作《题庾楼呈唐守立夫》^{诗卷19}诗曰：

> 遥望香炉气欲烟，坐观湓浦浪春天。
> 山川满目古今迹，云水千帆名利船。
> 万点白鸥家浩渺，一声赤壁酹婵娟。
> 诗篇细读张耒叟，倚遍阑干思黯然。

诗作于乾道元年（1165）。其时，十朋再三上奏乞祠，未得应允而徘徊庐山。政治失意的苦闷愤懑充斥心头，情境与当年留西魏而不得南归的庾信相应和，乡关之思黯然。诗临水运笔，不叙与郡守唐立夫的交往旧情之类，而着意于面对"山川满目古今迹"，借庾公楼景观发思古幽情，抒仕宦感慨。

前四句双层叠叙，借景抒情，由"遥望"、"坐观"引发古今感慨。香炉紫气、溢浦激浪、云水千帆，景色鲜明，视野壮阔，思维张力巨大。"古今迹"与"名利船"并陈对举，隐约透出了此行稻粱谋的自愧之意。后四句承前抒发进退挣扎的仕宦感慨：凝望江面上翔集远扬的"万点白鸥"，不禁勾起了"浩渺"的乡思；然而婵娟的一声赤壁吟唱，即令诗人惊回到眼下江楼聚会的实境，于是，茫然中持杯酹祭，长吟张芸叟登庾楼感赋的"百年人事倚阑干"的幽怨诗句，发出了"倚遍阑干思黯然"之浩叹……前后情事连贯有序，无奈神情丝丝入扣。

全诗虚实相生，情景兼备。小小的庾公楼上，所见的不只是天光山色、万点白鸥而已，凡古往今来，纵横千里，河山的辽阔，历史的纵深，先贤的幽怨，无不尽展于眼前，翻腾于心头。即此前后两层，时空交踪错合，视觉、听觉、触觉溶为一体。

诗中"婵娟"，佳人也，此指官伎。宋承唐制，州郡官署设有歌舞伎，在迎送新守旧官、来宾去客时唱词佐欢，是州郡官员社交娱乐惯例。这是唐宋风流的一笔注脚，朝廷不以为有伤风化。王十朋平生不耽女色，从无绯闻。诗中所咏婵娟歌舞相待，其赤壁吟唱油然平添仕途相逢的幽怨旷远之情思。"万点白鸥"一联，笔调轻松，给人以无限想象空间，寥廓空旷，苍茫黯然，展露于读者眼前的或许就是苏轼《赤壁赋》的袅袅余韵："白露横江，水光接天。纵一苇之所如，凌万顷之茫然……"，原来笔调的轻松与思绪的"黯然"，正如磁石的正负两极，相互矛盾，又相互吸引，融为一体。"黯然"的心绪，在疑似轻快的沙鸥翔集中，在"浩渺"的空旷里，孤独出来，粘稠起来，难以打发，深入骨髓。

要指出的是，诗所咏"张耘叟"，疑为张芸叟之误。芸叟，宋诗人张舜民字，自号浮休居士，邠州（今陕西彬县）人。中进士后，为襄乐令。苏轼好友。为人质直，刚直敢言。因坐元祐党，谪楚州。也是一个步东坡后尘的官场落魄人，同属范仲淹笔下的"迁客"。曾登庾楼而感赋《题庾楼》诗云："万里秋风吹鬓发，百年人事倚阑干。"后人亦载于苏轼集中而被传诵。《四库总目提要》解释说，"盖由其笔意豪健，与苏轼相近。"十朋诗"倚遍阑干思黯然"即本自张舜民诗意。十朋"细读"的当是张芸叟的诗篇，而非"张耘叟"者。

　　另者，《宋诗纪事》载唐立夫《以日者命状寄王龟龄》诗云："试把流年仔细看，休将蠖屈比鹏抟。渠家大有回天力，不易区区作好官。"(5)可与本诗参读。

3、"至今人道寇巴东"

　　王十朋对前朝名臣寇准向怀敬慕之情，青年时曾作《观国朝故事四首》（其一）诗卷1，赴夔时又写了《寇莱公祠》诗卷20、《寇莱公》诗卷23等五首诗，颂扬其"精忠一点不负国"。他曾感慨道："予平生欣慕公之为人，每叹靖康间复有如公者出，则南北岂至于分裂耶！"《宿巴东县怀寇忠愍》诗卷20其一曰：

> 制锦工夫早不同，至今人道寇巴东。
> 澶渊一段奇功业，可在孤舟野水中。

　　这次途径寇准曾经的辖地巴东县，如原注所示，见莱公祠已废，拜谒无所，以为"缺典"，于是"成二绝，以示邑官"。诗人赞扬寇准于澶渊挫败辽军的一段奇功，借歌颂先贤倾吐自我的爱国情怀，而将重点放在民心民意对于寇准的怀想和颂扬：时间流逝，但人们至今依然怀想"寇巴东"；"孤舟野水"之间，"欲得天下好，无如召寇老"的民谣至今依然传唱。寇准的"奇功业"流芳后世，诗人有意敦促当地"邑官"顺应民心，修葺缺憾，警示天下，勿忘抗敌复国之志。乾道二年（1166）八月，十朋在夔州知州任上，命巴东尉王宁孙建祠塑像，于是"巴东故祠废而复兴，残编断稿散而复集，江山增气，如公更生"，王十朋并为之记。

4、"斯可为忠矣，至今名此邦"

　　十朋还作《夔路十贤》诗卷23诗，歌咏夔州历史上十位先贤名士，即屈原、严颜、诸葛亮、杜甫、陆贽、韦处厚、白居易、柳公绰、寇准、唐介。又作《续访得七人》诗卷23诗，缅怀留迹夔州的宋玉、李吉甫、程颐、黄庭坚等七位先贤名士。这里选读《严刺史》：

> 将军头可断，讵肯以城降。斯可为忠矣，至今名此邦。

　　诗咏汉末益州牧刘璋部下巴郡太守严颜。东汉末，刘璋使严颜守巴郡。刘备入蜀后，严颜为张飞所擒。张飞喝叱："何不投降？"严颜回答说："我州但有断头将军，无有投降将军也。"飞大怒，命令斩首，严颜脸不改色。张飞敬仰其忠勇，释放了他，并以贵宾待之。事见《三国志·张飞传》。王十朋显然是被严刺史的气节感动了。作诗赞颂其"头可断"志不改的忠勇义行，又强调其"至今名此邦"的原因只有一个字——"忠"！忠孝本为孔孟之道人格修炼的核心理念。王十朋以"斯可为忠矣"一句揭示其流芳后世的人格原因，这是对严颜的赞颂，也是践行杜甫"致君尧舜上"的自我表白。又，"至今名此邦"一句，按平起式五绝格律，这第四句首字不可用仄，如用仄声，则第三字仄改平，属拗救成功。十朋为诗，是从不懈怠平仄格律的。

总之，王梅溪通过对历史名人的歌咏，试图在封建社会普遍性的价值标准之下，建构一种本土诗教文化系统，这种努力具有不可忽视的历史价值。

注释

(1) 李昌宪：《宋代安抚使考》，齐鲁书社1997年版。
(2) 罗大经：《鹤林玉露》，中华书局1983年版，2012年第5次印刷。
(3) 脱脱等撰：《宋史》卷一百二《职官志七》，中华书局1977年版。
(4) 参见余霞《论王十朋的夔州诗》，《重庆工商大学学报》第25卷第4期。
(5) 厉鹗等：《宋诗纪事》卷五十一，上海古籍出版社2008年版。

第四章　武侯情结少陵魂

　　王十朋奉夔州犹如神往的朝圣之地，因为这里有他崇拜的政治偶像诸葛亮和诗圣杜甫的丰富历史遗存。武侯情结少陵魂。王十朋在夔州组结诗社，寻访古迹，拜谒先哲，纵论时事，吟咏风物，赏味人生，提升了诗性修养与诗艺境界。

　　夔州是杜甫晚年流寓之地。公元766年，55岁的杜甫因衰乱而间关流离到此山城。夔州地处偏远，此时的杜甫年老多病，又值故旧凋零，沧江野老，孤独寂寞。淹留一年又十月，赋诗430篇，为其一生创作最为旺盛的时期。据统计，现存的杜甫诗选中，夔州诗作占三分之一。或描写琐细营生之事，或抒发老病孤独情怀，或回顾个人坎坷，寻求心灵慰藉，诗格理智苍老，沉郁顿挫。

　　相隔整整400年，1166年，王十朋移守夔州，恰好也在55岁的年龄上，也呆了近两年，写下300多首诗，其中咏杜涉杜诗有20多首。冥冥中似得上天美意眷顾，王梅溪与杜子美这两位萧条异代不同时的爱国诗人，竟能相聚于巴山蜀水间的孤城，情脉相呼，诗缘遥结，以各自的深闳诗篇为奉节奠定了"诗城"的基石！

　　十朋还步诗圣足迹，多次拜谒并移地重建武侯祠。《夔州新修诸葛武侯祠堂记》^{文卷22}道出其深长用意："今夔之二祠相继鼎新，郡人四时香火……盛德百世之祀益章，可以一洗江渍异代之耻，无愧乎锦官城矣。"他要以此来张扬忠义精神，洗雪国耻，以图恢复大宋江山。

　　"我待还家筑茅屋，作诗招取少陵魂"，"功成岂止三分汉，才大非惟十倍丕"，寄寓着王梅溪对先哲旷百世而知音的理解，在现实政务中则有比杜甫宽阔的天地与积极的作为，伤时思治、感慨忧愤中孕育着新的诗学思想。

一、夔州诗社，奠基诗城："论文欣对少陵尊"

王十朋抵夔后组结夔州诗社，与诗友寻访古迹，开怀痛饮，畅谈古今，纵论时事，吟咏风物，品评诗文，并与诗社同仁共同施行了一系列惠民利民的德政。诗社成员的政治观念原本相近，而诗社交往又会加强这种倾向，使他们在参与政事时保持默契的一致。王十朋兼具文人、学者、官僚多重身份，其组织的州郡诗社，与南宋初期的政治生活存在着较明显的正向关联，为促成治郡的政治气候与诗风成长带来积极影响。夔州诗城的基础是由杜甫奠定的，而诗城传统文化的建构和维护，王十朋和他的夔州诗社功不可没。

1、"天遣西来结诗社"

王十朋在州郡所结诗社的活动时间大多只有一二年，随着十朋的离任，原结诗社即不得不解散。但社散人气在，诗缘仍在延续。原在临安结交的同僚诗友胡铨、刘韶美、阎安中、梁子绍、喻良能等都成了王十朋异地续缘的密契诗友。多年离散之后，离任京官刘韶美、阎惠夫、梁子绍、查元章、周行可诸人，或先于王十朋到夔州任职，或继后回乡途经夔州，于是老友再聚，"天遣西来结诗社"，在千里之外的夔州郡斋关联起既往诗缘，友情进一步升华。《与惠夫、若拙小酌郡斋……并寄子绍》^{诗卷22}诗曰：

> 杯盘草草酌同年，更与英英玉叶联。
> 我辈论交真有道，异时当国愿无权……
> 天遣西来结诗社，邮筒毋惜往来传。

会聚夔州的同年结为诗社，传承了"论交有道"。王十朋还有多首诗记叙诗事，题曰：《与二同年观雪于八陈台……诵少陵"江流石不转"之句……》^{诗卷22}、《丙戌（1166）冬十月，阎惠夫、梁子绍得郡还蜀，联舟过夔访予于郡斋，修同年之好也……》^{诗卷22}。

由诗可知，夔州诗社沿袭饶州诗社的结友原则，系同僚之会，吸纳朝臣或地方官僚与地方上有名望的士人组合而成。这批经受政治沉浮、渐离政治中心的官员士人们自由结社，在政治较为宽松的后秦桧时代吟诗赋文，砥砺气节，各抒意愿，同气相求。

由诗可知，夔州诗社还沿用楚东诗社行之有效的传诗方式："邮筒毋惜往来传"。社友们诗笺往返，有言必酬，各呈其能。他们秉承孔夫子"以文会友"与诗"可以群"的儒家传统诗教，在两宋易代政治风向转换、国运攸关的生死博弈之际，依然关切失土与中兴、战乱与苦难、权争与雪耻等时代政治话题，其往返唱酬诗作每每涵盖了超出诗酒本身的社会现实内容。

2、"唱酬又成夔府集"

夔州诗社之结使十朋生发了继"楚东酬唱"再作"夔府集"的美好愿景。《又用行可韵》^{诗卷21}诗曰：

> 二公海内姓名闻，我亦追随到蜀门。
> 龙卧庐中叹诸葛，蛙居坎底陋公孙。
> 雨听巫峡梦时滴，花着杜鹃啼处痕。
> 唱酬又成夔府集，论文欣对少陵尊。

行可，名周时，少城（今四川成都附近）人。其名不见《宋史》，生平事迹尽见于十朋的夔州诗文。幼居西蜀，曾折桂礼部，学行俱高。乾道二年与曹元章先于十朋充夔州路转运使，居官有仁风。十朋与他唱酬殊多，并褒美其诗"句法严于细柳军"。十朋日前已作《周漕行可和诗复用前韵并简元章》诗庆幸其事，云："天遣西来端有意，要令我辈同壶觞。"故诗题称"又用"。诗中所称"二公"即元章、行可二人，任夔州漕官时多有惠民善政。王十朋《十八坊诗·皇华》曰："谁如二使者，实惠活斯民。"诗人自注云："海陵查元章、少城周行可同为夔漕，措置堰折以宽民力，蠲一路积负几十馀万缗，时它路方进羡馀。"

夔门邂近，机缘难得，三人怀想少陵，论文唱酬，形影相随，如月亮，如太白，如影子，因而十朋就有继"楚东酬唱"再作"夔府酬唱"之愿景。这就是本诗首、尾二联形象表述的欢愉内容。至于夔府酬唱集的愿景是否付诸实施，有待史实考证。

中间两联对仗工稳，意象深沉，感情浓重。"龙卧庐中"一联纪游叙事。诸葛亮足智多谋，匡扶汉室，终至未遂壮志；西汉末的公孙述自恃蜀中地险众附，起兵据蜀，自称白帝，终至为汉军所破，重伤死。其时宋金和议已成，抗敌复国只是梦想，相逢三人只能在诸葛亮当年住过的地方感叹壮志未酬，犹如蜗居坎底的青蛙空论当朝者的进退是非。"雨听巫峡"一联写景抒怀。诗人借蜀地景物创设听觉、视觉意象：书生之叹似是梦中听秋雨扑打巫峡萝叶，又恰如面对杜鹃鸟啼红泣血的花树，不消悲愁，反增怅惘。忧国之心非此情景难以言表。

这首诗既欢愉又沉重，交互映现。大手笔作诗，总是内涵丰富，而又舒卷自如。如此举重若轻，尽见作者诗艺底蕴之深厚。

3、"泪因忧国有双痕"

王十朋延续多年的诗社生涯，讲求情意相投、志同道合，固然是诗社盟主选择的文人雅化的生活方式，是他郡守生涯的重要组成部分，也应看作是他政坛政事的文学补充。他组建的诗社，也可视为有宋一代臣僚士人们从政议政的场外延续。王十朋每守一郡，他的周边总会凝聚起一股文士气场，渐渐演进为行政群体的中坚力量，共同关注并促成当地文风、儒风、学风的振兴。

十朋的道德气节和翰墨词章皆为当代推重。他是夔州诗社的核心人物。如其《祭冯少卿文》^{文卷24}自云："义均兄弟，间言莫移。忧时论事，肝胆同披"；又如《送元章改漕成都》^{诗卷21}所云："雅抱畎亩志，共怀天下忧。"在共同的理想抱负和诗心祈向的感召下，这个由清醒而激进的同僚儒士集结而成的诗人群体，在边城夔州又一次奏响了阳德刚明的旋律。

夔州诗社同仁的政事合作就是一个典例。夔州诗社同仁们形影相随，居官仁爱，相互支撑。他们结伴漫游兴怀，宴饮唱酬，"怀少陵"、"笔有神"，"瞰阵图"、"思君恩"，"叹诸葛"、"陋公孙"，还崇儒重文，建学兴教，联手兴建文化设施，为民办实事，争福泽。王十朋与周行可等同僚协力上奏，极言川蜀马纲行经水路之举弊民害马，强烈要求恢复旧陆路。前章《行可再和用其韵以酬》一诗记录了他们联手救济民生的史实。

诗人慨言："书为爱民成再奏，泪因忧国有双痕。"道出了夔州同僚在以诗歌传达马纲奏折事中的民事思想和执政理念。

王十朋及其夔州诗社的突出贡献，在于他们以自己的诗歌创作实绩巩固了夔州的"诗城"地位。王十朋夔州诗社继诗圣杜甫晚年流落夔州之绝唱，为夔州留下了数百首诗。重庆市奉节县诗城博物馆馆长赵贵林、赵桉父子研究指出，王十朋与他的诗社同僚不仅以自己的创作实践丰富了夔州诗的内涵，还充分利用他们在夔州的行政地位，调动地方行政资源，弘扬夔州诗学传统，巩固了夔州诗城的地位。

二、拜谒武侯，千古悲慨："泪满襟如老杜诗"

诸葛亮是杜甫最崇拜的历史人物。杜甫一生都想做稷和契，实现"致君尧舜上，再使风俗淳"的宏伟抱负。到夔州已是知天命之年的杜甫拜谒武侯祠，作《蜀相》诗，放怀君国天下事，既浩叹英雄"出师未捷身先死"，也悲慨自己一事无成。

诸葛亮也是王十朋崇敬的政治偶像。知夔州后，十朋步诗圣足迹多次拜谒武侯祠。看到武侯祠年久失修，庙堂倾圮，"地卑巷隘，混以民居，污渠粪壤混乎其间"（《夔州新迁诸葛武侯祠堂记》^{文卷22}），大伤古迹风貌，决计移地重建。《夔州新修诸葛武侯祠堂记》^{文卷22}道出"新修"武侯祠的深长用意在于"一洗江渍异代之耻，无愧乎锦官城矣"。他要张扬忠义，洗雪国耻，以图恢复大宋江山。

1、"忠愤填胸出阵图"

"八阵图"是十朋夔州诗中重要的地理文化符号。八阵指天、地、风、云、龙、虎、鸟、蛇，是古代用兵的一种方法。《三国志·蜀志·诸葛亮传》：诸葛亮"推演兵法，作八阵图。"遗迹在夔州西南永安宫前。夏时为水隐没，冬时水退仍然出现。十朋《八阵图》^{诗卷22}诗曰：

> 一家天下列三都，忠愤填胸出阵图。
> 千载相知惟白水，此心元不为吞吴。

杜甫当年在夔州时作《八阵图》诗曰："功盖三分国，名成八阵图。江流石不转，遗恨失吞吴。"这"遗恨失吞吴"一句，有好几种解读，历来争论不休。一是失策在吞吴；二是以不能灭吴为恨；三是以诸葛亮不能制止刘备伐吴为恨；四是以不能用阵法而致失师为恨。王十朋显然赞同第一种说法乃老杜本意，认为吞吴失策，违背了诸葛亮的用心——"此心元不为吞吴"。

从史实的记载看，诸葛亮对刘备之伐吴是不赞成的。隆中初见时，诸葛亮即有"东连孙权，北拒曹操"的主张；后来刘备大败于陆逊，诸葛亮又说："法孝直（法正）若在，则能制主上令不东行；就复东行，必不倾危矣。"（《三国志·法正传》）苏轼也主此说，云："吴蜀唇齿之国，晋之所以能取蜀者，以蜀有吞吴之意。此为恨耳。"(1)十朋认为，"忠愤填胸"的诸葛亮在"天下列三都"之际，一心联吴抗曹，原本无意"吞吴",以其所布八阵图辅佐刘蜀,在"三都"之中功勋超卓。刘备的伐吴,极大地影响到蜀国的成败得失;而诸葛亮的联吴抗曹主张最终未能得以实施,实乃君臣不谐的历史悲剧。王十朋敬仰诸葛亮老臣报国的忠心,对其平定中原的大志未遂的命运深怀憾恨。

此诗的第三句"千载相知惟白水",是对这一历史悲剧乏人领会的痛惜,是对杜甫、苏轼辈"遗恨失吞吴"说的历史呼应,也可看作是对刘备晚年君臣不谐的微词——君臣相知相得何其重要乃尔!可能还隐含着诗人自身仕途遭际的某种不平之气。泊舟洞庭湖南津时,他不也感叹过"雄文谁继范文正,妙曲亦无滕子京"——倘无滕子京的"政通人和",焉有范仲淹的名作《岳阳楼记》!

2、"我来再拜瞻遗像"

咏史迹以兴怀。王十朋《题诸葛武侯祠》^{诗卷21}一诗写道:

> 八阵图旁丞相祠,风云惨淡会当时。
> 功成岂止三分汉,才大非惟十倍丕。
> 渭上忽传司马走,蜀中长起卧龙思。
> 我来再拜瞻遗像,泪满襟如老杜诗。

诗之首联擒题,简单交代丞相祠的地理位置,即出以"风云惨淡"四字,以阴暗无光形容三国时期战事混乱,风云变幻,令人忧虑,有领起下文之效。夔州诸葛亮八阵图遗址旁原建有诸葛武侯祠,因年久失修,庙堂倾圮,十朋决计迁地重建。

此诗虽为吊古之作,却全是伤今之意。十朋要借武侯祠的修建和八阵图的历史遗存抒发内心积郁的抗战复国情思,张扬忠义精神,洗雪国耻。诗有杜甫遗风,对仗工整,浑然天成。中间二联,从诸葛亮的战术谋略和品格的四个层面,放怀颂扬诸葛亮的历史功绩及其对后世的影响:与魏抗争,三分汉室;高谋远略,十倍于丕;神机妙算,败走司马;蜀中父老,长仰高风。"三分汉""十倍丕"两句概括其匡扶汉室、一统天下的大志;其临死前还出奇谋吓退司马懿这一笔,有力烘托出诸葛亮的足智多谋。刘备生前曾称道诸葛亮有"十倍于丕"的才能。王十朋《谒武侯庙文》^{文卷23}亦云:"君臣鱼水,蛟龙之雨,才十曹丕,志小寰宇。"如此深沉的盛衰兴亡背景令人顿生凭吊之悲。

结联两句"我来再拜瞻遗像,泪满襟如老杜诗",回到现实,由忆昔转向叹今，俯仰摇落，感慨身世，无限悲凉。诗人化用杜老《蜀相》诗"出师未捷身先死"的旷古诗句，惺惺相惜，感念时势，将杜甫对诸葛孔明的推崇引为同调，在放声一哭"泪满襟"的现实中倾诉痛惜之情，既表达对诸葛亮忠心雄才的敬仰，对诸葛亮伟业不遂的憾恨，又在敬慕怀念中流露出对和戎国是及朝政时局的忧思。

众所周知，杜甫一生对诸葛亮建立蜀汉政权的功绩十分敬仰，吟咏诗篇近20首，脍炙人口的有《古柏行》、《诸葛庙》、《咏怀古迹》、《谒先主庙》等等。乾元二年底，杜甫全家历经千辛万苦来到成都，寄寓于西郊的草堂寺。次年春天，他在亲友的帮助下修建了茅屋。房子还没有安顿好，杜甫便迫不及待地前往南郊的武侯祠参谒，写下了著名的《蜀相》一诗，曰："出师未捷身先死，长使英雄泪满襟。"王十朋凭吊孔明遗像援引杜甫诗句，表明对英雄豪杰壮志难酬的悲剧命运是千古同心的。

3、"凄然香火却依僧"

《卧龙山有武侯新祠再用前韵》[诗卷21]一诗吟咏卧龙山新建的武侯祠：

> 山藏古寺柏青青，地重端因蜀相登。
> 沙上不闻江转石，人间几见谷为陵。
> 龙蛇树影摇千尺，玉雪花枝吐万层。
> 堪叹草庐谁复顾，凄然香火却依僧。

首联化用杜甫《蜀相》诗："蜀相祠堂何处寻，锦官城外柏森森。"由景入情，由祠及人。以"古寺柏青青"遥应杜甫"城外柏森森"的意韵，写卧龙山武侯新祠松柏长青，人们之所以虔诚敬奉，盖为这里曾是诸葛亮光临的地方，为全诗笼罩了一层肃穆庄严而悲怆的氛围，也可知诗人意在人而不在祠。

颔联、颈联有意化用杜甫《八阵图》"江流石不转，遗恨失吞吴"诗意，又以"树影摇千尺"、"花枝吐万层"谓大自然纵使变化于千万年间，陵谷迁变，但依然万物更新，生机轮回。这就扩展视野，浓缩时空，勾连起千古诗心，沧海桑田中寄寓着思古幽情，幽情中不乏奋发意绪。即景即情，意象鲜明。

尾联"堪叹草庐谁复顾，凄然香火却依僧"，以刘备三顾隆中孔明草庐，问以天下大计事促人直面现实，借眼前唯有僧侣在延续先贤香火的"凄然"情景，寄寓个人的遭际与抱负，透露无限的感慨唏嘘。读杜甫"出师未捷身先死，长使英雄泪沾襟"（《蜀相》），"诸葛大名垂宇宙，宗臣遗像肃清高"（《咏怀古迹五首》其五），从其热情洋溢的赞颂中，见出杜甫对诸葛亮的钦敬与遗恨之情；读王十朋吟咏诸葛亮的篇什，也会强烈感受到诗主人与诗圣同怀的政治理想。山河破碎，宇内烟腾，于此国事维艰之际，是多么需要有一位武侯这样的贤相来主持国政！他们都希望自己能像历史上那些智谋盖世的谋臣一样，为国家和朝廷出谋献策，希望能像诸葛亮之于刘备那样，成为明良相济的一体君臣。这末尾二句，尤为沉挚悲痛，令人心痛鼻酸，千载英雄有同感也。

这首七律的对仗可谓"心随意遣，浑然天成"。颔联和颈联，各为凝练工对，对仗匀称、工切，两联之间又有一动一静、一冷一暖的对称之美，自然而旨远。历史的沧桑感掩映于摇晃的树影和盛放的花枝之间，苍劲沉郁中透出悲怆与惆怅无限。尾联内在的"冷"又与颈联外显的"暖"构成一比，这是诗人为自己空有复国壮志而悲慨，也凸显了千古仁人志士共怀的为英雄扼腕悲哽之心声。

三、追慕诗圣，异代同怀："作诗招取少陵魂"

公元766年，55岁的杜甫流落夔州，历时两年，赋诗430篇，成就了诗歌创作的一个旺盛期。赵翼在《瓯北诗话》卷二称其诗多颓唐之作，说："今观（杜甫）夔州后诗，惟《秋兴八首》及《咏怀古迹五首》细意熨帖，一唱三叹，意味悠长，其他则意兴衰飒，笔亦枯槁，无复旧时豪迈沉雄之概。"阅尽人世沧桑、历尽人生苦难的诗人回归到远祸全身的人生本位，走上了为农自给的道路——他不仅代管东屯公田100顷，还租种一些公田，买了40亩果园，全家都下地干农活；而在精神层面上，他依旧保持着兼济的志向。《八阵图》、《八哀诗》、《秋兴八首》、《咏怀古迹五首》、《秋野五首》、《登高》等篇，理智苍老，沉郁顿挫，皆为名篇佳作。

相隔整整400年，1166年，服膺杜甫的王十朋移守夔州，恰好也在55岁的年龄上，也呆了近两年，写下300多首诗。夔州有杜甫"诗史堂"、"东屯别业"等遗迹。守夔期间，王十朋一一探访，作咏杜涉杜诗20多首。这两位萧条异代不同时的爱国诗人相聚于巴山蜀水间的孤城，相呼情脉，遥结诗缘，共同奠定夔州诗城的基石。

1、诗史堂里瞻仰少陵画像

诗史堂系夔人为纪念杜甫而设，悬挂杜甫画像，陈列杜甫史诗。《蜀道驿程记》云："堂本王龟龄先生守郡时因少陵建，毁于兵，太守复兴葺之。"[2] 王十朋守夔首临"诗史堂"，瞻仰少陵画像，感慨万分，深情呼唤"万丈光芒"的诗圣之魂。七律《登诗史堂观少陵画像》[诗卷21] 曰：

> 万丈光芒笔有神，两眉犹带旧酸辛。
> 残杯不复随肥马，剩馥端能丐后人。
> 夔子江头吟处景，杜鹃声里拜时身。
> 敬瞻遗像观诗史，一酹云安曲米春。

首联擒题，白描画像。"万丈光芒笔有神"一句，化用杜甫《奉赠韦左丞丈二十二韵》"读书破万卷，下笔如有神"诗意，从大处着笔，写画中人的总体形象，魅力四射，令人肃然起敬；"两眉犹带旧酸辛"，则抓住了最能体现人物情感的眉眼这一细节特征，凸显画中人"酸辛"的内心世界。

中间两联满纸萧瑟，抒发"敬瞻遗像"的感怀，今古物己，两位异代爱国诗人的纷繁情思在这里交互重叠，意象纷呈。"残杯"句，点化杜甫《奉赠韦左丞丈二十二韵》："朝扣富儿门，暮随肥马尘。残杯与冷炙，到处潜悲辛。"原诗写杜甫儒冠误身受辱的悲凉凄惨，道尽了世态炎凉和诗人精神上的创伤。十朋诗借以倾诉追怀先哲的悲慨之情。"剩馥"，喻杜甫品格的馥香浓烈。全句意谓杜甫的人格诗品惠及后世。"夔子江头"怀想杜甫晚年流落夔州的行吟生涯及其留给后世的苦吟诗篇。"杜鹃声里"诉说自己祭拜时的悲苦心情。缅古思今，感怀无限，两位隔世诗人暮年漂泊的苦况、天涯羁旅的归思和忧国伤时的愁怀，一时交侵荟萃，互为激发。

末联以现实凭吊回扣诗题，直抒胸臆，写自己深情举杯，酹云安春酿美酒祭奠英灵，表达缅怀敬慕，余情悠悠。在吟咏历史中寄寓个人的胸怀襟抱，承继了左思咏史亦是咏怀的书写传统。

全诗成功地运用了对比和顿挫曲折的笔法，语言质朴中见锤炼，含蕴深广，沉郁顿挫。尤其是"两眉犹带旧酸辛"的精微刻画，传递出杜甫壮志难酬的沉郁悲怆，具有强烈的视觉冲击力。这或许正是诗圣当年伫立白帝城头在萧森凄清的秋色中慷慨悲歌时的特定神情："丛菊两开他日泪，孤舟一系故园心"（《秋兴》），"无边落木萧萧下，不尽长江滚滚来"（《登高》）。

这样的艺术效果，与其说是由于画家画技的高超，还不如说是由于十朋对杜甫人格把握的精准入微。北宋诗人兼画家的黄庭坚曾以"醉里眉攒万国愁"一句描绘杜甫形象，说他即便喝醉了，他的眉头也还是皱起来的。王十朋"敬瞻遗像"，涵咏《登高》、《秋兴》诸诗章，不仅看到杜甫眼中的景色，还看到了这个秋天登高兴怀的人，尤其瞩目他登高兴怀人看景时的酸辛愁苦的神色！王十朋与黄庭坚一样，都以诗性体悟准确地总结了杜甫的一辈子，所谓"状尽子美平生矣"！

杜诗里不仅有杜甫的所见所闻所思，还矗立着杜甫本人的形象。正如当代诗人卞之琳的那首《断章》所述："你在桥上看风景，看风景的人在看你，风景装饰了你的眼，你装饰了别人的梦。"杜甫秋登兴怀，感时伤世，满腔苦恨。读他的诗，看他的画像，我们看到的不仅是他所见的景色，还领悟了这个看景人的赏景情怀。

是的，"艰难苦恨繁霜鬓"（《登高》），杜甫的忧愁实在太多了，愁家里的妻儿老小，愁天下的穷苦百姓，愁君国的千秋大业。李白醉了会更加浪漫，杜甫醉了只会更加愁苦。王十朋瞻仰杜甫画像，目光聚焦于画像中的眉目特征，分明一一呈现杜甫壮年求仕、晚岁漂泊、江畔行吟的画面，深悟杜甫"百年多病独登台"（《登高》）时悲吟的萧瑟落寞。王十朋仰杜甫情怀，也把自己的血泪、命运投入到诗歌中，弘扬儒家学说，牵挂国家大事，关切民生疾苦，为他们歌唱，为他们哀鸣。他们的眉间都萦绕着挥之不去的愁苦。

王十朋的这首诗，既有整齐对衬之美，又有纵横飞动之妙。一气读来，让人浮想联翩，深切感受其有方东树《昭昧詹言》所评的"思深意曲，极鸣悲慨"的杜诗风味。杜诗《奉赠韦左丞丈二十二韵》的顿挫韵味已然渗透于十朋诗笔之间！

无独有偶。杜甫晚年流落之地也曾引发陆游的"扈跸老臣"之叹。十多年后，淳熙五年（1178）四月间，也是55岁的大诗人陆游，宦游剑南，途经忠州，凭吊龙兴寺少陵寓居，作诗曰："中原草草失承平，戍火胡尘到两京。扈跸老臣身万里，天寒来此听江声。"（《龙兴寺吊少陵先生寓居》）衰时败世中，王、陆两位55岁的爱国诗人，在相隔不远的夔州、忠州两地，分别为前代诗圣55岁时的命运遭际写下的凭吊诗篇，心境意境竟然如此相似乃尔，都是"双管齐下，一写两枝"（清乾隆帝敕编《唐宋诗醇》），兼表吊杜与自咏两重情怀。诗心千古，超越时空。彼此无由见面，诗魂相通契合，冥冥中亦似有天意眷顾！

杜甫的夔州诗是其晚年的回忆与反省，句律精深，风格古淡。理想的破灭、对时局的忧虑以及对未来朦胧的希望交织在一起，使其诗充满了深沉而难以排解的悲凉。梅溪的夔州诗与陆游的入蜀诗，之所以更多"句句似杜"之征象，风格平淡古朴而句律趋于精深，除了其所咏对象多有杜甫本人经历事迹之外，更因为充分入世的南宋诗人能敏感在其治地所见风物、所察民情世风，无不浓浓地沾染上了南宋特有的人文风味。王水照先生概括得好："比起盛唐诗人的壮怀宏图、勃勃生机，宋代诗人无疑走向内心的反省、思考的沉静。大喜大悲的歌哭无端，可能被视作孩子气的发作，时代度过了丽日中天的青春期，'屏除丝竹入中年'了。平淡也就成为普遍追求的一种审美时尚。"(3)

十朋诗人物提名排行榜中，与韩愈齐名的人是杜甫，次数达60次之多，远高于李白、陶渊明、苏东坡、欧阳修、谢灵运、柳宗元、白居易诸大文豪。暮年亲近杜甫漂泊地，留连诗圣遗迹，神交契合之际，王十朋显然加深了对诗圣的体认。一方面称赏杜甫有安社稷、济苍生的忠君报国之心，又肯定他在诗歌上的造诣，认为在夔州写的诗章，可以与经典"风雅颂"、司马迁的《史记》相媲美，高山仰止，不能等闲视之为诗人，将杜甫的人品、诗品推崇到至高无上的地位；另一方面则悲叹杜甫怀才不遇，流落边城，空有抱负，没有施展的机会。一声"空抱竟无用"，传达出诗人对杜甫壮志难酬的无限憾恨和愤激之情。

2、诗史堂前歌咏泪血荔枝

王十朋对诗圣杜甫深怀敬仰之情，推崇备至，其咏物力作《诗史堂荔枝歌》^{诗卷23}高度评价杜甫是自有诗人以来的第一人！诗略曰：

> 君不见诗人以来一子美，莫年流落来夔子。
> 赋诗三百六十篇，西瀼东屯客愁里。
> 何人作堂画遗像，收拾光芒榜诗史……
> 少陵伤时泪成血，一点丹心不磨灭。
> 散成朱实满炎方，风味如诗两奇绝……
> 我生四百馀年后，来作先生游处守。
> 登堂三叹荔正丹，聊效柳人祠子厚。
> 安得先生今复生，添赋夔州歌一首，
> 要使荔枝之名长不朽。

十朋晚年为宦夔州、泉州，吟咏当地风物，作荔枝诗近30首。本诗通过吟咏诗史堂前的荔枝树咏怀诗史堂的主人公杜甫，不重摹形绘状而甚得其神，体物寄情，托物言志，与同期的同韵诗《诗史堂荔枝晚熟而佳……复用前韵以歌之》均称荔枝绝唱。

诗开篇突兀，高咏盛赞四百年前的杜甫是自有诗人以来的第一人！由此咏物抒情，生发议论，扣住诗史堂前的荔枝树，随手挥洒，纵横古今，一气呵出凡39句的长诗。全篇八换韵，平仄交错，大致可分为三层。

第一层十句，先仄后平，韵味平稳，写诗史堂前荔枝树"未老熟独迟"的特点，强调自己违背"世人"识见而独自"赏之"，其原因盖为诗史堂主人公乃"诗人以来一子美"。平稳中有突兀引人处。

第二层二十二句，平仄七韵交错转换，用典博奥，情感激荡，巧妙运用衬托、比喻、移情等表现手法和反复、排比、层递等铺陈技巧，腾挪多姿，把荔枝的色、香、味与杜甫"泪血"、"丹心"的密切关系发挥到淋漓尽致的地步。诗的主体部分遗貌取神，道明杜甫之"丹心"乃"孤忠"所凝。

第三层七句，仄韵，直抒胸臆，回应题面，总束全诗："四百馀年后"的夔州守"登堂三叹"，仰盼"先生今复生"，寄意"丹心"、"朱实""两奇绝"，诗韵"长不朽"！

程地宇教授激赏诗中正面吟咏荔枝的"少陵伤时泪成血"以下四句，评云：诗将"泪血"、"丹心"与"朱实"、"炎方"由相关性想象构成意象群；以"荔枝"的风味比拟诗歌的风味，从而把视觉、味觉等统觉构成的实物映像与由此引发的心理的、方域的、诗艺的抽象意象，整合为一个统一的诗歌形象，将荔枝的意义发挥到极致。[4]

诚然，本诗的立体形象是由多元组合的"意象群"构筑而成的。诗人恃其博奥，紧扣"丹心"、"泪血"两个关键词广引故实，意象纷呈。全诗气势奔放，得杜诗之险要，有李白之流畅。其铺陈技巧也有助促之功。全诗浑成，有叙有议，章法多变，笔势腾掷，意蕴深邃。带有新乐府性质，又具有诗史的特点。平心而论，这首荔枝绝唱较之苏轼的上乘之作《荔枝叹》，一怀先哲，一讽时事，有异曲同工之妙。

荔枝作为诗歌意象，在宋时常被赋予特殊意义。高宗即位后，定年号为"建炎"，推崇火德，希望火能克金（国）。何麒的《荔枝赋》就借着赞美荔枝把南宋王朝颂扬了一番："大火所熏，炎精所凭。含章抱洁，卓尔不群，永焜耀于南方，赫然其百果之君乎。"对荔枝的赞美从火德入手，暗含颂美当道之意。王十朋一反常规，避开了宋时借赞美荔枝推崇火德、颂美当道的时尚主旨，通过吟咏诗史堂前的荔枝树，咏怀诗史堂的主人公杜甫的血性人格，体物寄情，托物言志，开发并丰富了荔枝物象的美学意义。

这首七言歌行写得沉着警策，风格高健，思丰而情真，意广而文淡，不求绮丽高华之词采，其内涵缜密已非年轻时诗作可比拟，难见《湖边怀刘谦仲》[诗卷1]、《送子尚如浙西》[诗卷1]诸篇中的韩愈意气，却有咏物先河篇《橘颂》的楚辞风味。字面淡真而意义深进，勇攀风雅而追慕屈宋，当是晚年十朋的诗格范式。

3、东屯溪山招邀少陵诗魂

王十朋离别夔州之前，还特地到东屯拜谒少陵祠，并写下《至东屯谒少陵祠》[诗卷24]二首。其二曰：

> 忠不忘君句有神，当时无地可容身。
> 草堂遗像英灵在，又见匙翻雪稻新。

每咏少陵总多情。诗人念念不忘的是杜甫在"无地可容身"之际依然"未尝一饭忘君"的君国深情。有意思的是，诗人此时浏览四周山川风貌，忽然发觉东屯之景象与自己梦牵魂绕的家乡左原何其相似乃尔，一般的"水秀山青"，随即骋想自己回乡后，何不也建一座与东屯杜甫"旧吟处"一模一样的草堂，以求与诗圣之魂永相为伴呢？《东屯溪山之胜似吾家左原》[诗卷24]诗曰：

> 东屯别是一山川，水秀山青似左原。
> 我待还家筑茅屋，作诗招取少陵魂。

留连东屯溪山，敬瞻诗圣遗像。远隔千里的他乡与故乡在诗中勾连相通，其精神纽带就是"少陵魂"。两个既有关联又形成比照的场景放置在一起，这种对比并置式的叙事结构在扩充绝句容量的同时，也彰显了情思的深切绵远。真乃逸兴神来，妙思偶得！

当然这也是十朋剪不断的故乡情结。年前入夔途中，看到了云雾飘绕的巫山十二峰，诗人就曾情不自禁地感叹："十二巫山锁白云，岩如雁荡列江滨。谁名雁荡经行峡，定是经行峡里人。"（《过风口望巫峡

岩嶂如雁山祥云峰经行峡烟霞障》^{诗卷20}）

唐王禹偁《村行》诗有曰："何事吟馀忽惆怅？村桥原树似吾乡。"——迁谪途中见到"似吾乡"的"村桥原树"，触发了惆怅乡思。苏轼《法惠寺横翠阁》诗有曰："已泛平湖思濯锦，更看横翠忆峨眉。"——看了杭州景物就想起故乡四川的锦江和峨眉山来了。二人的诗都把思乡感情表达得婉转含蓄，哀而不伤，但梅溪诗寄托的情怀有高邈于乡思的韵味，内涵显然更丰满了："作诗招取少陵魂"——思杜、仰杜、效杜，与诗圣心心相印，诗魂长伴，亦步亦趋，一唱一和，岂不美哉？

十朋暮年作小诗，雅丽精绝，有深婉不迫之趣。一个看似愉悦的构想承载了诗人多么沉重的心意！

四、情深白首，欣对论文："天将大任未容闲"

在那个交通工具只有舟马，一次行程动辄几个月的年代，亲朋好友间于千里之外的每次聚会都会显得格外珍贵，每次分离都会格外伤感，而错失一次相会的机缘也就更添痛楚了。梅溪好独自清静，也珍惜与每一个旧友新知的情谊，特别是在远离家乡、远离京城的"乌蛮之地"，他把每一次的会晤都当成是不可重复的握别。

王十朋有情有义，以其人格诗品引领一代朝臣儒士对于国势时局的的群体自觉，在自己的周边集聚起一群志同道合的诗人僚友。考察王十朋知夔往返期间的酬唱诗作，可以了解他"论文欣对少陵尊"、"唱酬又成夔府集"的创作活动谋划，了解他与友人之间在思想及诗文创作等方面的互相影响，了解他们的文学观念与政治思想，窥得王梅溪对政坛挚友"情深白首年"生死情谊，进而可窥南宋初期士人的生活情趣、群体交游情状及社会生态之一斑。这里选读三首。

1、"和羹消息岭梅香"

查元章是王十朋的知心僚友。这次王十朋赴守夔州，查元章与周行可（即周时）已先此为夔州路转运使。转运使是朝廷派往各路的长官，监察官吏，经度一路的水道运输和民生疾苦等财政职事，亦称漕官、漕司、漕臣。旧识新友三人相聚共事，政见相似，曾协力上奏，极言川蜀水路马纲弊民害马，终得恢复由旧陆路而出。十朋曾将三人的巧合比喻为月亮、李白、影子，形影相随："二公如月如太白，我亦影随同一尊。"（《行可元章再赋二诗依韵以酬》^{诗卷21}之二）又作《送元章改漕成都》^{诗卷21}、《元章至云安用送韶美韵见寄次韵以酬》^{诗卷21}等诗，称赏元章人品："元章真国士，未见心已投。雅抱畎亩志，共怀天下忧……"，称许其"诗句清含山水晖"，"诗坛谁复将中军"。《查漕元章生日》^{诗卷21}诗曰：

> 气压群阴首占阳，生贤时节自非常。
> 十分天上月轮满，一线人间日影长。
> 揽辔威名崖雪凛，和羹消息岭梅香。
> 要知三峡无穷水，便是词源与寿觞。

本诗为久别重逢的秘阁挚友查元章祝贺生日。前四句紧扣对方生日——"十一月望日"这一特定时日，铺写自然景观，借景传情。夏历望日，太阳西下时，圆月正从东面升起，呈望月景象。由日光向背引申而来的气候寒暖，满月中天、日影渐长的冬日阳明景象，都被作者用来诵咏对方"自非常"的"生贤时节"。世界万物负阴而抱阳，元章老的生命气象"压群阴"而"首占阳"，真是个好日子呵，充溢着阳德刚明之气。

后四句为祝寿语，仍以自然胜景传达美好心愿。揽辔澄清的抱负犹如崖雪凛冽，威震天下；辅佐君王治理天下的作为犹如庾岭梅花，香飘四野。"揽辔"与"和羹"相应，"雪凛"与"梅香"对举，综合了视觉、触觉、嗅觉意象，明朗鲜亮，将元章人格推崇备至，也同时凸显了包括王十朋在内的阳刚群体的阳刚形象。末二句借峡中景象送出美好祝愿，归结全诗主旨：波涛浩渺的"三峡无穷水"，就是你老的诗兴源泉与延年寿觞！

全诗取景新颖，气势雄伟，诗境隽阔而阳明，文意沛然，别具一格，一扫祝寿诗常有的庸俗陈旧之气。

2、"人生一笑难开口"

韶美即刘仪凤，韶美其字，蜀地普州人。绍兴二年进士，官至兵部侍郎。在秘书省、国史馆任职时，与十朋同事多年。十朋有《赠韶美》^{诗卷14}诗述及两人的浓郁交情与平生志趣，诗云："西南有佳士，岷峨秀胸中。标高语更妙，写出岷峨容。……时来访予语，自愧贤非戎。世态冷处薄，交情淡中浓。"刘韶美在朝十年，得薪俸专以储书校雠为乐，凡万余卷，国史录无遗者。每归即闭户读书，人怪其傲。御史张之纲论其录四库书本以传私室，遭罢免归蜀。聚也匆匆，别也匆匆。这次韶美"归舟过夔",蜀地邂逅,双方自是感慨万千,除了挚友重逢的欣喜,更多官场风险莫测的仕宦感慨。《韶美归舟过夔,留半月语离,作恶诗二章以送》^{诗卷21}其二曰:

> 弱羽年来正倦飞,夔门邂逅故人归。
> 人生一笑难开口,世事多端合掩扉。
> 况是桑榆俱晚景,何曾富贵已危机。
> 明朝怅望仙舟远,百尺高楼上静晖。

本篇一题二章,同写离情别绪,谋篇上有联系,写法上有变化,境界上有超越。本诗突破了"思归"、"送别"诗的常规套路和格局,赏读时不可忽略。

许宗斌先生当年研读本篇,敏锐地"感到丝丝寒意扑面而来",因而追问:"当年那个慷慨激昂坚毅自信的王十朋哪里去了?诗中那种挥之不去的悲凉感衰颓感从何而来?"解读曰:诗本身已隐隐约约地把消息透露给了我们,是因为"世事多端",是因为"危机"……⑸ 这正是值得我们细研深究之处。

起句直说自己犹如"弱羽""倦飞",发人联想陶渊明"鸟倦飞而知返"诗句,作"归去来"之念。十朋守饶州时作《齿落》^{诗卷17}诗云:"五十行将四,浮生已向残。齿疏方咄柳,牙落遽惊韩。"守夔州时年五十五岁,身已患病,两脚浮肿,步行困难,甚显衰老。《食薏苡粥》^{诗卷23}诗云:"两脚忽浮肿,百药竟未治。"《双鹊》^{诗卷23}诗直言:"主人只欲东归去,归作左原田舍翁。"他一方面带病为民事、军政事操劳,另一方面作退闲居家之想,思归心切。不料自己未归而友人却被罢职回归西蜀来了。一个"正"字,道尽了这次"夔门邂逅"的幸与不幸:故人回归西蜀之时,"正"当作者思欲东归之际——挚友久别之后重逢于自己的治地夔门,自属幸会无疑;二人走向虽异,而心境遭遇却同属不幸。

幸与不幸的情感纠结贯穿全诗,自起句直至篇末,始终未能解脱。颔、颈两联四句接连隐用三个事典细说别离之苦,表白思归的两个原由:一是"世事多端",二是"危机"四伏。"人生一笑难开口",说的是人世常态,得意少,曲折多,难得一笑。语本杜牧《齐山》诗"人世难逢开口笑",但情意远胜之。一笑本易,但竟然"难开口",未能畅怀;且前加"人生"二字,时间、空间倍增,力度、密度稠厚多了。"世事多端合掩扉",说的是现实境遇,官场瞬息万变,祸福难能预测，不如退隐归去，关掩柴扉的好。这两句遥应首句的"弱羽"、"倦飞"，道出思归原因之一。"俱晚景"和"已危机"两句皆语有所本，却可作寻常语义理解。诗人以日已西垂的暮景比喻晚年，以东晋末诸葛长民的典故感叹仕途危机：多年来何曾思念富贵，可危机却接连不断地发生，道出思归原由之二。诗人自解也解人，慰勉刘韶美：桑榆暮年，本当尽早结束宦游，安享余年了！

结尾"明朝"两句以虚景收束全篇：明晨独个儿伫立静晖楼，凭高怅望，只见得故人仙舟迷失在万重云山中！典故隐于其中，景物取自目前。诗人不写饯别当晚执手话别之情，而悬想明日的登楼怅望之景。此情此景，比之李白《黄鹤楼送孟浩然之广陵》诗"孤帆远影碧空尽，唯见长江天际流"两句，有同工异曲之妙，涵蕴深曲丰满。送别之时，并非哭泣才显情深，并非黯然销魂、泪流满面才算恋恋不舍。王梅溪这首送别诗，有不舍却无怨恨，那伤害过两人的官场受挫往事，那已然向友人启口而此刻仍然纠缠于心的"倦飞"思归意绪，那欲归而未能的现实纠结心理，等等，大概正随着远去的仙舟而飘游于动荡不宁的浩瀚烟波之上了。这种借景抒怀技法的高超运用，使送别的情谊又加深了一层，堪称送别诗中的精品。

综览全诗，从弱羽倦飞的现实境遇到笑口难开的人生感喟，从桑榆晚景的叹息到世事多端、仕宦危机的险恶痛感，喜恨悲怨的情感前呼后应，理想与现实的纠结动荡翻腾，愈转愈深，把一位封建纯臣仕宦命运悬于一线的"丝丝寒意"以及"那种挥之不去的悲凉感、衰颓感"，以加速度向读者"扑面而来"，把有宋一代优秀士大夫政治诉求的折腾路径及其终极归宿表达得节奏起伏，腾挪有致。最后在孤帆远影的寥廓怅望中，定格了全诗的文学影像，情致飘逸，给读者留下无限的想象空间！

不是所有的告别都有再相聚的续曲。在古代，交通不便，一去不知多久，一挥手多半就是永别。送别多充盈着思念与泪水。送别要有勇气。这首诗读来特有雅人深致，肝胆相照的挚友相别，颇多壮美之慨！

诗多用事典，不无以才学为诗的用意，易流于晦涩而成作诗大忌，但由于其用事切而不僻，故能不堕事障，读之浑然，如同己出。全诗一气贯注，篇幅虽短，却波澜迭起；感情真挚，事典自然，含义深远；通篇造语深致雄浑，结构严谨紧凑，句无闲字，篇无闲笔，体现了十朋后期诗歌艺术的高度成就。

这篇七律上乘之作，历来受人激赏。《宋诗鉴赏辞典》选析了这首诗，对本诗表现的人生友谊主题作了概述，事典解释也甚属精到。遗憾的是，编撰者一不了解韶美为何许人，二不明白十朋与他有何交往，三不考察本诗写作的特定背景及其前后酬唱诗作等等，而轻率地以韶美"身世不详"一语把问题挂了起来，甩开不管，故而不但未能发幽探潜，开掘诗人的丰满情愫，甚至将韶美的罢归蜀地妄断为"故人东归"，诗意的某些解说也就失去了事实依托，成了无稽之谈。另，十朋诗有原注云："此篇用韶美送元章韵。""元章"者，韶美和十朋的共同挚友也，凡读过十朋诗集本诗前后几首的都应记得查元章其人。而《宋诗鉴赏辞典》误作"用韶美原章韵"云云，"原章"显然不是"元章"。原注失之疏误，解说难免南辕北辙，未知所本者何。《宋诗鉴赏辞典》编撰者未读过十朋诗集中本诗前后几首是可以断定的。笔者还查检过录选本诗的数个版本，对于"元章"几乎一概采用"身世不详"、"韶美原章"之说，将诗意拘限于"思归"一格，虽为推举七律精品却显然未得其要领，令人不禁为之扼腕。不细研文本，不知人论世，甚或以讹传讹，将会给诗韵之美带来多大的伤害啊，尽管纯属无意。

3、"天下苍生望公起"

王十朋于乾道三年（1167）自夔州移知湖州，路过宣城时，曾与李子长、赵富文诸官员组结宣城吟社，并陪同敬慕已久的枢密汪应辰游宴多日，宾主情谊敦笃，唱酬甚欢。十朋诗《子长和汪枢密齐山诗，复用前韵》^{诗卷24}有云："风伯相留作吟社，愿低笔力许追攀。"《过宛陵，陪汪枢密登双溪阁、叠嶂楼，游高斋，望敬亭山，诵谢玄晖、李太白诗，用枢公游齐山韵》^{诗卷24}述其事，诗曰：

> 天将大任未容闲，清峭依然御史颜。
> 谢客能吟练江句，谪仙不厌敬亭山。
> 双溪风月壶殇里，叠嶂烟霞几案间。
> 天下苍生望公起，归辕行见郡人攀。

枢密汪应辰乃十朋至交，十朋仕途的几个重要节点都与汪氏密切关联；宣城又是历史名城，与谢灵运对举的南齐诗人谢朓，亦称小谢，曾任太守，留下名篇佳句；"谪仙"李白漫游宣城，登览敬亭山，寻觅到一份忘我忘世的宁静和闲淡。凡此种种都能引发诗人的情思逸兴。川蜀宦游即将结束，十朋的这首和韵诗，仕宦宴游和缅怀历史相互映照，诗中既呈现自然气象，又蕴含人文精神。老友相聚，似乎并不慷慨激昂，壮怀激烈，却自有几分沉郁与深厚。

美景需要共赏，心曲需要分担。有至交作陪，宣城风景佳胜倍增兴味。诗切紧着题面中的人、时、地、事而写，既写与汪氏的交谊，又写宴游赏景之乐，寄寓了仕宦沉浮之慨。首尾二联扣合"陪游"的题旨，叙汪枢密的辅政重任和民生业绩，寄托了"天下苍生望公起"的诚挚；中间两联扣题纪游，概括了题面中所涉双溪阁、叠嶂楼、高斋、敬亭山诸景特色，但并不铺张笔墨。篇幅虽短，却波澜迭起，气象万千。通篇造语深致，结构严谨，涵咏深切，诚为异军突起的佳作，体现了十朋后期诗歌艺术的成就高度。堪称"细致曲折，于题事一字不遗，可见古人不敢抛题目，无笼统粗略、肤阔不归之病也。"(6)

本诗篇无闲笔，句无闲字，其炼字炼句多有可玩赏者。陶文鹏先生称赏诗之颔联："颔联暗用了谢、李诗句，于是，历史的与当下的两重诗意叠印在一起，宣城的自然气象也就涂上人文精神色彩与时代的沧桑感。"颈联亦堪为佳句。"双溪风月"、"叠嶂烟霞"八字写双溪阁、叠嶂楼、敬亭山的自然风光，概括凝练，蕴涵深远，却由于诗人于远景之后紧接以"壶觞里"和"几案间"的近情，似接非接，时空反差悬殊，思维张力巨大，再加上先贤们"澄江静如练"、"相看两不厌"的诗情渲染，这一幅色调清丽的江南山水图景就蒙上了去国怀乡、仕宦浮沉的幽怨情致。诗的末句归结于对汪枢密"归辕行见郡人攀"的想象意境，诗人向心自然又不甘"容闲"、盼望奋起却无可奈何的复杂心曲随吟唱倾吐而出，表达得婉转含蓄，哀而不伤。

赏读以上梅溪晚年酬友诸篇章，脑子里即刻跳出白居易的诗句："心如石不转"、"情深白首年"。王梅溪与刘韶美、周行可、查元章、汪应辰及胡邦衡、冯员仲诸挚友的生死交谊，感人至深，并不亚于古之元白、刘柳、白刘辈，一是"情深"，一是"白首"，久经政坛风云的考验，赤子之情一直深到"白首"，以至生命终了。友情坚如金石，生死不渝，正所谓"心如石不转"。

五、师法先哲，新构诗论："文章均得江山助"

王十朋入蜀是他诗歌创作的重要时期，也是他对杜甫、苏轼等诗坛先哲认识和师法的新阶段。江西诗派对杜诗的宗尚重点在杜诗的艺术成就上，其学杜多在句法、声律、用典等形式方面用心揣摩，对老杜忧国忧民的博大胸怀和关注现实的诗学精神则有所忽略。而王十朋由于现实的激励与启示，认为老杜的可贵之处就在于其关心国计民生的博大胸怀和人格精神，在于其诗歌继承了《诗经》的优秀传统，表现了深广的社会内容。王十朋终生对杜甫的诗学理念与苏轼的诗风诗艺怀有深挚的敬意，总结出不少有分量的诗学新见。

1、"句法严于细柳军"

七绝《又答行可》[诗卷21]以"武事"作比，极力褒美同僚挚友周行可法度严谨的诗歌风貌，形象生动，从中不难看出王十朋诗歌创作的艺术追求和文学主张，直可作独立的诗论短篇读之。诗曰：

> 道造精微更有文，绛侯应愧不如君。
> 试将武事论诗笔，句法严于细柳军。

本诗所咏"道造精微"，说的是诗歌思想内容表达的至高标准，要求法度谨严，精美细密；此外，诗歌还应"更有文"，形象生动有文采，能让绛侯"愧不如"；至于笔法，包括用韵、格律、遣词、炼句、谋篇、章法等等，特别是锻炼句法，亦万不可鄙弃，其标准则是"严于细柳军"。全诗用事、用辞同出于《史记·周勃世家》一篇，运典自然，醇雅亲切。"将武事论诗笔"，使诗之法度谨严化为严明治军的具象，可视，可感，可效法。考之这首仄起式七绝的韵律、句法，即可称"严于细柳军"者也。

学诗重妙悟，读诗爱妙语。宋南渡初年文坛大家王梅溪，曾深受文艺批评理论书籍如《文心雕龙》、《典论论文》等的洗礼，又有长期的诗歌创作实践经验，提出过一系列文学主张，丰富了有宋一代的文学批评理论。他用生动的比喻把自己的诗歌创作理念表述得如此生动，这正是这首绝句的艺术创新。

2、"东坡文章冠天下"

七言长古《读东坡诗》[诗卷23]是梅溪很重要的诗论诗之一，它集中体现了梅溪的诗歌主张和美学追求。诗略曰：

> 东坡文章冠天下，日月争光薄风雅。
> 谁分宗派故谤伤，蚍蜉撼树不自量。
> 堂堂天人欧阳子，引鞭逊避门下士。

天昌斯文大才出，先生弟子俱第一……
向来学者尊西崑，诗无老杜文无韩。
净扫书斋拂尘几，瓣香敬为三夫子。

诗序所引，树起了本诗辩驳的靶子："学江西诗者，谓苏不如黄，又言韩、欧二公诗乃押韵文耳。"王十朋对于江西诗派这一偏见，很不以为然，"感而有作"，恃其实学博观，对诗坛上下古今，荦荦大观，一一辨正之。

开篇针对"苏不如黄"的"故谤伤"，以鲜亮明艳的四句盛赞苏轼，领起全诗的雄辩之势。接着，先誉"堂堂天人"欧阳修，再专赞"大苏"与"日光玉洁"的韩退之。最后，抨击"尊西崑"者一昧延续晚唐五代诗风、点缀升平、"诗无老杜文无韩"的风尚，发为宏论："净扫书斋拂尘几，瓣香敬为三夫子"，一吐对诗坛"三夫子"的敬慕之情。

十朋的文学宗尚在这里表现得比较完整，他是推崇以文明道，以韩、欧之正为尚，而兼究苏、柳之奇。在这些唐宋大家中，韩、苏、欧对他的影响甚大。《光绪乐清县志》也称"梅溪先生诗文质直疏畅，行间独饶劲气，瓣香韩、苏、欧三家，而以韩为宗。初，得《昌黎集》，辄欲尽和韩诗三百余篇"。

全诗旗帜鲜亮而感情真挚，以古文章法句法为诗，议论带情韵以行，诗意连贯畅达，甚得欧阳修为文一唱三叹、笔端含情的"六一风神"。虽语有曲折，意有顿挫，却正契合王十朋自谦"不晓诗"者的身份与口吻，又不失其诗坛宿将的高标风范。全诗义正辞严地驳斥江西诗派末流、西昆诗派的不堪言论，诗意表达得如此严谨而连贯完满，乃属实学博见，高屋建瓴。

3、"诗因迁谪更瑰奇"

著名的吊古咏怀之作《游东坡十一绝》^{诗卷24}寄托着诗人对前贤诗哲命运的挚情关切，对整个宋诗发展命运的深刻思考，传达了王梅溪诗歌理论的若干重要观点，可作梅溪又一重要的"论诗之诗"读。

乾道三年（1167），王十朋自夔州移知湖州，赴任途中经黄州（今湖北黄冈），游览东坡故居雪堂等，怀想古城历史上著名的"两逐臣"苏东坡、王元之。《游东坡十一绝》笔笔饱含深情。如陶文鹏教授所言，这组诗"不是一般的怀念先贤，诗人是把苏轼当作与自己肝胆相照、灵犀相通的恩师、挚友来抒写的"。这里选读三首。其一曰：

道大才高世不容，堪嗟尺水困神龙。
空游赤壁英姿发，却向小桥诗思浓。

"堪嗟尺水困神龙"，组诗开篇即表达了王十朋对"神龙"苏轼的无限倾慕，对他受困于"尺水"深怀痛切。苏轼"道大才高"、"英姿焕发"而命运坎坷，知湖州时，被人告发讪谤朝廷，遂被逮赴御史台狱，后以团练副使贬逐于黄州，因有"平生文字为我累，此去声名不厌低"之叹。"神龙"受"尺水"之困，"英姿"为恶俗"不容"，苏轼的"诗思"命运被浓缩为警辟之句："道大才高世不容"！其二曰：

出处平生慕乐天，东坡名字乐天传。
文章均得江山助，但觉前贤畏后贤。

诗人宦游东坡当年的贬谪之地，借"东坡"地名的由来巧说东坡与乐天的诗风相承关系，在"前贤畏后贤"——苏诗超越白诗的感性认识基础上，概括出"文章均得江山助"的规律性判断。义理十分明显，没有纵横忧患、命寄江湖的社会实践，即所谓得"江山之助"，苏轼的"赤壁英姿"是不可能有如此惊人的超越的。

诗先述自己"出处平生慕乐天"的诗性向往，为"江山助"之说作了铺垫；又结于对苏诗超越白乐天的观察结论，为推出的"江山助"之说作必要的事例论证。布局巧妙，议得轻灵，立论新警，有毋庸置疑的分量，东坡、乐天及一切诗人概莫能外，"均得"江山之助！

《游东坡十一绝》力挺"盛元祐"的标杆人物苏轼为一代宋诗的领军人物。可以说，南宋文风为之一变，苏轼诗名文名大增，王十朋自有促成之功！难怪宋史专家孔凡礼先生在《关于〈集注分类东坡诗〉的纂集者》一文中，搁置了历代关于东坡诗注作者的争议，而认定"王十朋最孚众望"，推十朋为该书"纂集者"，"这是历史给予王十朋的一项很高的荣誉"(7)——这一切认识都基于十朋有包括《游东坡十一绝》在内的诸多推崇苏轼的诗论作品。其六曰：

再闻黄州正坐诗，诗因迁谪更瑰奇。
读公赤壁词并赋，如见周郎破贼时。

"道大才高"的苏轼因迁谪而才情勃发。上承《岳阳楼》诗意，十朋以"再闰黄州正坐诗，诗因迁谪更瑰奇"一联，道出了坎坷遭遇激发创作激情的全部秘密。的确，苏东坡的每次贬谪都是他在文学上的丰收季。如果没有"乌台诗案"的打击，如果没有躬耕东坡的艰辛，我们难以想象，苏轼会写出《念奴娇·赤壁怀古》和前后《赤壁赋》那样的惊人传世之作。官场上的围剿，造就了文学上的突围。东坡得意时的作品，虽也工致精巧，但就像糖水只有甜味一样，你只能佩服他的才能；而他失意时的作品，一字一句都能入心入肺，读之有声，思之有味，像清茶之香隽永绵长。"诗因迁谪更瑰奇"，说的就是苦难成就文艺，文学得力于"江山之助"的道理，就像苦寒之于梅香，磨砺之于剑锋；也即十朋所言，犹如"周郎破贼时"，英姿焕发，光彩耀眼。

两汉魏晋人早有山水助诗文之论，晋宋山水文学即是其实绩之一。在本组诗中，十朋的"江山助"之说，基于"前贤畏后贤"的感性认识，又借助于苏轼"文到黄州更绝尘"、"诗因迁谪更瑰奇"的典型个案，阐说了江山育人格、增文气的功效，概论了山水与文学之互动影响，发展了十朋自己早期首倡的"文当气为先，气治古可到"的"刚气说"，实存有诗穷后工之理。郑定国先生有评曰："十朋提出山水之助，乃助文气焉，此为新论。"

综观史实，夔州地处边远，财力贫乏，民风粗粝，历任官员多有民智难以开发之叹。而来自吴越文明地的王十朋见识了异彩纷呈的巴蜀民俗，进而全身心地融入了涵括荆楚、巴蜀民智的华夏文明，以诗抒写为民造福的愉悦之情，使夔州重生文明羽翼。他的任职，精明沉着，充满智慧和理性。他广结诗友，不只是为了排遣寂寞，有难同当，也是为了使自己拥有更广阔的世界。他与由他主盟的诗社同仁，不仅以创作实践丰富了夔州诗的内涵，还充分利用他们在夔州的行政地位，调动地方行政资源，从官方角度铸就夔府诗城的崇杜文化，以丰沛的诗歌创作巩固了杜甫开创的夔州诗城的历史地位。

此时的十朋虽已年迈，胸中依然涌动着壮志未酬的激情。主夔郡两年，王十朋很快适应并真切感受到夔州风土人情的美好。他以风流潇洒的姿态治理"乌蛮之地"，与夔民同忧同喜。夔城的古朴、豪壮，夔民的朴野、醇厚，使王十朋渐渐忘记个人的寥落遭际，渐渐归于平静、豁达、超然。他清廉刚正，处处为百姓着想，日夜为政事操劳，夔州民生奇迹般的渐见复苏。这是作为夔守的王十朋对夔州的突出贡献。

查陆游年谱，乾道六年（1170）陆游移任夔州通判，其时梅溪早已离任；乾道八年（1172）十月，陆游改官成都府安抚司参议官，至淳熙五年（1178）奉诏东归。此时梅溪离世久矣。陆游在蜀中为官前后达八年之久。王、陆二诗人一前一后探访老杜的夔州旧迹，一往情深地赋诗为文，缅怀老杜的人格、命运，提升了对老杜的理解和师法。然而，王十朋对于夔州，特别是对于夔州的杜甫，似有更为厚实的敬重；也为夔州奉献了更多的情意和实绩。

乐清籍学者胡牧在其论文《评王十朋和陆游》中，曾借力比较法，对同为爱国主义诗人的同时代的王梅溪与陆放翁作横向比较研究，同中求异，指出王、陆二人，生在同时，有一定的交往，且政见相似，经历过差不多的遭遇，均被后世称为爱国者。可是在他们生活着的当代，他们得到的评价却大不相同。王十朋有口皆碑，声誉甚高；陆游却毁誉交加，有时甚至毁多于誉，被斥为"不得终其晚节"的"权门清客""反复小人"。胡先生概括其原因，指出二人在南宋和战两派尖锐对立、阵线分明的环境中，立身处事的态度不同；在共同论事中，对当时社会重大问题的见解和主张，以及从中体现出来的思想和气质也有差别；在受到排挤打击后，他们两人爱国思想激发表现的形式也不同。由此得出结论："作为政治家，王十朋的政见、骨气、业绩要比陆游好；作为文学家，陆游的成就则超过了王十朋。时间推移了800多年，凭着留下的文字，陆游的声名便远远盖过了王十朋。"暂且不议陆游夔州诗的具体评骘，胡牧先生的这番评论，似也切近二人在夔州交合的史实，不属题外话吧。

事实证明，王十朋不仅是一位值得后人怀念的良臣能吏，也是一位有才能的诗人；他不仅有如火的为民之忧，也有如水的诗性灵动。峡文化学者程地宇、余霞都认为，夔州诗城的传统文化建构和维护，王十朋无愧第一功！⑧ 僻远的夔州城因为有杜少陵、王梅溪这样的两代诗人的眷顾，在诗歌史上以独特的方式永远留下了它曾经的美好。王十朋的过人之处，他特别令人感怀欣赏的一点，就在于他的一切理想化的精神总能落到物质化的现实之中，不只是书生虚议、醉酒狂言而已。

夔州安放着王十朋痛苦而伟大的灵魂。

他遗存的文明种子流芳久远，温暖人心。

注释

⑴苏轼：《东坡志林》，乔丽华点评，青岛出版社版2010年版。

⑵王士禛：《蜀道驿程记》，收入《带经堂诗话》，人民文学出版社1982年版。

⑶王水照：《北宋洛阳文人集团与宋诗新貌的孕育》，《王水照自选集》，上海教育出版社2000年版。

⑷⑻程地宇：《王十朋的夔州心结与诗城情怀》，《重庆三峡学院学报》2010年第4期。

⑸许宗斌：《驿边人语·何处是归程》，国际文化出版公司1997年版。

⑹方东树：《昭昧詹言》卷十七，人民文学出版社1961年版。

⑺孔凡礼：《关于〈集注分类东坡诗〉的纂集者》，载《宋代文史论丛》，学苑出版社2006年版。

第五章 湖州仁政绘蓝图

孝宗乾道三年（1167）九月，王十朋以左承议郎、敷文阁待制知湖州。

由夔州返抵临安时，孝宗帝召对于便殿，征询治国之计。圣意难测。但十朋一本初衷，畅所欲言，谏孝宗革弊图强，勿忘中兴复国。《宋史·王十朋传》^{附录2}载：（召对后）"刘珙请留之。上曰：'朕岂不知王十朋，顾湖被水，非十朋莫能镇抚。'"王十朋毕竟未被留京重用。看来，孝宗对十朋的吏才似乎还是器重的，但就此打发了之，究竟出于何种心意，实在难以捉摸。

积极用世与超然物外的思想共存。湖州的诸般困境更加剧了这种矛盾冲突。56岁的王十朋既有倦怠，又有期待。他依然忧国忧民，恪尽职守，以仁怀待人，以仁心施政，救灾恤民，抚字为先，为民请命，为湖州百姓排忧解难。且崇儒重文，礼遇士绅，建学兴教，重建贡院，有意振兴文风、儒风、学风。短短八个月的任职，其诗心仁政赢得了良好口碑。他与湖州父老共绘了"父子免流离，欢然事耕耘"的儒家社会理想蓝图，升华了陶渊明"桃花源"式的乌托邦理想，却在有"水晶宫"之称的湖州遭遇财政困境，终因请免税捐不成而上表抗章，心冷意寒地归去作"太平人"了。

这时期的诗记事、写景、抒情，工整精致，意境淡泊素雅，有的发散出浓郁的田园风味，有的则意涉中兴报国的宏旨大义。那些归途上的伤情诉说，婉曲深致，老而犹存的孤忠和未已的壮心耀然纸上。他积极用世的儒家情志和进取精神，一如既往，只是因为怀才见弃而多了一些孤寞，多了一些苍凉。杜陵晚年流落江汉时的心志情怀与东坡抑制的委婉怨愤交替出现在他的湖州诗中。

一、下车伊始，赈灾恤民："水涨鱼虾乐，年凶道路嗟"

南宋隆兴二年（1164），孝宗皇帝在金人的威胁下，无奈屈膝求和，使魏杞到金，答应割让商、秦二州，缴纳"岁币"，并于次年正式实施。于此屈辱之时，王十朋曾上书《除知湖州上殿札子三首》，谏孝宗帝革弊图强，勿忘中兴复国。

离别"乌蛮白帝"，调任素有"水晶宫"之誉的湖州，王十朋依然满怀期待。据《嘉泰吴兴志》载，王十朋"为政禁戢强横，勤恤小民"，⑴曾仿效夔州先例重立戒石于府署，作《重刊戒石铭》^{诗卷25}二首自勉戒人，告诫吏属"黄堂坐处天威近，一点欺心事莫萌"，"抚字催科劳更拙，欲逃吏责负斯铭"！自认"吏责"在身，州府及六县吏属们要尽职为民，不容滋生逃脱之心。这番心意正是他在《湖州到任谢表》^{文卷17}中所言："但思治己以先人，岂忍夺民而生事！"他认为为官者心中要有百姓，不可做"夺民"之事，治人必先治己，要倾听民声，爱民抚民，不负职守，不欺民心！这种人生态度一直是王十朋理政的思想基础。

湖州并非世外桃源。太湖流域水利年久失修，水患接连不绝。其时适遇"秋潦"，因久雨而大水成灾。十朋下车伊始，毅然决然采取措施，赈灾恤民。"年凶道路嗟"的灾情触目惊心，新任知州明白，赈灾恤民是郡守的本职，组织抗灾救灾应是当务之急。《郡中久雨入境而霁》^{诗卷25}诗曰：

> 积雨喜初霁，湖山清更嘉。船船渔晒网，岸岸稻烘芽。
> 水涨鱼虾乐，年凶道路嗟。人言新太守，头白似苕花。

年迈多病的王十朋，一进入知州角色，就有了舍我其谁之慨。淫雨成灾，秋潦遍野，稻谷抽芽，急需烘晒干燥，百姓愁怨泣叹。"船船"与"岸岸"，皆用叠字，既双声又叠韵，形容河面船多、岸边地广，逼真地写出久雨初霁之时渔人、农人的忙碌情状。全诗忧乐相生，跌宕顿挫，诗笔如行云流水，清新晓畅。欢快的节奏中时生急切之情。七、八句取民间对"新太守""头白似苕花"的戏语自我揶揄，饶有谐趣。

久雨成涝，入境而霁，让新太守享受了一番"湖山清更嘉"的自我陶醉。诗表现了主人公忧民所忧、急民所急的人品和积极乐观的性格情趣，流露出诗人对农民渔民生产、生活的关切以及自己走马上任时喜忧交集之情，有浓郁的田园风味。

灾后首要任务是恢复农业生产。十朋率僚属专程赴城南岘山劳农劝农，作诗《二月望日，欲劳农于弁山。会风雨作》^{诗卷25}三首，当年秋，又作《劳农岘山乘兴游何山》^{诗卷25}诗记灾后催农事。他又为湖州争取"租苗放三分"，为灾后重建奠定了基石。

二、追摹前贤，重置贡院："水晶宫发旧精神"

湖州自东晋以来即称名郡，历任太守多为饱学宿儒之士。王十朋对历任贤守不仅有思慕之心，更有追摹之举。唐代湖州刺史颜真卿"在郡累年，德政洽于千里，邦人仰其忠烈"。⁽²⁾王十朋到任后，拜谒了颜鲁公祠等地，作《谒颜鲁公祠》、《怀忠堂》、《放生池》等诗表达"梦寐思贤愿与齐"的热切之情；又作"六客堂"诗13首，寄以重振湖学"水晶宫发旧精神"的愿景。

1、追摹前贤礼士绅

湖州这片清丽之地，有丰厚的历史文化遗存，王十朋表示愿意一一遍访，以近贤迹，"柳恽苏仙旧吟处，愿陪杖履遍留题"（《沈书和诗再用韵》^{诗卷25}）。王十朋拟登城北弁山劳农，偶为风雨所阻，乃改登城南岘山，游访了窪尊和五花亭两处盛唐太守遗迹，前者是"酒中八仙"之一李适之与僚属率性纵饮处，后者是贤守韦景先一门三世守湖州的纪念亭。身临前辈风流胜迹，王十朋高吟"虽无二十四宾客，诗酒略追前辈风"（《二月望日……访五花亭遗迹》^{诗卷25}），自信风雅不输前人。

对于教授湖州州学而名扬天下的安定先生胡瑗，王十朋更奉其为一代教育典范。他多次凭吊安定遗迹，抒发仰慕之情。作《劳农岘山乘兴游何山》，又作《晚霁游何山观读书堂，薄暮而还》，记他特意率僚属到何山拜谒胡瑗墓。

州学行释奠礼时，十朋曾率僚属登州学稽古阁，观壁上进士题名，诵范文正"吴兴先生富道德，诜诜弟子皆贤才"之句，作《仲冬释奠于学》^{诗卷25}赞叹道：

> 吴兴学校规模壮，安定先生道德崇。
> 苕霅溪同洙泗水，汀洲蘋有藻芹风。

湖州六客堂，因熙宁七年（1074）湖州知州李常与苏轼、杨绘、张先、刘述、陈舜俞六人会饮得名。元祐六年（1091）湖州知州张询复与苏轼、曹辅、刘季孙、苏坚、张弼六人会聚。苏轼有《定风波》词述其事。前后六客中，李、张为太守，张先、刘述、陈舜俞为湖州乡贤，余人则皆作客湖州。尤其是苏轼两次莅会，且作词纪念，使六客堂名扬天下。"六客堂"是王梅溪湖州诗中出现最频繁的地理文化名词。六客堂除以名士风流知名外，也是湖州太守礼遇士绅的象征。"梦寐思贤愿与齐"，王十朋在六客堂享受了身在"桃源"的宁静与温暖。呼朋引类，故友新知相互唱和，共赏湖光山色，排遣悲怀彷徨，补偿了仕途中的飘零失落。

王十朋对六客事迹表现出极大的钦羡，作诗13首，充分开掘了六客堂的文化意义。一方面是临境企羡，一方面是心慕手追。王十朋对湖州士人期以功名，表示自己甘为人梯，《晦日会于六客堂者十二人》诗曰："麟阁功名属公辈，老夫惟愿把锄犁。"又如《十月晦日，会凌季文、沈德和二尚书、刘汝一大谏于六客堂》^{诗卷25}诗不关时政，但写一场名士兴会。诗略曰："梦寐思贤愿与齐，一麾来守浙江西。……邦人异日谈遗事，名姓应同六客题。"湖州六客堂洋溢着慕贤敬贤的风雅情致。

王十朋的六客堂诗在赞慕同僚贤士的同时，也构建着自己的贤守形象。王十朋离任后，"贡院郡学皆立生祠"，⁽³⁾州学祠堂中他与胡瑗、滕宗谅、朱临、胡宿、鲍轲、颜真卿、苏轼共八位湖州历任贤守名师并列。绍熙元年（1190），胡瑗祠单列，祀所改名七贤祠。⁽⁴⁾

2、重置贡院兴文教

王十朋为发展湖州文教作出的最大贡献是重置贡院。贡院是科举时代考试士子的场所，亦为地方教学活动场地。湖州原有贡院，维护费用仰赖学田收入。但"岁久屋多摧毁，田亦多湮没"，历次贡举"莫有定所"，王十朋"崇儒重道，以教化为先"，⁽⁵⁾希望重现始于胡瑗时代的州学辉煌。其《汝一和十客诗语及贡院复用前韵》^{诗卷25}诗，对曾为湖州乡贡举首的耆宿刘一止言云：

> 洙泗家风尚可追，未应吾道便凌迟。
> 要令士有欢颜地，如见公为举首时……
> 眼中突兀行将见，大厦端由众木持。

王十朋对湖州文教复兴的期待，及大庇天下寒士的抱负溢于言表。至乾道三年，十朋"率卿大夫出财重建，为屋百十六楹，状元张孝祥书额，郡人大谏刘度为记，司业芮烨书"。(6)这里的"出财"除了僚属乡绅捐资外，还包括王十朋自己"割俸钱"（《宋史·王十朋传》^{附录2}），即所谓"不敛于民，不费于官"。(7)此举足见王十朋作为父母官的襟怀和号召力，却也反映出州财政的困窘。当年冬贡院落成时，王十朋喜作《贡院上梁》^{诗卷25}诗曰：

> 清绝湖山映白蘋，翚飞梁栋眼中新。
> 雪花先作晓来瑞，桂魄正圆天上轮。
> 夫子庙还元气象，水晶宫发旧精神。
> 书生战艺真馀事，移孝为忠要致身。

诗描写吴兴湖山之美与贡院的新气象，表达了贡院落成时的喜悦之情。湖山、殿宇、瑞雪、桂魄的美好有力地衬托出"水晶宫"、"夫子庙"的精神气象。末联对士子提出希望与要求，"书生战艺真馀事，移孝为忠要致身"——科考入仕在求学中是次要之事，读圣贤书的关键在于践履"孝"且"忠"的儒家道德规范。

诗写得工整精致，情调激昂，文意顺畅，在儒林士人中广有影响。据周兴禄博士考证，"现存贡院落成唱和诗皆南宋人作，是南宋各地皆注重兴修贡院的反映。较早的有王十朋、吴芾、李洪等的唱和"。吴芾《和王龟龄待制贡院落成二首》其二云："主盟湖学属何人？赖有公来为作新。士俗似闻衰也久，文场今见美哉轮。挈还旧观人争睹，赋就新诗笔有神。苕雪儒风从此振，文翁端恐是前身。"(8)吴芾诗颂扬湖州崇儒重文、建学兴教的功绩，赞赏王十朋振兴文风、儒风、学风的贡献。

自安定先生胡瑗教授湖州州学以来，湖学一度名扬天下。朱熹说，"天下谓湖学多秀异，其出而筮仕往往取高第，即为政多适于世用"。(9)庆历新政时特意下旨取湖学学规为太学法，湖学成为一代教育典范。但王十朋莅任时，湖学既无杰出的师资，也无特别的学规，所以也未培养出一流的人才。王十朋为重振湖学辉煌所作的贡献是不能低估的。

三、宦海驱驰，壮心难已："义风高韵两难攀"

王十朋在湖州任职时间甚短，只有八个月。据考，宋代对知州"普遍实行以一年一考，三考为一任的任期制"，[10] 本意是防止地方官任期过长而导致私人势力膨胀。而由于宋代冗官大量存在，导致待阙人数过多，因此宋代地方官实际任期普遍低于规定时长，此时遑论私人势力膨胀，连想有所作为都已很难。宦海驱驰，心劳政拙，"义风高韵两难攀"——即是十朋湖州为政八月的自我评价。

1、"五年三郡厌驱驰"

王十朋本是带着饶、夔二州的仕途挫折经验来到湖州的。"五年三郡厌驱驰"，道出了上任伊始即欲逃离窘境的现实心态。南宋地方财政普遍陷入严重困境，各地税捐过重，虚额债钱历年累增，名之曰"虚逋钱"。守夔州时因遇户部责虚逋钱十四万缗，请免不得，乞祠去。不承想知湖州才八个月，又遇户部责湖州虚逋钱三十四万缗，其数字高出夔府数倍。湖州连遭灾害，百姓困穷，十朋请求减免，户部不允，坚持催税不放松，十朋彻底心灰意冷，犹如思归倦鸟，即上表抗章请祠，离开了曾让他向往的"水晶宫"。《郡僚展饯席上赋诗》^{诗卷25}一诗很能见得其仕途倦鸟心境：

> 五年三郡厌驱驰，圣主隆恩许奉祠。
> 孤屿众山重对酒，清风明月欠吟诗。
> 心劳抚字政尤拙，田不荒芜去亦宜。
> 饯别同僚三十二，云台功业满相期。

十朋这次辞官是因请免虚逋钱不允抗章所致。诗的首联即交待这次郡僚饯别的背景与自己的心境。中间两联分别就"许奉祠"的去留得失做自我剖析。离夔时尚能以"使君无事只吟诗"自慰，知湖州却受困于艰难民事，竟至无暇赏景饮酒，"清风明月欠吟诗"——原注云：清风明月贰楼名，某至郡困于吏事，赋诗无几。这番诗酒之歉疚，冀望辞官归里投怀瓯江"孤屿众山"才能得以消弭。

"心劳抚字政尤拙"句，暗用道州刺史阳城典故，称自己"困于吏事"，心劳而政拙。韩愈《顺宗实录四》：（阳城）"出为道州刺史……不以簿书介意，税赋不登，观察使数诮让。上考功第，城自署第曰：'抚字心劳，征科政拙，考下下。'"十朋这里说自己"心劳抚字"，本为拜谢"圣主隆恩"，却政事拙劣，业绩甚微，聊以自慰的，唯有灾后"田不荒芜"，尚未辜负孝宗帝"非十朋莫能镇抚"的器重用心。

诗的末联按惯例向"同僚三十二"送出道别祝福词："云台功业满相期"！十朋在道别之际，不禁重又坠入了当年离别朝廷时的那种心境，将自己的政治理想转托于未曾离职的同僚们。

诗俨然治湖八月的自我小结，有清醒的自知之明，俨然史家的客观公道，又不乏仕宦深慨和惜别之情。诚如朱熹所评，"浑厚条畅，皆出自肺腑之诚"。

2、"中原入望涕频挥"

虽然心怀对孝宗移用治湖的感恩，王十朋内心却始终压抑着用世之意、孤零之感、思归之情。如果说《重刊戒石铭》是王十朋知湖州的"就职宣言"，身负皇命，正气浩然，那么《次韵翁东叟知县见寄并简戴俊仲》[诗卷25]二首诗却犹如私情心曲，虽同样出于肺腑，同样关涉宏旨大义，但显得婉曲深致多了，因为它是对亲密友人诉说个人当下特殊境遇的深切感慨。时任湖北知县的翁东叟是十朋少时笔砚友，翁东叟的同僚戴俊仲是十朋心目中的"高人"，王十朋均引为知己，倾注深曲感慨。其诗之一曰：

> 滥把江东蜀口麾，中原入望涕频挥。
> 每嗟风俗愧东晋，那得功名如合淝。
> 贤士忧时尚家食，圣君求治正宵衣。
> 腐儒老矣身多病，日日言归犹未归。

在"水晶宫"湖州北望失陷的"中原"，诗人发出了"滥把麾"之叹和"涕频挥"之哭。三年来，辗转饶、夔二州，虽受民心拥戴，但毕竟离中兴复国的志向越来越远了，这次"重入修门"对孝宗帝的谏言已然石沉大海。

中间两联，一嗟本朝时势"风俗"，比不上偏安江南但毕竟不通仇雠的东晋一朝——"每嗟"句原注云：晋不与仇雠通；二叹个人"功名"无法企及当年奋起抗战断鞭江流的苻坚；三愧作为"忧时"之"贤士"尚能安于"家食"；四忧"求治"之"圣君"宵衣旰食，勤于政事。孝宗帝不思复国的作为被有意回避，转化为忧心"求治"。如此种种，相对相映中，诗人犹存的孤忠和未已的壮心耀然纸上！

末联用杜甫《江汉》诗意："江汉思归客，乾坤一腐儒。"痛上加痛，抱老病之躯，"日日言归犹未归"，感叹自己既坚持为"儒"，又无法为挽救局势尽力。杜甫的自谦，无损他独立天地间的中唐儒家复兴先驱形象。王十朋以"腐儒"自况，自视为"儒"，坚守"儒士"天职，以身许国，不随世事摇摆。其用世之意、孤零之感、思归之情，用凝练深沉的笔墨抒泻在56字中，读来感人至深。其报国思用的壮怀中透露的孤寂，分明承载着杜陵晚年流落潦倒的心志；其以委婉情语抑制着的怨愤，则犹如东坡诗欲张而敛的坦荡、澹定。十朋《读东坡诗》^{诗卷23}称赏东坡诗句"词无艰深非浅近，章成韵尽意不尽"，此诗正是在平易的词章中传达出"不尽"的"非浅近"的意蕴！

3、"义风高韵两难攀"

报国思用的壮心难已，十朋怀抱"疏慵"心境离别湖州。归途中收到了故人吴明可的赠诗，于是报以《吴明可自当涂以诗见寄，因次其韵》^{诗卷25}，感慨"义风高韵两难攀"。诗之一曰：

> 五年三郡厌间关，心逐东归见雁山。
> 力上祠章期得请，果回天意可投闲。
> 疏慵似我宜归去，名德如公合召还。
> 珍重诗来二千里，义风高韵两难攀。

诗人以文为诗，词语平实，借以再次袒露倦鸟投闲之心迹。吴明可（1104—1186），即吴芾，号湖山居士，台州仙居（今属浙江）人。绍兴二年（1132）举进士第，迁秘书正字。两淮抗金失利后，主和派陈退避之计。吴芾力劝高宗亲征，驻跸建康（今南京），"以系中原之望"，高宗纳其说。曾因揭露秦桧卖国专权被罢官。孝宗即位后，知婺州，转知绍兴，再转知隆兴。乾道五年以龙图阁直学士致仕。诗尚质朴，著有《湖山集》。十朋引为知己，交往匪浅。

首二联坦呈乞祠经历与投闲心境："五年三郡"，仕途辗转，深感疲惫厌倦；"祠章期得请"，"东归见雁山"，既是"天意"，也遂心愿。

后二联先是二人对举，说"疏慵似我宜归去，名德如公合召还"，既对仕途成功的友人期以腾达，又为自己的归去妥帖开解；继而回应题面诉说读诗感慨，"义风高韵两难攀"，既称扬友人的义德和诗品，也感慨当今面临的现实处境，我辈施展抱负的空间已日见狭小！这"两难攀"的境况，也顺势为同题诗其二的"吴公治行今第一，也问君王欲乞身"作了必要的情理铺垫。诗人称扬吴明可的"名德"和"义风高韵"均属高位。

王十朋知湖州，立戒石，以其铭言自警尽职为民，但"抚字催科"的窘境及北望关涉的天下宏旨，真个难抑思归之意。十朋的"思归"，被作为政治失意的代名词，屡屡显现于其大量的诗作中，恰好用来表白他的积极用世的儒家情志，与曹操《龟虽寿》诗"烈士暮年，壮心不已"的进取精神一脉相承，只是因为怀才见弃而多了一些孤寞，多了一些苍凉。

宋代知州是在一州之内集行政、财政、司法等多方面权力于一身的最高长官，但在具体实施职能的过程中，却受到多方的限制与阻碍。单说经济方面，知州每月必须保证应缴纳的税款如实、如期到达，且于地方财务没有丝毫单独支配的权力。如此制约重重，知州就没有太多的权力对本州内部事务进行管理，如叶适所言，"块然徒管空城，受词讼而已"。(11)

四、话别父老，共绘蓝图："父子免流离，欢然事耕耘"

作为朝廷派任的地方官员，王十朋承担着征缴国家赋税、维护地方社会稳定的多重使命。不欺不妄、尽职为民是"一代正人"王十朋为宦的准则。他重视民生，面对严重灾情，主张用国家调控的方式，减免不必要的赋税，保证地方赈灾的需要。他为民执言，奏请朝廷开义仓救灾，抚恤灾民；他深入田头劳农劝农，组织灾后生产，使湖州社会日趋安定。

得知太守离境，湖州父老扶老携幼沿途送行。人们手捧香炉，烟香袅袅，感谢太守爱民如子，为老太守祝福。面对父老的淳朴情谊，王十朋有说不出的感激和酸楚。《父老》^{诗卷25}一诗用极其平易通俗的问答形式记录了这令人难忘的离别场景，官民对话，亲切自然，在鱼水般的情意中描画出一幅理想社会蓝图：

> 父老自何处，同来送使君。手中一炉香，敬为使君焚。
> 使君无善政，父老何殷勤。同辞答使君，去秋稼如云。
> 淫雨害垂成，一年计徒勤。使君体上意，租苗放三分。
> 父子免流离，欢然事耕耘。年凶米不贵，夜静犬不闻。
> 颦眉答父老，正缘此纷纷。黄堂非坐处，归于老桑枌。

通过上报灾情和积极争取，"租苗放三分"，湖州百姓田租得到了相应减免，当地父老在水灾后拥有了休养生息的时间；当地社会治安和物价相应稳定，"年凶米不贵，夜静犬不闻"，"父子免流离，欢然事耕耘"——没有战争，没有离散，金瓯无缺，家国昌平，安居乐业，宁静和谐……诗以湖州父老的口吻，道出了千百年来百姓们梦寐以求的理想社会图景，多么朴实厚重，多么令人憧憬！这一切说来本非难事，只须为官者能"体上意"，行"善政"，轻徭薄赋，"租苗放三分"，百姓即可得到实惠，心满意足了；但现实残酷无情，使君十朋此时正为请免虚逋钱不允之"纷纷"而"颦眉"揪心呢——据《宋史》载，湖州财政困窘，十朋任内最大的政绩，即重建贡院，也是割己之俸而为。王十朋力图改善财政状况，"抚字催科"，增进收入，在得到"户部责虚逋三十四万"的指令后，他"命人持券往辨"，但最终"不听"，坚持催税不为所动，逼使他彻底心灰意冷，请祠而去——上任伊始，他曾作《重刊戒石铭》以自勉戒人，"黄堂坐处天威近"，"欲逃吏责负斯铭"！此刻，他感慨"黄堂非坐处，归于老桑粉"，他要逃脱"黄堂"高位，告老归田，离开曾让他向往的湖州。

400年前，杜甫漂泊荆楚，面对城城皆甲兵和凋敝的民生，在哀叹中抒发美好愿景："焉得铸甲作农器，一寸荒田牛得耕？牛尽耕，蚕亦成。不劳烈士泪滂沱，男谷女丝行复歌。"（《蚕谷行》）——熔甲为犁，寸田得耕，男耕女织，社会安宁，道出了苦难人民的愿望。杜甫心中永存开元盛世时"稻米流脂粟米白，公私仓廪俱丰实"（《忆昔二首》）的富庶图景。

而更早300多年前，归田以后的陶渊明作脍炙人口的《桃花源记并诗》，讲了一个曲折动人的故事，又以史家重笔论事述景，描绘桃花源人的生活方式：遵古法，事农耕，翁孺欢欣，四时成岁，"春蚕收长丝，秋熟靡王税"，营构了一个无国家无赋税的理想社会结构。

尽管渴望和现实多半会隔着万水千山的距离，但王十朋遥相呼应，在此政局困顿之际，也借湖州父老之口，以极为精练的语言描绘出了一幅令人向往的社会理想蓝图，给百姓带去温暖与光明，他自己也稀释了仕途积郁，获得了心灵的一次超越。这虽然更多的只是一种诗意的构想，王十朋终其一生未能将诗意的丰满与现实的骨感完满地嫁接起来，但他毕竟梦想过了，并且局部地、短时地眼见为实、感同身受，并为广大父老百姓认可了——不再是梦幻里的桃花源，仅仅只是一种可望难即、欲求不遂的精神企慕而已。

王十朋离别湖州时的《父老》诗，描绘的不正是天下太平与社会正义的理想乐土吗？从社会学角度来看，它与柏拉图《理想国》乌托邦不是有异曲同工的思想深度吗？上下千百年，相隔千万里，哲人的思维与诗家的灵感何其相似乃尔！如同杜甫晚年的《蚕谷行》，十朋的《父老》诗是具有里程碑意义的杰作，是他们毕生追求的儒家仁政思想和理想化社会的蓝图，也是陶渊明《桃花源记》乌托邦理想的升华！雄心如此执着，实绩如此宏大，王十朋字字句句系念民瘼，不离民生理想，不离兴废存亡，其精神境界与仁心慈怀在困顿之际尤显高尚！

五、钓台高古，愿事隐沦："馀生今可乐，归作太平人"

王十朋告别了心中的桃源，为行将告别仕途而庆幸。行至富春道上，他接到了孝宗帝除任提举太平兴国宫的敕令，于是高吟"馀生今可乐，归作太平人"，大有从此解脱之慨。这种解脱的兴奋喜悦铺展在归途所作的14首诗中。途经德清、富阳、桐庐、建德数县，所遇金仙（《金仙院》）、董双成（《宿妙庭观》）等佛仙人物与严子陵（《泊桐庐分水港》、《钓台三绝》）、方干（《小瀑布》）等高洁处士遗迹，每每触发遗世忘俗的共鸣。五绝《宿富春舟中》^{诗卷25}曰：

> 苦雨冷朱夏，小舟眠富春。馀生今可乐，归作太平人。

这首短诗抒发的释然情状掩映于"苦雨冷朱夏，小舟眠富春"二句所渲染的氛围之中，读来特有韵味。

时值仲夏，"苦雨"成灾，但归心迫切的全家人安宿舟中，飘流江上，自是悠然舒适。"苦雨"的"冷"意驱散了"朱夏"的燥热，为江面送来了宜人的凉爽，清幽而静谧。卸下了辗转救灾的吏事，无"抚字催科"之扰心，有烟雨家山之抚慰，梦寐以求的"太平人"日子开始了，"馀生"有望"可乐"了。现实生活中"无官一身轻"的释然之情，正是儒道中"不在其位不谋其政"的心境写照！短短四句二十字，写景叙事，情在其中，意境淡泊素雅，乃十朋诗中不可多见者。

"太平人"，安宁和平时世中无事人之谓也。大约处于乱世中的士人都心向往之。陆游有《初夏》诗曰："纷纷红紫已成尘，布谷声中夏令新。夹路桑麻行不尽，始知身是太平人。"范成大也有诗句曰："太平不用千寻锁，静听西城打夜涛。"可怜王梅溪奔波愁苦了一辈子，终其一生欲作"太平人"而不得。富春江上的这番愿景只是蝶梦片时而已。

都说有宋一代总要算是四百年的太平天下。尤其是北宋时，贤人辈出，世道安宁。后来金兵入寇，居然虏去了两个帝王。但也只有陆游、辛弃疾几个人叹了几口气，南渡后的大宋依然是"惠风和畅，水波不兴"的景象，议和之后也曾出现经济一度繁荣的状况，一直歌舞升平到南宋之亡。

偏安一时的南宋一朝，颇多"不得其平则鸣"的歌声，王十朋以其整练、细致、冲澹的诗风倾诉忧国忧民之情，拟之那些粗率而一味豪迈意气的诗作，似乎更多一些深刻、沉着的况味。如《钓台三绝》诗卷25之一曰：

> 圣主中兴急用人，小臣无术赞经纶。
> 功名分付云台上，愿学先生事隐沦。

王十朋自然明白，孝宗帝此番赐其投闲，已然无意强留他辅佐朝政了。失意中凭吊钓台，敬慕严陵之情愈发浓烈。

此绝句说，目下虽是国家急于用人之时，可自己无"经纶"之才——"赞经纶"者，称辅佐治理国家大事。整理丝缕、理出丝绪和编丝成绳，统称经纶，引申为筹划治理国事。自己"无术"辅佐"圣主中兴"大业，圣主自然不会重用自己。让功名事业分付那些"嗜进"者吧，我且效法严子陵退隐山林了。自谦中透出诗人的心冷意寒之气。

范仲淹"云台争似钓台高"的政治高识，显然又一次打动了王梅溪。"云台"者，纪念功臣名将之所也。范仲淹《钓台诗》有云："世祖功臣三十六，云台争似钓台高。"为国建功立业，画像于云台，除了儒学理想，还得看能力和机遇。诗人"愿学"严子陵先生"事隐沦"，他心中自有一座比纪念功臣名将之所"云台"更高古清雅的"钓台"，那就是做一个进则有道、退则有守的堂堂正正的君子！

综览《梅溪集》文卷所存辞免状9件、乞祠手札13件，可见得王十朋履行职守不回避，不推诿，不苟且；权势面前不畏惧，不屈服，不颓废。处政坛之高危，王十朋不愧为有担当的血性男儿！

注释

〔1〕〔2〕〔3〕〔4〕〔5〕〔6〕〔7〕（宋）谈钥《嘉泰吴兴志》卷一四《郡守题名》、卷一一《学校》，湖州刘氏嘉业堂，1914年刻。转引自朱如意、陈洁论文。

(8)周兴禄：《宋代科举诗词研究》，齐鲁书社2011年版。

(9)朱熹、李幼武：《宋名臣言行录》，文海出版社1967年版。

(10)苗书梅：《宋代官员选任和管理制度》，河南大学出版社1996年版。

(11)叶适：《叶适集》之《水心别集》卷一四《纪纲二》，中华书局1967年版。

第六章　泉南岁暮杜诗令

　　泉州，是王十朋最后一任主政地，也是他晚年丧妻的伤心地。

　　基于典型的传统士大夫"儒释道互通一体"的文化心理结构，出于"兼济"与"独善"两维之间的最终权衡，王梅溪在仕途倦怠之际，又一次接受了朝廷任命，于乾道四年（1168）八月起知泉州，进直学士。时年57岁。

　　秉承济世惠民并诗酒风流的传统情怀，王十朋于泉州任上立戒石，布上恩，察灾情，恤民隐，兴水利，废苛税，割俸钱，兴馆学，设贡院，讲经询政，善断诉讼，建树颇多。他重视士风民风建设，将儒家治国理念传播于世，为社会注入一股清新之气。据明方志《闽书》载，王十朋守泉时，还曾派永宁寨的水师守护台湾岛和钓鱼岛，"澎湖屿，在巨浸中，环岛三十六……王忠文公为守时，请添屯永宁寨水师守御"云云。[1]

　　此时的十朋年迈力衰，体弱多病。一生清廉，几无积蓄。夫人贾氏品德高尚，忍贫好施，家有饥寒之号却不叹穷，常以清白相勉。病逝后，因路远无钱，结果灵柩在泉州停放了二年。可见境况之窘迫。

　　梅溪尊杜学杜，组结诗社，建立"诗令"，倡导并践履"老杜风骚"。其吟咏之作不改积极用世进取精神，诗友陈正仲赠诗十朋，最早道明了梅溪的诗学渊源与体制："渊源师老杜，体制陋西昆。"明人陆静逸"叹羡王梅溪诗，以为句句似杜"。这些评判识见，应是允当恰切的。

　　杜甫影响梅溪最大者，当为忧国忧民、关注现实人生的儒家情志。梅溪泉州诗爱国忧民，寓含教化，分体各师，韵致多彩，吟咏洛阳桥诗、宴七县宰诗、承天寺十奇诗与倡导学杜的诗论诸什，都是流传后世的佳篇。水车诗三章更是感天动地的好诗。

一、长怀抚字心，祈雨忧民瘼："无补于民合挂冠"

王十朋确实是一位爱民的清官、好官。其泉州吟咏之作不改积极用世进取精神，有一如既往的儒家情志，饱含传统士大夫济世惠民并诗酒风流的情怀，践行忠君爱国、利济民生思想，只是因为远离政治中心、治国方略屡屡见弃而多了一些沧桑。

1、"泉南千里又分忧"

乾道四年（1168）六月，王十朋请辞湖州职回乡。仅二月之隔，即被起知泉州。读《戊子八月二日得泉州》^{诗卷26}诗，可知其于"兼济"与"独善"两维之间的权衡心态：

> 五年符竹换三州，乞得祠官欲少休。
> 名姓误蒙君相记，泉南千里又分忧。

"五年换三州"，早已倦怠；"祠宫"虽属无奈，却是"乞得"不易，何况"欲少休"原也出于年老多病的实际需求。何以一朝再被召用竟然有蒙知遇之恩似的要感激涕零，连称"误蒙君相记"呢？答案即在末句：千里赴任，其旨意原在能为皇上的中兴之策"分忧"！

"太平人"可以不作，皇上圣命不容辞谢。这就是王梅溪，就是以梦想为使命的王梅溪！梦想虽不再滚烫，但余温尚在，每一次践履梦想的机会他都不愿错过。恐怕这是最后的机会了。他又一次上路远行。真可谓烈士暮年，壮心不已。

就在九月二十九日，解舟乐清城南码头时，在"亲朋送我行，殷勤馈壶觞"的情境中，诗人又禁不住自问："时节岂不好，胡为辞故乡？"感叹"五载走三州，道路险且长"，自悲"馀生疾病多，满镜须髯苍"，于是暗下决心："到官即有乞，行将返耕桑！"（《解舟》^{诗卷26}）南下途经瑞安时，有老友衰翁张子猷、沈敦谟等"平原二十人，邂逅喜相遇"，访旧道别之际，王十朋又一次坠入"衔杯乡意浓，窃食君恩误"（《过瑞安》^{诗卷26}）的两难境地之中，难免又作"高蹈丘园"之想（《赠沈敦谟》^{诗卷26}）……

赴任心境纠结如此，究其源，正如李泽厚大著《美的历程》中所揭示的，盖属于典型的传统士大夫"儒道互补"文化心理结构。(2) 进与退的选择，达与隐的起伏，入世与出世的挣扎，说是矛盾其实也是统一的，因为这都是儒家立身处世的两个方面。在王十朋的国学文化基因中，儒释道三者讲融合，讲因缘，相融相济，相辅相成，相得益彰。这种关于"心"的观念，共同构成他的人生哲学，指导他处理君臣礼仪与人际社会关系。"兼济"和"独善"都有充分的理由，且能在不同环境和心态下得以两维权衡。"儒道互补"或称"儒释道互通一体"的结构，通常是坚韧稳妥的，两千年来支持着传统士大夫济世惠民并诗酒风流的情怀。

儒释道相济，千里分君忧。出世情怀、乡关心结的浓烈，并不妨碍王十朋成为新任所的名宦。他为泉州的付出终于赢得泉人的敬仰，为之立生祠。47年后真德秀守泉州，撰《重建王忠文公祠堂记》^{附录4}曰："所临凡四郡，去辄见思，而泉人思公特深。"

2、"令尹宜怀抚字心"

身为一州最高行政长官的王十朋，下车伊始即召集郡属七邑宰（诗称"令尹"）于府署，当场作七绝《宴七邑宰》^{诗卷26}曰：

> 九重宵旰爱民深，令尹宜怀抚字心。
> 今日黄堂一杯酒，殷勤端为庶民斟。

这首诗可以说是十朋治泉的施政演说，宣示为官为民之旨："爱民"为重，"抚字"为先！

身处"黄堂"的王十朋上承孝宗"九重宵旰"的"爱民"旨意，借宴饮杯酒向属僚传承"抚字""庶民"的"殷勤"用心。以儒家人道哲学期勉下级官员"宜怀抚字心"。其中包含的美意厚重、朴质、忠恳，有如佳酿之醇厚。居庙堂之高，能为社稷安危敢言人之所难之言；处州郡之远，则以身为范，以德治吏，传承爱民之旨，为黎民百姓鼓与呼。王十朋为孝宗"分忧"之诚是他践行忠君爱国、利济民生思想的具体体现。

别具韵致的仁政思想垂范后世。历来多有布衣诗人期望长官爱民的诗例，虽有美意，但毕竟是空想虚言，难以落实。十朋此诗一反常例，诗人本身就是长官，他不仅自己体恤百姓，还将此作为为官要旨，下马伊始便敦教下属官员亦能顾惜百姓疾苦。诗只平平如说话，当时当境之语之情景如在目前。如此仁厚的长官风度，似只有宋代文明才有；如此兴发感动的力量，别具韵致，似亦宋诗才有！

朱熹在对其门生讲学时，曾多次讲到王十朋守泉事。其中一次说："王詹事守泉。初到任，会七邑宰，劝酒，历告之以爱民之意。出一绝云：……七邑宰皆为之感动。其为政甚严，而能以至诚感动人心，故吏民无不畏爱。去之日，父老儿童攀辕者不计其数，公亦为之垂泪。至今泉人怀之如父母！"(3)

王十朋对所属官吏不仅重视教育引导，还注意实施监督，扬善惩恶。后经考察，推出惠安丁县令为七邑宰之楷模，并作《送丁惠安》诗卷28颂扬其"严明为治，而济以廉平，以抚字为心，催科不扰而办"，诗曰："闻说朝廷考臧否，金言卓茂德宜褒。"

王十朋政绩卓著，盖由抚字爱民至深使然，为守四郡，其治吏观念策略也大有积累与革新了。汪应辰《宋龙图阁学士王公墓志铭》附录2概言："近世为政得人心者未有如公比者。"真德秀守泉州时撰《记梅溪续集》云："邦人父老语及公者必感激涕零，蒉夫牧儿亦知有所谓王侍御也。"(4)

3、"卖刀买犊慕龚遂"

王十朋治泉时间短，却为百姓做了许多实事、好事。他体恤民情，忧心民瘼，减轻百姓负担。如废除前任太守食盐官营专卖禁令，在禾苗枯萎的大旱日子里多次抱病出郊祈雨劝农，督察农田、水利、赋税等。

旱灾祈雨习俗由来已久。唐时有明确规定："旱甚，则修雩，秋分以后，虽旱不雩，雨足皆报祀。若州县，则先祈社稷及境内山川。"宋朝政府更形成一套自上而下的旱灾祈雨体系。王十朋在泉州数次出郊祈雨劝农，时灵时不灵，但知州的虔诚毕竟还是安慰了民心。《出郊劝农，饭蔬于法石僧舍，时方闵雨，有无麦之叹，因成八首》诗卷28记录其事，其三、其四云：

> 我昔躬耕陇亩间，也知农事最艰难。
> 才疏政拙心劳甚，无补于民合挂冠。
>
> 卖刀买犊慕龚遂，重谷务农思鲁僖。
> 僚友共怀忧国愿，守臣非皱职田眉。

出身耕读之家，曾"躬耕陇亩间"的老守臣，自然知道"农事最艰难"，眼看天公不作美，农民受煎熬，自己备受煎熬却"才疏政拙"，不能为民解困，则自怨自责，称“无补于民合挂冠”！

诗人借典抒怀，思慕古代重农桑、重教化的良吏龚遂和贤君鲁僖，表明官府应“重谷务农”，“卖刀买犊”，发展农业生产，为民排忧解难；并特意引丘濬诗自注，申言守职分，慎所任，抒发了要与僚友共同为国分忧的襟抱。

而当飓风大作之时，王十朋又牵挂着农作物的收成和沿海船舶的安危，灾后又亲自查访民情，帮助灾民修理破屋。他还免除惠安县被海潮淹没的田地税赋，修浚晋江县的田塘。联想到从古以来，那些唯以讨好上司、中饱私囊、渔色敛财、害民虐民为能事的贪官暴吏，怎不让人感慨万千！

二、心事连广宇，动魄水车诗：“但愿为霖莫为潦”

梁启超曾称杜甫为“情圣”，说他对于门前的小松树、邻舍偷枣的老妇、无家可归的天下寒士都抱有很深的同情，更不用说对“可与细论文”的朋友李白了。王十朋何尝不是这样的“情圣”？自从踏上仕途，王十朋悲天悯人，忧民所忧，急民所急。他的诗很多体现了他对于国家和人民的关怀，这份关怀出自他的天性，他的胸襟比一般人博大，感情的分量也比一般人厚重。作为地方官员，他把道德伦理的感情与个人的本性情感结合起来，他的悲天悯人之情尤为可贵。天旱久不雨之时，百姓忧虑，官员忧虑，最忧虑的人要算知州王十朋。每到天旱时，没有人比王十朋更具仁慈本性，引颈盼望雨水的到来。

1、“汗流气喘饥眼花”

夜深了，从救灾现场回到斋房，远闻水车声还响个不停，忧心民瘼的王十朋心惊魄动，终夜不能入睡。《郡斋夜坐闻水车声》诗卷29其一曰：

风伯吹云不成雨，稼穑如焚谁守土。
铃斋夜闻水车声，遥想田间老农苦。
汗流气喘饥眼花，厌闻窟中鼍打衙。
妻儿相劳勿愁叹，多少高田无水车。

夜深人静，独坐铃斋。有别于日间出郊劝农的见闻，诗着笔于以声音描绘旱情之酷烈，具有强烈的真实感：远处传来水车轮轴转动之声，为抽水抗旱救灾，农人们夜以继日地劳作；令人烦躁"厌闻"的鼍龙吼叫声不时响起，如击鼓般撞击心扉，衬托出灾情揪心。在此旱魃嚣张、"稼穑如焚"的夜晚，诗人忧心如焚，备受煎熬：既沉重哀怜"田间老农苦"，"汗流气喘饥眼花"；又忍心劝慰"妻儿勿愁叹"，为"守土"应当彼此慰勉，相互支撑；忧心扩展一步，那些亟待灌溉的山丘上的"高田"，竟然缺乏车水的农具，他们怎样度过这场灾难呢……三重焦虑，有层层进逼之势。

这首七古没有描摹水车形象，也没有直写抗旱现场情景，但一任州官忧心民瘼、救民焚溺的浩渺心事却跃然纸上。

"风伯吹云不成雨"一句，隐含守郡者久旱祈雨的急切企盼；"汗流气喘饥眼花"七字，从"老农"汗流、气喘、饥饿、眼花多方面凸显了灾民生活的极度困苦，精确而凝练，传递出诗人对民不聊生现实的痛心疾首。以"饥"写"眼"，痛感潜移，传神入微，怵目惊心。犹如苏轼《续丽人行》以"寒"写"眼"——"杜陵饥客眼长寒"，"寒"，辛酸的意思。杜甫经受了长期的饥寒穷苦，他的幼子就是被饿死的。饥渴之眼、长寒之眼，用的都是通感移情的修辞手法。

2、"谁遣连年坐黄堂"

旱灾之重令知州夜不能寐。《郡斋夜坐闻水车声》其二曰：

> 天工欲警老刺史，车声夜入凝香耳。
> 四郊苗槁农民悲，万壑水干鱼鳖死。
> 守臣失职政事荒，谁遣连年坐黄堂。
> 自惭不及段文昌，圣世岂有桑弘羊。

本诗承前续写旱情："万壑水干"、"四郊苗槁"言灾情严重，"鱼鳖死"、"农民悲"突出揪心之痛。

但全诗的重点在于自愧自责。诗人将天灾罪责全揽在自己身上。这不是一般的故作姿态，乃出于肺腑真心。十朋自谦文章比不上翰林学士段文昌，有奉诏之幸；又申言不愿效法"贾人"桑弘羊，变着法儿以助朝廷。尴尬的处境下，以经世济民为己任的王十朋将天时不顺归咎于"守臣失职政事荒"，埋怨"谁遣连年坐黄堂"——不该派遣无能之辈当太守呀！按《出郊劝农，饭蔬于法石僧舍》^{诗卷28}诗的说法，解决的办法就是"无补于民合挂冠"，让我回老家吧！十朋心里可能还隐藏着守夔州、湖州时为规免缗钱而遗留的不祥阴影。自弃乌纱帽即是他这位"守臣"的最后选择。当年梅尧臣知襄城县，听了一番"田家语"，深感"徒尔叨君禄"，毅然决然"却咏《归去来》，刈薪向深谷"！王十朋也要像陶渊明那样弃官归隐了。

水车是农村重要的劳动工具，旱情严重时更不能有一日之缺，故以之为赋咏对象的宋诗已不计其数。

宋初效法白居易体的著名诗人梅尧臣作《水车》诗云：

> 既如车轮转，又若川虹饮。
> 能移霖雨功，自致禾苗稔。

王安石《后元丰行》诗云：

> 水秧绵绵复多稌，龙骨长干挂梁梠。

苏轼《无锡道中赋水车》诗云：

> 洞庭五月欲飞沙，鼍鸣窟中如打衙。
> 天公不见老农泣，唤取阿香推雷车。

刘一止《水车》诗云：

> 我欲浸灌均田涯，天公不遣雷鞭车。
> 老龙下饮骨节瘦，引水上溯声呻呀。
> ……
> 嗟我妇子脚不停，日走百里不离家。

叶适的雩雨诗《祷雨题张王庙》则云："传言杯珓（占卜用具）三日期，注绠（汲水用的绳子）翻车（即水车）连晓暝。"

如此等等。歌咏农业生产工具是宋人在诗歌题材方面的重要拓展，体现了宋代诗人对现实人生的关怀。苏轼的这首诗如张鸣先生在他的《宋诗选》中所评论的，"通过咏水车表现对旱情的焦虑忧心，以至责怪老天对人间苦难视而不见，立意又与梅尧臣《水车》诗不同"——其实，东坡老心里明镜一般，"不见老农泣"的岂止是"天公""老天爷"而已！苏轼用的是《道德经》开篇所云"天地不仁，以万物为刍狗"，"不仁"的只是"天地"吗？当然不是。苏轼只是忍着不说而已。诚然，有宋诗"开山祖师"之称的梅尧臣写过《田家语》等悯农名篇，但他笔下的《水车》诗之于水车却轻飘得近似公子哥儿的游戏玩赏；王安石诗中的龙骨水车，高挂于屋梁檐柱上，只是风调雨顺的装饰品，似乎都缺少苏东坡的那份现实关怀。而时任建邺守的叶适，深切同情"群农无计相聚泣，欲将泪滴和干泥"的困苦处境，虔诚表达"愿王顿首玉帝前，请赐此雨周无偏"的"祷雨"愿景，承继了唐代的雩雨思想，表明宋代士大夫关注民生的现实情怀，但其意识局限自是十分明显的。还是刘一止的诗平实地反映了农人车水身心疲惫的劳累情景，只是他埋怨的也惟"天公"而已。

使君原是务农人。以"务农人"自居的王十朋仿佛一生都在求雨，为乡贤时求，为郡守时也求。"我昔躬耕陇亩间，也知农事最艰难"。十朋虽然未能大胆揭示现实问题背后的政治根源，却以其质朴诗章继承了新乐府反映现实的传统，不像叶适寄希望于神灵赐福，也不停留在苏轼的责怪"天公"无情，而能真诚"自惭"，深究人事职责而严于自责："守臣失职政事荒，谁遣连年坐黄堂。"把水车诗写得如此深沉感人，对社会民生有如此自觉的担当意识，写出了人世关爱，写出了满腔真情，写出了人格特质，这是全宋诗中不可多得甚或绝无仅有的！

3、"免使泥陷羸牛车"

旱亦忧，涝亦忧。《得雨复用闻水车韵》^{诗卷29}其一也表现知州的沉重忧心：

> 蜕骨木龙忧不雨，更唤两牛眠下土。
> 水从地底飞上田，不减在天行雨苦。
> 庭中忽见天雨花，白衣真人游郡衙。
> 但愿为霖莫为潦，免使泥陷羸牛车。

诗因"得雨"而作，是对《郡斋夜坐闻水车声》二诗的后续回应。"雨花"自天降，"真人""游郡衙"，圆融化用释、道二教的一组意象烘托出久旱得雨的喜悦之情；但揪心的忧虑又随之而来：雨水贵在及时，贵在适可而止，甘雨能济世泽民，大水却会导致新灾害。"水从地底飞上田，不减在天行雨苦"，初得甘雨时，诗人绸缪在意；"但愿为霖莫为潦，免使泥陷羸牛车"，得雨后，忧心泛滥成灾，使瘦弱、困惫之牛拉的破旧之车陷于泥淖而损毁。诗人祈求的是风调雨顺，岁岁平安。诗人心事浩渺，其喜其忧皆随雨情而转，为父母官者忧民所忧、急民所急的情怀似水流淌。

王十朋这三首水车诗的现实精神和写作技巧，远胜梅尧臣、王安石、叶适的同题材诗，可媲美者惟有备受后世称道的杜甫的《大雨》与白居易的《观刈麦》，差可方驾齐驱，共垂不朽。或可后来居上，引领群英。

白居易在其经典的《观刈麦》一诗中，面对受压迫受侮辱的民众，深慨："念此私自愧，尽日不能忘。"不仅体恤农民的艰辛，表达对农民的深切悲悯和同情，还伴以真诚的自愧，实在是难能可贵的。如今，作为一个出身寒门而居高位的士大夫，王十朋生当国事蜩螗之际，毅然以拯救天下苍生自任，而面对"汗流气喘饥眼花"的苦难灾民，自己却无力解民倒悬之时，则毅然以"守臣失职政事荒"严苛自责，并以"谁遣连年坐黄堂"反躬自省，竟至以自摘乌纱谢天下，表现出一个正直善良的士大夫的良知，体现了一个正直有为的士大夫强烈的责任感和使命感，其人格精神无疑是伟大的、感人的！

当年杜甫看到久旱的蜀中终降大雨，一举解除旱情，遂喜赋《大雨》诗以贺："风雷飒万里，霈泽施蓬蒿……敢辞茅苇漏？已喜黍豆高！"诗人把视点落在身居蓬蒿中的农民身上，歌颂及时雨的降临；又对自己茅屋被浇漏毫无怨言，只为雨中的黍豆能长高而欣喜。这是何等的苦己利人的高尚情操！而在《九日寄岑参》一诗中，杜甫写了自己因为连日阴雨不能出行访友的郁闷，同时想到了跟自己一同经历涝天的农民："吁嗟乎苍生，稼穑不可救。安得诛云师，畴能补天漏？"他推己及人，同情受大雨之灾的农民，发出了咒语：为"补天漏"要杀死那个呼风唤雨的"云师"！多么痛快淋漓！这种推己由人的品格，来源于知识分子对儒家精神的理解和自身的人格操守。困守书斋而未曾体察社会底层生活的人是难以理会的。

梅溪诗在诗格诗风上的突破，值得称赏。江西诗派学杜，常常表现在技巧上；梅溪学杜，除技巧外，还学习了杜甫关心民瘼，追求诗格，注意在诗中树立自我形象，所以更为成功。王十朋的心意与杜甫一脉相承，对农民之苦的体察甚为贴心细腻。他在为及时雨欣喜的同时，随即发出了"但愿为霖莫为潦"的忧思，提前为"泥陷羸牛车"的不幸境况操心。由忧旱而转至忧涝，一个转折跳跃，把作为一州之长的诗主人进亦忧、退亦忧的仁心慈怀，表达得深沉周全，有感人至深的力量。王十朋的心是与庄稼、农民牢牢地连在一起的！

4、"已觉炎方暑气清"

不妨再来读读十朋的《枕上闻雨声》^{诗卷29}：

> 枕上微闻点滴声，皇天有意救苍生。
> 虽然未作商家雨，已觉炎方暑气清。

此时十朋已然离任泉州，在回乡途中的炎暑之夜，"枕上微闻"细雨的"点滴声"，喜之所至，即作"皇天救苍生"之想，又随即联想到秋雨润"炎方"清"暑气"，普惠天下的情景。其心绪之跳跃，意脉之相属，真切地传达出一位长者惦念万民的仁怀。这临去回眸的一瞥着实令人感动！这位仁者素怀的民本情愫，历经十数年官场风浪冲折而未有丝毫磨损，反而更见深沉绵长了。

宋代悯农作品不少，平心而论，王十朋的这几首水车诗寄慨深切，比他自己的几首出郊劝农诗来得深刻沉重，而且由于角度新颖，披露真切，感情深挚，故具有很强的感染力和说服力，其崇高的思想境界与艺术魅力令人震撼和折服，一点不比当前众多入选宋诗选本的悯农之作逊色。

不能不承认，清陈訏《宋十五家诗选》甄选十朋的"水车诗"是慧眼识珠的。这样的诗识远胜于当今众多漫不经心的选家，足以证明陈訏非泛泛之辈，而是有所会心，有所瓣香；也说明王梅溪的诗名虽然常常被其政声所掩，但其诗的璀璨光华，终究为有识者所共睹并赞赏之。

遗憾的是，自清之陈衍《宋诗精华录》以来直至本世纪初广有社会影响的几册"宋诗选"，选来选去，少见选录梅溪诗，包括悯农诗在内。上世纪三十年代初出茅庐的胡云翼先生的《宋诗研究》，录用梅溪的一首悼亡诗作为代表作，算是"研究"过梅溪了，其马虎草率也太对不住自己此后在学界的盛名了。"大师"的名头太大了，后起学人不敢越雷池一步，此学界之常态也。或不幸被台湾学者郑定国先生言中，选录过多悯农诗的钱锺书宋诗选本"未选十朋诗，多半系未深解梅溪集，抑选诗不周全之故哉"！此"未深解"、"不周全"之论，说得明白点，或如一位学者感叹的，"对事实最大的误解，是根本未曾了解"！

三、千载几刚肠，政坛肝胆友：
"三军气应壮，一洗向时哀"

阅世迁逝之感本是中国古代文学常见的一个主题，此类主题唯有在同僚挚友的私下交流中才能坦诚见底。十朋治泉期间的感怀诗作感人至深。对于政坛上久经考验的肝胆挚友，如胡邦衡、张孝祥、冯员仲等，王十朋付出的是人世间最珍贵的真情道义。他们彼此真诚待人、公忠报国，足以证明他们可以相互托付生命与事业。

1、以三首怀想诗激励劝勉政坛挚友胡邦衡

在一般人看来，朋友是要性情相投的，只有性情相投，大家话能聊到一块儿，事能做到一起，方能处得长久。但事实并非全是如此。王十朋与胡铨就是一对性格差异甚大却心心相印的朋友。他们的友谊基于肝胆与共的爱国深情。不计较彼此性格上的巨大差异，不在乎双方做事方式的分歧和诗歌风格的不同追求，只要对方真诚待己、公忠报国，就毫不犹豫地向其付出至诚至信的道义。他们之间的情谊无须猜测，因为有了真诚和坦率，纵使经历再多的磨难也不怕失去。杜甫在一个风起的秋日，忽然想起李白，随手便写下："凉风起天末，君子意如何？"王十朋与胡铨也是如此。因为懂得彼此心中的执念，故而惺惺相惜。

胡侍郎邦衡，即胡铨（1102—1180），号澹庵，庐陵人。曾因触怒秦桧遭贬达20余年，在穷山恶水、人宁事少的荒蛮之地受尽物质与精神的双重磨难痛苦。时间匆匆过去，邦衡被重新起用，孝宗即位，复官奉议郎，与十朋曾同为编修官，同奏论左右史失职。隆兴元年，两人又共同支持张浚北伐。至符离战败，主和派重新得势，十朋辞官离京，邦衡前来送别。十朋治泉时，见不到他的面容，听不到他的声音，传情达意惟有尺素诗书，既以赞铨慰铨，亦以自表自励。其一《怀胡侍郎邦衡》^{诗卷27}曰：

> 今世汲长孺，庐陵胡侍郎。孤忠一封事，千载两刚肠。
> 晚节逢明主，丹心契上苍。群儿巧相中，直道亦何伤。

胡铨一生刚肠犯颜，急切之情有过于十朋，故十朋引为同调，比之"今世汲长孺"，誉之为"千载两刚肠"。"两刚肠"者，既表对胡铨忠怀的敬慕，也含自表用心：既然同怀"孤忠"之诚，又同罹谪逐之

灾，自当心心相印，休戚与共。

诗的后两联申发不平之气。邦衡虽被起用，但须警惕朝中"群儿"弄巧取宠，诽谤排挤；"孤忠""丹心"只能寄望于"上苍"神明。诗中虽有"逢明主"、"亦何伤"等自慰慰人的词语，但分明是在诘问：何"明主"之有？"直道"何时不再受伤？

十朋晚年诗作多以柔弱之词表达刚正之意。这是十朋的人格修为使然，也是他的诗风艺术新境界。

国势安危和政治命运是王十朋与胡邦衡永久性的共通话题。得知邦衡起知漳州，十朋自是由衷庆贺。《胡邦衡以集英殿修撰知漳州，正人起废，有识相贺，诗以志喜》^{诗卷28}曰：

> 左右同时两舍人，莫年得郡偶为邻。
> 泉山久著痴顽老，漳浦新除正直人。
> 热撰可能酬壮节，炎州聊复屈朱轮。
> 拾遗补过须公辈，汲黯行归侍紫宸。

前两联回顾隆兴元年两人同为左右史时的友谊情景，为暮年能相邻守郡深表庆幸。十朋自称"痴顽老"，感喟病老衰朽；称赏对方"正直人"，刚毅有为。继而在喜悦感怀中向志同道合者发出了深情祝福：撰章申述壮志，屈才治郡抚民，为治国拾遗补过，犹如当年的循臣汲黯立朝辅佐中兴。

四句话层进明朗，情意殷切，虽然其间用了"可能"、"聊复"等温婉词语，但积压八年之久的阅世迁逝之感，已被奋发作为取而代之，难觅踪影了。

在自己即将离泉之际，得知"名节世无邻"的契友胡铨改知泉州，瓜代相继，十朋作《闻胡邦衡改知泉州复用前韵》^{诗卷28}诗曰：

> 上念温陵为择人，知公名节世无邻。
> 犯颜合在论思地，起废聊为岳牧臣。
> 缪政居前诮穅秕，刚肠别久转车轮。
> 天教我辈簪重盍，只恐留中拱帝宸。

十朋认为此乃"天教我辈簪重盍"，自是由衷庆幸。以十朋之阅历和识见，胡铨的外派守郡，似是仕途看好的征兆：你的"名节世无邻", 皇上"择人"是出于对你的器重; "正人起废", 现任只是权宜之计, 你的才干在论思言政的岗位上始能更好发挥; "只恐留中拱帝宸", 你将会被皇上召回朝中以辅佐治国! 诗中充溢着对胡公"刚肠"的敬慕之诚。这种分析, 与前不久得悉邦衡知漳州时"拾遗补过须公辈, 汲黯行归侍紫宸"的喜悦期望一脉相承。

十朋能知人知性, 但却未能料及, 胡铨"留中"不久, 又被罢职了, 终老海南荒蛮地——崖城。笔者年前曾携全家到海南崖城水南门外瞻谒胡铨遗迹, 唯见民居屋舍间, 空留两面墙壁、几根屋椽作为先贤遗物聊为纪念, 算是给深怀敬意的后人留存一丝安慰。

南宋一朝, 尽管不同时空仍时有循吏能臣涌现, 但士大夫们施展抱负的空间已十分狭小逼仄, 能交流抗金复国计议的旧时僚友更零落殆尽了。一代名臣胡邦衡的政治悲剧似乎成了南宋一朝中兴志士的宿命!

王十朋看好胡铨的仕途, 当有其政治权衡, 还兼有对孝宗帝和整个国势的一份忧虑, 一份不满, 一份期待。诗人自谦"缪政"如"糠秕", 将受人讥诮; 珍惜同怀情谊, 说思念之情犹如旋转不停的车轮, 将久世长存。如此等等, 也不无自慰慰人的劝勉鼓励。诚如《与交代胡侍郎》[文卷19]信中所云, "不图衰暮之孤踪, 复有交承之雅契", 将庆幸契友相聚说得像是临别伤心送行, 今日听来依然令人动容。

长期以来, 十朋与胡铨天各一方, 身处两地, 心意相连, 友谊笃诚坚挚。只可惜世间所有的相聚, 都比离别少一次。他俩不再有机会把酒畅谈, 对酒吟诗, 其诗文交往似乎也终止于此, 梅溪集里此后未见有诗, 传世的《澹庵词》、《胡澹庵先生文集》也找不到胡铨写给王十朋的诗文。

胡铨当年痛恨奸相秦桧, 不仅叫嚷要"斩桧", 还作《戊午上高宗封事》(民间称之为《斩桧书》), 相当不客气地把赵构也骂了: "堂堂大国, 相率而拜犬豕, 曾童孺之所羞, 而陛下忍为之耶?"——给猪、狗(指金人)磕头作揖的, 即使小屁孩儿都觉得丢人, 你当皇帝的怎么能如此不要脸呢? 够狠的吧。王十朋遥为应和, 在为抗金失利的张浚辩护的《自劾札子》[文卷4]里, 申言身在草茅时"闻秦桧用事, 辱国议和, 臣常思食其肉, 以快天地神人之愤", 切齿之恨, 何其痛快淋漓!

贫瘠的时代是英雄的末路, 梅溪与胡铨辈何尝不知, 但既然这条路是自己选定的, 又怎能以泥泞为由就中途折回呢? 他们无法停下脚步, 毅然择路而行。同处南国的梅溪与胡铨, 此际未再谋面, 只有诗书来往, 但正所谓英雄惜英雄, 天涯若比邻。其刚肠千载, 道义光耀, 肝胆相照，南宋的一对硬汉，彼此性格有别，一个刚烈外放，一个深沉内敛，但真诚相待、公忠报国，以不藏不掖的坦荡与义无返顾的担当证明他们可以相互托付生命与事业。

2、以四十字之精定评爱国词人张孝祥的一生

关于张孝祥的事迹，本编第一章已有论及。他英年早逝，年仅38岁。王十朋饱含敬慕之诚沉痛悼念，《悼张舍人安国》[诗卷27]一诗以四十字之精概括了张孝祥的一生，可谓准确而形象。诗曰：

> 天上张才子，少年观国光。高明一枝桂，遗爱六州棠。
> 出世才成佛，修文遽作郎。长沙屈贾谊，宣室竟凄凉。

前两联评论其生前业绩才情，描画爱国志士的一生："天上才子"、"少年国光"，遗爱人间，惠及六州，一气而下，概括有序，饱含敬慕之情；后两联叙其身后憾恨，认为他冕节芬芳，足可成佛，惟命苦短暂，才屈长沙，犹如贾谊，"宣室凄凉"，云云。在才情祈福与现实命运的强烈反差中，突出对张孝祥心志行事的美好奖誉。诗中的贾谊之叹，当缘于彼此仕途的颠踬多舛。

张孝祥在历史上曾经是一个异议人物，王十朋按照既定政治标准，已有能耐给予感化招引。现今标为"著名爱国词人"的张孝祥，在秦桧相党高压时期曾一度"两持其说"，首鼠两端，受到非议。《宋史·张孝祥传》云："渡江初，大议惟和战。张浚主复仇。汤思退祖秦桧之说，力主和。孝祥出入二人之门，而两持其说，议者惜之。"《建炎以来系年要录》也述其随波逐流，趋炎附势，与赵逵一道通过吹捧奸相秦桧来获取功名和乌纱。(5) 而王十朋以张孝祥日后热心交游张浚、朱熹、张敬夫辈，并终因赞助张浚北伐遭罢职等，肯定他的人品与行事。在楚东诗社的感召下，张孝祥迫切要求加盟并引以为荣。王十朋欣然接纳，唱和甚畅。

在关于张孝祥为人行事的诸多争议中，十朋此诗所论有异于《宋史》本传的评价，当属公允之说，产生了一定的社会影响，有匡正舆论之功。元人脱脱修的《宋史》，多被后世诟病，说这史修得不靠谱，传与传之间相抵牾的很多，有失客观的添油加醋也不少。后来的《宣城张氏信谱传》即认为宋传之说"岂知公者哉"，驳斥道："及魏公（张浚）志在恢复，公（张孝祥）力赞相。且与敬夫（张浚子）志同道合，

故魏公屡荐之，遂不为思退所悦。"云云。王十朋对张孝祥的公允之评在后世是得到普遍认可的。

3、老泪纵横为冤死的亡友冯员仲伸张正气天理

冯员仲，即冯方，"一代奇男子"，属坚定的主战者。隆兴北伐，张浚出任都督江淮军马，冯方在都督府任参议官。符离师挫后，国事动摇，冯方受谤，以"言者论其轻率招权"而罢职。十朋曾作诗为其鸣冤。参见本编第一章《楚东诗社不欺魂》所述。冯方死后，至乾道五年复原官，赐致仕。沉冤昭雪之时，十朋依然悲愤难平，长歌当哭的血泪文字恣意流淌，其诗《冯员仲复元官与致仕恩泽》^{诗卷28}曰：

> 谤焰久自熄，果然天听回。孤忠昭圣代，遗恨释泉台。
> 伏节同元帅，知音有上台。三军气应壮，一洗向时哀。

"一代奇男子"冯方的沉冤数年后得以昭雪，复原职，赐致仕，"释"去了"泉台遗恨"，十朋的愤愤不平之气有所舒缓。但受害本人毕竟已经逝去多年了，且解铃系铃，始作俑者正是当今皇上！于是十朋的怀友情思就变得十分纠结：沉重的悼亡哀思中，有对历史回归公正的自我安慰，也有对天道不公的遗恨怨愤，更有难能重振当年雄风的抑郁之慨。既伤逝者，又念存者，还存意于当今最高权力者。诗仅以8句40字写尽了死生两伤的深曲之情，实以少许胜多许。詩貴精炼，于此可见一斑。

今日庆幸"谤焰久自熄"，遥应了当年初闻噩耗时《哭冯员仲》^{诗卷17}诗所言的"公论不容欺"，表达了同为"孤忠"者的王十朋对历史的自信；今日缅怀冯方"伏节同元帅"，强调这位"奇男子""宁为独醒鬼，不作附炎官"的"孤忠"气节；感激"上台""知音"扶植正义的努力，证明冯方的"伏节"有巨大的感召力——这是王十朋对亡友的最高赞赏。

如果说将冯方得雪归因于"圣代""天听回"是十朋无法摆脱的局限，那么，篇末在情感律动中突兀呼吁"三军气应壮，一洗向时哀"，自有政治家俯瞰历史的高与远——诗人追问：当年为冯方受谤而叹息涕泣的"三军"之气何时能再壮声威，以洗雪丧权辱国的哀痛？

借悼念抗战志士冯方，十朋不离不弃地宣示了自己复国中兴的政治主张，而此主张注定不能兑现，那么，不能"一洗"了之的"向时哀"势必哀而复哀了。为彼耶？为我耶？无边压抑之中，问天下志士何时同声一吼！

　　回顾五年前诗人所作的《哭冯员仲》诗二首，我们或许要发问：当年对亡友冤死的那种老泪纵横、呼天抢地的欲绝悲痛哪儿去了？那种"烦言何足辨，公论不容欺"的愤激、那种"宁为独醒鬼，不作附炎官"的决绝，都到哪儿去了？我们或能从中找到诗人思想轨迹的缕缕丝痕。家国之痛的纠缠翻腾，转化为杜甫似的苍凉悲壮。这种苍凉悲壮的悼亡哀思全出之于议论。在强度的把控上，诗人中规中矩，始终不离温柔敦厚的儒家诗教。对孝宗褒贬并用，明褒而暗贬，用心良苦。议论浅中有深，平中有奇，曲折道出了诗人复杂的感情。

　　全篇造语质朴，抒发牢愁，张弛有道；概括时势，深婉纡徐。压抑的激切之情被磨炼得如此平静冲淡，怨而不怒，沉郁顿挫，郁勃之气一似杜甫，其包蕴的情感足抵一长篇悼念歌行。不论是性情还是诗艺，十朋的修炼几近完美，无懈可击。此诗当属宋诗中议论下得好的一个实例。

四、卅年共苦辛，梦断哭令人："糟糠情味饱相谙"

　　梅溪诗既有家国大爱，又有骨肉亲情；既有凌云志向，又有百结柔肠。通过夫妻患难恩爱情深这个窗口，我们可以穿透层层铠甲，洞彻十朋最柔软的心思，最深微的对夫妻彼此陪伴的珍惜，更全面更真切地了解十朋的品格与性情。

　　30年来，不论十朋居家、仕朝与外任四郡，夫人贾氏都相随相依，相濡以沫，患难与共，鹣鲽情深。这次跋山涉水同来泉州，十朋本打算即时奏章请祠，与夫人归家偕老。不意到郡才月馀，当年十二月，贾氏即病逝于郡舍。灵柩竟因路遥家贫无法及时运回，在泉州一放就是二年。《乞祠不允》^{诗卷26}诗述云："臣家素贫贱，仰禄救啼饥……况臣糟糠妻，盖棺将及期。旅榇犹未还，儿女昼夜悲。"可见境况之窘迫。年老多病的十朋深受打击，悲痛万分。天上人间，相忆相念，却永不相见，这人生的庞大缺口，千言万语也无法填补。

1、"木落风号泪满巾"
　　七律《哭令人》^{诗卷26}是十朋20首悼亡诗中的第一篇。诗曰：

> 三十年间共苦辛，忽然惊断梦中因。
> 钟情正是我辈事，鼓缶忍同方外人。

　　　　　　熊胆未酬平昔志，牛衣犹是向来贫。
　　　　　　闽山满眼同来路，木落风号泪满巾。

　　上幅二联运用了对比手法突出丧妻之痛。首联以30年的相依相伴、同甘共苦与遽然梦断泉州、阴阳永隔形成强烈对比，直言夫妻患难深情，一旦永别，伤痛无限。颔联用庄子妻死"鼓缶"而歌的典故与"钟情"的"我辈"又一次形成对比，说"方外人"之举不能慰藉自己的悲伤。"忍"即"不忍"，忍而不能愈见"钟情"之深。颈联转入对自身的哀叹，同时蕴含着对妻子的愧疚。抗金报国的"熊胆"壮志未遂，仕途坎坷，且一直清贫，让夫人备尝艰辛。

　　末联更是沉痛之笔。作者将自身的悲痛情感渲染到周围的景物上，同来不能同归的路、纷纷飘落的树叶、呼号的风、沾满泪水的衣巾，统统都紧扣诗题一个"哭"字，读来哀戚满眼。

　　痛到极处是无言，而一旦爆发却势不可挡。十朋的悼亡诗全是心肺中流出，平淡中见真情。如《曹梦良寄柑，闻诗闻礼辈取以祭母，哭泣不已》^{诗卷26}一诗：

　　　　　　嘉果遥来自故乡，去冬初熟记同尝。
　　　　　　尔衔怀橘无穷恨，我亦传柑念不忘。

　　同窗好友、同科进士、义如兄弟的曹梦良（逢时）从故乡寄来"嘉果"柑橘，儿子取以祭祀母亲，由此忆及去年此时"同尝"柑橘的情景，"哭泣不已"。十朋触物伤情，因事生慨，以"怀橘"、"传柑"两个熟典浓缩了全家人的挚爱亲情。只是此时已由爱亲、孝亲翻转为浓浓的悼亡哀思。王十朋抓住了情感痛点，以家常语写家常事，引发人们普遍的共鸣。

　　2、"难忘将绝语，劝我莫言穷"

　　相思相忆终成一种折磨。对情感的记忆与回味，总是在别离甚或失去以后，才出落得如同汩汩小溪，变得清澈见底。王十朋对亡妻的悲情在《悼亡》^{诗卷26}一诗中表达得撕心裂肺：

　　　　　　伤哉无复见，老矣不成偕。牢落凝香地，同谁话此怀。
　　　　　　相勉惟清白，囊如四壁空。难忘将绝语，劝我莫言穷。

诗有自注云："予一日忽言穷，令人曰：'君今胜作书会时矣，不必言穷。'予悦其言，盖死之前数日也。"自注有助理解全诗内涵。"难忘将绝语，劝我莫言穷。"诗追记贾夫人临终前几天以十朋设馆授徒时的困境作比，相勉当今"不必言穷"，用以收束追悼之情，突出夫人的君子固穷品格。这就将纯属私情心曲的家庭亲情呈现于符合儒家道德的人伦规范之中，从道德伦理情感上凸显了贾夫人孝慈贤慧、安贫乐道的美德。

3、"千里途车涕不堪"

作于扶贾氏旅榇离泉州归乡之日的六言绝句《出州宅》[诗卷29]曰：

> 官居到处邮传，岁月惊人电飞。
> 惆怅同来德耀，故乡不与同归。

"邮传""电飞"，极言岁月如电流逝。诗暗用梁鸿孟光典故，援引《诗·豳风·七月》"女心伤悲，殆及公子同归"与贺铸词《鹧鸪天》"重过阊门万事非，同来何事不同归"句意，以"不与同归"诉说悼亡深情，突出了千古惨痛遗恨。这首六言诗平淡浑朴而苍劲简洁，道尽内心强压的悲苦。即将扶柩归乡了，诗人再次挥泪诉说哀情，《挽令人》[诗卷29]诗曰：

> 糟糠情味饱相谙，我事耕耘尔力蚕。
> 误走迷途半天下，忽惊魂梦断泉南。
> 二年旅榇悲无奈，千里途车涕不堪。
> 预卜黄华晚秋节，佳城归祔白岩庵。

首联回顾夫妻共历艰辛的"糟糠情味"，颔联在"魂梦断泉南"的沉痛怀念中渗透自己"误走迷途"的身世之慨。"千里途车涕不堪"，颈联诉说"旅榇"困留泉州两年不能归乡的悲情与窘迫"无奈"。尾联慰以"晚秋节""归祔""佳城"的"预卜"，以最终归宿作结。

挽诗没有具体事件的陈述，没有凄苦景语的陪衬，也没有生死茫茫的渲染，更没有呼天抢地的恸哭，有的只是絮絮叨叨的数落，只是不加任何雕琢的直叙，犹如夫妻相看时的窃窃私语，绵绵不绝于耳。语极平极淡，情极真极浓，表面似乎平静，内蕴哀伤却极富波澜，句句率直而沉痛。至哀无文。这种刻骨铭心的真挚感情，平常只会默默埋藏于方寸之间那块柔软之地，今天扶其枢归乡，全然形诸碎碎念流淌而出。这就是一对老夫妻与岁月俱增、蕴积深厚的感情状态，挚爱笃厚，永不相忘。凄婉细腻，哀而不伤。

梅溪诗本以质朴见长，这首哀挽妻子的诗没有一句浮文饰语，却富有很强的感染力。有诗话家说十朋"短于情"，其实不然。十朋仅仅是不喜欢写"绮罗香泽"的艳情而已。

十朋的悼亡诗作有独特的情感魅力与艺术价值，可与苏轼、贺铸的悼亡词交相辉映。苏轼《江城子》云："十年生死两茫茫，不思量，自难忘。"贺铸《鹧鸪天》云："重过阊门万事非，同来何事不同归！"情真意切，哀怨缠绵，堪称两宋悼亡词的双璧，为滥情狎妓的宋词坛增添异样光彩。十朋的悼亡诗以寻常用语诉说人间真爱，如同日常口语交谈质朴感人，有撼人心魄的艺术力量。

五、风教多方略，育才为己任："科第要从勤苦得"

十朋辗转仕宦，历知饶、夔、湖、泉四州一路，都实地踏访名胜古迹与祠堂庙宇等，费心搜罗经史地志之所载和耳目相传之听闻，着力标榜那些有益于风化的历史人物，以规范现世风教，诱导民众见贤思齐。任泉州太守时，风教多有方略，力图建构一种本土风教文化体系。

南宋时期，泉州文风大开，仕人迭出，同王十朋重视教育、尊重人才大有关系。这种践行本土风教的努力，对于促进历史名城泉州的文明建设，无疑具有不可忽视的社会价值和历史意义。

1、复建忠献堂，重修洛阳桥

王十朋敬佩北宋政治家、名将韩琦（1008—1075）。韩氏曾与范仲淹等共事，指挥防御西夏战事。封魏国公，故世称韩魏公。为纪念他而建的忠献堂因年代久远，俗吏废之。十朋将郡府圃中的大隐庵改建为韩公祠，复建忠献堂。作《州治有忠献堂，以韩魏公始生得名，废于俗吏，更以清暑，今复之》^{诗卷27}诗记其事：

> 相出相州生此州，巍巍勋业宋伊周。
> 后人莫要轻更改，别有堂名胜此不。

诗开篇明意，颂扬韩琦的"巍巍勋业"堪与古名相伊、周相媲美。十朋此论与位高望重的欧阳修同调。欧阳修与韩琦同代，曾称韩魏公"临大事，决大议，垂绅正笏，不动声色，措天下于泰山之安，可谓社稷之臣"。王十朋以"相出相州生此州"为荣，并认为忠献堂是泉州别无"胜此"的风教之堂，因此警戒"后人莫要"步"俗吏"之后尘，轻易"更改"忠献堂的本土教化意义。王十朋的复堂之举和咏贤之作，本意在于就地取材，因势利导，通过对本土历史文化名人的歌颂，试图在封建社会普遍性的价值标准之下，建构一种本土风教文化体系。

继而又作《六月二十五日会同官于贡院，用前一绝分韵得相字》[诗卷27]，五言古诗仄韵到底，凡四十句。诗引用苏轼、王安石等前朝名臣的颂扬语盛赞"三朝社稷臣"韩琦的"勋业"，最后十句另立一段曰：

> 嗟予生太晚，不识天人状。版图犹未复，昼锦无由访。
> 维扬金系腰，叹息为谁放。一麾忽南来，遗迹增慕向。
> 当于异梦处，祠堂为公创。

在歌颂魏公勋业、自嗟"生太晚"、"不识天人状"的同时，发出了当今"版图犹未复"的浩叹，锋芒直指国事，将全部情思落实于"维扬金系腰"的宋室南渡偏安的严峻现实，这就深化了这篇咏贤之作的社会现实意义。十朋辗转仕宦，始终未忘中兴之志。在前贤"遗迹"之前，当时势"异梦"之境，"增慕向"，"创祠堂"，或许就是他知泉时所能做的了。

梅溪还作有七律《洛阳桥》[诗卷27]，称颂洛阳桥"人行跨海金鳌背，亭压横空玉蝀腰"，是中国桥梁史上的一座丰碑；赞誉建桥主持者北宋状元蔡襄的造桥之功，"遗爱胜于郑国侨"——超越春秋时著名政治家郑国子产。王十朋知泉时，主持重修洛阳桥，发动泉民在洛阳江上游兴修水利，为洛阳桥"分流减负"。为纪念北宋、南宋两个状元的心血和智慧，泉人将桥名改为"状元桥"。

十朋的多数咏贤篇什虽有以文为诗的倾向，但其主观情感始终溢于言表，与一般宋诗重理抑情的格调迥然有异。诗人对国朝名臣的评价不是无动于衷的客观陈述，而是带着强烈情感的讴歌颂扬。况且本诗的"版图未复"之叹，在追慕踵行仁义之道、张扬官方文化取向的义理宣教的同时，又平添了一份诗人独具的感情风采。

2、慧心系举子，贡院勉士人

王十朋对贡院情有独钟。泉州任内咏贡院诗作不少于20首，且大多不是泛泛应酬之作，能将活动情景与贡院这一场地的特殊功能结合起来，感情饱满，表明科举出身的王十朋对兴修学舍、培养科举人才的重视。《贡院垂成，双莲呈瑞，因成鄙语勉士子》[诗卷27]诗借泉州贡院"双莲呈瑞"的吉祥如意征象劝勉士子奋发进取："人人宜自勉，举举有廷魁。"宋代有很多诗人歌咏过瑞莲，如刘敞的《观后苑瑞莲》、赵抃的《瑞莲花示禅僧》、李光的《次韵补之瑶堂瑞莲》、邵雍的《双头莲》等。杨万里还名其斋曰"瑞莲"，作《瑞莲斋记》。这说明双莲在宋时有作为瑞物的独特内涵。

王十朋情牵贡院，心系举子。举凡贡院规划、落成，僚属纳凉、宴集，甚至观赏图物，十朋每有诗作，可见得他于地方文化建设的重视深情。泉州贡院落成宴集，他提倡不用奏乐而"饮文字"。《八月十五日贡院落成，宾僚咸集，斥世俗之乐不用，饮文字也。把杯邀月，诵"香满一轮中"句，即席赋诗，以勉多士》[诗卷27]诗有云：

> 姮娥殷勤寄消息，科第要从勤苦得。
> 丹桂在君书卷中，不须遥向蟾宫觅。

诗综汇"姮娥"、"丹桂"、"蟾宫"众意象，将神话故事与泉州科举现实勾连起来，谆谆教诲学子"科第要从勤苦得"，于觥筹交错之中鼓励诸生蟾宫折桂。这几首诗祥瑞纷呈，自是盛世之黼黻，是颂美之作的重要素材。但南宋初年，江南地方不靖，百废待兴，王十朋难有颂美之心，只是寄托其对泉州科举人才成长的厚望与自己对科举教育的系念而已。

离任告别之际，他携属下林致约去贡院看看，依依不舍于亲自移栽的桂树。作《临行至贡院观桂赠致约》[诗卷29]诗曰：

> 窃禄清源愧不才，贡闱临去尚徘徊。
> 青青万本新移桂，尽是梅仙手为栽。

"临去尚徘徊"，以"青青万本新移桂"寄托"梅仙"深情，既感愧自己"窃禄"，又系念诸生成才，深有屈原滋兰树蕙之意。在《观贡院画春景图》[诗卷27]诗中，他也寄望"要令寒士皆春色"，对诸生成长关怀备至，寄托了他对当地科举教育的牵挂。周兴禄博士在他的专著中认为诸诗

"表明宋代科举出身的官员对兴修学舍、培养科举人才的重视"。⑹

《福建通志》卷三十"名宦"条载：王十朋"乾道间知泉州，尝割俸以创贡闱，朔望见诸生学宫，从容诲诱，士之贤者踵门，礼致之。"用自己的薪俸在城中心建造贡院，为泉州下属各县士子考秀才之所。元宵佳节，又亲自在贡院举行宴会，为上京应试的泉州士子饯行。他还经常拜访地方贤士，召集诸生讲学。这不是所有郡守都能做到的。

3、八闽形胜地，泉城山水情

泱泱北宋的繁华，如今只在微茫的思念和他人的笔下存活着。王十朋将他对大宋的深情寄予江南半壁江山，为泉南风物一一感而赋诗。"八闽形胜无双地，四海人文第一邦。"这是他题泉州府治的大门联，被称为历代文人骚客对泉州人文景观和自然景观的最高礼赞。

王十朋留在泉州的诗文很多，足迹所到之处，或咏物，或咏景，或咏事，皆有感而发，出口成章。清源山、九日山、秦君亭、东湖、二公亭等名胜景区都留有他的诗篇。大多是爱民忧民、劝善戒恶之作。时亦欣然命笔，勒石纪念，为后人所传诵。如《次韵知宗游北山》^{诗卷26}诗曰：

> 州北有山幽更幽，皇天阁雨为公游。
> 登山如入上下竺，宴坐疑临大小湫。
> 扫地焚香烟缕袅，煎泉瀹茗乳花浮。
> 观诗起我家山兴，身在闽南梦在瓯。

大凡著名的政治家、诗人都是爱国爱乡的。这是王知府咏泉州清源山的诗。诗作不但热情讴歌泉州清源山旖旎的风光，也凝聚了作者对行都临安和故乡温州特别是雁荡山大小龙湫等的深厚眷恋之意。

泉州古有"刺桐城"或"桐城"之称。《马可波罗行纪》亦以刺桐称泉州，誉其为"东方第一大港"。其时泉州城遍植刺桐花，树身高大挺拔，枝叶茂盛，花色鲜红。花、叶可供观赏，枝干间有圆锥形棘刺，故名。唐宋时环城皆种植，现为泉州的市树市花。梅溪《刺桐花》^{诗卷29}诗曰：

> 初见枝头万绿浓，忽惊火伞欲烧空。
> 花先花后年俱熟，莫遣时人不爱红。

诗开笔推出两组精彩镜头：一组是"枝头万绿浓"，先叶后花的刺桐树翠绿成荫；一组是"火伞欲烧空"，刺桐花开得绚烂，犹如红色伞盖。红花绿叶，色彩浓重，对比强烈，刺桐花绚烂无比的美态夺人眼球。诗人将花艳兆丰年的忧民情怀与"时人""爱红"的乐事巧妙地统一起来，既赞扬物态之美，又托物言志：贺农事喜获丰收，祝百姓如愿赏花！"红"字反扣丁谓诗意——诗原注引丁谓诗"只爱青青不爱红"，以此收结全篇，跳跃中点击题旨，寄托着郡守关心民生的美好祝愿：丰衣足食，年丰人寿！短短四句，题咏不窘于物象，平澹不流于浅俗，诗小而造境大。

4、禅林结僧缘，佛国修禅意

泉州古称"泉南佛国"，是我国佛教文化传入较早较集中的地方之一。在泉州的清源山、南安的九日山、晋江的青石山等均有"泉南佛国"的摩崖石刻。晋江南天寺西侧巨岩石坡上刻的"泉南佛国"四字劲秀雅丽，笔力奇伟，传为王十朋所书。十朋一生结交了不少禅僧，常以佛门清净之地寄托心灵。如《游承天寺后园登月台赠潜老》^{诗卷26}其二曰：

> 月台无屋有空坛，空处观空眼界宽。
> 不惹世间尘一点，冰轮心境两团团。

承天寺，又名月台寺，位于泉州市区崇阳门外东南，环境清幽，颇具"城市山林"之概。潜老，即当时承天寺住持僧南安人黄道潜，十朋方外友。孝宗乾道五年（1169），58岁的王十朋游承天寺结识了潜老。

"冰轮心境两团团"，诗写承天寺的幽静、空寂、洁净，以月台、空坛、冰轮寄寓心绪，心象闲空，充满禅趣禅意禅理。第二句连下两"空"字，语意双关。"空处"或指月台空坛，或指方寸心绪、人的内心；"观空"之"空"，可曰视界所及之无穷空间，亦可曰大千世界外之空间。两"空"字涵义极广，发人遐思，荡涤杂念。陶文鹏先生评云，唐代诗人及其名句投影于此诗的自然与人文的意象中，又深印在读者的心扉，诗的意境深邃、悠远，令人遐想不尽。郑定国先生评曰："此诗即以佛说为多，故云类此之诗，为十朋心灵寄托，创作之又一源泉也。"

上海古籍出版社1998年版《王十朋全集》将《承天寺十奇诗》作为"辑佚"收录。《辑佚记》云："据明天启六年丙寅（1626）果庭居

士张瑞图书于湛初上人之无垢轩中,题为《宋王梅溪先生题承天寺十奇诗》。碑刻。"如其一《榕径午荫》写禅林清幽怡人。诗曰:

> 古树连枝护午阴,萧萧门径日沉沉。
> 清风拂地尘无染,暑日当空热不侵。
> 柏子庭前增祖意,梅花夜后悟真心。
> 雪霜经尽年年在,人事往来几古今。

南国榕树以其巨大无比的树冠为行道庭院遮阴,这或许算不上什么"景观",但十朋称其为南国一"奇",且将"榕径午荫"列于《承天寺十奇诗》之首,当有其深意焉。

南国酷暑,闷热难当,多病的十朋备受煎熬。"连枝"榕树遮挡似火骄阳,"护午阴","日沉沉",为人们辟出一片"萧萧门径"的清凉世界。诗之首联可谓开宗明义,以切身感受道出承天寺外象之一"奇"。中间两联,借"清风"、"暑日"、"柏子"、"梅花"等物象,从视觉、触觉和心觉多方位铺排出身临其境的内心感受:"尘无染"、"热不侵","增祖意"、"悟真心",极写佛地的洁净、清凉、静谧、幽深,开挖出"榕荫"下的深邃意蕴,透露出十朋内心深处蕴含的僧缘禅意。末联拓开一层,以"雪霜经年"、"人事古今"收束全篇,落实了"祖意""真心"之所在。这是"榕荫"所赐,扣的正是"榕径午荫"的题旨。

再如《方池梅影》,描写承天寺方池的春梅风韵。诗曰:

> 和靖先生去久长,此花倒影浸方塘。
> 犹添月台清佳景,还忆松风送远香。
> 驿使春来也寄信,寿阳额上减粘妆。
> 只今风韵名传老,早赋西湖行一章。

相传承天寺每当梅花开时,花影倒映水中,即成"梅石生香"景象,吸引游人无数。本诗首联以与梅花结缘的"和靖先生"入题,与"梅影"相扣。一个"浸"字,写出梅花倒影的摇曳姿色和恬淡水灵的韵味。颔联写方塘的月影松风,以梅月组合模式描摹月光照拂下的梅花为寺院平添"清佳景",又以梅松组合模式写出了松风中流播的"远香",让游人难以忘怀。颈联连用"折梅驿使"、"寿阳宫额"两个典故，用拟人化手法，写出梅花犹如春之使者为泉州带来春的信息，又把红梅比作寿阳妆打扮的美人，赞扬梅花的妩媚风韵。

流连于承天寺中梅石生香的清佳美景，晚年梅溪回味起当年与太学上舍生结伴西湖孤山的赏梅吟唱，于是全诗收结于"西湖行一章"——"北枝贪睡南枝醒，杖履得得挽出来"，这传唱于士林文坛的咏梅佳句，为南国梅花平添无限风韵，也为这首咏梅佳作增色添香。佛国梅影，绵远久长，刻骨铭心，千古不老！

一咏梅花便精神。梅溪的深情回眸中不无老迈的感慨。"生平不得春风力，只与梅花结得缘。"这是建安徐义夫诗句，清曹庭栋编《宋百家诗存》援引来称赏咏梅大诗家张道洽。(7) 窃以为移赠王梅溪，也甚为恰切。

六、诗社建诗令，传承老杜风："难追老杜风骚手"

泉州诗社是王十朋平生所结的最后一个诗社，其最重要的诗学意义在于建立了"不容宽"的"社中诗令"。"诗令"以"老杜风骚"为标杆，以"昌黎点勘"为戒律，规约着诗社同仁的诗学追求，这在同代诗社中可能是唯一的，堪称创举。

1、"社中诗令不容宽"

王十朋知泉州时与赵知宗、马提舶等诗友相互交游，唱酬频频，在清源佛国留下了一段宦游倦归、神仙飘逸的美妙韶光，并约定了追奉"老杜风骚"的"社中诗令"。"社中诗令"出于《知宗即席和端字韵三首，提舶退即足之，予第三诗经夕方和，录呈二家》[诗卷26]诗中：

> 毫秃中山砚涤端，社中诗令不容宽。
> 难追老杜风骚手，徒费昌黎点勘丹。
> 搜我枯肠须鬓皓，吟公佳句齿牙寒。
> 自惭浅陋如曹邻，季子观风定不观。

本诗是对泉州诗友结社活动的一份规划，或称一份总结。"不容宽"的"社中诗令"，是十朋倡导的诗社创作规约，即颔联所示的追攀"老杜风骚"、规避"昌黎点勘"。一道"诗令"的两个方面，其意思当与"句法严于细柳军"（《又答行可》[诗卷12]）无异。

　　"老杜风骚"是诗社诗歌创作既定的共同目标，唯恐"追"之不及。赵知宗、马提舶二君的"膏馥"之作将列入十朋筹划中的"增前集"，亦当是毫无疑义的。梅溪诗创作深究句法，遣词炼句从不马虎。这首"录呈二家"的七律"经夕方和"，即可知好诗得之不易。本诗句法是否"严于细柳军"？这些诗友之作是否自成"非坡非谷"新一体？颇值得关注。

　　对于"昌黎点勘"用心，晚年十朋已有鉴别主见，不再像年少时一味热捧效仿。"徒费"句说的是有违韩愈诗风。十朋少时追慕韩愈风采，慨然有承继之意，曾欲尽和韩诗，后来终于发现韩诗在气魄雄伟、意境奥衍的同时也有故作奇语、刻意求工之弊，由于反对柔靡浮荡之风、"点勘"过甚而失去了诗歌语言的和谐之美。"毫秃中山砚涤端"，"搜我枯肠须鬓皓"，说的是锻炼句法、克己磨砺之诚；"吟公佳句齿牙寒"，说的是诗友切磋之效，当然不限于原有"诗社"同仁之间。十朋"自惭浅陋如曹、邾"，虚怀自勉并劝诫契友们扩展襟怀，超出翰墨之外，"观风定不观"：观风光，观民情，观士风，借力诗友，提炼诗歌品质——"社中"规约如此款款道来，尽见十朋经营之苦心。

　　不拘用典而通贯灵活是本诗句法、章法上的一个显著特点。全诗几乎句句有典，或用事，或用辞，或明用，或暗用，尽管所引"曹、邾、季子"诸君不为太多今人所熟知，但多数熟典用得自然如其口出，读其典而不觉其用典，甚见运化之妙。"浅陋如曹邾"一典，化用黄庭坚诗《子瞻诗句妙一世，乃云效黄庭坚体……》："我诗如曹邾，浅陋不成邦。公如大国楚，吞五湖三江。"黄氏用两个比喻，自谦诗之浅陋如小国曹、邾，赞美苏诗像楚国一样气势宏大。曹、邾都是西周分封的小诸侯国，后来分别为宋、郑所灭。楚国则是当时南方新兴的大国，土地辽阔，物产丰富，五湖三江尽在它疆域之内。王十朋谦逊地以曹、邾自比，给人以新鲜而强烈的印象。"昌黎点勘丹"一典，用事醇雅而切近实际。十朋有意借韩诗典实向诗友们宣示自己的观念：跳出韩诗的笼罩，以杜诗为最高典范，转学多家，提升诗品。

　　王梅溪的这首七律，是泉州诗社切磋诗艺活动的共存记录，也可作十朋晚年诗论读，因为他申言了十朋诗歌创作的观念和实践，"难追老杜风骚手"显然也是李东阳、陆静逸评梅溪诗"句句似杜"的文本依据。可惜历来乏人赏识。如能尽搜梅溪夔州诗友、泉州诗友的诗作，作一番爬梳，想必会凸显梅溪及其诗友崇杜学杜的生态图像。

2、"渊源师杜真知体"

道光《乐清县志》评论王十朋的诗学渊源称："梅溪先生诗文质直疏畅，行间独饶劲气，瓣香韩、苏、欧三家，而以韩为宗。"此评承朱熹之论，洵非虚语也。然其局限也是显而易见的。十朋出仕之前已基本摆脱韩诗笼罩，"陋西昆"，抨江西，转学多家，倾情杜甫，奉杜少陵为诗人中第一人（《诗史堂荔枝歌》^{诗卷23}），敬仰杜老忠贞、忧国、伤时的书生情怀，体认杜诗的样式、风格及用韵、节奏，诗风渐转多貌，而于师杜、效杜最有心得。《赠陈教授正仲》^{诗卷29}一诗足以证之：

> 益友平生所愿亲，南来深喜得斯人。
> 渊源师杜真知体，人物如平岂久贫。
> 绛帐可能淹教育，掖垣便合掌丝纶。
> 临行赠我五百字，楚璧隋珠未足珍。

诗称陈教授（名说）为自己"深喜"的"平生益友"，由此引发了关涉诗学渊源的一番切磋：

一者，"斯人"才能出众，不甘寂寞，宜乎到"掖垣"之中"掌丝纶"，辅佐国事，焉能久困于清贫的讲席生涯；

二者，"斯人"满腹诗文，才情横溢，"临行赠我五百字"即如"楚璧隋珠"，光彩夺目，珍贵万分。

此为这次唱和赠别的直接动因，而其深层内涵则在于平日"益友"之间诗心的相应契合以及诗作的同源走向。"渊源师杜真知体"一句有自注曰："正仲赠予诗云'渊源师老杜，体制陋西崑'。而正仲诗殊有杜体。"云云。

仕途上的志同道合促成诗风诗格的共同成长，诗风诗格的共同成就又反作用于政治上的志同道合——宋时诗人群体组合及其诗风流向的重要基因恐怕就在于此。这种文化现象在诗歌发展史上具有普遍意义，值得深入研究。

郑定国先生曾由此进一步指出："杜甫影响十朋最大者，大抵是襟抱及乐天态度，自十朋求祠不忘忠君之事可稍得消息。设云十朋乃杜氏之再生，以人品言诚不为过，以政事言犹过杜氏许多，读者当不以吾言为妄也哉。"郑先生的此番议论，对于研读、领会梅溪诗高格的心象气度是不无启发意义的。

3、"千首诗开锦绣肠"

乾道六年（1170）闰五月，王十朋泉州任满告归。临行饯别，同僚诗友多有赠诗，十朋一一酬和赠别。这里选录关涉诗事、诗论的七律《别傅教授景仁》^{诗卷29}，很能见得十朋与他的诗友群体的创作理论和实践倾向。诗曰：

> 鼻祖调羹佐有商，耳孙家业踵前芳。
> 万言书有盐梅味，千首诗开锦绣肠。
> 绛帐讵容淹久次，制科端欲待非常。
> 归囊剩有君佳句，更获珠玑四十章。

这首七律的四联，一政事，一诗文，交替呈现，互为映衬，表达了对同僚诗友的称赏和激励。

首联，巧借傅姓承题，以其鼻祖傅说辅佐殷商的功业，盛赞"耳孙"傅教授继承家业"踵前芳"的志向。

颈联则由衷看好"制科"友人的仕途前景，蓄势待发于"绛帐"讲席，创造条件，以应"非常"之任。

末联感念友人的诗文，珍藏"诗囊"，视为"珠玑"，盖因其诗文心象品位高尚，即颔联所言："万言书有盐梅味，千首诗开锦绣肠。"

这颔联堪称警句，互文对仗，工整谨严，真乃一语千金。"锦绣肠"，即锦绣肝肠，亦作锦绣心肠。谓满腹诗文，善出佳句。语本李白《冬日于龙门送从弟京兆参军令问之淮南觐省序》："兄心肝五脏，皆锦绣耶？不然，何开口成文，挥翰雾散？"诗人还运用唐司空图《诗品》的"神韵"之说，移植政治意象"盐梅"于文学领地，借可视可味的物象来激赏同僚挚友的诗文有高格气度，有高雅趣味，有"韵外之致"、"味外之旨"，犹如盐梅调和相成的美羹佳肴，食之令人回肠荡气，锦绣胸襟。

在这里，诗人以诗化的语言表述了"文主刚气"、"文与时进"的文学观，并一本其积极用世的热情，激励同仁诗友永葆青春理想。"盐梅味"与"锦绣肠"，互为因果，道出了人格与诗风的内在秘密：怀锦绣心肠方能"开口成文，挥翰雾散"；擅长调和盐梅，方可制成令人回味的美羹佳肴。诗风乃潜在之人格。王十朋永葆刚毅独立的人格光辉，自觉追求诗歌美蕴。

多年以后，大学问家朱熹品尝了梅溪诗的"盐梅味"，领略了其人的"锦绣肠"，写下了热情洋溢的《宋梅溪王忠文公文集序》^{附录1}，以王十朋"阳必刚，刚必明，明则易知"的人格特性评价其诗歌"浑厚质直，恳恻条畅"的艺术风格。《全浙诗话》则从另一风貌道出王十朋诗歌的人格风采："诗笔秀拔，吐属俊爽，正如天半朱霞，使人矫首，非靡靡之响可同日语也。"(8)

集结于王十朋周边的诗人群体随着王十朋官宦的迁徙而不断更替着成员，但以十朋为核心盟主的唱和格局却始终如一。这是很有趣的文化现象，除了有士人习俗的原因，似更应当深究其政治文化及诗风流派的背景，以还原宋诗流派的演进格局。

七、雄视唐与宋，合把诗旄旌：
"高吟薄风雅，古学穷浑灏"

王十朋"同舍同年友"喻叔奇，采东坡诗联"今谁主文字，公合把旄旌"，奉梅溪为当代诗坛盟主，合把文坛旄旌。对此，梅溪缘情而发，以长诗表白心迹。诗题曰《喻叔奇采坡诗一联云"今谁主文字，公合把旄旌"为韵，作十诗见寄。某惧不敢和，酬以四十韵》^{诗卷28}，诗人怀着强烈的现实批判精神，以韵语铺陈叙论，旗帜鲜明地阐说诗歌创作主张，"高吟薄风雅，古学穷浑灏"，尽显诗论夺目光彩。诗曰：

> 斯文韩欧苏，千载三大老。苏门六君子，如籍湜郊岛。
> 大匠具明眼，一一经选考。岂曰文乎哉，盖深于斯道。
> 诸公既九原，气象日衰槁。山不见泰华，水但识行潦。
> 词人巧骈俪，义理失探讨。书生蔽时文，习气未易澡。
> 著述岂无人，纷纷谩华藻。有如分裂时，僭伪各城堡。
> 同年广文君，所作非小好。高吟薄风雅，古学穷浑灏。
> 读史正豕亥，观诗辨形夭。千篇冰玉清，万字波澜浩。
> 心慕大手笔，所恨生不早。乡令门及韩，不类端可保。
> 赏识遇欧坡，当为箧中宝。声名终不掩，光艳姑自葆。
> 嗟我最不才，兀兀首空皓。半生槐踏黄，晚景盖张早。
> 出守屡及瓜，还家仅尝稻。田园荒渊明，江梅客张镐。
> 尘埃未能脱，忧患苦相恼。愁僝卧蚕眉，痛彻伏犀脑。
> 何当归故山，已书下下考。锺笔况久阁，卢经徒独抱。
> 古文如金城，偏师讵容捣。小诗时自遣，句法未知造。

广文贤关旧，声气同湿燥。食共朝齑辛，案对夜萤爇。
策杖游西湖，寻梅插晴昊。番有九十日，呼酒罗脯枣。
浔阳三年别，心若风中纛。书来问安温，仍效世俗祷。
手写十新诗，价重百碟磉。情意何勤勤，许与太草草。
那能把旌旄，但可供洒扫。胡为以西子，国色沉嫫媪。
前言盖戏耳，细读笑绝倒。却将寄来诗，录附雅戏藁。

喻叔奇，名良能，叔奇其字，义乌（今属浙江）人。梅溪《赠喻叔奇县尉》诗称其为"同舍同年友"。宦游中过从甚密，论文赋诗，情义亲近，无与伦比，叔奇诗《留别王状元二十四韵》曰："酬唱几千首，从游殆十旬。"

王梅溪的这首四十韵唱酬之作纯乎议论，虽有异于宦游绍兴时的游兴佳篇《和喻叔奇游天依四十韵》^{诗卷12}，读来仍颇见韵致。诗之笔意放纵肆广，除承题答谢赠诗赞誉，意在评论当时文学风气的弊端，又吐露诗人自己的一段创作历程，宣示一代诗友共怀的诗艺追求，为千古文坛留下了一篇有独立见解堪足传世的诗论大作。今试以十韵为一节品鉴之，理出诗人的议论及其情感脉络，借以探视诗人倡导的文学理想及文风诗艺，见得王梅溪雄视唐宋文坛、把控诗潮流向之豪迈气概，无愧于合把诗坛旌旄的角色担当。

第一节十韵二十句，评论唐宋文学风气的演进及其流弊。诗人推举唐宋文坛"千载三大老"韩愈、欧阳修、苏轼，于东坡则尤为倾倒，称"苏门六君子"堪比唐诗人"籍、湜、郊、岛"，即张籍、皇甫湜、孟郊、贾岛，有羽翼斯文之功。诗人喟叹诸公亡后，文不为继，"气象日衰槁"："巧骈俪"，失"义理"；"蔽时文"，"谩华藻"。诗人为文风之"衰槁"颇多沉痛之情。

第二节也是十韵二十句，针对前述的文坛时弊，着意褒美贤友喻叔奇的诗文成就，并通过自谦比较阐明文学理想，自述诗学渊源，谦称虽追慕韩愈，"赏识""欧坡"，只因"最不才"而"首空皓"，于科场辗转碌碌中步入晚景。铺陈叙论，豁达明畅，意在坐实一代诗人扭转轻浮绮靡流风的努力："高吟薄风雅，古学穷浑灏"，建立深厚的传统基础和丰富的文化修养，师承"千载三大老"韩愈、欧阳修、苏轼，如此等等，正是"以文为诗，以议为诗"的必备条件。

诗的后两节四十句，承题发挥，通过多层对举比较，叙述云龙相从的诗文情谊，突出诗人同怀的诗艺追求。诗深情追怀二人"策杖西湖"、"呼酒"鄱阳以及浔阳别后诗书往来的宦游情谊，自叙辗转科场、奔波劳碌和"尘埃未能脱"、"忧患苦相恼"的经历与情性特点，称赏贤友"新诗""价重"，谦称自己"句法未知造"，"那能把旌旄"，再次针对南宋初期的诗坛流弊，突出了二人"声气同湿燥"的不懈追求。王十朋倡导"高吟薄风雅，古文如金城"，以复"风雅""古文"来挽回并抵销唐末五代以来两宋交替时期的轻浮绮靡之风，回应篇首倡导的重现"泰华"的文风诗艺。

全诗一气呵成，一韵到底，视野开阔，气势磅礴。诗人继《读东坡诗》[诗卷23]、《游东坡十一绝》[诗卷24]诸篇之后，再次纵横议论，滔滔雄辩，推崇苏文，盛赞苏诗。由他倡言的唐宋文坛"三大老"之说，为定论于明末的"唐宋八大家"之说铺垫了最早的基础；其"苏门六君子"之论，更扩大了苏氏诗文在文学史上的影响。这一切说明，王十朋在诗坛的声誉影响除了创作实践的原因，还与包括本诗在内的诸多诗论作品密切相关。

就其智性思考的书写表现而言，王梅溪的这首诗也提供了宋诗"以文为诗"、"以议论为诗"的一个范例，展示宋诗风格变革的鲜明特点。全诗以散文的间架结构布局谋篇，借鉴散文的述说方式直陈意见，且大量使用散文化的句式和虚词。诸如"岂曰文乎哉，盖深于斯道"、"前言盖戏耳，细读笑绝倒"和"山不见泰华，水但识行潦"、"苏门六君子，如籍湜郊岛"等句，造语浅近而深含理蕴，表述平易流畅，给诗歌带来了韵律节奏上的变化，有的诗句朴素得明白如话，颇有陶诗的韵味。陶诗的一大特点，便是他怎么想就怎么说，基本上是陈其事的"赋"笔，运用比兴手法的地方不多。故造语虽浅而涵义实深，虽出之平淡而实有至理，看似不讲求写作技巧而更得自然之趣。这就是苏轼所说的"似枯而实腴"，也见证了梅溪在《题徐致政菊坡图》[诗卷28]诗中所云"无心学渊明，偶与渊明契"。

这些典型散文化的诗作，正是包括王梅溪在内的宋诗人为唐诗发展开拓新领域所作的理论与实践，闪烁着不可磨灭的灼灼光焰。惜乎清末民初陈衍辑编的《宋诗精华录》未选梅溪诗一首，对十朋诗论不屑一顾，成为忽视梅溪诗的始作俑者，但他本人的诸多诗论之诗，不论立意、思路甚或用语等却每每落入梅溪窠臼，真是有趣的文化现象……

回头再读王十朋同年喻叔奇的《怀东嘉先生因诵老坡"今谁主文字，公合把旌旄"作十小诗奉寄》，可见得喻叔奇当年推举王十朋为南宋初年文坛第一巨擘，实乃顺应时势之倡言。其诗曰，"直道盖中朝，雄名横六合"，"作诗必坡老，作文必欧公"，"一洗凡马空，斯文有宗主"，因而喻叔奇规劝王十朋主天下文字，以挽回诗坛大雅不作之狂澜。其诗又曰："大雅久不作，淳风日浇漓。挽回既狂澜，此道非公谁"，"能者主宰之，古來非独今"，"苏公亦有言，公合把旌旄"，云云。如此称赏推举，至真至诚，于十朋则为实至名归，当之无愧！

注释

⑴何乔远：《闽书·宋志》，福建人民出版社1994年版。

⑵李泽厚：《美的历程》，文物出版社1981年版。

⑶黎靖德编：《朱子语类》卷三十二，中华书局1986年版。

⑷真德秀：《记梅溪续集》，《西山先生真文忠公集》，上海商务印书馆1937年版。

⑸李心传：《建炎以来系年要录》绍兴二十四年二月，张孝祥廷试策对卷；绍兴二十一年五月，赵逵廷试策十卷。

⑹周兴禄：《宋代科举诗词研究》，齐鲁书社2011年版。

⑺曹庭栋编：《宋百家诗存》，上海古籍出版社1993年版。

⑻陶元藻：《全浙诗话》，中华书局2013年版。

第七章　梅溪老杜幸知音

　　文学批评家们很早就用比较方法研究文学现象，对同一时空或不同时空条件下的两种和两种以上的文学现象进行比较分析。500年前，明三大学士之李东阳和陆静逸称赏梅溪诗"句句似杜"，用的就是这种比较文学法。这既是对梅溪主要诗学渊源的真切揭示，也是对梅溪诗歌创作臻至水准的充分肯定和高度赞赏。我们不妨也来一次上下纵横的漫游，潜入子美、梅溪这两位隔代诗人的诗句心象，求得其渊源承继的内在逻辑和美学认同。

　　两宋时期是杜诗传承史上的一个研究高峰，曾受尽冷落的杜甫一举登上诗坛典范宝座，圣鼎独尊，垂范后世。淫浸杜诗很久的王十朋无愧杜甫知音，知夔时更敬佩其忧国忧民的博大胸襟，精研其诗艺成就，在两宋诗坛转型时期，有拨转流俗、助推杜甫"由凡入圣"之功。

　　王梅溪继承杜甫读书万卷、博采众长的精神，浸润杜诗颇深，在诗歌创作中讲究语言锤炼，喜好点化杜甫诗句，使用杜诗典故，可谓洋洋大观。郑定国先生有言："杜诗之体貌、用韵、节奏及风格十朋多能体认，所谓皮毛尽失精神出，乃反复用功所得，岂捕风捉影而粘皮带骨者可比拟乎哉？"为坐实梅溪诗"句句似杜"的评骘，本章拟在上编第三章《青春热血少陵吟》、中编第四章《献策中兴血泪吟》、下编第二章《万里长江慷慨歌》、第四章《武侯情结少陵魂》、第六章《泉南岁暮杜诗令》等章节阐析梅溪诗现实主义创作方法与沉郁顿挫风格渊源成长的基础上，侧重从梅溪学杜诗用典、炼字、炼句、对偶、叠字以及以对入绝、移情于物、营造意象、声律用韵技法诸"细节"作专题梳理讨论，不避堆砌琐碎之嫌，聊供读诗品艺之助，在相似、相关、相宜之间扩展对梅溪诗的鉴赏视野。

一、学杜诗善用典故：
"夔子江头吟处景，杜鹃声里拜时身"

"读书破万卷，下笔如有神。"王十朋博见洽闻，熟悉杜诗，"知前辈作诗一言一句皆有来历"（《寇莱公取苏州野渡无人舟自横之句》^{诗卷23}），注重使事用典，善于从古书学问特别是从杜甫诗作中获取滋养，在自己的诗歌中大量化用杜诗，情有独钟地运用杜甫事典、语典，且讲求诗意的通体贯串，语气的承上启下，为突破前代审美风格、改变唐末五代以来词藻浮靡的诗歌现状作出了自己的努力。

梅溪诗的用事观与北宋后期诗学用事观念保持同调。诗文使用前代典故的艺术手法古已有之。《文心雕龙·事类》篇是中国古代第一次系统探讨诗文用事的文献，但它偏重论述文章用事，胡应麟才是第一个系统论述诗歌需要用事的人。胡氏指出："诗自模景述情外，则有用事而已。用事非诗正体，然景物有限，格调易穷，一律千篇，只供厌饫。"他认为用事是诗歌自我更新的方式，与"情、景"同等重要，三者都服务于诗歌的意境。⑴

王十朋大量使用杜诗典故，表明诗人对杜诗的熟悉和推崇，从一个侧面证明了杜诗在南宋初期的崇高地位。宋人对杜诗的推崇尤其体现在他们对杜诗用事的评价上，如张戒云："诗以用事为博，始于颜光禄，而极于杜子美。"⑵李颀《古今诗话》还将杜诗用事作为"水中著盐"的典例，说："作诗用事要如水中著盐，饮食乃知盐味，此说诗家秘密藏也。杜少陵诗如'五更鼓角声悲壮，三峡星河影动摇'，人徒见凌轹造化之功，不知乃用事也。"⑶杜甫乃古来用事集大成者！

梅溪诗的杜诗典故之用大致可从以下几个方面作些观察分析：

1、直接使用杜甫事典与杜诗语典
梅溪诗有不少直接采用杜甫事典，借引杜甫其人其事及言行举止叙事抒怀。

早年的如《读亲征诏书二绝》^{诗卷1}之"杜陵野老自吞声"，以杜甫当年对国破家亡的深哀巨恸自指，为丧权辱国的现实政治哀泣吞声，语本杜诗《哀江头》："少陵野老吞声哭，春日潜行曲江曲。"

出仕后所作如《家食遇歉，有饭不足之忧……》^{诗卷16}之"少陵老风骚，橡栗拾山谷"，援引杜甫《北征》诗所述"山果多琐细，罗生杂橡栗”的史实，直陈杜甫生前生活困顿，北征时拾橡栗为食，幼子挨饿而死。

再如《二月朔日同嘉叟蕴之访景卢别墅用郡圃栽花韵即席唱和》^{诗卷17}之“聊从子美酌流霞”，《用韵怀何卿》^{诗卷17}之“不比少陵鞋用麻”，《次韵何宪子应喜雨》^{诗卷17}之“更喜诗如杜陵老，江流坐稳兴悠哉”，《题诸葛武侯祠》^{诗卷21}之“泪满襟如老杜诗”，《送参议吴郎中》^{诗卷21}之“幕客可能淹杜甫，郎官谁复识冯唐”，《游卧龙山呈行可元章》^{诗卷21}之“图留沙碛怀诸葛，诗诵江濆忆少陵”，《与二同年观雪于八阵台，果州会焉，酌酒论文，煮惠山泉，瀹建溪茶，诵少陵“江流石不转”之句，复用前韵》^{诗卷22}之“诸葛阵图台上看，少陵诗句酒中哦”，等等，都属于直陈杜甫事典叙说杜甫生平情事，见得梅溪诗用杜诗典故之广博富赡。

在直陈事典之外，更多的则是事辞齐举，频繁隐括点化杜诗语典，或径用成句，或变化入诗。例如《赵果州之子年十四能作大字……》^{诗卷22}曰：“读书行见破万卷，识字岂惟能八分。”《诗史堂荔枝歌》^{诗卷23}曰：“君不见诗人以来一子美，暮年流落来夔子。”《至东屯谒少陵祠》^{诗卷24}曰：“端为先生旧吟处，不应容易上诗篇。”《东屯溪山之胜似吾家左原》^{诗卷24}曰：“我待还家筑茅屋，作诗招取少陵魂。”《宿饭溪驿》^{诗卷26}曰：“老怀如子美，到处不忘君。”《知宗即席和端字韵……》^{诗卷26}曰：“社中诗令不容宽，难追老杜风骚手。”如此等等，念兹在兹，用事又用辞，事辞并举，实可见得十朋诗心响往及诗风追慕之情景。

王十朋一喜一忧都会念及杜甫，故频频使用经杜甫运用而流行的成语典故，承袭其史事，沿用其词句，颂扬其人格操守、诗风诗格及诗学地位，并模仿其格调，借彼之意，写己之情，因而其诗作也每能读出杜诗风味。此类例证甚多，夔州诗作表现尤为明显，多以杜甫当年吟咏的夔州山水为己作的抒怀物象。

唐大历二年（767年）三月，杜甫离开成都草堂，辗转流落夔州荆楚，曾客居夔城瀼西草堂。夹江而峙的赤甲、白盐两座大山犹如天设的两扇大门，形成了巍巍夔门，令杜甫神往意留，写下了脍炙人口的篇章。虽然其《赤甲》、《覆舟二首》等篇曾被陈贻焮先生指为“意慵笔劣之作”，⁽⁴⁾在写法上确乎存在朱熹所言“郑重繁絮之弊”，⁽⁵⁾但夔州山水毕竟缓解了杜甫的飘离苦痛和世态艰辛。郡守王十朋重寻杜甫当年足迹，其关涉赤甲、白盐两座大山及滟滪堆的夔州山水吟咏，汲取杜诗好处，熔铸点化，甚或径用杜诗语典寄寓别样心境，生发出现实新意。现抄举如下：

> 白盐照日一峰古，乌帽吹风双鬓斑。
> ——《九日登卧龙山呈同官》诗卷22

> 边亭未静尚赤甲，鼎鼐欲调须白盐。
> ——《至瞿唐关戏用山名成一绝》诗卷22

> 天将此石垂深戒，看取形如象马时。
> ——《滟滪》诗卷22

> 蜀中盐井知多少，功利端能与海分。
> ——《白盐》诗卷22

> 赤甲城连白帝城，子阳曾向此屯兵。
> ——《赤甲》诗卷22

> 认峰生白盐，问俗非乌蛮。
> ——《春雪》诗卷23

> 白盐卓立群峰外，真武山头平视之。
> 试上白盐峰顶望，未知真武孰高卑。
> ——《十四日登真武山》诗卷23

> 故宅半赤甲，荒凉今不存。
> ——《源丞相》诗卷23

> 鸟穿云过白盐去，鱼透浪来清瀼游。
> ——《登制胜楼》诗卷23

> 翻令还乡梦，飞过白盐头。
> ——《登古峰岭望夔州》诗卷23

王十朋和杜甫都喜爱夔州山水，所写的夔州景物诗都涉及历史人物及当地风土人情，表达了诗人真切而独到的感受。夔州特有的雄奇山水、殊风异俗、贫困不堪的民情以及变化多端的自然景色，与诗人渐趋老迈时变得更加沉郁的心态以及对人民的同情和爱护完全合拍。

两位隔代诗哲经历太多磨难后，在垂老之年，深厚的孤独意识和始终关注现实、心忧民生的政治诗情，仍是其共同的创作主旨。如果说杜甫诸诗写的主要是夔州形胜、江峡之险，寄寓诗人偏爱夔州山水的情结，那么，王十朋咏赤甲、白盐、滟滪诸诗内涵则称得上充裕丰沛，既表达了诗人对老杜的怀想、崇敬，对老杜人格、命运的深刻理解，又融入了诸如思乡恋归、忆昔怀旧与山河破碎、兴亡沿革等历史感慨，读来一往情深。

如王诗《滟滪》"天将此石垂深戒"的警示深意，全然脱胎于杜诗《滟滪堆》所咏："沉牛答云雨，如马戒舟航。"杜甫用夸张、形象、生动的诗笔摹状出竖立于眼前的壮景奇观。王十朋与之遥相呼应，深悟物象人世通融之理，赋予奇观以新警醒世的象征意义。由山水之深厚源本，窥见深邃广大的意旨所在。如此俯视千古，真乃两代诗哲的珠联璧合。

2、一诗之中多处使用杜诗典故

王十朋熟悉杜诗，刻意学习杜诗，在自己的诗歌中大量化用杜诗。有时会在一首诗中多处使用杜诗典故。如咏物诗《夔砚》[诗卷23]：

> 一片夔州砚，千年禹凿痕。平公见尔祖，王子得其孙。
> 铜雀今安在，罗文世所尊。聊同玄颖辈，文字与吾论。

诗人笔下的"一片夔州砚"，巧妙融合了大禹治水、平公使夔、三国雀台、诗哲吟咏、李杜论文等诸多史事，于方寸间映射出千年历史的沧桑。一首之中，三处使用杜诗。诗有短序，谓"读少陵平公得砚诗"，径用杜甫典实，提示所购夔砚与杜甫所咏"三峡砚"属同类。以下妙化诸多语典："千年禹凿痕"语本杜诗《石砚》"巨璞禹凿馀，异状君独见"；"聊同玄颖辈，文字与吾论"，从杜诗《春日忆李白》"何时一樽酒，重与细论文"变化而来。暗引的杜诗事典、语典不仅精准地描摹出夔砚特点，并且开挖出寓涵其中的品德之属。看似咏砚，实则咏人咏史，歌颂了与砚石一同书写和见证历史的文人臣子。

事典语典的妙用使此篇成为受人称道的有宋一代咏物诗的典型代表作。诗人对杜甫及其诗歌推崇之至，而蕴涵诗中的历史厚重感，则体现了作者十分典型的清雅高洁的文人旨趣，也承载着有宋一代爱国知识分子强烈的历史责任意识。

前文例举的七律《登诗史堂观少陵画像》[诗卷21]（见本编第四章第三节）更是六用杜甫典故。诗人纵横诗笔，隐括杜诗事典语典为诗圣描形绘神，典中有典，意象纷呈。"笔有神"化用杜甫《奉赠韦左丞丈二十二韵》之"读书破万卷，下笔如有神"；"旧酸辛"化用杜甫《八哀诗》之"旧游易磨灭，衰谢增酸辛"与《奉赠鲜于京兆二十韵》之"微生沾忌刻，万事益酸辛"；"残杯不复随肥马"点化杜诗《奉赠韦左丞丈二十二韵》之"朝扣富儿门，暮随肥马尘。残杯与冷炙，到处潜悲辛"。"剩馥端能丐后人"语本《新唐书·杜甫传赞》："唐诗人杜甫，浑涵汪茫，千汇万状，兼古今而有之。他人不足，甫乃厌余，残膏剩馥，沾丐后人多矣。"虽不出于杜诗，亦属杜甫本事。"云安曲米春"语本杜诗《拨闷》："闻道云安曲米春，才倾一盏即醉人。乘舟买醉非难事，当令美味入吾唇。""夔子江头"、"杜鹃声里"两句，更是抽摘参合使用典故，再现诗圣当年谒拜先主庙、武侯祠、八阵图时的凄苍身影，也糅合了杜诗《哀江头》、《子规》、《秋兴八首》诸篇之苍凉意绪："少陵野老吞声哭，春日潜行曲江曲"、"瞿塘峡口曲江头，万里风烟接素秋"、"百年世事不胜悲"、"一卧沧江惊岁晚"等等。

梅溪当年行吟江畔，留下了满纸萧瑟。全诗沉郁顿挫，有纵横飞动之妙。典故之用使这首诗思深意曲，余情悠悠。

又如借物咏史的七古《诗史堂荔枝歌》^{诗卷23}，通过吟咏诗史堂前的荔枝树咏怀诗史堂的主人公杜甫，也是运用杜诗诸多典实为杜甫立像。试看诗中警策之句：

> 泸戎一经少陵擘，至今传诵轻红句。
> 少陵伤时泪成血，一点丹心不磨灭。
> 散成朱实满炎方，风味如诗两奇绝。

所引诗句把杜甫伤时忧民的"丹心"与荔枝的"朱实"巧妙地联系起来。杜甫流落夔州时多有"泪血"句，正是王诗"少陵伤时泪成血"之所本。如《客从》诗用珍珠化血的寓言："开视化为血，哀今征敛无。"《白帝城最高楼》诗写感叹时局而血泪洒向天空："杖藜叹世者谁子？泣血迸空回白头。"所引"少陵擘"、"轻红句"一联，凝合杜诗诸多意蕴。一指杜诗《解闷》有云："忆过泸戎摘荔枝，青枫隐映石逶迤。京华应见无颜色，红颗酸甜只自知。"——以唐玄宗时戎州、泸州"贡荔"为内容，刻画出统治阶级品尝荔枝时酸甜自知的心态，揭露玄宗为一己私利，不顾百姓苦难，而得到报应的悲惨结局；一指杜诗《宴戎州杨使君东楼》咏荔枝名句："重碧拈春酒，轻红擘荔枝。"——以"轻红"借指色淡红的荔枝，"轻红"已成为后世公认的荔枝的代称。全诗借物咏史，连用杜诗及杜诗所咏的一系列事典语典，故显得沉着警策，风格高健，雄浑中透露出悲壮深沉来，甚得杜诗神韵，堪称荔枝绝唱。

梅溪一诗多用典故，善于妙化典故于无痕。研究这类表述方式，读者可体会十朋汲取杜诗艺术精华的深切情感，还可窥见十朋善于思辨的生活情趣及其善于抒怀的某些习惯性特点。

3、多首诗重复使用同一杜诗典故

王梅溪多首诗重复使用杜诗典故的现象不在少数。如《赵仲永和东坡汝阴雪诗，并举赵德麟赈济故事见示遂次其韵》^{诗卷14}之"恨无广厦容寒士，安得洪炉暖曲身"，《题节推纳凉轩》^{诗卷26}之"快哉谁与共，广厦集群仙"，《贡院纳凉分韵得湖字》^{诗卷26}之"相期游广厦，慷慨论唐虞"，《次韵知宗贺雨》^{诗卷26}之"但愿农多大田稼，不愁风卷少陵茅"，等等，均采用杜甫名作《茅屋为秋风所破歌》"安得广厦千万间，大庇天下寒士俱欢颜"的诗意，大略借杜诗"吾庐独破受冻死亦足"的推己及人品格以抒发自己的忧国忧民之情。见得杜老的胸怀襟抱及其诗风高格对十朋影响之巨大。

又如《寄万大年》^{诗卷4}之"殷勤尊酒论文约，却恨还乡与愿违"，《送朱丞》^{诗卷12}之"千里从今遥共月，一樽何日更论文"，《送曹梦良赴桐庐户掾》^{诗卷15}其二之"鸡黍相寻岂偶然，论文尊酒荷留连"，《二月朔日同嘉叟、蕴之访景卢别墅，用郡圃栽花韵即席唱和》^{诗卷17}其二之"即席赋诗袍夺锦，论文对酒脸生霞"，《次韵何宪修途倦游怀鄱阳唱和之乐》^{诗卷18}之"论文尊酒何时共，公说归期我去期"，《和喻叔奇宿大木寺》^{诗卷21}之"论文一尊酒，何日故人同"，《用读楚东集韵寄元章》^{诗卷21}之"君舟西上吾东矣，尊酒论文更几时"，《又用行可韵》^{诗卷21}之"酬唱又成夔府集，论文欣对少陵尊"，《再酬元章》^{诗卷21}之"一尊方喜细论文，春草题诗又送君"，《寄赵果州》^{诗卷22}之"预扫江头礼宾馆，论文樽酒菊花天"，《黄池对月》^{诗卷24}之"论文一尊酒，欣对旧同官"，《陈贺州速客送酒》^{诗卷26}之"贺州呼客细论文，我欲相过与共论"，等等，其文人诗酒意趣与深情厚谊均从杜诗《春日忆李白》之"何时一樽酒，重与细论文"点化而出。可谓千变万化，意态纷纭。

典故作为一种特殊的语汇，历经一众文人的咀嚼酝酿，沉聚着故久的人文积淀，蕴含着特定的历史文化意象，对表现诗歌的思想内容有特殊的意义。杜诗中高频率使用的典故，特别是杜甫独创意象的典故，被王十朋反复隐括化用，借彼之意，写己之情，自然倍增诗歌的深度厚度，甚或屡屡生出新意。如"王粲仲宣楼赋文"的典故就曾有幸接受杜甫、王十朋辈的共同开发。杜甫曾多次借以抒发自己的情怀，使诗境开阔，意蕴深厚。如杜诗《将赴荆南寄别李剑州》之"戎马相逢更何日，春风回首仲宣楼"，《夜雨》之"天寒出巫峡，醉别仲宣楼"，《舍弟观归蓝田迎新妇送示两篇》之"此时同一醉，应在仲宣楼"，《长沙送李十一》之"远愧尚方曾赐履，竟非吾土倦登楼"，《春日江村》之"群盗哀王粲，中年召贾生"，等等。王十朋在自己的诗中也多次隐括化用王粲一典，有关联，有黏合，有改造，注入了新义，深化了诗作的思想蕴涵。如：

沈郎不为吟诗瘦，王粲长怀去国忧。
——《过婺女……会饮双溪楼》^{诗卷16}

去国悲凉老王粲，还乡牢落失陈登。
——《陈商霖挽词》^{诗卷16}

楼上清欢庾公兴，桥间壮志马卿题。
——《林明仲和诗复用前韵》^{诗卷16}

方喜同僚吴芮国，不堪回首仲宣楼。
——《送蔡倅》^{诗卷17}

雨登罗汉阁，醉上庾公楼。
——《至鄂渚泊报恩寺》^{诗卷19}

断肠一声离岸橹，不堪回首仲宣楼。
——《初九日离荆南用夔州舡》^{诗卷20}

杜诗寄慨于避难荆州、离乱失意的庾信，王诗寄慨于漂泊夔峡、孤苦饥寒的杜甫。诗心千古，同病相怜。四顾苍茫，百端交集。回望思念中，感时念乱，黯然神伤。由于典故之用，诗人自己无限的身世之悲、乡关之思、忧愤之情都蕴含于其中，境界更大了，感慨更深了，开拓出一个个新的诗境。

用典，无论是直陈故实，还是点化语典，只要选材精当，剪裁巧妙，运用得好，就能使典故与诗中的语境结合得天衣无缝、水乳交融，如同己出，而又生出新的意思和意味。如王十朋《江月亭》^{诗卷21}其二中的"不转石"，就以其剪裁之妙、运用之巧，使得所引原诗句未具的新意深涵其中。其《滟滪》^{诗卷22}诗曰："天将此石垂深戒，看取形如象马时。"登科九年后，与同年阎安中、梁介观雪于八阵台，"酌酒论文，煮惠山泉，瀹建溪茶，诵少陵'江流石不转'之句"，其诗《卧龙山有武侯新祠再用前韵》^{诗卷21}又曰："沙上不闻江转石，人间几见谷为陵。" 在梅溪诗笔之下，"江转石"——"石不转"——"不转石"，三峡绝壁奇崖，上入霄汉，下插大江，形锁瞿塘，气象萧森，势险天下，有象、有真、有情，已不只是某种自然物象的描绘，分明已翻转为感悟自然造化，体验人生荣辱，感叹历史兴亡的特定意象，传达出一种沉重而坚定的震撼威慑力量。高远而超旷，寄寓着诗人敏感的时空哲思。梅溪学杜，的确可谓精细入微。

再读读全用杜诗语典的《渊源堂十二诗》[诗卷6]，我们可以想见王梅溪对杜诗的熟悉程度。剡溪周德远家有堂、轩、馆、斋、室、池等12处，请讲席王十朋命名，其中有11处均"采名于杜诗"。正是因为梅溪熟悉杜诗，刻意学习杜诗，他在自己的诗歌中才大量化用杜诗。王十朋在典故使用上受杜甫的影响远在韩愈之上，而且越到后期见得影响越大。

总而言之，梅溪诗中老杜诗语触目皆是，有的还消释用事痕迹，达致犹如禅家语"如水中著盐，饮食乃知盐味"的境界。可以说，在梅溪诗风格的衍嬗过程中，老杜诗语的运用和生发起着推波助澜的作用。用启功先生《汉语现象论丛》中的话来说，这是给诗歌按上了"集成电路"——"如果词汇可比螺丝钉，典故便是集成电路"，(6)因为无论事典或语典，都是浓缩的蕴含一定思想内容的语言符号和历史人文意象。在王十朋咀嚼杜诗的过程中，杜诗神韵风采对他的吸引，老杜人格力量对他的感召，无疑是一种催化剂，它促成了梅溪诗"句句似杜"的终极走向。梅溪诗从语汇到精神是全面学杜的。王十朋学杜诗长于用典的方方面面，以多种形式、多个层面展示了王十朋的学杜心得。梅溪诗虽然未必无一例外地"句句似杜"，但正如郑定国先生所言，他"出场屋后，转学多家，诗风多貌，而于杜诗最有心得"，特别是"暮年小诗，颇有造境，非胸臆庸俗者可比"。

4、为"一饭未尝忘君"句例一辩

这里再举梅溪诗反复使用"一饭思君"、"一饭未尝忘君"、"一饭孤忠"、"一饭遗忠"的句例，并为之略作辨析。

"一饭未尝忘君"并非杜诗语典，也不属杜甫事典，而是梅溪仰慕的前辈苏轼对杜甫一生忠君爱国精神的概括语，密切关联着后世对杜甫的政治评判，成为尊杜的流行语，是广泛流传和用于诗文中的故实。苏轼此评虽有其合情的一面，但毕竟失之偏颇，河北大学韩成武教授认为是"宋代及元明清封建士大夫为了适应其时代的政治需要而对杜甫进行的曲解"。(7)王十朋许是爱屋及乌吧，却将其奉为圭臬，在自己的诗中一再隐栝引用，既以歌咏杜甫，又以表达自己的忠怀。如王十朋《初到夔州》[诗卷21]诗序云："某甲申七月至饶州，以表谢上云：'虽才非太公，不能五月报政；然忠犹杜甫，未尝一饭忘君。'"其诗作出语更是不少，例如：

平生忧国丹心在，一饭思君血泪横。

　　——《次韵题曹大夫怀忠阁》诗卷1

秋兴最难遣，诗怀如乱云。虽无少陵笔，一饭不忘君。

　　——《赋诗》诗卷16

少陵别业古东屯，一饭遗忠畎畝存。

我辈月叨官九斗，须知粒粒是君恩。

　　——《东屯》诗卷22

何如诗史堂前株，正是一饭孤忠馀。

　　——《诗史堂荔枝歌》诗卷23

忠不忘君句有神，当时无地可容身。

　　——《至东屯谒少陵祠·其二》诗卷24

老怀如子美，到处不忘君。

　　——《宿饭溪驿》诗卷26

这些诗句表述都离不开苏轼对老杜的考语"一饭未尝忘君"。考之十朋用心，不外两个方面。一是强调杜甫事君之礼，对君王忠顺恭谨，其诗符合温柔敦厚的诗教；二是强调杜甫忧国爱民，忠于君上而不忘讽谏。这样的认识，在南宋初期，是颇为流行的观念。随着国势衰弊，从温柔敦厚的诗教角度强调杜甫尊君敬上切合社会需求；而肯定杜甫对君王的讽谏和批评，也切合杜甫的政治立场、忠义思想和人格操守。

苏轼对"一饭未尝忘君"说曾有两次申述，一次出现在《王定国诗集叙》中："古今诗人众矣，而杜子美为首，岂非以其流落饥寒，终身不用，而一饭未尝忘君也欤？"另一次出现在《与王定国四十一首》其八："杜子美在穷困之中，一饮一食，未尝忘君，诗人以来，一人而已。"凭借苏轼的巨大人文影响力，此说似乎成了日后评价杜诗的分歧焦点。历代杜诗学者相与接声递响，在宋、元、明、清封建时代，杜甫因此而大获殊荣；建国之后，杜甫则由此而被斥为"愚忠"。笔者认为，"殊荣"也罢，"愚忠"也罢，均于杜甫有欠公正。杜甫既不能获此"殊荣"，也不该受此挞伐。萧涤非先生说："杜甫是我国历史上最同情人民的诗人之一。他的诗……充溢着热爱祖国、热爱人民的崇高思想。"(8)而郭沫若则认为："他是站在地主阶级的立场、统治阶级的立场，而为地主阶级、统治阶级服务的。"(9)陈贻焮先生则说："从古到今都说杜甫忠君爱国，说法虽一样，而着眼点和评价却有很大的不同。封建时代朕即国家，强调杜甫'一饭未尝忘君'便是对他的最高考语。今世重民主，扬之者以为忠君便是爱国，抑之者以为爱国终是忠君，互不相让。"（10）情况确是如此。杜甫一生写过大量忧国忧民的诗篇，仅以"一饭未尝忘君"概括其一生，显然偏颇过甚。

首先，杜甫念念不忘君王，形式上看是忠君，实际上是要"致君尧舜"，即为国献身"思捐躯"，使我的君主像尧舜一样。请看：

> 致君尧舜上，再使风俗淳。
> ——《奉赠韦左丞丈二十二韵》
> 致君唐虞际，淳朴忆大庭。
> ——《同元使君〈春陵行〉》
> 致君时已晚，怀古意空存
> ——《赠比部萧郎中十兄》
> 致君尧舜付公等，早据要路思捐躯。
> ——《暮秋枉裴道州手札，率尔遣兴，寄递近呈苏涣侍御》

杜甫本意是要帮助皇帝，臻于郅治。犯颜直谏，生死不顾。即使到了辞世之年，行将就木，仍不忘薪尽火传，激励青年才俊。所以，他批评皇帝的过失，也揭皇帝的疮疤。他对君主的指斥和否定，其激烈和尖锐的程度，远远超过屈原、李白，无人能够企及。如《自京赴奉先咏怀五百字》指斥"朱门酒肉臭，路有冻死骨"的残酷现实；《千秋节有感二首》所咏"圣主他年贵，边心此日劳"，《奉赠卢五丈参谋琚》之"天子多恩泽，苍生转寂寥"，一再表明处江湖之远，仍以君主、社稷、民生为念。

其次，杜甫在"一饭未尝忘君"的同时，还多次表达"一饭未尝忘民"，如：

> 减米散同舟，路难思共济。
> ——《解忧》
> 遗穗及众多，我仓戒滋蔓。
> ——《行官张望补稻畦水归》
> 筑场怜穴蚁，拾穗许村童。
> ——《暂往白帝复还东屯》
> 风雷飒万里，霈泽施蓬蒿……敢辞茅苇漏？已喜黍豆高！
> ——《大雨》

吁嗟乎苍生，稼穑不可救。安得诛云师，畴能补天漏？

　　　——《九日寄岑参》

　　此类诗句在杜集中俯拾皆是。为民请命，为民呐喊，杜甫的民本思想，亦非末代士林所能望其项背。从大背景说，是有宋一代大力提倡忠君、强调君臣纲纪的结果。夸大杜甫的忠君思想，正是宋代这种主流意识形态的具体表现。

　　杜甫影响梅溪最大者，就是他忧国忧民、关注现实人生的襟怀抱负，就是他民胞物与、己饥己溺的人道情怀。王十朋认定杜甫为自古诗人中第一人。他们二人的忠贞、忧国、伤时堪称历代书生之典型，越到后期，其诗之风格、节奏亦在不期然中趋同神似，有一如既往的儒家情志，不改积极用世进取精神。梅溪诗中固然有大量有关杜甫"一饭未尝忘君"的诗句，但他同样不少关心民瘼、为民请命的光彩诗章，申说"一饭未尝忘民"。如在乡里时有《为麦祈实》诗卷4云："时羞方庙献，麦实为民祈。"为官后更是恪尽职守，以民事为职责，以仁心施政，现择要抄举如下：

会见四方霖雨足，老龙还向此藏头。

　　　——《游大龙湫和前韵》诗卷11

虽然未救苍生旱，聊欲澄清世上尘。

　　　——《撒水岩》诗卷15

亟下霈然泽，救我心如焚。

　　　——《五月二十日闵雨》诗卷18

新诗首及民疾苦，更闵鄱阳境无雨。

　　　——《又次韵闵雨》诗卷18

哀哉农民亦良苦，厌见常旸与常雨。

　　　——《张安国舍人以南陵鄱阳雨旸不同示诗次韵》诗卷18

书为爱民成再奏，泪因忧国有双痕。

　　　——《行可再和用其韵以酬》诗卷21

接筒引水下山陬，端为夔民解百忧。

　　　——《给水》诗卷21

今日黄堂一杯酒，殷勤端为庶民斟。

　　　——《宴七邑宰》诗卷26

但愿农多大田稼，不愁风卷少陵茅。
　　　　　——《次韵知宗贺雨》^{诗卷26}

卖刀买犊慕龚遂，重谷务农思鲁僖。
　　　　　——《出郊劝农》^{诗卷28}

守臣失职政事荒，谁遣连年坐黄堂。
　　　　　——《郡斋夜坐闻水车声》^{诗卷29}

　　王梅溪为官五郡一路，忧国忧民，救灾恤民，抚字为先，为民请命，为百姓排忧解难。在湖州知州任上时，面对严重灾情，他主张用国家调控的方式，减免农民赋税，保证地方赈灾的需要，所作《父老》^{诗卷25}诗心绘了一幅社会理想蓝图："父子免流离，欢然事耕耘。年凶米不贵，夜静犬不闻。"呼应四百年前，漂泊荆楚的杜甫在《蚕谷行》中抒发的美好愿景："焉得铸甲作农器，一寸荒田牛得耕？牛尽耕，蚕亦成。不劳烈士泪滂沱，男谷女丝行复歌。"男耕女织，社会安宁，人民安康。王十朋民本为心并执着于理想，与杜甫一脉相承，并局部地、短时地眼见为实、感同身受了。

　　上引梅溪与杜甫的有关诗句，显示他们的政治社会关怀同样处在他们生命存在意义的核心，完全独立于个人的出处仕隐，独立于外在环境与个人职责。他们不管穷达，不管在位不在位，都要谋其政，都要兼善天下。以古圣贤自况自励，关怀君主、社稷、民生，是他们生命价值的重要来源。对国事的关怀根植于生命的深层，这种心绪在以家庭关怀为先的中国社会中，应是相当罕见的。

　　王梅溪只是对苏东坡太过痴情了，无条件地将苏氏的偏概奉为圭臬，虽然他诗笔之下的杜甫未必全是苏轼化了的杜甫。这是难以摆脱的历史羁绊吧，大凡封建文人概莫能外。十朋早年诗作《次韵题曹大夫怀忠阁》^{诗卷1}有曰："平生忧国丹心在，一饭思君血泪横。"足资证明士大夫们的"一饭思君"与"平生忧国"，他们的忠君与爱国本是一致的。

　　总体看来，梅溪效杜诗数十年，处处苦心经营，用典使事力求准确、自然，其目的是借以表达较为复杂、深厚的意义。杜甫老于用典，韩驹巧于"事自我使，不可反为事使"（《诗人玉屑·陵阳论用事》），王梅溪则"知前辈作诗一言一句皆有来历"（《寇莱公取苏州"野渡无人舟自横"之句……》^{诗卷23}），因而用典特为精心，读之浑然，体现了其后期诗歌艺术达至的高度。援引钱锺书评价韩驹诗所言，梅溪也讲究"字字有来历"，也注重怎样把典故成语点化运用，讲求诗意的"通体贯串"，语气的"承上启下"，"不很给人以堆砌的印象"。(11) 诗歌用事是文学史叙事的一个视点。杜甫从宋代开始被誉为千古用事的楷模。也应该承认，梅溪的诗歌创作学杜用典，为突破前代审美风格、改变唐末五代以来词藻浮靡的诗歌现状作出了自己的努力。

二、学杜诗营造意象："广文富才名，官冷饭不足"

营造意象有多种途径，开拓诗境有多种艺术手段，而事典、语典的精当运用是容易见效的一种。一般典故，无论是事典还是语典，都蕴含着丰富的历史文化信息，积淀着前人的感情、生命和生活体验，由物象凝固成意象。

王梅溪学识渊博，能对史事作精深思考，又能注意对景物作细致体察，故善于在意象的营造上把独特的审美体验与故实成辞融合在一起，使所用典故不影响情感的自然流动，进而挥发出诗意的深邃淳厚。

据笔者考查核证，在诗语运用、意象营造方面，诸如"搀"的"抢先"义、"遨头"的郡守义、"思家树"代称杉树义等特殊义项的运用，以及"盐梅"、"调鼎"、"梅花能治病"、"不转石"、"官冷饭不足"、"一饭不忘君"等语典或意象的营造以至稳定，都有梅溪诗领其先或固其基的文学痕迹。

1、"照眼银缸自结花"两用杜诗

王梅溪读杜成习，熟悉杜诗，自作诗用以营造意象的词语有意无意间多从杜诗化出。如《行可骨肉自西州来用门字韵赞喜》[诗卷21]有"果见灯花将喜事，宁愁江竹染啼痕"句，《阎普州赵果州舟中唱和以巨轴见寄酬以二首》[诗卷22]有"灯结寒花鹊有声，书传双鲤眼增明"句，均以"灯花"为同僚赞喜。而《夜雨述怀》[诗卷2]"照眼银缸自结花"一句两用杜诗：一为《酬郭十五判官》有云"药裹关心诗总废，花枝照眼句还成"；一为《独酌成诗》有云"灯花何太喜，酒绿正相亲"。俗谚称"灯芯结花，远客归家"，古人以为灯芯的余烬爆成花形是吉祥的喜兆。《夜雨述怀》中，"照眼"犹耀眼，形容物体明亮光度强；"自结花"说的是，蜡烛点燃后灯芯烧结而成穗，爆成花形。"照眼"、"灯花"二语典一经梅溪诗句组合，文字表达真切而又经济，心境显现内敛而又平稳，意象思致颇为沉重，平添唐诗韵味。

2、"盐梅"、"和羹调鼎"源自杜诗

杜诗中使用频率较高的几组意象，经由梅溪的反复吟唱也屡屡拓展出新的意蕴。试看运用"盐梅"、"和羹调鼎"典实的一组诗句：

好将正味调金鼎，莫似樱桃太不才。
　　——《林下十二子诗·梅子先》[诗卷7]

不知他日调金鼎，胜得樱桃气味不。
　　——《次韵赵观使鸳鸯梅》[诗卷13]

种梅志欲调商鼎，持斧梦刀聊尔耳。
　　——《题何子应金华书院图》[诗卷17]

揽辔威名崖雪凛，和羹消息岭梅香。
　　——《查漕元章生日》[诗卷21]

边庭未静尚赤甲，鼎鼐欲调须白盐。
　　——《至瞿唐关戏用山名成一绝》[诗卷22]

纵如傅说妙调鼎，终羡渊明高引壶。
　　——《子长和诗复酬二首》[诗卷24]

微酸好入盐梅鼎，莫作寻常谏果餐。
　　——《次韵傅教授景仁马绿荔支》[诗卷29]

万言书有盐梅味，千首诗开锦绣肠。
　　——《别傅教授景仁》[诗卷29]

调羹、盐梅，喻治理政事。古代贵族往往在鼎类炊具中烹调食物，以盐、梅调味，所以调羹又被称作调鼎。盐咸，梅酸，可用来为美羹调味。语出《书·说命下》："尔惟训于朕志，若作酒醴，尔惟曲糵；若作和羹，尔惟盐梅。"

王梅溪此八联诗句，用的都是盐梅和羹典，以喻助政辅国。不论用事或用辞，明用或暗用，都已凝固为士大夫人格规范及其政治诉求的专用意象。诗人以诗明志，期冀自栽于梅溪之畔的梅树能结出硕果，并以其"正味"调和"金鼎"美羹，凭自己的才力立朝治民，为国建功立业；同时警戒自己，勿学"太不才"的"樱桃"，终生无所作为。

调羹、盐梅之典本是杜诗中的既定意象。杜甫《昔游》诗曰："商

山议得失，蜀主脱嫌猜。吕尚封国邑，傅说已盐梅。”四句谓商山四皓、诸葛亮、吕尚和傅说是辅佐汉高祖、蜀先主、周武王和殷高宗的贤臣。其本意也是盐咸梅酸，为调羹所需，如贤才为国。杜甫《上韦丞相二十韵》诗又曰：“应图求骏马，惊代得麒麟。沙汰江河浊，调和鼎鼐新。”老杜以鼎鼐意象歌颂韦丞相辅政得法，气象一新。杜甫致君辅时的愿望属于儒家最正宗的血脉。

饱读经书、倾情杜诗的王十朋屡屡化用“和鼎调羹”的典故，借先哲智慧笔力，让梅之“正味”演绎出的这种儒家道德人格规范，高扬于漫漫仕途中。不论是迎宾送友、感时怀人、品诗论文、纪行酬唱、咏史述志、题画答赠，凡风咏言志，王十朋皆不厌其烦地言说“盐梅”，或以“调商鼎”言自己高洁心志，或以“调金鼎”、“和羹消息”祝同僚挚友仕途前程，或以“盐梅味”赞誉诗友的诗书有高雅佳趣，不仅用于政治，用于人格，还用于文学范畴。真可谓念念不忘、苦口婆心，追随杜甫忧国君、哀民生的儒者情怀，其中心关怀在于实践儒家“致君尧舜上，更使风俗淳”的社会理想。

3、“官冷饭不足”浓缩杜诗

五古长篇《家食遇歉，有饭不足之忧……》^{诗卷16}，稳固了杜诗对挚友郑虔身世的概括提炼，凝结成了“官冷饭不足”的语典，其营构的意象诗境为后世常用。剪裁之妙，千古为宗。梅溪诗有云：“广文富才名，官冷饭不足；少陵老风骚，橡栗拾山谷。”深得杜陵神理，援引杜诗《醉时歌》所云“诸公衮衮登台省，广文先生官独冷；甲第纷纷厌粱肉，广文先生饭不足”和“杜陵野客人更嗤，被褐短窄鬓如丝”诸语典，借以叙述自己为官清廉自律、宦囊如洗而固穷的志向。诗句用事兼及杜甫、郑虔，用辞浓缩，点化精巧。《新唐书》谓唐玄宗爱郑虔才，为置广文馆，以之为博士。杜甫称赞郑虔“荥阳冠众儒”、“文传天下口”，但怜其儒学教官生活清苦贫寒，在诗中对朋友身世作精炼概括，所云“广文先生官独冷”、“广文先生饭不足”，诗坛历来以为定论，多有引用。王十朋在自己的诗作中又将此浓缩为“官冷饭不足”五个字，容量递增，其意更精，以此泛指儒学教官与不得势官员的清苦闲散生涯。此后经多次运用，遂为蕴含特定意象而被后世诗人沿用。

这种浓缩的蕴含一定思想内容的语言符号和历史人文意象，于叙事抒情议论皆具有直言不能取代的暗喻作用。王十朋浓缩加工，用以抒发焦灼苦闷与愤懑感慨，表达了与古仁人共历的抱负远大而又沉沦不遇的时代命运，从而使这首自述困顿不幸的诗作平添了伤时又钦贤的意旨。全诗既自嘲又嘲世，似宽慰，实愤激，其郁结情绪的传送，激烈而不失蕴藉，悲慨而无伤雅正。叙事陈情的诗风颇有杜诗《醉时歌》的韵味。

4、"病不须药花能痊"翻新杜诗

梅溪诗《元宾赠红梅数枝》^{诗卷11}有"胆瓶分赠两三枝，醒我沉疴不须药"一联，寓目成趣，极言梅花的人格力量，使全诗意境横添波澜。意近苏轼佳句"安心是药更无方"（《病中游祖塔院》）。深究之，这是翻用杜诗《江村》之"多病所须唯药物"。梅溪顺手牵引杜诗语典，情调轻快，加浓了诗主人怜花惜花之情，有效提升了梅花的文化意蕴。梅溪诗《再用前韵》^{诗卷22}之"熏蒸风日作夏供，病不须药花能痊"，也属杜诗典故翻用。"药物治病"的语典，被几代诗人用以表达己意，几经包括王十朋在内的诗人的翻用，由"病唯药物"到"安心是药"到"梅花是药"，再到"凡花皆药"，屡屡翻出新意，开拓了诗境，深化了主题，又不乏情趣。

不能否认，与陆游一样，梅溪诗歌本身有不少重复之处，其诗句重复的缺点在使用杜甫典故上也颇有表现，那就是他会在不同的诗中反复使用杜诗中相同的典故。心思句法，复出重见，在不同的诗中反复使用相同的典故，会让人厌倦，但由于尚能适时调节，善于泯迹藏拙，我们还是能时时读出新意，受到感染。如梅溪诗一再运用盐梅调鼎典实，自励励人，强调的正是诗人自律律人的政治标准：他以自己万分珍视和执着的人格信念，劝勉宰辅重臣和一切士人奋发有为，在国势危难之际共同担当起历史责任和时代使命。王十朋以梅之"正味"演绎的人格范式，在忧患时代具有普适价值和典范意义，在他周边的朝臣儒士中显示出巨大的示范性和感染力，引领了士大夫群体对国势时局的自觉担当。

由此可知，精当运用杜诗典故，自能省却许多笔墨，表现丰富的主观感受和现实环境，还可以透过再现的历史场面、历史人物，显示暗喻作用，避免直言的浮露径直，揭示诗的历史意蕴，或由所引的事和词语营构意象，唤起读者言语之外的联想，拓展出新的意义。某些篇章还能提升意蕴，推出新境，收到增添趣味、深化主题的艺术效果。

梅溪诗用典有时流于繁复之病，有炫学争奇的偏向，但总体上说是学到了老杜用典的成功经验，无论是用故实还是用成辞，手法多样，灵活精当，融洽自然，成为梅溪诗自有的诗歌机体的组成部分。他用典故叙事、议论、刻画，目的不在于把诗句装潢得更典雅富丽些，而是力求准确、生动、自然，借以表达较为复杂、深厚的意义，使诗歌含义丰富，形象深刻。梅溪晚年诗作才情与腴学表里相资，其意象的营构之妙体现了他诗歌艺术达至的高度。

三、学杜诗以对入绝："云锁吕公洞，月明黄鹤楼"

对仗，是律诗最重要的艺术元素。近体五、七言律诗的二、三联必须对仗，以庄严精妙的阵列使诗歌散中见骈，凸显其错综的形式美与内容的丰缛感，增添艺术魅力。杜诗对仗的精严美历来脍炙人口，昔人称之为"古今独步"、"句中化境"是当之无愧的。叶梦得称杜甫七律的对仗登峰造极，有云："自老杜'锦江春色来天地，玉垒浮云变古今'与'五更鼓角声悲壮，三峡星河影动摇'等句之后，长恨无继者。"

严羽《沧浪诗话》则着重强调杜诗绝句讲究对仗，指出："子美每于绝句喜对偶。"其变体七绝大量使用对句，讲究起承转合与章法婉转自然。有学者统计，老杜绝句共138首，以对句入绝者共60余首，几占二分之一。有对起散结者（先偶后散），有散起对结者（先散后偶），也有对起对结者（四句皆对）。在诗艺演进史上，以对入绝有一个发展过程。(12)沈祖棻先生指出："杜甫是最杰出的律诗大师，精于对偶，所以能够将这种形式极其成功地运用到绝句中来。初唐诗风，沿袭齐梁，并不很严谨工整。诗人们所写绝句，也以通首散行的为多。到了杜甫，才有意与诸家立异，别开生面，继承初唐，以其所长，加以发展，为后人留下许多便宜对偶见长的绝句。"(13)

梅溪学杜，也爱用偶句入绝。据笔者初步统计，梅溪诗有绝句共804首，以对句入绝者有190余首，占比近四分之一。其中对起散结者计124首，散起对结者计44首，对起对结者计23首。句例恕不枚举。

1、偶句入绝，诗律精严

王梅溪是学杜的有心者，以对句入绝、诗律精严正是他着意学杜的成果。用偶句写绝句诗，一般说来，由于十分整齐，容易失之板滞，不如散句之流动婉转，跌宕多姿，能以风神取胜。但对技巧熟练、功力深厚的作者来说，还是能够运用自如，从偶句中体现散句的长处，不至于相形见绌。品鉴梅溪诗以对偶见长的绝句，我们还不难发现诗人习惯性爱好的某些长处和优势。如诗人自夔州东下时顺势写来的四首五绝（均见诗卷24）：

归从三峡水，重见百人矶。山色只如旧，挽舟人已非。

——《百人矶》

云锁吕公洞，月明黄鹤楼。抱关非故卒，谁见羽衣游。

——《黄鹤楼》

江上风波恶，江中洲渚多。回头三峡远，转盼七矶过。

——《七矶》

七月下三巴，孤舟近九华。魂犹惊滟滪，石更见那查。

——《那刹石》

这一组五绝起联皆对仗，《七矶》、《那刹石》二首更是四句皆对，汲取杜诗对偶的多种营造方式，见得诗人对诗律精严的习惯性追求及诗思的连续性特点。"云锁吕公洞，月明黄鹤楼"与"江上风波恶，江中洲渚多"，写景状物，属对精工，严谨中不失板滞，是精切典丽的精美对句。"归从三峡水，重见百人矶"与"七月下三巴，孤舟近九华"都是流水对，上下句写同一主体的连续行动；"回头三峡远，转盼七矶过"与"魂犹惊滟滪，石更见那查"，一联之中一句写情，一句写景；一句写所见，一句写所感，句意跳跃而文思潜贯，似是变格为不求精工的宽对法，但骈偶中都有一气直下的流走之势。如清人许印芳《瀛奎律髓汇评》所云，见得"少陵妙手，惯用流水对法，侧卸而下，更不板滞，此又布置之妙也"。这四首五言绝句一气而下，见得诗人沿江流东下时移步换景的空间变换及其审美联想的跳跃惬意。

2、四句皆对，妙为佳构

四句皆对者在绝句中的广泛应用，使梅溪的某些即景短章妙为佳构，赢得别开生面的艺术效果。老杜的即景小诗"两个黄鹂鸣翠柳，一行白鹭上青天。窗含西岭千秋雪，门泊东吴万里船。"（《绝句四首·其三》）四句皆对，一句一景，各臻其妙，摘出则是四帧美妙的条幅，融合便联成一幅完整的山水图画。此于老杜之前的绝句中极为少见。王梅溪有意仿效用于写景，往往妙得杜诗篇章结构的精髓，收简净有致之效。如五绝《宿饭溪驿》^{诗卷26}其二曰：

门拥千峯翠，溪无一点尘。松风清入耳，山月白随人。

此五绝纯为写景，状饭溪驿周边山林景色，极尽写物之工。四句诗描写入微，下力均匀，各臻其妙。分开来看，犹如四帧美妙的条幅，动静、声色、浓淡、远近、时空相映相衬；合起来看，则共同构成一幅完整的山水图画，融汇出一片高远开朗、风清月皎的意境。写景巧而不丽，情感浓而不烈，诗人闲适容与的心情及随遇而安的处世观都在不写之写中吐露，尽得体物抒情之真趣。这在以义理见长的梅溪诗作中并不多见。

诗人刻意求工，每句都用实词开头，又精心锤炼动词、形容词，"拥"、"清"、"白"诸字词性涵辨，分外传神，富有张力，尤其是"拥"字，下得很切。拥，环抱、围裹的意思。句意为门窗将群山翠色抱之于怀。用法同韩驹《和李上舍冬日书事》诗"朔风吹雪昼多阴，日暮拥阶黄叶深"句。十朋推崇的韩子苍喜用"拥"字，如"车骑拥西畴"、"船拥清溪尚一樽"等，出于唐诗人钱起"城隅拥归骑"句。"松风"二句描摹松林微风清凉，山间月色皎洁。由听觉、触觉写风，从动态、色彩写月，感官移位，意象融和，自然生动。陈增杰先生对此诗工巧别致的四句皆对称赏有加，赞曰："四句四景，两相偶对，为绝句诗别一体式，祖自杜陵《绝句》'两个黄鹂鸣翠柳'笔法。"

用语琢磨得如此熨帖，画面如此流动优美。全诗清词丽句而自然天成，并不见工巧的凿痕，读来只觉节奏轻快，音韵浏亮，赏心悦目。这，当是王十朋经年浸淫杜诗、诗风老成之表征。

3、杜诗笔意，简净有致

甚得杜甫绝句"两个黄鹂鸣翠柳"笔意的，还有如七绝《登燕子坡，前有一岩在江之旁，如天台赤城，名鸟飞岩》[诗卷20]曰：

坡名燕子燕思归，岩号鸟飞鸟倦飞。
云本无心聊出岫，风缘有口故吹衣。

这首写景绝句四句下力均匀，以天台赤城拟燕子坡江岩，使"燕子坡"、"鸟飞岩"、"行云"、"风口"等巫山地名各传神采，熨帖流畅，赏心悦目。一句一景，四句四象，且景中含情，"思归"对"倦飞"，"无心"对"有口"，一则为"聊"，一则为"故"，两相偶对，思绪翻腾，笔墨简净有致，严丝合缝，深得杜诗笔意。

由于杜甫诗令遗响，由于梅溪机杼别运，梅溪诗在广泛以对入绝的同时，往往妙得杜诗佳构。品鉴这几首小诗，体悟其深涵的意蕴与情趣，可见得梅溪对于某些小题材的把控能力。梅溪小品既有老杜忧国忧民的博大胸怀和关注现实的诗学精神，又有在结构、句法、声律、用典等形式方面学杜的苦心揣摩。

四、学杜诗炼句锤字：
"浮云不碍天边眼，放出神仙八九峰"

"为人性僻耽佳句，语不惊人死不休。"（《江上值水如海势聊短述》）说的就是杜甫锤炼字句的追求。老杜精于炼句锤字，是炼字大师，是最好的诗学典范。叶梦得《石林诗话》云："诗人以一字为工，世固知之，唯老杜变化开阖，出奇无穷，殆不可以行迹捕。"道出了老杜诗歌创作中的炼字艺术和功力，正是梅溪效法的榜样。郑定国指出："王十朋苦吟不逊韩愈、孟郊、贾岛，但气骨若韩，尤学老杜于炼字处变化莫测。"

梅溪对诗语用字特别敏感，孜孜以求"好言语"。他对杜诗的用字极为叹服，作诗也像老杜一样，重视炼句，又精于锤字，在关键的一字两字推敲锻炼上下足了功夫，务期在意象营造、情感表达乃至诗语韵味、力度方面达到新颖高妙的境界。主要有以下几个方面：

1、动词、形容词的选用与锻炼

动词、形容词的运用，关涉诗歌意象的营造。梅溪重视诗句中动词、形容词的选用与锻炼，以求物象形态的具体化、情感化，从而提升全句的达意功能。

梅溪诗中经刻意锤炼的"一句之眼"，可举出很多例子。如：

《宿庆善寺》^{诗卷3}之"山前十里雪，夜入梦魂香"，《林明仲自梅屿挐舟……题宋庄》^{诗卷14}之"地环碧玉轩窗莹，舟入红云笑语香"，两个"香"字都用了钱锺书首先提出的"通感"手法，通过看似无理的"感觉挪移"传达出独特的美好感受。

《李伯时赠英石》^{诗卷29}之"平生性有好山癖，袖得两峰归故乡"，"袖"字豪迈洒脱，酷似东坡《文登蓬莱阁下石壁千丈……》之"我持此石归，袖中有东海"，韵致不减，奇趣生姿。

《夜雨述怀》^{诗卷2}之"浇肠竹叶频生晕，照眼银缸自结花"，《月夜独酌》^{诗卷3}之"一杯竹叶那能醉，浇起乡心更黯然"，"浇"字用于竹叶酒尚属常情，但直接与"乡心"搭配，就显得新奇别有韵致了。

入仕后的《宿饭溪驿》^{诗卷26}之"门拥千峰翠，溪无一点尘"，诗句富有张力，尤其是"拥"字，分外传神，画出群峰簇集、翠色满目的情状，生动形象，琢磨得非常熨帖，使画面流动优美。

《宿石佛》^{诗卷6}之"宝相石间涌，钟声云外飘"，《出雁山》^{诗卷3}之"浮名夺我林泉趣"，《题刘阮祠用过仙人渡韵》^{诗卷4}之"烟雨深深锁旧溪"，句中"涌"、"飘"、"夺"、"锁"四字，都用得极为工切，平中见奇，力透纸背。

这些平平常常的动词、形容词，由于诗人锤炼并运用恰当，"平字见奇，常字见险，陈字见新，朴字见色"，[14]每每撑起一句的语义，既使全句或全篇显得坚挺有力，又增强了诗歌意境的画面性和动态感。炼的是哪一种词性的词，似乎并不重要，重要的是借炼字表现鲜明的主题，这才是炼字的真谛。明乎此，那些置于文本之中而融乎宏阔背景的平常字，就能进入我们的视野，从而以它们为琢句之一助，细加品味，领会其工炼隽永，进而鉴赏全篇。

2、双声叠韵字的运用

叠字，又称重字、双字，即双声叠韵字。在中国诗歌发展史上运用由来已久。最早见于《诗经》，如《文心雕龙·物色》所举："写气图貌……故灼灼状桃花之鲜，依依尽杨柳之貌，杲杲为日出之容，瀌瀌拟雨雪之状，要要学虫草之韵……并以少总多，情貌无遗矣。"杜甫诗中运用叠字的现象尤为突出，在同时代诗人中是比较少见的。胡应麟《诗薮》云："老杜好句中叠用字……而宋世黄、陈竞相祖袭。"如"江天漠漠鸟双去，风雪时时龙一吟"（《滟滪》），"留连戏蝶时时舞，自在娇莺恰恰啼"，"繁花容易纷纷落，嫩蕊商量细细开"（《江畔独步寻花七绝句》）。而被胡应麟誉为"古今七言律第一"的杜甫《登高》诗，其颔联"无边落木萧萧下，不尽长江滚滚来"，"萧萧"、"滚滚"为重言叠字的象声词，纵横交错，极具气势；其尾联"艰难苦恨繁霜鬓，潦倒新停浊酒杯"，"艰难"、"潦倒"都属叠韵，如此搭配益显声情之美，充分发挥汉语声韵的美听效用。据邹进先先生统计，杜诗使用叠字的诗句共627例，而同时的诗人都没有这样多，比如孟浩然诗有51例，王维101例，李白331例，高适62例，岑参79例，无论是绝对数量还是在诗中复现的频度，杜甫都高于其他诗人。老杜爱用叠字，且用得贴切传神。[15]

王梅溪也探寻杜诗叠字蕴含的艺术技巧，善于学习杜诗句中叠用字，善于将单音成义的字加以重复，尤擅长在同一音部位置上对用，既双声又叠韵，发挥其不同的音调特点，形成一种跌宕的语势。《王十朋全集》中随手可拈来百数例。有的全篇各句都用叠字，追求绝句的声情感、节奏感。如五律《贡院垂成，双莲呈瑞，因成鄙语勉士子》^{诗卷27}：

> 大夏垂垂就，嘉莲得得开。双双戴千物，雨雨应三台。
> 欢意重重合，香风比比来。人人宜自勉，举举有廷魁。

在宋人眼里，并蒂莲、双头莲不仅仅是供人观赏的花卉，更被视为祥瑞之兆，是能给人带来好运的神圣之物。双莲呈瑞正当贡院垂成之时，自是郡守颂扬风教、劝说科考的好时机。梅溪本诗通篇各句均用叠字，既双声又叠韵，有一定的声情效果。前六句写双莲开得适时，开得频繁，开得有意蕴，渲染了"贡院垂成"呈现的"欢意"祥瑞氛围。然后自然巧妙地以双莲呈瑞的景象勉励诸生及第夺魁，"人人宜自勉，举举有廷魁"，使郡守的劝学说教融入了诗情画意。

叠字的运用增强了诗句的表现力和声韵美。这是梅溪遣字造句的用心特点，当是誉称作赋高手的他技痒使然。本诗叠字虽多，却不乏变化，"得得"、"比比"、"举举"等都颇为新颖传神。有版本将"雨雨"作"两两"，倒是顺应了"三台六星，两两而居"的本意，但丢失了莲花带露的美感，且与出句的"双双"词意重复，则失为累赘，缺乏韵味。说明梅溪诗中叠字的运用，并非率性随意为之。

3、梅溪用字的某些个性与习惯

王梅溪本是作赋高手，他效法杜诗遣字造句的用心总也带上某些有个性特点的习惯爱好。例如，有些字、词被一用再用，成为"屡用字"。可从两方面来说。一是自己喜爱的词语会一用再用。如"放"字，就属于一字屡用。《九华山》^{诗卷24}："浮云不碍天边眼，放出神仙八九峰。""放"字将浮云拟人化，早于杨万里的"正入万山圈子里，一山放出一山拦"（《过松源晨炊漆公店》），相机取神，显豁自然。(16)而"群芳避路放梅开"（《次韵昝监务早梅》^{诗卷1}）、"今宵对婵娟，莫放酗歌绝"（《对月同方叔联句》^{诗卷2}）句中的两个"放"字，因为带上了诗主人的主观情感，其意义已远远超越了放纵、放任的本义，豪情挥洒，韵致深邃。"放"字用得精致有韵味的，还有下列句子：

不放离人独解舟，片帆相逐到丹丘。

      ——《张施二生自黄岩挐舟送别于台城赠以二绝》^{诗卷4}

不放凡花染道场，故栽芳友伴友郎。

      ——《忏院种兰次宝印叔韵》^{诗卷8}

不放众山随逝水，溪头高卧自威风。

      ——《卧虎山》^{诗卷15}

欲放乾坤万里春，要须先洗庚公尘。

      ——《社日喜雨复用前韵》^{诗卷16}

坐看巴蜀回生意，放我欢呼到酒尊。

      ——《闻马纲复行旧路圣主之恩诸公奏议之力也》^{诗卷21}

二公行矣居廊庙，放我江湖作逸民。

      ——《惠夫子绍二同年怀章过夔宗英赵若拙联舟西上》^{诗卷22}

阳台得得收云雨，放尽峰峦照眼明。

      ——《巫峡》^{诗卷24}

碍人眼界宜斤斧，放出山光接海光。

      ——《出郊劝农饭蔬于法石僧舍》^{诗卷28}

杜甫善用叠字对王梅溪的影响非常明显。杜诗中使用频率高的一些叠字多为王梅溪所接受。如杜诗爱用叠字"飞飞"：

蔼蔼花蕊乱，飞飞蜂蝶多。

      ——《绝句六首·其二》

信宿渔人还泛泛，清秋燕子故飞飞。

      ——《秋兴八首·其三》

梅溪用叠字"飞飞"的诗句如：

飞飞双鸟鸣，不数鹏两个。

      ——《予向年少不自量……》^{诗卷18}

帘外飞飞燕哺雏，道傍儿戏聚游鱼。

      ——《哭孟丙》^{诗卷5}

海冥天阔乡心切，更听飞飞鸿雁声。

      ——《与郑时铭登楼把酒书二绝》^{诗卷5}

鹏程九万从今日，行见飞飞到帝旁。

      ——《送万先之赴清湘教官》^{诗卷15}

登临称惬南来意，好逐飞飞倦鸟还。
　　　　——《十日同知宗提舶游九日山延福寺》^{诗卷27}
飞飞倦鸟惟思还，玉笋岂是粗官斑。
　　　　——《中秋对月用昌黎赠张功曹韵呈同官》^{诗卷22}

杜诗爱用善用叠字"纷纷"，如：

锦城丝管日纷纷，半入江风半入云。
　　　　——《赠花卿》
向来江上手纷纷，三日功成事出群。
　　　　——《李司马桥了承高使君自成都回》
繁枝容易纷纷落，嫩蕊商量细细开。
　　　　——《江畔独步寻花七绝句》
阑风伏雨秋纷纷，四海八荒同一云。
　　　　——《秋雨叹三首》

王诗在七绝中也爱用善用叠字"纷纷"，如：

红雨纷纷空自繁，碧云一朵胜桃源。
　　　　——《觅季仲权碧桃》^{诗卷7}
衣冠肉食谩纷纷，谁解杯羹感悟君。
　　　　——《颖考叔》^{诗卷10}
西园风物冠西州，飞盖纷纷烂熳游。
　　　　——《西园》^{诗卷13}
尚使此山真可煮，商功计利更纷纷。
　　　　——《白盐》^{诗卷22}
雷已先声闻隐隐，雨宜洒道即纷纷。
　　　　——《雷声》^{诗卷23}
荔支名字太纷纷，所见多应不逮闻。
　　　　——《荔支七绝·大将军》^{诗卷27}
纷纷蜂采百花归，蜜在枝头竟不知。
　　　　——《郡圃有荔支名白蜜者》^{诗卷27}
纷纷香火来求福，不悟前时是石头。
　　　　——《石佛》^{诗卷27}

普普通通的"纷纷"一词，被用来写尽意象万态。大凡枝叶的纷披、雪花的飘洒、大雨的淋漓、柳絮的飞舞、香火的弥蒙、色彩的缤纷、音响的纷杂等物态意象以及思绪的纷繁、议论的纷纭、世事的纷扰、名目的繁杂、言论的繁富、行为的连续、功利的繁复等人文意象，大千世界，散乱纷杂，连续不断，纷至沓来，令人应接不暇。在两代诗哲的笔下，词意被充分开发，形成音乐美，产生回环起伏、流转如珠的效果，汉语意蕴的深邃多彩由此可窥一斑。

值得一提的还有，在词牌词调并不规约的词句中，王梅溪也爱用叠字。这习惯性的用语爱好，表现出鲜明的以诗入词的艺术追求。他以《点绛唇》词调分咏丁香、茉莉、兰、竹、海棠、牡丹等"十八香"。以花喻人，托物言志，各具特色。18首《点绛唇》，首句用叠字的有14首之多：

庭院深深，异香一片来天上。——《异香牡丹》
近侍盈盈，向人自笑还无语。——《温香芍药》
芳友依依，结根遥向深林外。——《国香兰》
仙友苍苍，西风吹散天香好。——《天香桂》
雪径深深，北枝贪睡南枝醒。——《暗香梅》
霜蕊鲜鲜，野人开径新栽植。——《冷香菊》
羽盖垂垂，玉英乱簇春光满。——《韵香荼蘼》
毗舍遥遥，异香一炷驰名久。——《妙香檐卜》
春色融融，东风吹散花千树。——《雪香梨》
秀色娟娟，最宜雨沐风梳际。——《细香竹》
丝蕊垂垂，嫣然一笑新妆就。——《嘉香海棠》
畏日炎炎，梵香一炷熏亭院。——《艳香茉莉》
清夜沉沉，携来深院柔枝小。——《寒香水仙》
落木萧萧，琉璃叶下琼葩吐。——《素香丁香》

妙用叠字是老杜风骚遗韵之一羽，不仅有利传达物象的精神气韵，也有助于气氛的渲染和情感的抒发。叠字之用，在其有亲和力，又见柔顺妥帖，传送温情暖意，增强了诗句的表现力和声韵美。

五、学杜诗移情于物：
"神女有灵呼即应，廓然山色为吾青"

儒家讲"仁民而爱物"，提倡哲学上的众生平等、"民胞物与"的胸怀与精神。热爱生活，热爱大自然，对现实人生和自然风物抱有深厚的热情和赏爱，是杜甫人格心态的一个方面。老杜与自然保持一种友好亲和的平等关系，其诗作多把"物"看做自己的朋友，移情于物，以物为人，赋予物理、物情以人性化的理解和同情，营造出丰满意象。如《春望》："感时花溅泪，恨别鸟惊心。"《别房太尉墓》："唯见林花落，莺啼送客闻。"《发白马潭》："宿鸟行犹去，岸花笑不来。"《春水生二绝》："鸬鹚鸂鶒莫漫喜，吾与汝曹俱眼明。"《白盐山》："他皆任厚地，尔独近高天。"《栀子》："无情移得汝，贵在映江梅。"《见萤火》："沧江白发愁看汝，来岁如今归未归。"《岳麓山道林二寺行》："一重一掩吾肺腑，山鸟山花吾友于。"等等。老杜的这种"物与"情怀，主要采用两种方式：一是直呼所咏之"物"为"尔""汝"，使自己与所咏之物融为一体；二是以拟人手法营造出一个意象，使物己融为一体。这两种方法都移情生发，赋予生物以人的感觉、思想、情感、意志和活动。⒄杜甫《江亭》诗曰："坦腹江亭暖，长吟野望时。水流心不竞，云在意俱迟。寂寂春将晚，欣欣物自私。江东犹苦战，回首一颦眉。"自然与人不分主客，物我关系是一种自动关系。诗人对人与自然的关系有深刻的理解，与自然保持一种友好亲和的平等与诗性的关怀。

王梅溪学习杜甫移情于物的写法，写景咏物亦以物拟人，变无知为有知，化无情为有情，踵事增华，曲尽形容，为其诗增加了很大的艺术魅力。

有的直呼物为尔、汝。如《玄鸟至》^{诗卷8}："嘉尔能知义，勿忘旧主人。"以第二人称直呼玄鸟。读来亲切，是诗人真情的自然流露。议论置于结尾处，称赞玄鸟知义感恩的本性，突出玄鸟强烈的乡情和寻根意识。玄鸟的乡愁寄托着十朋对宋王朝内忧外患的国愁。

有的亲切地称物为"君"，如《修竹》^{诗卷2}："我得家传好此君，剩栽干挺拂青云。""此君"特指竹，典出《晋书·王徽之传》："（徽之）尝寄居空宅中，便令种竹。或问其故，徽之但啸咏指竹曰：'何可一日无此君邪！'"后因作竹的代称。此处语本苏轼《于潜僧绿筠轩》云："可使食无肉，不可居无竹。无肉令人瘦，无竹令人俗。……若对此君仍大嚼，世间那有扬州鹤。"

有的未出现汝、尔，但在深切或强烈的呼唤声中，我们分明感受到有与"吾"、"我"对应的"汝"、"尔"、"君"的存在，如：

> 桃李莫相妒，天姿元不同。
> ——《红梅》^{诗卷6}
>
> 天池一塔遥相送，深喜浮云为我收。
> ——《别庐山》^{诗卷19}
>
> 为向巫山神女道，莫将云雾恼行人！
> ——《初入巫山界》^{诗卷20}
>
> 神女有灵呼即应，廓然山色为吾青。
> ——《雾开复成一绝》^{诗卷20}
>
> 花先花后年俱熟，莫遣时人不爱红！
> ——《刺桐花》^{诗卷29}

诗人亲近山水自然，以灵感发为诗篇，舒展诗意的想象和联想，显示他作为学者的思辩力与诗人的想象力的结合，见得诗人引大自然为知己并与大自然身心交融之乐，读来颇为亲切。

梅溪诗学习杜甫以拟人手法营造意象，也能使物己融为一体。其咏梅诗词如：

> 群芳避路放梅开，奔走游人满砌苔。
> ——《次韵昝监务早梅》^{诗卷1}
>
> 竹外溪头手自栽，群芳推让子先开。
> ——《梅子先》^{诗卷7}
>
> 北枝贪睡南枝醒，杖履得得挽出来。
> ——《腊日与守约同舍赏梅西湖》^{诗卷8}
>
> 雪径深深，北枝贪睡南枝醒。
> ——《点绛唇·暗香梅》^{辑佚·词}

前两例，诗人没有把"群芳"推向梅花的对立面，而是称道其"推让"、"避路"的谦让精神，放梅花得以"先开"，表达诗人自尊、自强又自谦与奋发有为、敢于担当的情怀。第三、四两例说，向阳的梅枝苏醒过来了，正含苞吐蕊，而被冰雪覆盖的背阳枝上的花骨朵儿却贪婪地沉睡在酣梦之中。这一诗一词中的一"睡"一"醒"，用的是拟人手法，把花写得如人一样，显得生动有趣。说明孤山南北坡日照有差异，梅花开放有先后；也有同树枝条因光照不同而开花迟早不一的意思。

再看写景状物名篇《咏柳》^{诗卷3}的颔联、颈联：

> 向我无言眉自展，与人非故眼犹青。
> 萦牵别恨丝千尺，断送春光絮一庭。

诗人用拟人、夸张和引典故等艺术手法，移情于物，从细处着笔，依次描摹柳"眉"、柳"眼"、柳"丝"和柳"絮"，展示柳树从吐翠舒眉、含情展黛、青眼待人到柳丝萦牵、柳絮漫空的自然景观，曲尽春柳婀娜风情，含情脉脉，韵致动人。眉（柳叶）展眼（柳眼）青，用的是拟人手法，形容舒展的柳枝殷勤向人频送秋波。眼犹青，暗用"青眼看人"故典。《宋诗鉴赏辞典》称道本诗"萦牵"、"断送"两个词"非常传神"，写得摇曳多姿。这是宋诗的深致，与唐诗通常的纯粹审美趣味与兴象韵味不同。既是美境，又是思致，令人回味不尽。 (18)

又如咏竹七绝《竹子修》^{诗卷7}：

> 万木萧疏怯岁寒，子修相见喜平安。
> 世间宁有扬州鹤，休讶平生肉食难。

诗抒写平安回乡与修竹"相见喜平安"的欢悦心情，物我同怀，在亲善的深度上沟通了物与人。先以"萧疏""万木"作比较，赞绿竹凌霜傲寒的高洁品性；继而化用"竹报平安"典，拓展竹的传统寓意，又点化苏轼《于潜僧绿筠轩》"可使食无肉，不可居无竹……世间那有扬州鹤"，以"扬州鹤"的非分欲求作衬对，寄寓诗人固穷守节的人格修为和生活追求。以竹比德喻人，砥砺名节。用典贴切，征引恰当，有化俗为雅、以故为新之美。

杜诗中有一种写景状物又有深刻寓意的诗句，如"颠狂柳絮随风去，轻薄桃花逐水流"，"青松恨不高千尺，恶竹还须斩万根"，"江湖多白鸟，天地有青蝇"，等等。它们是一种景物描绘，同时更重要的是，在这种意象营造中寓托了一种堪破物理、世情的带有理思的情感，意象与寄托紧密结合，不仅使诗的意象传神，而且深化了诗的意蕴和内涵。王梅溪继承和效法杜诗这种写景状物既是意象又含寄托的写法，时有兴寄高远的醒言隽语而成佳构。写景的如《障岩》^{诗卷15}：

> 岩如法吏面清泠，石似端人真直方。
> 谁解移兹障边境，犬羊安敢肆猖狂。

　　诗人把障岩比拟为清峻威严的法吏和正直方刚的端人，设想如果将它移到边境上作为屏障，那么犬羊般的金兵就不能肆虐猖狂了。托物喻志，以"清泠"、"直方"形容障岩，不光是造语比较新奇，而且在审美意识上也反映了诗人的精神气质和追求。诗人念念不忘抗击侵略者，把真挚的爱国之情流注于山水吟唱之中。

　　亲近山、石、草、木、虫、鱼等物，并赋予其生灵神思迹象，这是杜诗的习惯。宋人很喜欢学这一点。梅溪的《石笋》^{诗卷22}也是一例：

> 白帝祠前石笋三，根连滟滪立相参。
> 不知此石能言否，往事应同老柏谈。

　　诗人将石笋人格化，想象白帝祠前的千古三石笋、百年二老柏，"根连滟滪"，见证过白帝城的历史风云，阅尽人世变迁，必会将所历"往事"倾情相诉交谈。诗人也参与这场历史对话，"谈往事"，"立相参"，却不免心忧"此石"言之未畅，诉之未尽，故使思古之问转向婉曲深沉，不再那样直白。诗人重视联想意象和心造意象的抒情作用，超越对物象的单纯写实，突出了意象的寓托与象征意义。

　　移情于物，以物为人，赋予事物以人性化的理解，会让全诗营造出丰满意象，寄寓诗人对现实人生的体味与思考。如通篇写物的《飞蚊》^{诗卷27}：

> 九月不肃霜，十月犹飞蚊。不知从何来，乘昏动成群。
> 嘴利巧能嘬，类多非可熏。青蝇与白鸟，自古常纷纷。

　　白鸟，蚊子的别名。杜甫《寄刘峡州伯华使君》诗有云："江湖多白鸟，天地有青蝇。"仇兆鳌注："白鸟比贪夫，青蝇比谗人。"诗所咏句句是飞蚊，而言外别有所刺。本诗抓住闽南地区初冬"十月"飞蚊猖獗，"乘昏动成群"、"嘴利巧能嘬"、"类多非可熏"的特点，描形绘心，可谓穷尽其丑陋之象。末联则袭用杜甫诗意，秉承《诗经·小雅·青蝇》篇对"营营青蝇"辈"谗人罔极，交乱四国"的远古之思，有意扩展时空，拉出"青蝇"为"白鸟"陪绑，揭露蚊蝇们"自古常纷纷"的历史事实——《汉书·成帝纪》载："建始元年……六月，有青蝇无万数，集未央宫殿中朝者坐……"——这可怕的情景或许就是十朋此咏的现实背景吧。

在某种意义上，王十朋的诗是一种学者之诗，但这学者的深厚素养在诗中绝不流于对学问知识的炫耀，而是化为以深厚的文化知识素养为基础的人生智慧与审美趣味。《飞蚊》一诗即是如此。诗以含蓄修辞暗讽聚谤谗佞、敛财贪吏的渊源之远，危害之深。发自闽南的生活体验，暗喻官场观察的现实结论，积蓄着十朋对邪恶势力的深恶痛绝，对官场群蚊乱舞情状的厌弃和决绝。

还有咏物小题《不求人》^{诗卷27}：

> 牙为指爪木为身，搔痒工夫似有神。
> 老病不能亲把握，不求人又却求人。

不求人，器物名。以骨、角、竹或木削为人爪状，有柄，用以搔痒。不求人与如意相类，古称爪杖。元陈栎有《和不求人赞》："噫！虽不求人兮，未免求木奴之指。孰若反掌以自搔兮，君子求诸己。"本诗首句状物，亲切入情。次句写其"搔痒工夫"。第三句按典范七绝的布局特点，恰居转折关头，由"老病不能亲把握"的特殊境遇导出对社会万象的哲学思考"不求人又却求人"——孔夫子所论"君子求诸己"的处事原则在这里有了某种变通。诗以议论出之，咏物喻理，接近口语，平易近人，透出睿智幽默，完全没有江西诗派掉书袋的沉重感了。清吴衡照《莲子居词话》曰："咏物虽小题，然极难作，贵有不粘不脱之妙。"信然。

吟咏少陵、梅溪这类移情于物的篇什，我们感悟了唐宋诗人对于自然万物的尊重、友好、亲近与关怀。他们诗里表现的这种物我关系的和谐，已经不是修辞学意义上的拟人拟物，而是哲学意义上的众生平等、民胞物与。唐宋诗人对自然万物的诗性关怀，让我们体味到古圣前贤友好亲和花草树木、虫鱼鸟兽与山川河流的"生态伦理"思想，领悟他们以儒、释、道为文化背景的念兹在兹的"民胞物与"情怀——如宋张载《西铭》所云"民吾同胞，物吾与也"，民为同胞，物为同类，兼爱人和一切物类。

六、学杜诗声律韵法：
"凌云健笔驱山丘，欲追李杜参曹刘"

王梅溪对于诗歌语言素有"凌云健笔驱山丘，欲追李杜参曹刘"（《答季仲宣》^{诗卷2}）的刻意追求。他长期效法杜诗声律用韵技艺，深得杜诗擅长平仄韵交错互换的奥秘，领得杜诗韵意之妙，美在精巧。

韩愈古诗多用一韵到底，而盛唐诗人及元白等人的七言歌行则以转韵为正格，七言转韵歌行到唐代才确立。萧涤非在《杜甫研究》中称赞这种诗体表现了"唐诗独有的面目"，"是唐人的拿手好戏"，有其独到的精巧之美。⑩

梅溪诗在用韵上尽见功夫。他的古体诗动辄有押数十韵，甚或百余韵者。与许多旷世名家一样，虽难免也有凑泊不稳或重韵之句，但总体看来，其古体长诗包括次韵诗，用韵险巧，依宋人古风习尚，大抵二句一韵，一韵到底，韵脚尽量避免重出。如五言排律《县学落成百韵》^{诗卷2}，二句一韵，其间重韵二字；七古《西征》^{诗卷5}，三十七韵，二句一韵，无重韵字；五古《和喻叔奇游天依四十韵》^{诗卷12}，二句一韵，重韵一字；七古《范文正公祠堂诗》^{诗卷13}三十五句，一韵到底，足显十朋为诗炼句的功力，但"人"字韵在诗中重复了四次之多，可能就属瑕疵了。五古《自鄂渚至夔府途中所见一百十韵》^{诗卷20}，二句一韵，无重韵字。个别重字现象于杜甫、苏轼这样的大诗家也并非全能避免。《范文正公祠堂诗》重复使用"真天人"三字，或不无强化用意。臻此精熟，可以说即使拟之诗坛大才如东坡、陆游辈，也毫不逊色了。

梅溪尤其着意仿效杜诗的"逗韵"技巧，以换韵呼应使音韵与文义相生，以求得繁复折转的诗情意蕴能淋漓尽致地表达。如上编第三章第五、六两节所引七古长诗《前诗送三乡丈行，虽各献芹，然非所以勉子大夫茂明大对之意，更为古诗一章》^{诗卷3}，吸收唐诗营养，融合杜诗韵意。其诗上幅铺陈时事，矛头直指极权魁首。下幅顺理成章地送出了"壮行语"，提升了三长老赴考的悲壮感。正气凛然，襟抱高洁。金石掷地，铿然有声。其凛然生气正得力于此长篇用韵技巧和诗律节奏与其所展示的内容紧密契合，相得益彰。

这首七古诗平仄韵错综递用，五次转换韵脚，由下平声"七阳"韵转为入声"一屋"韵，再转为上声"十九皓"韵，又由仄韵转为平韵。两平韵之间又有一转，即由上平声"六鱼、七虞"韵转为"一东"韵。平转为仄，仄转为平，间亦仄转为仄，平转为平，其音韵之所以顺适滑溜，不致感到别扭，恰如萧涤非《杜诗的韵律和体裁》所言，是由于凡转韵的首句都入韵，与新转入的韵预作前导式的准备，使新转入的韵像水到渠成一般能顺口而下。这即称为"逗韵"。如由平声"七阳"韵转入仄声"一屋"韵时，先在出句"前年胡公以言逐"下用逗韵，"逐"为"屋"韵字。从仄声"屋"韵要转入仄声"皓"韵时，先在出句"丈夫一第何足道"下用逗韵，"道"为"皓"韵字。下面的两韵转换也同理操作。

平仄韵意领奥妙。梅溪这种用逗韵作韵脚呼应的手法，确实能使长诗的节奏顺适而优美。萧涤非先生说，"这种换韵法，前人已有用的，但不如杜甫的严格。"[20] 平仄韵的错综递用，是杜甫古体诗节奏顿挫的重要原因，也是其顿挫风格的外在表现。看来，王十朋是将诗圣的这种韵脚呼应技巧发挥得淋漓尽致了。

再从全篇看，诗人对韵意转折的掌控也有独到之处。一般诗人多利用转韵来带动叙事的节奏，喜用"韵意双转"的手法，将韵律与叙事内容紧密结合，在转韵的同时也转换叙述的内容。韵意双转虽可使韵意配合得妥帖，但段落处却过于明显有裂痕。王十朋本诗韵意双转的地方很少，大都韵转而意不转，意转而韵不转，避免了由于"意韵双转"而使段落处过于明显的痕迹。韵虽屡易，意虽曲折，但全诗意脉贯通如一气呵成。且上幅因内容较为直达，故换韵少，节奏较为舒坦；后幅因诗意转折，故换韵多，节奏紧凑。结尾四句在庄重痛切之中，有意改变诗律节奏，且用悠扬平韵传送美好祝愿，教人一唱三叹。如此这般，平仄韵交错互换，回环往复，声调忽疾忽徐，忽翕忽张，旋律婉转动人。

梅溪学杜甫最有心得。明末王夫之称赏这种用心，其《姜斋诗话》概言道："古诗及歌行用韵，必须韵意不双转。"[21]

又如作于晚年的《司理叔文和过万桥诗复用前韵》诗卷29，就其用韵而论，也尽得杜诗之妙。诗四句为一韵，平仄韵错综递用。由下平声"六麻"韵转为去声"二十六宥"韵，再转为上平声"十灰"韵，又转为去声"九泰"韵。由于凡转韵的首句都入韵，为新转入的韵预作前导式的准备，这样，四句新韵如首、舅、厚，来、罍、哀，就像水到渠成一般顺口而下，一气贯穿。这种用逗韵作韵脚呼应的手法，使全诗的节奏顺适而优美。

留意于此，细加品味，或能进一步扩大并提升鉴赏王梅溪长篇古诗的兴味。梅溪学杜诗的用韵技法，确有独到之处。形式为内容服务。梅溪诗如此转换平仄，掌控节奏，顿挫有致，顺适滑溜，甚见作者效法杜诗惨淡经营之诚之奇。这种换韵法是杜甫古体诗顿挫风格的外在表现。

梅溪晚年诗作自如运用诗圣的这种韵脚呼应技巧，使其回顾人生时的繁复折转深情得以淋漓尽致地表达，也是梅溪晚年诗作"盐梅味"、"锦绣肠"，沉郁顿挫格调的外化表征。

王十朋是一位杰出的政治家，同时是一位才学富赡的学者和诗人。其诗歌创作的基本精神是奉杜甫为圭臬，走的是老杜紧密关注现实、关注国计民生的路子，而且讲求法度和锤炼。深究之，梅溪诗之所以能真情大喟，直抒性灵，生机勃勃，这一切都基于他的雄健胸襟。清著名诗论家叶燮曾以杜甫为范例解说胸襟之于诗作的因缘，云："我谓作诗者，亦必先有诗之基焉。诗之基，即其人之胸襟是也。有胸襟，然后能载其性情智慧聪明才辨以出。随遇发生，随生即盛，千古诗人推杜甫……触类而起，因遇得题，因题达情，因情敷句。皆因甫有其胸襟以为基。如星宿之海，万源从出。"(22)诗之万源皆从胸襟出，这番高明剀切的诗论见解与王十朋固有的诗学主张和诗艺践履同理同致，如出一辙，可谓有笙磬之合，为后学开示了重要的法门。

杜甫晚年浪迹天涯，光景无多，曾作《南征》诗自苦曰："老病南征日，君恩北望心。百年歌自苦，未见有知音。"这是诗人对自己一生思想及悲剧命运的总结。抱负远人，才华绝世，却未见有一个诗文上的知音，事业上的援手。但尽管如此，杜甫依然充满自信和自负，深信将来总会觅得知音。王梅溪即是他觅得的隔代知音！

不过，综合以上诸章节所论，王十朋的思想、心态、情感、气质与老杜毕竟有别，他也没有老杜身遭离乱、飘泊颠簸的生活经历，他的民本情怀和人道精神也比不上老杜那样深厚诚挚，所以即使同类题材的诗，王诗与杜诗的差别还是很明显的。王十朋是一个十分理性的人，其诗，特别是后期的诗，很注意节制情感，十分情，说三分话，是常有的事。杜甫当然也是注意理性的，但晚年远离官位，充沛的感情不那么强制压抑。王十朋的生命几乎与朝廷命官相终极，以在位的官宦角度观察现实，挹取题材，提炼主题，不以意气自许，而更注重职位身份，不复青年时的直率放达。但也可能正是因为如此，他的晚年诗风长葆弘毅坚贞的光辉，渐趋平淡却不乏抑郁之慨，迂回顿挫，仍多涵蓄深味。

注释

⑴胡应麟：《诗薮》，上海古籍出版社1979年版。关于情、景、用事这三者与诗歌意境的关系，参见陈庆辉的《中国诗学》（台北文史哲出版社1994年版）的有关论述。

⑵张戒：《岁寒堂诗话笺注》，陈应鸾校笺，巴蜀书社2000年版。

⑶李颀：《古今诗话》，见郭绍虞编《宋诗话辑佚》，中华书局1980年版。

⑷⑽陈贻焮：《夔艺雌黄》，《杜甫评传（上中下）》，北京大学出版社2010年版。

⑸黎靖德编：《朱子语类》，中华书局1986年版。

⑹启功：《汉语现象论丛》，中华书局1997年版。

⑺韩成武：《〈槐叶冷淘〉与"一饭未尝忘君"》，网络文章。

⑻⒆⒇萧涤非：《杜甫研究》（修订本），齐鲁书社1980年版。

⑼郭沫若：《李白与杜甫》，中国长安出版社2010年再版。

⑾钱锺书：《宋诗选注》，人民文学出版社2005年第三版。

⑿⒂⒄邹进先：《宋代杜诗学述论》，中国社会科学出版社2016年版。

⒀沈祖棻：《唐人七绝浅释》，上海古籍出版社1983年版。

⒁沈德潜：《说诗晬语笺注》，人民文学出版社2013年版。

⒃陶文鹏：《论王十朋的山水诗与宦游诗》，《西南民族大学学报》2013年第3期。

⒅缪钺等著：《宋诗鉴赏辞典》，上海辞书出版社1987年版。

⒇王夫之：《姜斋诗话》，收入《船山遗书》，湖南岳麓书社1982年版。

⒇叶燮：《原诗》，蒋寅笺注，上海古籍出版社2014年版。

尾声

此魂安处是梅溪

乾道六年（1170）闰五月，59岁的王十朋迫于自身病情和丧妻之痛，屡乞奉祠得允。卸任离别时，泉州百姓"老稚攀留涕泣，越境以送，思之如父母"。⑴他们仿效饶州百姓挽留王知州的做法，拆断他必经的桥梁。王十朋绕道离去，士民跟随出境，长亭更短亭，直送至仙游县枫亭驿……

王十朋早就"老病馀生厌宦游"（《出郊劝农》^{诗卷26}），而一旦告别最后治地的百姓父老和宦友同仁，那份"兼济"与"独善"两维权衡的迷蒙意绪，又泛上心头。《罢官述怀》^{诗卷29}自认"居官无善政"，未能施惠于泉人。他不再是一味念叨高高远远的圣上皇恩了，总觉得自己有愧于当地父老百姓。诗造语平淡，犹如三五老友的即席家常话。末联"泉人岂思我，我意自思泉"顶真叠音，文意环生，句势如波涛叠上，紧凑严密，自谦与无奈的情意尤为深重。

泉人果真思念王太守。他的善政功德，他的泉州诗篇，如今还在泉州百姓中传颂。被拆断的桥梁后来重修，命名为"梅溪桥"。泉州人还在东街建"梅溪祠"，四时祭祀。

此魂安处是梅溪。王十朋回归梅溪并最终谢幕……一曲激情澎湃的民本乐章，奏出了哀婉而隽永的尾声。

一、倦鸟魂牵梅溪："一枝聊慰北归心"

离别泉州，一路扶妻子贾氏灵柩归乡。

回顾坎壈仕途，旧路艰辛；瞻望归程之路，魂系何方？

王十朋回答道，"家在梅花小溪上"！他反复沉吟着未了的民本乐章，将生命的全部悲喜统统交付给了生他养他的雁荡山水，交付给了魂牵梦萦的左原梅花！梅溪小村是他企盼的心灵栖息所，那里或能隔绝一切扰攘劳顿。

作于归途上的《过头陀九岭宿天玉楼林二招提因成三绝》[诗卷29]，自道仕途倦鸟心的最终归宿，意蕴绵延。其二、其三曰：

> 千里归途险且长，眼中深喜见天王。
> 从今渐入平安境，旧路艰辛未敢忘。
>
> 我如倦鸟欲栖林，喜见禅僧栖处深。
> 家在梅花小溪上，一枝聊慰北归心。

一路劳顿，跋山涉水，乡心殷切。夜宿寺院，山谷清幽，千峰映月。禅意入诗之时，"北归"的"倦鸟"选择何处作为自己最后的栖宿呢？

诗之二说"旧路艰辛"，"归途险且长"，但毕竟能"渐入平安境"，"喜见天王"。十朋心中自有一番摆脱官事胶扰的投闲期待。

诗之三的首联，一个"喜"字下得贴切，是对过去14年仕途生涯的总结而产生的慰藉，释放出逃脱尘俗、向慕禅林的愿景。

但王梅溪毕竟儒根深种，佛儒界限分明，焉能于佛地托寄身心？

诗人响往的怡然老境，是实实在在的田园乡居生涯。"梅花小溪"，即乐清故里左原梅溪村。十朋年少时曾在溪畔广植梅花。"北归心"，既指从泉南北归左原，以梅花聊慰凤愿。

晚于出仕而急于勇退，身在宦途而心向田园，正王十朋仕途之写照。无力补天，思念林泉，向慕"禅僧"，史上多见忠直之臣难免此一宿命。

在终结14年仕途生涯的时候，王十朋最终并没有效法"禅僧"皈依佛门，隐于"栖处深"；也没有像他的小同乡翁卷那样，抛弃尘世，躲进空山而不知所终。他毅然决然选择故园梅溪作为仕途倦鸟的静谧栖息所，选择自己当年手植的梅溪之梅作为人格的终极归宿！

十朋的"倦鸟"之叹、思乡归田之计早早地萌生于饶州任上，甚或更早些，至夔州、湖州后则更转强烈。请看：

> 送君撩我思乡意，薄有田园归去休。
> ——《送蔡倅》^{诗卷17}

> 为郡何如在家好，长檠不如短檠明。
> ——《元夕次何宪韵》^{诗卷17}

> 我欲劝农农劝我，田园薄有早须归。
> ——《芝山劝农》^{诗卷18}

> 不能早作归田计，愧过渊明五柳湾。
> ——《五柳湾》^{诗卷19}

> 终日思归未有涯，梦魂无夜不还家。
> ——《刘韶美至巫山》^{诗卷21}

> 弱羽年来正倦飞，夔门邂逅故人归。
> ——《韶美归舟过夔》^{诗卷21}

> 万里东归如倦鸟，不知飞过只知还。
> ——《读喻叔奇游庐山诗》^{诗卷25}

曾经激昂天下的万言《廷试策》如今归于沉寂。犹如回到了14岁那年，"愁思渺无涯"，仿佛蹒跚于"三尺深深晓更加"的冰天雪地里。已为南宋交付了一生，却偏偏等不到雪消心暖的春日！悲凉感、衰颓感挥之不去。朝政因循旧策，"隆兴和议"既成，抗敌复国绝望了，王夫子道了一声"甚矣吾衰也"，数上祠章乞致仕。

王十朋政治失落，厌倦宦游，身心交瘁，取梅花为伴，不沾零星淤泥，自葆磊落贞操。生命匆匆，所谓"诗意的栖息"，大约无非如此。

梅溪诗中的"梅溪之梅"，是故土，是家园，是依傍，是精神，是开始，也是归宿！像一条浩瀚深邃的河流，裹挟了一切，涵盖了一切，决定了一切。

基于此，短章《过头陀九岭……》直可视为这位宦海"倦鸟"的咏梅绝唱。

二、袅袅乡关情意："满目峰峦观未尽"

回乡的次年，乾道七年辛卯（1171）春三月，孝宗立太子，想起王十朋的道德文章，除十朋太子詹事——太子佐臣，未来的帝师——十朋再三辞谢；孝宗又命温州知州上门礼请，召见选德殿，十朋抱病前往临安,最后一次对孝宗极论时事,作《除太子詹事上殿札子三首》[文卷4]。因足疾,诏给扶减拜,赐坐,又赐金带、袭衣,享受的是最高礼遇。十朋上呈《除太子詹事赐衣带谢表》[文卷17],有曰:"归依故里,首叨宫尹之除;趋对便朝,猥被章身之锡。……夫何衰病之躯,仰冒便蕃之宠。兹盖伏遇皇帝陛下,教子以义方之训,好贤如缁衣之诗,借以光华,欲其赞翼。惟少成若性,但知歔裰之恭,而非礼勿言,敢后书绅之戒!誓弹绵力,少荅殊施。"云云。

退归梅溪家园,整日与山相对,与溪为伴,寂寥之中与诗仙李白心有所通,"相看两不厌"。《题净名院二绝》[诗卷29]未必是王十朋的绝笔,但十朋晚辈以此压轴《梅溪集》,或有其深意蕴于其中。诗曰:

> 净名却见老维摩,道眼相看语不多。
> 我待衣冠挂神武,杖藜来此老岩阿。
>
> 谷中有月露蛾眉,水织珠帘更绝奇。
> 满目峰峦观未尽,有僧携纸觅题诗。

年迈归里的老状元,"衣冠挂神武","杖藜老岩阿",会见净名寺长老颜公,目享净名谷中蛾眉月的清辉,耳听三折瀑的珠帘清音,回味起自当年殿试夺魁延续至今的雁荡高僧索诗的荣耀,王十朋心中泛起了"满目峰峦观未尽"的未了意绪,也涵括了挥之不去的经年辛酸。

雁荡山走出了一位名扬天下的状元郎,状元郎一生与生他养他的雁荡山水有割舍不断的眷恋。"琵琶起舞换新声,总是关山旧别情。"(唐王昌龄句)无论走到哪里,王十朋始终眷恋根系所在的家乡,心头始终翻腾着对故乡一峰一峦、一瀑一溪、一草一木的不倦思念,而且随着时间的推移,他对家山的眷念情怀日渐浓烈。

中国文人呀,似乎一直绕不过寻求解脱又无法解脱的"地域情结"的宿命。他们的艺术生命,就像是一块块地上长出的庄稼,依地势生长,靠地力存活,不可须臾分离。请听诗人仕宦路上对故土一步一回头的讴吟:

> 肩舆终日在山间,忽见庐山忆雁山。
> 我亦无心入莲社,愿随征雁及秋还。
> ——《都昌道中望庐山思故乡》[诗卷19]

舟行湖北路千里，家在浙东天一涯。
宿处问名同住处，梅花不见见芦花。
　　　　——《宿王家村》其一[诗卷20]

王家又向此名村，只欠青山似左原。
满眼黄茅仍白苇，荒芜疑是我田园。
　　　　——《宿王家村》其三[诗卷20]

江口维舟问地名，黯然撩我故乡情。
平时尚怯黄坛岭，谁遣遥临白帝城。
　　　　——《宿黄坛》[诗卷20]

十二巫山锁白云，岩如雁荡列江滨。
谁名雁荡经行峡，定是经行峡里人。
　　　　——《过风口望巫峡岩嶂如雁山祥云峰经行峡烟霞障》[诗卷20]

数千里外共明月，十二峯头望故乡。
我对此山无梦寐，梦魂只在雁山傍。
　　　　——《寄巫山图与林致一喻叔奇》[诗卷23]

学道无成艺有成，青山犹以道为名。
匆匆不及登山看，归看家山白鹿城。
　　　　——《郭道山》[诗卷24]

甌屿饱曾见，饭溪名始闻。老怀如子美，到处不忘君。
　　　　——《宿饭溪驿》[诗卷26]

登山如入上下竺，宴坐疑临大小湫……
观诗起我家山兴，身在闽南梦在瓯。
　　　　——《次韵知宗游北山》[诗卷26]

手持荷叶杯，共对莲花斝。东湖异西湖，有诗不妨吟。
　　　　——《东湖小饮》[诗卷26]

二公亭插芰荷间，绿盖红妆四面环。
若把西湖比西子，东湖自合比东山。
　　　　——《东湖》[诗卷26]

　　刻骨铭心的故土之思、家国之恋何其深沉执着、悱恻感人！在万里宦游的行旅中，在缓缓回放的历史画卷里，王十朋魂牵梦绕的家山情缘何曾有过一日的消停？梦魂中的乡关情意，包括乐清之左原、梅溪、东山、黄坛（黄檀硐）、甌屿山与梅溪之梅，雁荡山之祥云峰、经行峡、烟霞障、大小龙湫以及山空秋雁，还有永嘉之白鹿城、郭道山、瓯江潮，杭州之上下天竺、西子湖、烟花柳……，一一潜入梦乡。他时时念想故乡，这平生奔波何尝不是为了故乡！故乡之于漂泊的游子来说，永远是一根剪不断的脐带，一根系住浮舟的缆绳。当年受命移知湖州，十朋就曾表白："水精岂吾居，龙湫老余生。满壁画清溪，坐觉名利轻。"（《《泛清溪》^{诗卷24}》）——在家乡雁荡山下度过余生，像清溪之水，自重节操，摒弃功名利禄。

袅袅故乡缘，雁峰观未尽。作为宋代著名的政治家、诗人，王十朋热情讴歌南宋半壁江山的旖旎风光，更将对故乡特别是雁荡山水的深厚情缘渗透在生命的每一次脉动中，滴落在仕途的每一个脚印里。这里不妨借用贾文斌先生的一段话："在南宋这样一个内忧外患的时代环境下，对于以王十朋为代表的爱国诗人作品中表现出的乡关情结，我们不能做片面狭隘的理解，作者诗中对故乡的眷恋已然同对于祖国大好河山的喜爱融为一体，这种凄婉哀愁背后的宏阔与悲壮成为王十朋山水诗若隐若现的基调。将这类作品的主题概括为'乡国之愁'，或许会引发人们对其深层的文化内涵展开进一步发掘和探讨。"(2)恰如杜甫当年在巴山蜀水间的孤城夔州写下的诗句："丛菊两开他日泪，孤舟一系故园心！"又犹如屈原"高驰云路"，即将进入辉煌的"天门"时，仍不能忘情故土，悲吟"陟升皇之赫戏兮，忽临睨夫故乡。仆夫悲余马怀兮，蜷局顾而不行。"眷系苍生乡关，虽九死其犹不悔，真个是中国文人士大夫万难不屈的家国情怀的生动写照！

三、沉湎故旧亲情："明月清风赵欧会"

王十朋与南宋皇帝的政治情缘，起始于青年时白鹿城街头对南逃宋高宗的那次围观遥望。岁月不居，人生几何。这一切都将成为过往了。

暮年回归故园，憧憬与梦想渐渐变得稀薄，回忆则转为沉重。抖落来路上沾惹的游丝尘屑，心绪渐渐归于安闲平淡，犹如衰年流落荆湘的杜甫，阅尽人世沧桑、历尽人生苦难的诗人回归到远祸全身的人生本真，以闲暇之情咀嚼起故旧情味来了。所作《司理叔文和过万桥诗复用前韵》^{诗卷29}一诗，事典连绵，神会点化，文心独运，浸润杜甫、韩驹诗艺颇深，表明梅溪晚年诗作崇杜学杜，才情与腴学表里相资，学养和诗才的融和已臻至成熟圆润。诗曰：

少年一夕九起嗟，家贫亲老无生涯。
河东先生独青眼，慨然许我修通家。
三十年间同转首，王谢依然作甥舅。
时人咸笑孺子贫，杜老惟蒙丈人厚。
罢官闽峤初归来，登堂又荷倾金罍。
诗诵白圭感前事，情钟我辈衔馀哀。
定向清朝力求退，呼宾剩设严冬鲙。
从公杖屦鹿岩前，明月清风赵欧会。

这首诗回忆的司理叔文，即贾如规，字元范，鹿岩村人，王十朋的表叔，岳父贾如讷之弟。因御封兴国军司理，故称贾司理。十朋少年求学时大都是在表叔贾元范家度过的，受贾司理启蒙熏陶甚深，诗文才华崭露头角。贾元范对他赞许备至，乐为月老，将其亡兄之女贾氏许配给他。岁月沧桑，星移物换，今致仕返里闲居，回顾旧事，缠绵悱恻，对三十多年间厚爱深谊的感怀之情自是溢于言表，岁月感慨流泻于怀旧篇章之中。

诗多用事典，但并不流于晦涩，原因在于用典切而不僻，自然熨贴，如同己出。组织到本诗里的典故，广涉阮籍、孟郊、杜甫、欧阳修、赵概、王谢世家及《论语》、《南史》等一连串诗文人物与典籍故实，有熟典，有生典；有用事，有用辞；或明用，或暗用；或分用，或联用，皆运化自如，故诗句意象饱满，内涵益形丰实，"三十年间同转首"的情谊得以诗化表述。

首句用唐孟郊《再下第》"一夕九起嗟"之句；"青眼"取阮籍以"青眼"看他尊敬之人的典故；"王谢依然作甥舅"用东晋时期王、谢两大家族世结姻亲的典故，暗喻王、贾两家世修通家之好；"杜老惟蒙丈人厚"，化用杜甫"甚愧丈人厚，甚知丈人真"（《奉赠韦左丞丈二十二韵》）之意；"诗诵白圭"用"南容三复白圭，孔子以其兄之子妻之"（《论语·先进》）的典故，王十朋《次韵表叔贾元范见寄二首》^{诗卷28}其二曰，"白圭三复成陈迹，感德伤怀涕泗零"；"情钟我辈衔余哀"出典于《世说新语》"情之所钟，正在我辈"。尾联对句"清风明月赵欧会"，一句双典：借前辈欧阳修与赵概的风流雅会，化用欧阳修《会老堂致语》"金马玉堂三学士，清风明月两闲人"诗意，喻叔侄交谊景况，情事契合，故事中套用故事，属用事典例；明月清风是清闲意境，典出《南史·谢惠传》："入伍宅者唯有

清风，对吾饮者唯有明月。"妙化成辞而浑然不觉用典，令人脱离成辞感受而进至领会人品的高尚清白，不无点化之功。⑶

诗中不再出现情感的激越与节奏的跌宕，可是联翩的典故却像是绽放的烟花、陨落的流星，时时点亮夜空的帷幕，引人跟随诗人追念那些时代主流之外的往事存活于心间的悸动，追寻一个个似乎无关乎梦想主体的片段划出的生命轨迹，绚烂之后终究消散，归于黯淡，犹如有涯之生之于无限之苍穹……心境如此岑寂淡然，典故征引如此贴切新颖，运用手法如此自然多变，尽显文心独运，使全诗诚挚深情，其沉郁顿挫之风貌表明了梅溪诗风诗格的最终归宿。

四、长伴少陵诗韵："招邀春色上诗篇"

牵引王十朋诗魂的终归是杜甫的灵与圣！

王十朋无意于陶渊明《停云》诗所向往的"良朋悠邈，搔首延伫"、"有酒有酒，闲饮东窗"的情蕴，也终究没有构筑陶渊明的斜川三径——"临长流，望曾城，鲂鲤跃鳞，于将夕，水鸥乘和以翻飞……"；他宗尚杜甫行事，追摹杜诗韵致，辟园林，结茅屋，植花木，招邀春色。

这本是他梦寐以求的诗心宿地！

早在夔州任上，他就萌发"我待还家筑茅屋，作诗招取少陵魂"的美意遐想。乡心殷切的他响往田园生涯，故一到家即迫不及待仿杜以诗觅"馀根"，于"小小园中"广植"奇品""十八香"。他心中一直在勾画杜老笔下流泻出的"黄四娘家花满蹊，千朵万朵压枝低"的春暖花开之景。《梅溪草堂新辟，缺少花木，效少陵故事觅之以诗》诗卷29即记其事：

> 小小园中十八香，主人游宦遂荒凉。
> 名园草木多奇品，分我馀根种草堂。
>
> 闲中那得买花钱，辜负桃红李白天。
> 拈出向来花疏目，招邀春色上诗篇。

杜甫在成都建草堂时曾多次写诗向友人索求树苗：《萧八明府实处觅桃栽》、《从韦二明府续处觅绵竹》、《凭韦少府觅松树子栽》、《诣徐卿觅果栽》等诗简，索要松、竹、桃等花果树苗，为草堂花圃的诗意栖居增色不少。

十朋与杜甫的风雅情趣声气相应，回到故里即新辟梅溪草堂，效少陵故事索求花木。诗叙事从容，笔调淡雅，初归故园摆脱官场樊笼后无比畅快的心情跃然纸上。"主人游宦遂荒凉"一句，抒"误落尘网"之慨，用意正在衬托"复得返自然"的愉悦心境。

追随诗圣杜甫，招邀满园春色，这就是王梅溪一辈子苦心寻找的通向精神家园的梦中之路吧！

为了这个梦想，他坚持了一生。如今，人生旅途的最后一站，他终于可以不再奔波，终于可以安居故乡山水，种红栽绿，春风词笔，精心构建这个梦想之园了。

他安然悠然地经营草堂花圃，倾注其全部热情种花、爱花，"招邀春色"，不因少钱而"辜负"春光。"桃红李白"，意象鲜明，情志璀璨，道出了诗主人一往情深的慈怀本性和矢志不改延续少陵风骚韵致的执着精神。

然而，悠游田园林泉的新生活刚刚开始，十朋病情趋重。孝宗诏以龙图阁学士致仕。命下，十朋薨矣，年六十，时在七月丙子。孝宗深为嗟悼。"公积阶至左朝奉郎，封乐清县开国男，至是赠左散大夫。"（《宋龙图阁学士王公墓志铭》^{附录2}）十二月戊午葬于左原白岩，夫人贾氏合祔。墓园内立"四贤碑"——即是《龙图阁学士王公墓志铭》，系汪应辰撰文，张栻书丹，朱熹题额篆盖——四位名垂青史的国士贤臣，珠联璧合，相得益彰，故后世以"四贤"名碑。

至此，"招邀春色上诗篇"的美好心愿，"满目峰峦观未尽"的未了愿景，连同离别夔州东屯杜甫旧吟处时"作诗招取少陵魂"的如梦构想，统统化为幻影，随风而去……甚至连那个近在咫尺的"风物画难如"的湖边庄，也没有来得及再去看一眼——在那首著名的《题湖边庄》诗里，他可是许诺过"他年待挂衣冠后，乘兴扁舟取次居"的。他累了，走不动了。于致仕之当下，于梅溪故里匆匆走完了六十年的人生路，永远地搁下了诗笔！

人，终将归去，像流星划过寂寥的夜空，像白云归于静默的苍穹，像枯叶归于泥土的湿润。也许回到初来的混沌，也许前往渺茫的未来，也许如尘埃随风飘忽不定……

历史，总教人这般遗憾。

值得庆幸者，是王梅溪为我们留下了如此厚重的融合血泪柔情的诗卷，凝聚着时代精英对那个动荡社会的全方位观察，对中兴复国时代主题的执着诉求，对江南故土文化生活的由衷眷恋和不绝思念。痛惜、喟叹、缅怀、倾诉、呼号，伴随着作家禀赋中特有的坚忍、抑郁和沉稳，使其作品阳刚浑厚，沉郁顿挫，恰好体现了那个风雨飘摇时代江湖诉求的深刻和难度，构成了南宋悲情王朝的全部丰富性。（4）

他是梦想的捍卫者，也注定是残酷现实的失败者。

他像是一颗划过夜空的流星，给那个苟且偷安与怯懦的时代添了一抹亮色，让后人为之感佩、激动，也让后人为之嗟叹唏嘘不已。

王梅溪将自己的人生定格于杜甫与梅花！

王梅溪的功业争奇于雁荡，安魂于梅溪！

王梅溪的诗心永远像雪地红梅幽香袅袅！

注释

⑴黎靖德编：《朱子语类》，中华书局1986年版。

⑵贾文斌：《王十朋诗歌研究》，鲁东大学学位论文，2008年。

⑶参见高益登《"清风明月赵欧会"浅释》，载王祝光主编《王十朋纪念论文集》，辽宁人民出版社2001年版。

⑷拙注本《王十朋选集·前言》，线装书局2016年版。

附录

别有奇致的委婉词章

梅溪一生词不多作，诗多词少，词不如诗。他和他的后嗣没有把他的词收入《梅溪集》，可能是拘谨于儒家诗教。宋代文坛的风气，对于诗和词，完全是两副不同的面孔。或以为词是小道，是末枝，是与风雅无关的。但身受时代风潮的裹挟，在南渡初宋词"从自娱娱人的功能转向力图有益于世道人心、道德教化"(1)的根本性变革中，王十朋毕竟也偶尔为之，填过了几首词。

唐圭璋主编之今本《全宋词》存王十朋词作21阕，均以"秀拔"诗笔描拟花卉，设色光华，遣句清丽，构象浑圆，且每每深含人事寄托，从而拓展了花卉词的审美意象，均可作咏物小品读，彰显了词作的人文光辉，不违"文以载道"的宗旨。其"俊爽"、"香艳"的词格，颇具婉约词风致，尽除"老吏断狱"之嫌，展示了十朋诗文大材之另一风貌。

梅溪的诗多有引人深思、催人奋发的阳刚浑厚之美，张扬着浓郁的家国天下情怀；他的花卉词则不乏低回柔婉、旖旎多姿的阴柔深曲之美，情思深致，全然一副文人婉约词风貌。虽远远不及前辈苏轼哲理词的风流倜傥，与诗社盟友张孝祥的豪迈词也迥然有别，但骨力毕竟较为刚直遒劲，人文光彩不减。

王十朋不仅诗有别才，词亦有奇致也！

二郎神

　　深深院。夜雨过，帘栊高卷。正满槛海棠开欲半，仍朵朵、红深红浅。遥认三千宫女面，匀点点、胭脂未遍。更微带、春醁宿醉，袅娜香肌娇艳。　　日暖。芳心暗吐，含羞轻颤。笑繁杏夭桃争浪漫，爱容易、出墙临岸。子美当年游蜀苑，又岂是、无心眷恋。都只为天然体态，难把诗工裁剪。

　　二郎神，词调名。唐教坊曲，仄韵格，104字。唐、五代以来，作者都以作为标题。初期的词有些是切合词调的意义的。"二郎神"者，或称为民兴利之贤圣李冰也。后来词调与词的内容逐渐失去关系。到了宋代，作者往往在词调下加注写词的时间、地点，或者简单地陈述题意；也有写一段小序来说明作词的原委的。王梅溪的这首词，只有词牌，没有"咏海棠"之类的题目。

　　海棠本是蜀中名花。其姿容绰约，高贵典雅，素有"花中神仙"的美誉，深受人们喜爱。千百年来，名流雅士竞相吟咏，或赏其艳丽，或怜其凋落，大多风流有余，品格不足。海棠花开之时，苏东坡为了能多欣赏一刻她的芳容，竟秉烛夜观，"只恐夜深花睡去，故烧高烛照红妆"——那是海棠之幸，也是诗人之幸；李清照一早起床，顾不得梳妆，第一件事便是惦记昨夜风雨中的海棠是否无恙，"试问卷帘人，却道海棠依旧"；陆游担心海棠的娇美不堪风吹日晒，便"绿章夜奏通明殿，乞借春阴护海棠"，连夜给玉帝上了份奏折，祈求多些阴天，好让海棠花常开不谢……王十朋《书院杂咏·海棠》诗有曰："欲与春争艳，嫣然一笑芳。雨中如有恨，疑似为无香。"手法尚属陈旧，近乎俗套，而这首《二郎神》所咏海棠，英姿动人，生机蓬勃，特别是篇末引入杜甫事，思致生色，翻出了新意，改变了泛泛咏物的格局，使全词有品格风流兼备之美。

　　词分上下两片。上片以美人设喻，凸显清晨雨霁后海棠花的繁茂艳丽。描摹细腻，格调清新。前三句点出赏花的时间、地点和背景。"夜雨过，高卷帘栊"，见得赏花人"深院"赏花的急切之情。"满槛""朵朵"，状花多且密的繁茂盛况。"红深红浅"，描摹入微，花开有迟早之分，故色泽有浓淡之别。"胭脂点点""微带宿醉"，以拟人化的手法描绘花的娇柔之态，"点点"所拟，只是胭脂的细微迹象或轻微痕迹，有如三千宫女，胭脂微红，醉意朦胧，其袅娜体态，"香肌娇艳"，活色生香。

　　下片承前而来，续写海棠之美，最后由花及人。换头"日暖"二字，点明时间推移，赏花情浓。"繁杏夭桃"的争奇斗艳突出了海棠花的蓬勃生机，海棠花借晴色而始展羞容、娇艳开放、累累满枝的特写镜头，犹如杜甫笔下"黄四娘家"满蹊之花，"千朵万朵压枝低"，"含羞轻颤"，婀娜多姿，尤为动人。

　　词以大量笔墨为海棠抹形画状，惟妙惟肖，不可谓不美，但手法已近熟滥，格调也失之柔靡纤弱。然而篇末随咏生发艺术联想，拓开一笔，由咏花而思及诗圣杜甫，则为其纤弱之姿注入了别样的遒劲骨力，令词境生辉，参差中意韵摇荡。

　　杜甫自乾元二年（759）入蜀，至大历三年（768）出峡东下，曾寓居西川八、九年，写川中风物、人情、轶事、花鸟等等，几乎遍咏蜀中所有花木，留下了许多脍炙人口的名篇佳句，却唯独不见咏海棠花的诗。故唐郑谷云："杜工部居西蜀，诗集中无海棠之题。"不是说杜甫没有写过海棠诗吗，王十朋为什么要在自己咏海棠词中引入杜甫事呢？词人力排众议，给出了自己的回答：并非杜甫"无心眷恋"海棠，而是"诗工难裁剪"！"无心眷恋"语本郑谷咏海棠诗"浣花溪上堪惆怅，子美无心为发扬"。似是为海棠花感到委屈，其实不过是一种赞美海棠花的笔法。"诗工难裁剪"，生花妙笔，以曲笔赞美海棠花的"天然体态"无法用语言描绘！

　　以诗圣笔拙来衬托海棠花之美，可谓别出心裁——犹如清诗人江湜沉醉于雁荡大龙湫的濛濛烟雨之中所吟咏的"欲写龙湫难着笔"，面对绝无依傍、因风作态的大龙湫，多少大诗人难以下笔。又犹如洪炎《四月二十三日晚同太冲表之公实野步》诗："有逢即画元非笔，所见皆诗本不言。"意思说，到处都是画境和诗意，天然现成，不需要而且也许不能够用笔墨和语言来描写形容。亦如唐庚《春日郊外》诗："疑此江头有佳句，为君寻取却茫茫。"眼前景物都是诗意，心里忽有触悟，但是提起笔来又觉茫然。再如苏轼《和陶〈田园杂兴〉》之"春江有佳句，我醉堕渺茫"，陈与义《对酒》之"新诗满眼不能裁"，又《春日》之"忽有好诗生眼底，安排句法已难寻"，等等。风光满眼，佳句难觅，诗人们面对美景的心境是相同的。十朋的诗意明白不过，面对海棠花袅娜纤柔的"天然体态"，纵有诗圣之笔也难以描摹其美！这不但切合并提升了海棠的形貌品位，而且融入了诗人自己对杜甫诗格、诗风的体认和推崇。

　　全词以时间为线索，由咏物思及哲人，章法井然有序，词笔细腻柔婉，运思新巧，情韵无限。比拟的修辞手法及典故运用，得心应手，想象奇特，不仅见其风情旖旎，更见其情满意溢，颇具婉约词风致。这首词以柔情、丽语为后世称道，内在骨力却也较为遒劲老健。或认为此词情思缠绵不类王十朋其人，这未免迂执。

至于杜甫"无心赋海棠"之说，由来已久，颇令人费解。杜甫在蜀中寓居八年余，留下的诗作丰富多彩，蜀中山川形胜、名胜古迹、历史传说、风土人情、奇花异草以至于天时变化，无一不有感而入诗。却唯独不见咏海棠花的诗。唐郑谷作绝句曰："浓淡芳春满蜀乡，未随风雨断莺肠。浣花溪上堪惆怅，子美无心为发扬。"宋王安石咏梅花诗曰："少陵为尔牵诗兴，可是无心赋海棠。"杨万里则说："岂是少陵无句子，少陵未见欲如何？"到底是什么原因造成杜诗中无海棠呢？从晚唐开始，历经宋元明清，直到今天，仍然是欲说还休，争论不止。概括之，大约有未见之说，有失传之说，有避母讳之说，有无心鉴赏之说，等等。王十朋在这首词里提出的说法似更为委婉，但在"为何杜甫无海棠诗"的不休争论中却未引人重视。

或许杜甫"诗集中无海棠之题"本是一个伪命题。陆游就认为杜甫有过海棠诗，但已失传。他在《剑南诗稿》卷三《海棠》诗中自注云："老杜不应无海棠诗，意其失传尔。"(2)王十朋笔下的海棠形象使人联想到杜甫上元元年（760）卜居成都草堂时所作《江畔独步寻花七绝句》，其六曰："黄四娘家花满蹊，千朵万朵压枝低。留连戏蝶时时舞，自在娇莺恰恰啼。"近年有学者试图论证此即为咏西府海棠的诗。(3)十朋早就意识到杜甫的这首绝句写的就是海棠花吗？试想能有人描摹得比杜甫"江畔独步寻花"的诗句更美好的吗？诗人们的这种宛然契合，是模仿还是巧合？我们宁愿说，此乃事物本身的客观形态，引起了不同诗人共同意象的抉择！

点绛唇·咏十八香·国香兰

芳友依依，结根遥向深林外。国香风递，始见殊萧艾。　　雅操幽姿，不怕无人采。堪纫佩，灵均千载，九畹遗香在。

点绛唇，词牌名。又名《南浦月》、《点樱桃》。41字，仄韵格，前片三仄韵，后片四仄韵。王十朋以"点绛唇"词调咏18种花香。"十八香"者，花木品种繁多、品位高尚之谓也。这一组词，共18首，寄托深远，当非一时之作。本词是其中的第三首，咏的是兰花。

词题称兰为"国香"，旗帜鲜明地表示作者对兰的高度赞誉。在古诗词中享有"国香"之誉的只有梅、兰两种。兰并不属于浓香型花卉，之所以称之为"国香"，首先是因为兰早已被先圣孔子看作是功卓化万民、德贞为君子的高贵之花，是高洁品格的象征。十朋词善于征引我国兰文化中璀璨的典故史实，侧重于强调兰花的精神风貌。

上片先写兰的身影和馨香："芳友依依"、"结根林外"、"国香风递"三句分别着笔于兰的花、根、香气；第四句以"萧艾"作对比，突出兰花的"国香"特色。孔子当年力聘诸侯而莫能任，返鲁途中，见兰花独茂，喟然叹曰："兰当为王者香草，今乃与众草为伍。"止车援琴鼓之，自创琴曲《猗兰操》，感叹苍天对他不公，自伤生不逢时，歌曰："习习谷风，以阴以雨……年纪逝迈，一身将老。"十朋词写兰花之"香"是由"风递"而来，采用的是古诗词中常用的风、香组合意象。陶渊明《幽兰》诗曰："清风脱然至，见别萧艾中。""脱然"是倘或的意思。静静开放的兰花，饱含着香气，等待着清风的到来；一旦有"脱然至"的清风将它的幽香散发开去，那就把兰花与它周边的一切野蒿臭草严格地鉴别开来了。作者笔下的兰花是心怀某种向往的，上片中"遥向深林外"的"结根"特点也蕴含某种秉持性灵而不甘于寂寞的心向。

下片则由描绘兰花的外形转而揭示其内在品格，借用屈原以兰自洁之意，将修身自好、爱国怜才的高尚之举寓于词中。"雅操幽姿"四字，概括凝练，形神俱现。"堪纫佩"三字化用《离骚》"纫秋兰以为佩"句意，形象地呈现兰花"不怕无人采"的情景和它固有的自信。古人多有纫兰为佩的习俗，表达对兰花的热爱和敬慕之情。

词的末句是点题之笔，缅怀中华千古爱兰第一人屈原的爱兰之举，旨在肯定兰花不同凡俗的高标逸韵。屈原当年佐主无路，救国无门，致使感慨万千，义愤填膺，写下了政治长诗《离骚》，歌颂美善和高洁，鄙视丑恶与龌龊，常用比兴手法，以香花美草比喻品格高洁的人，以杂草荒秽比喻品行低下的人。十朋此际缅怀"千载灵均"的"九畹遗香"，借本来意义寻常的数量词"九畹"寄托自己对兰花的钟爱，对屈原人格修为的敬慕。"九畹"，语出屈原《离骚》："余既滋兰之九畹兮，又树蕙之百亩。畦留夷与揭车兮，杂杜衡与芳芷。"滋：栽种。古代以田30亩（一说12亩）为一畹。后人常以"九畹"代指兰圃。蕙：俗名佩兰、蕙兰。古人以一干一花而香有余者为兰，一干数花而香不足者为蕙。后人常兰、蕙通用。

中国的兰文化博大精深，魅力无穷。宋代是中国兰艺史上的鼎盛时期。宋人咏兰诗词，大多胸次高迈，寄意深远。王十朋的这首咏兰短词，以兰花赞誉人的风采、品行，下语精炼而又浅白易懂，其包含的典实，或词或事，或明或隐，却无限增添了词作的思想内涵，塑造了有鲜明个性特色的兰花形象，寄托词人自省自修的精神品格，既有精神向往，也隐含不甘于现实的焦虑和愤懑，其思想源头盖来自先哲孔子、屈原以及诗人心向的陶潜辈。对此类深蕴之作，诚如吴小如教授所言，"倘不'沉浸醲郁，含英咀华'，便成囫囵吞枣，无法得其韵趣之高远"。

点绛唇·咏十八香·暗香梅

> 雪径深深，北枝贪睡南枝醒。暗香疏影，孤压群芳顶。　　玉艳冰姿，妆点园林景。凭栏咏，月明溪静，忆昔林和靖。

此词赏梅花暗香，抒高洁怀抱。"暗香"，犹幽香，柔和清淡的香气。梅冠以"暗香"，道出梅花的香味特点。唐羊士谔《郡中即事》诗之二："红衣落尽暗香残，叶上秋光白露寒。"宋姜夔《除夜自石湖归苕溪》诗曰："梅花竹里无人见，一夜吹香过石桥。"范祖禹的一个诗题："黄鲁直示千叶黄梅，余因忆蜀中冬月山行，江上闻香而不见花，此真梅也。"也是写梅花的暗香特性。

上片写雪中探梅。开篇的"雪径深深"，为"北枝贪睡南枝醒"设计了一个冰天雪地的背景，既言积雪之深厚，也说探梅之不易。"北枝贪睡南枝醒"，即朝南的梅枝已含苞吐蕊，而朝北的梅枝还在冰雪覆盖下沉睡不醒。说明山之南北坡日照有差异，梅花开放有先后；也有同树枝条因光照不同而开花迟早不一的意思。"向阳枝头先着花"说的也许就是这个道理吧。"暗香疏影"化用林和靖的咏梅绝唱"疏影横斜水清浅，暗香浮动月黄昏"，凸显了"先醒南枝"的形和神：香味浮动，枝干横斜，"孤压群芳"，卓尔不群。一个"压"字，突出梅花领众花之先开放的气势，有千钧笔力。

下片由咏梅花而忆高士，因忆高士而见词人高洁之志趣。换头两句以"玉艳冰姿"四字概括梅花的高洁品质，既综上片之意，又启"妆点园林"之功。继而配以"月明溪静"的雪夜场景，作为结句收束全词。词人赞赏"先醒南枝"进而引为知己的情怀，犹如浮动的梅魂香魄，缕缕沁人肺腑！

这首词中的"北枝贪睡南枝醒"一句，也曾用于诗人己作七言古诗《腊日与守约同舍赏梅西湖》^{诗卷8}中："西湖处士安在哉，湖山如旧梅花开……北枝贪睡南枝醒，杖履得得挱出来……"，虽然它们的写作时间未必相同，但尽显王十朋命意立心和自得之情。诗、词本为同源异流。王十朋将"北枝贪睡南枝醒"的意象分别用于一诗、一词之中，诗词互映，相济为用，韵律恰切，强化了梅花自信自强、早醒先行、阳德刚明的象征意义。

上溯唐之刘元载和北宋诗僧佛印了元，都曾有诗咏梅，或曰"南枝向阳北枝寒，一种春风有两般"，或曰"一树春风有两般，南枝向暖北枝寒"。但这些诗句毕竟只就寒暖向背、地理方位对于植被生长的影响，道出自然界物我各相的常识。而梅溪所咏蕴含的情致意蕴，只有爱梅痴梅、"杖履得得"盼花心切者才能悟得，从梅花世界里悟出一个"醒"字来，凸显了探梅人的主观情感和能动意识，为历来幽逸冷艳的梅花形象注入了清新明丽的积极元素：不倦怠，崇阳明，自信自强，早醒先行，如朱熹所言"纯乎阳德刚明之气"（《宋梅溪王忠文公文集序》^{附录1}）。

一个"醒"字，炼语炼意，语意两工，画龙点睛，令情怀顿出。大千世界，生机勃发，在瞬间点化出灵性。这意象的提升正是诗人直面现实，沉思历史，在人格理想屡遭挫难之后猛然悟得的。诗人跨越了从思想磨砺至灵感顿悟的艰难。这个妙煞的字眼，实乃得之不易！

众人装睡，一人独醒。王十朋处江南乡土之远却早醒于大宋江山沉迷之际，以仁人先知的思想境界引领革新时弊、抗敌救国的时代潮流！

考之王十朋的文学体悟过程，一个"醒"字颇见炼意之精，炼字之神。王十朋的咏梅作品情韵关联，自成体系，追求自然美、人格美、文学美的和谐统一。诗人以梅花为载体，完美诠释忧患时代孔孟人格的基本内涵；以梅花品格自律，终身践履，砥砺人格，为士大夫的人生规范了人格追求的高标范式。其多元归一的情感取向和"好将正味调金鼎"的人格追求，引领一代朝臣儒士对于国势时局的群体自觉。这里，又以其独创的"北枝贪睡南枝醒"的新鲜意象，助推了宋朝梅花审美意象逐步人文化、精神化、符号化的进程。

《暗香梅》一词思路清晰，层次分明；描写梅花，简洁而生动；表达意象，鲜明见含蓄。王十朋在梅花身上找到了展示仁人先知思想境界的比兴意象，反映了词人在自然观上的崇阳抑阴思想，也为他清醒、清白的一生点了睛，画了像，更为他被高宗亲擢为状元后的仕途生涯规范了人格追求的高标范式。

人格是人们安身立命的基本精神支柱和自我信仰基础。梅格即人格。王梅溪的人格追求，他的仁人先知、早醒先行，他的忧国爱民、雄略远志，他的道德气节、博爱精神，践行的是以孔孟为代表的传统儒家的人格规范。王梅溪毕其一生，以梅花意象为载体，将孔孟人格演绎得如此生动而体系整然，近乎完美！

朱熹有言："其处闺门，居乡党，则又亲亲敬故，隆信义，务敦朴，虽家人孺子亦蔼然有忠厚廉逊之风。"（《宋梅溪王忠文公文集序》^{附录1}）诚然，王梅溪读经研史，放眼朝野，或讽规朝政，或吟咏中兴，或宣扬重德教化，以学馆和诗社为基础平台，将个人诗文流播于社会基层，展示其乡间士绅具有的博大胸襟、政治热情与乡里亲情，已然潜移默化了周遭人群，对于提振民间爱国激情与社会道德风尚，也具有引领社会舆情的重要作用。

点绛唇·咏十八香·冷香菊

　　霜蕊鲜鲜，野人开径新栽植。冷香佳色，趁得重阳摘。　　预约比邻，有酒须相觅。东篱侧，为花辞职，古有陶彭泽。

梅溪乡居时常年有重阳登高赏菊的习惯，采菊酿酒以求祛病消灾。入仕后也时有同僚赏菊吟咏的雅集。本词即由此而发，咏菊抒情，寓意高远。

上片写菊花的色泽和应节而开的节令特点。"霜蕊鲜鲜"四字，点明所咏非一般菊花，而是词人情有独钟的白菊：洁白的花蕊如同霜雪般皎洁鲜丽，在秋风中绽放，以其"冷香佳色"迎来重阳佳节。"佳色"一词出于陶潜《饮酒》诗其七："秋菊有佳色，浥露掇其英。"一个"佳"字，道尽菊花的好处，而他花不足当此"佳"字。

下片由此生发，记事抒情：邀约乡邻，把酒赏菊，其乐无穷——这是十朋多年乡居和仕宦活动的生活写真，每逢重阳节，他多呼朋唤友，登山采菊；饮酒东篱，仰念渊明。其思邈远，其情真切，十朋厌恶官场虚伪争斗而向往自然，追求自由心境。"东篱侧"语出陶潜《饮酒》诗其五："采菊东篱下，悠然见南山。"此句赋予菊花独特的隐士之精神意蕴，为最经典的咏菊诗之一。"东篱"从此成了菊花和栽菊处、采菊处及一切爱菊人的代名词。"陶彭泽"即陶渊明，曾任彭泽令，仅八十余日就弃官归隐，躬耕田园，直至去世。

屈原《离骚》高咏"夕餐秋菊之落英",成了后世浩如烟海的咏菊诗词的滥觞。东晋大诗人陶渊明的《饮酒》等诗中对菊花的吟咏,更在后世产生极为深远的影响。王十朋的这首咏菊词即以"花中隐士"传递出陶渊明当年"结庐在人境"的隐逸乐趣。上片申明皎洁如霜雪的白菊花是乡野之人辟径栽植的,似已隐含词人的某种心向;下片先是强调"比邻""相觅"的"人境"融和之乐,内心淡泊而不避繁盛人烟;继而直白点题,表白向慕爱菊的诗人隐士陶彭泽。"为花辞职",显然不能简单解作是为了赏菊而辞官归隐,它的深层意思是,为了维护不受拘束的性灵和高洁不俗的人格,需要摆脱外在名利的羁绊。与古往今来众多士人骚客一样,十朋怀抱出世又入仕的矛盾复杂心态。处官场之远,享人境之乐,陶渊明不为五斗米折腰的隐逸淡泊的高志和固守穷节的品质成了十朋的理想选择。

据载,梅溪咏花十八种各有一诗一词,诗为五言绝句,词为点绛唇。这种诗词组合的内容往往互为映照。如同为咏菊,其诗曰:"佳节逢吹帽,黄金染菊丛。渊明何处饮,三径冷香中。"对照本词"冷香菊",其"佳节"与"重阳","渊明"与"东篱","饮"与"酒","三径"与"野人开径",均相映照,且诗与词均以"冷香"点题,均一一对应,从而二者组合,构成一个较完美的艺术整体。

点绛唇·咏十八香·奇香蜡梅

　　　　蜡换梅姿,天然香韵初非俗。蝶驰蜂逐,蜜在花梢熟。　　岩壑深藏,几载甘幽独。因坡谷,一标题目,高价掀兰菊。

《奇香蜡梅》一词向世人展示了蜡梅别具一格的奇香形象,透露了诗人不甘于"幽独"隐逸而积极入世的生存观念。

蜡梅系梅之另类,有奇香。《本草纲目》解说云:"此物本非梅类,因其与梅同时,香又相近,色似蜜蜡,故得此名。"王十朋对"本非梅类"的蜡梅情有独钟,吟诗不下十数首,每每以其阳刚秉性观照之,又出之以别致的艺术风貌。如作于夔州任上的七律《蜡梅》^{诗卷22}曰:"天工着意点酡酥,不与江梅斗雪肤。露滴蜂房酿崖蜜,日烘龙脑喷金炉。万松张盖黄尤好,三峡藏春绿不枯。题品倘非坡与谷,世人应作小虫呼。"诗综合运用意象组合、细节刻画等手法,描摹蜡梅的色泽、香味、枝影,营造出绝佳的意境。

本词开篇以"梅姿"认同蜡梅的"梅类"身份之后,即以白描写实突出蜡梅的"奇香"形象:"天然""非俗"、花梢蜜熟、招蜂引蝶,尽显"天半朱霞,使人矫首"的词采。下片先写蜡梅不平常的境遇,"岩壑深藏,几载甘幽独",甘于寂寞,无人赏识。继而感激东坡、山谷的诗词题咏,一改蜡梅"深藏""幽独"的处境,提高其地位,翻越至花中精品兰菊之上。

词以蜡梅"岩壑深藏"的现实处境与它令人向慕的"天然香韵"构成了强烈反差,引读者沉思词人潜流于山野花树间的仕途感慨,种种压抑与超脱,苦涩与自嘲,不平与无奈,隐忍与期待,尽显于所营构的色彩浓烈的意象画境之中。

虽然这题咏蜡梅的一诗一词写作时间未必相同,但都收结于"坡谷题品"上。《蜡梅》诗的尾联"题品倘非坡与谷,世人应作小虫呼",为别具一格的峡中蜡梅不被当地人赏识而大发感慨——多亏苏东坡、黄山谷的题咏,否则如此美好的蜡梅将永远只能被贱称作"狗蝇花"了;而《点绛唇》的歇拍"因坡谷,一标题目,高价掀兰菊",意为蜡梅的文学意象地位因苏东坡、黄山谷的题咏而得以提升,翻越至花中精品兰菊之上。掀,激荡,翻腾。苏轼咏蜡梅诗如《赠赵景贶蜡梅》:"天工点酥作梅花,此有蜡梅禅老家。蜜蜂采花作黄蜡,取蜡为花亦寄物。"黄庭坚咏蜡梅的诗还有《短韵奉乞腊梅》:"卧云庄上残花笑,香似早梅开不迟。浅色春衫弄风日,遣来当为作新诗。"《从张仲谋乞蜡梅》曰:"闻君寺后野梅发,香蜜染成宫样黄。不拟折来遮老眼,欲知春色到池塘。"这些诗词以"天工点酥"、"浅色春衫"、"春色池塘"配以"蜜蜂"、"风日"、"卧云",写尽了蜡梅的特有天香韵致。十朋词结句感激东坡、山谷——如果没有他们的题品,如此美好的蜡梅只能"岩壑深藏","幽独"一辈子了。诗词的收结之句,成了意境的点睛妙笔,令人遐想。诗歌由实物描摹转向情思抒发,婉切自然,字里行间不无宦海感慨,也深藏着生命的呼喊——诗人不甘于被忽视、被"幽独"、被排斥的政治处境,他拒绝林逋辈隐逸避世的生活态度,绝不逃避现实,醉情于风月!

梅溪的蜡梅词设色光华,感情丰沛,描摹细腻,"吐属俊爽",内敛的热切情感蕴含着巨大的诗性想象力。如此热烈而细腻的审美意蕴何尝不是一种热爱生命的体现?仕途之失和生活之艰不曾消磨诗人对完美人格的追求和对生命灵慧的感悟力,这正是宋时士大夫们道德为本、品格自尊、阳刚骨力的理想追求。

点绛唇·咏十八香·素香丁香

　　落木萧萧，琉璃叶下琼葩吐。素香柔树，雅称幽人趣。　　无意争先，梅蕊休相妒。含春雨，结愁千绪，似忆江南主。

　　这是入选高级中学语文课本的一阕词。词笔多用典故，意境幽邃，内涵深远。其"结愁千绪"的丁香形象一反作者笔下的群芳不作愁苦音的格调，发人深思其托蕴之严峻。

　　丁香，紫丁香属，别名百结、情客。有白花丁香、红花丁香、紫花丁香、荷花丁香、四季丁香等。落叶灌木或小乔木，圆球形树冠。圆锥花序，花冠筒状，芳香。丁香本是十朋的喜爱之物。其《义夫许赠丁香蜡梅》^{诗卷12}诗曰："刘郎不独种桃花，蜡蕊柔香更可嘉。"自注云："予植十八香，丁香曰柔香，取杜诗'丁香体柔弱'。"又，《林下十二子诗》^{诗卷7}序字丁香曰"子素"，其诗《丁子素》曰："雨底含愁雪里芳，琉璃叶映小何郎。世人竞重熏笼锦，子素何曾怯瑞香。"王梅溪喜爱丁香的"素香"、"柔香"，怜惜丁香的"雨底含愁"。

　　词上阕紧扣丁香的"素香"特性，先用描写秋景的"落木萧萧"烘托悲凉气氛，突出丁香"琉璃叶下琼葩吐"的美好形态；继而引杜甫"素香柔树"的诗意扣题，写丁香与高士相投的"幽人趣"，高雅而淡泊。

　　下阕由形入神，阐发丁香与世无争而又愁绪缠绵的内心世界：一方面"无意争先"，主观上不与玉蕊清香的梅花争春斗艳；另一方面则"结愁千绪"，因为毕竟有群芳"相妒"。全词的精彩之处全在其结句：作者大胆悬想，丁香之所以在春雨中愁绪万端，也许是在思忆那片离别的江南故土和满怀愁情的江南旧主吧。一位忧国忧民独立于世的词主人形象在词的"豹尾"处赫然凸显，他心怀明主，祈盼有机会施展自己的心志与才干。与其说是悼春——感怀风雨落木，还不如说是伤梦——感伤故国失土之梦！

　　南宋之词向来多曲折与吞吐。梅溪词作也不例外。本词多处用典，着意点化杜诗，内涵幽深。"落木萧萧"脱胎于杜甫七律《登高》之"无边落木萧萧下"，本是用来描写萧瑟秋景的，这里被移用来描写丁香含葩而未吐蕊时的环境和氛围，是对所咏主体的一种衬托；"素香柔树，雅称幽人趣"点化杜甫五古《丁香》之"丁香体柔弱，乱结枝犹垫"与"深栽小斋后，庶近幽人占"，以素淡的清香和柔弱的花枝，突出丁香花的特点；"无意争先，梅蕊休相妒"与陆游《卜算子·咏梅》"无意苦争春，一任群芳妒"有异曲同工之妙；而"含春雨，结愁千绪，似忆江南主"，凝结着愁与苦，所指当不仅是"丁香空结雨中愁"的作者南唐中主李璟或善写愁词的婉约词人南唐后主李煜，更指失落的那片故土。江南，是南宋偏安之地，也是帝王的梦里故乡。李煜说："梦里不知身是客，一晌贪欢。"梦中的南唐后主可以回江南，可以坐龙椅，可以拥娥皇入怀，但哪里有不醒的梦呢？无限江山早已在梦中幻灭。

词，属于情的天地。故有说宋词就是一朵情花。"丁香结"本是愁思的传统意象。在历代诗人心目中，"丁香"这一意象就是高洁美丽、柔弱愁怨的化身。少年即怀忧世拯民之志的王十朋，生逢乱世，渴慕贤君，一生图谋恢复大业，以"结愁千绪"的丁香抒发自己渴慕贤君之愁绪。

在王十朋笔下，"丁香"的素淡清香与春雨中的惆怅连在一起，雨中的丁香是人的愁心的象征。迷离的细雨衬托了丁香的愁苦，形成了一种迷离、朦胧、凄婉的意境。这具象化的意境不是逻辑语言能直白的。其彷徨无主、孤寂苦闷的复杂情绪，不仅关乎萧萧"落木"与绵绵"春雨"，那片远离的江南故土，那位丢失了大好江山的江南旧主，才是其郁结情怀之所在！这番词境意象有别于梅溪诗固有的阳刚奋发，所拟"江南主"的形象也不再是作者鄙弃的亡国之君。这首词非泛泛言愁之作，乃就南北江河变故借题发慨。通过对丁香独特的愁苦形象的细腻描写，反映了离失故土的人们在离愁别绪的重重困扰下，郁结于心头不招即来、挥之不去的深深痛苦和幽怨。

王十朋在词史上绝无名气值得言说，但这首《素香丁香》写得宛转别致，允为佳作，居然入选人民教育出版社出版的普通高中课程标准实验教科书语文必修课本。王十朋的词虽不如诗文成就之高，而在思致幽深、精微深婉方面实有共同之处，况且词体与诗文二者不同，本就要眇宜修，能言诗之所不能言、不欲言之情，更真实地反映诗人的情怀气质。此词所抒发的情感不是伤春，也不是伤别，乃是"伤梦""伤世"，盛衰之感，聚散之情，不言而在其中。王十朋一生的政治诉求，全在中兴之想，立朝三载，知郡四州，屡遭失落，其沧桑伤世之情融于一首伤春小词之中，实乃言浅情深，韵味无穷。不知高中语文教材编者入选本词的用意与对此作品的理解是否如此，迄今未见有人详解评骘。

梅溪的诗多有引人深思或催人奋发的阳刚美，他的词则不乏低回柔婉、旖旎多姿的阴柔美。十朋并不一味的严谨肃穆，他的审美与心态的变化相一致，有雅也有俗，这在描写山水风物的穷形尽相中、在状物传情的摇曳生姿中，都有非常鲜明的体现。《素香丁香》一词婉转中未失骨力，格调虽然低沉，却决不萎靡。

读以上诸词，或遗憾其思理结构与抒情方式未免太过单一，但诸篇艺术联想各随所咏，循物生发，匠心独具，其婉曲和谐的笔调，较之于江西诗派末流的生硬拗捩，在温州诗坛诗多词少的流风中，偶尔为之的梅溪词亦颇为值得珍惜。如，咏海棠追怀"子美当年游蜀苑，又岂是无心眷恋"；咏酴醾慨叹"谪仙去后，风月今谁有"；咏兰花感念"灵均千载，九畹遗香在"；咏梅花联想"凭栏咏，月明溪静，忆昔林和靖"；咏菊花怀思"东篱侧，为花辞职，古有陶彭泽"，等等，寄情深厚而内敛，理性清新而明澈。"丽语""柔情"中寄托遥深而挥翰自如，用韵险窄而不为所缚，信知才大者亦精工于诗余小技。

王水照先生指出，南渡初的宋词"在创作主体、文学典范、主题、体裁、抒情方式、作品风格和理论批评上发生了全面而根本的变化。……词不再是仅供人享受的工具，也不是仅仅供个人在花草丛中咀嚼、宣泄一己之小小的悲欢。"词人们将词"从自娱娱人的功能转向力图有益于世道人心、道德教化，从内心世界的低徊抒写转向对社会世间的一定关注"，⁽⁴⁾力求创作中美与善的统一。王十朋显然是受时代风潮裹挟而偶而为之的。

在南渡初宋词逐渐从上层文人的私生活解放出来走向较为宽广的现实生活的巨大变革中，王十朋的花卉词情思深致，依然保存着文人词面貌。虽未能与以苏轼为代表的士大夫哲理词同步同构，与同时期的张孝祥的豪迈词作也迥然有别，但骨力毕竟较为刚直遒劲，寄情深厚而内敛，其巨大的诗性想象力，彰显着人文光辉，足以显示十朋将词的创作与"诗言志"的儒家传统诗教接榫的努力，也初步展示了他将文学作品的淑世精神由诗进而浸染到词中去的成绩。

注释

⑴⑷王水照主编：《宋代文学通论·绪论》，河南大学出版社1997年版。
⑵陆游：《剑南诗稿校注》卷三《海棠》，钱仲联校注，上海古籍出版社2005年版。
⑶赵红娟：《杜甫没有写过海棠诗吗》，《光明日报》2003年5月28日《文学遗产》版。

主要 参考书目

《王十朋全集》，王十朋著，梅溪集重刊委员会编，上海古籍出版社1998年版。本传所引王十朋诗文均见此书。

《宋诗纪事》，厉鹗等撰，上海古籍出版社2008年版。

《宋诗纪事补遗》，陆心源撰，山西古籍出版社1997年排印本。

《全浙诗话》，陶元藻撰，中华书局2013年版。

《历代诗话》，何文焕辑，中华书局1981年版。

《历代诗话续编》，丁福保辑，中华书局1983年版。

《历代诗发》，范大士辑，海南出版社2000年版。

《宋十五家诗选》，陈訏辑，《续修四库全书》本集部总集类，上海古籍出版社2003年版。

《范仲淹全集》，范仲淹著，中华书局1984年影印。

《温州文献丛书·孙锵鸣集》，孙锵鸣著，上海社会科学院出版社2000年版。

《温州文献丛书·东瓯诗存》，曾维辑、张如元等校补，上海社会科学院出版社2006年版。

《带经堂诗话》，王士禛著，人民文学出版社1982年版。

《鹤林玉露》，罗大经著，中华书局1983年版，2012年第5次印刷。

《麓堂诗话》，李东阳著，中华书局1983年版。

《乐清文献丛书·道光乐清县志》，鲍作雨、张振夔总修，陈纬校注，线装书局2009年版。

《乐清文献丛书·雁荡山志》，蒋叔南重修，卢礼阳、詹王美校注，线装书局2009年版。

《老学庵笔记》，陆游著，中华书局1979年版。

《朱子语类》，黎靖德编，中华书局1986年版。

《宋百家诗存》，曹庭栋编，上海古籍出版社1993年版。

《叶适集》，叶适著，中华书局1967年版。

《于湖居士文集》，张孝祥著，上海古籍出版社1980年版。

《建炎以来系年要录》，李心传撰，中华书局1998年排印本。

《宋名臣言行录》，朱熹、李幼武辑，文海出版社1967年版。

《宋史》，脱脱等撰，中华书局1977年版。

《宋诗精华录》，陈衍编选评点，曹中孚校注，巴蜀书社1992年版。

《岁寒堂诗话笺注》，张戒著，陈应鸾校笺，巴蜀书社2000年版。

《姜斋诗话》，王夫之著，收入《船山遗书》，湖南岳麓书社1982年版。

《古今诗话》，李颀著，见郭绍虞编《宋诗话辑佚》，中华书局1980年版。

《瓯越文化丛书·王十朋评传》，徐顺平著，作家出版社1998年版。

《温州学人文选·徐顺平集》，徐顺平著，黄山书社2011年版。

《温州文史论丛》，钱志熙著，上海三联书店2013年版。

《温州学人文选·陈增杰集》，陈增杰著，黄山书社2011年版。

《唐宋诗美学与艺术论》，陶文鹏著，南开大学出版社2003年版。

《宋代杜诗学述论》，邹进先著，中国社会科学出版社2016年版。

《宋诗史释》，曾祥波著，中国社会科学出版社2016年版。

《中兴四大家诗学研究》，杨理论著，中华书局2012年版。

《中国诗歌通史·宋代卷》，韩经太主编，人民文学出版社2012年版。

《九谒先哲书》，夏中义著，上海文化出版社2000年版。

《王十朋及其诗》，郑定国著，（台湾）学生书局1994年版。

《宋代台谏制度研究》，虞云国著，上海书店出版社2009年版。

《细说宋朝》，虞云国著，上海人民出版社2002年版。

《水浒乱弹》，虞云国著，中华书局2008年版。

《说中国》，许倬云著，广西师范大学出版社2015年版。

《杜甫评传》，莫砺锋著，南京大学出版社1993年版。

《杜甫评传（上中下）》，陈贻焮著，北京大学出版社2010年版。

《金明馆丛稿二编》（二版），陈寅恪著，生活·读书·新知三联书店2009年版。

《宋诗研究》，胡云翼著，岳麓书社2011年版。

《宋诗选注》，钱锺书著，人民文学出版社2005年第三版。

《宋诗纪事补正》，钱锺书辑，辽宁人民出版社2003年版。

《唐诗三百首新注》，金性尧注，上海古籍出版社1980年版。

《唐诗比较论》，房日晰著，陕西人民教育出版社1992年版。

《宋代文史论丛》，孔凡礼著，学苑出版社2006年版。

《宋元诗社研究丛稿》，欧阳光著，广东高等教育出版社1996年版。

《宋代士绅结社研究》，周扬波著，中华书局2008年版。

《宋代诗社研究》，陈小辉著，江西人民出版社2014年版。

《迦陵论诗丛稿》（第二版），叶嘉莹著，北京大学出版社2014年版。

《南宋文人与党争》，沈松勤著，人民出版社2005年版。

《王十朋选集》，张润秀选注，线装书局2016年版。

《乐清上下一千六百年》，乐清市政协文史资料委员会编，中国文史出版社2011年版。

《箫台清音——乐清人文集羽》，许宗斌主编，线装书店2001年版。

《驿边人语》，许宗斌著，国际文化出版公司1997年版。

《雁荡山笔记》，许宗斌著，线装书局2009年版。

《昨夜星辰》，许宗斌著，大众文艺出版社2013年版。

《夏承焘集·天风阁学词日记》，夏承焘著，浙江古籍出版社1997年版。

《雁荡诗话》，《乐清文献丛书·吴鹭山集》，吴鹭山著，线装书局2013年版。

《宋代文学通论》，王水照主编，河南大学出版社1997年版。

《王水照自选集》，王水照著，上海教育出版社2000年版。

《南宋杭州的文化艺术》，陈一辉、林正秋主编，北京艺术与科学电子出版社2011年版。

《清代宋诗选本研究》，谢海林著，上海古籍出版社2011年版。

《谈艺录》（补定本），钱锺书著，中华书局1984年版。

《管锥编》，钱锺书著，中华书局1986年版。

《美的历程》，李泽厚著，文物出版社1981年版。

《中国文学批评史》，罗根泽著，上海书店出版社2003年版。

《宋诗鉴赏辞典》，缪钺等著，上海辞书出版社1987年版。

《宋代科举诗词研究》，周兴禄著，齐鲁书社2011年版。

《唐宋诗鉴赏全典》，乐云主编，崇文书局2011年版。

《宋诗叙事性研究》，周剑之著，中国社会科学出版社2013年版。

《南宋京城杭州》，周勋主编，政协杭州市委员会1985年2月出版。

《东海岸丛书·山海风》，王志成主编，中国民族摄影艺术出版社2004年版。

《梅溪精神探微》，王志成、张卓鹏著，中国文联出版社2015年版。

《浙江古代诗歌史》，徐志平著，杭州出版社2008年版。

《王十朋故事与传说》，林霞主编，线装书局2012年版。

《历代诗人咏王十朋》，南晓燕、施中旦主编，线装书局2013年版。

《宋代南渡诗歌研究》，顾友泽著，北京大学出版社2014年版。

《唐宋诗词考论》，王兆鹏著，中国社会科学出版社2013年版。

《论宋诗的荒寒意境》，陶文鹏撰，《清华大学学报》2010年第2期。

《论宋代山水诗的绘画意趣》，陶文鹏撰，《中国社会科学》1994年第2期。

《试论"四灵"诗风与宋代温州地域文化的关系》，钱志熙撰，《文学遗产》2007年第2期。

《王十朋的夔州心结与诗城情怀》，程地宇撰，《重庆三峡学院学报》2010年第4期。

《论王十朋的夔州诗》，余霞撰，《重庆工商大学学报》第25卷第4期。

《王十朋及其悼亡诗》，程晓晴撰，《新余高专学报》第12卷第6期。

《南宋杭州西湖梅花的文化阐释》，鲁茜撰，邵炳军主编《泮池集》，上海大学出版2012年版。

《御史一月　奏章十六》，张国谦撰，《温州日报》2012年5月31日。

《南宋乐清三诗社述论》，张润秀撰，浙江省文史研究馆《古今谈》2017年第3期。

《宋代知州及其职能》，苗书梅撰，《史学月刊》1998年第6期。

《佛教心境论与艺术本源思想》，张培峰撰，《兰州学刊》2015年第7期。

《狂者进取：宋代士人的淑世情怀》，张海鸥撰，《社会科学论坛》2001年第11期。

《王十朋诗歌研究》，李红梅撰，河北大学学位论文，2007年。

《王十朋诗歌研究》，贾文斌撰，鲁东大学学位论文，2008年。

《王十朋诗歌研究》，程晓晴撰，福建师范大学学位论文，2008年。

《王十朋诞辰九百周年全国学术研讨会论文集》，项宏志主编，线装书局2012年版。

    钱志熙：《论南宋名臣王十朋的学术思想与生平业绩》

    虞云国：《走向庙堂：王十朋诗文纪录之乡绅影像》

    陶文鹏：《论王十朋的山水诗与宦游诗》

    陈增杰：《南渡第一流　馀事作诗人——论王十朋的诗》

    杨国宜：《略论王十朋的民事思想》

    葛金芳：《从王十朋的治郡实践看其施政理念》

    俞兆鹏：《论王十朋的法权思想》

    郑　园：《论王十朋诗的韵致》

    邹志方：《事业浩无穷——王十朋与绍兴民事堂》

    汪填金：《王十朋和饶州楚东诗社》

    王　宇：《王十朋帅夔小考》

    赵贵林、赵桉：《王十朋在夔州》

张邦炜：《王十朋的巴蜀情缘》

朱如意、陈洁：《困境与应对：王十朋湖州施政研究》

赵素文：《壮志无由补危倾 刚肠悲忧诉忠孝》

张润秀：《忧患时代士大夫的人格范式及其审美价值探析》

赵顺招：《雁荡冠天下——王十朋咏雁荡山诗》

洪振宁：《王十朋：影响中国的温州文化导师》

高知贤：《伤时眼泪满襟血——王十朋伤时诗浅谈》

《王十朋纪念论文集》，王祝光主编，辽宁人民出版社2001年版。

南怀瑾：《抱负经纶之才，贞守纯臣之道》

王祝光：《论王十朋爱国爱民的政声及其文学历史地位》

陈志明：《先生之风 山高水长》

吴鹭山：《光明正大之磊落君子——〈王梅溪诗文及年谱〉前言》

马成泰：《王十朋诗歌在中国诗史上的地位》

孔凡礼：《王十朋与陆游弟兄》

孔凡礼：《王十朋的挚友冯方与查籥》

胡　牧：《评王十朋和陆游》

王　菁：《王十朋在楚东诗社的活动考》

陈　纬：《王忠文墓·四贤碑历程记考》

汤梓顺、程红：《王十朋与胡铨的交游》

《乐清历史学会会刊》，张志杰主编，创刊号至第5期，2014年—2018年刊。

许宗斌：《梅溪书院的前尘往事》

杨　坚：《王十朋知夔州前后有关人与事》

万显梯：《南宋时期的万桥文化现象》

许宗斌：《乐清本土精英文化的春季和夏季》

张润秀：《王十朋诗文创造与文学思想概论》

张润秀：《王十朋诗社考论》

张润秀：《"句句似杜"梅溪诗》

吴济川：《招仙馆与"金溪八曳"》

王建秋：《四贤碑残石述稿》

书末赘言

　　本诗传是拙注本《王十朋选集》（全二册，线装书局2016年版）的延续，是笔者参加"纪念王十朋诞辰900周年全国学术研讨会"的后续收获。

　　2012年金秋，乐清市委市政府联合中国社科院哲学研究所、北京大学古代文体研究中心、中国宋史研究会、浙江省社科院、杭州市南宋史研究中心和《光明日报》社等共同主办纪念王十朋诞辰九百周年全国学术研讨会，招邀全国多所大学和文史研究部门的70位知名专家、教授云集雁荡山论道，王十朋当年辖地夔州、饶州、湖州等地的文史学者也应邀与会，共同力推王十朋研究进入文本研读的新阶段。我带着一篇论文与会，接受会议安排，与何忠礼、虞云国、陶文鹏等九人向大会作简短报告。《光明日报》、《浙江日报》、《温州日报》、《乐清日报》等报刊作过专题报导，大版面摘登专家言论。结集出版的《纪念王十朋诞辰九百周年全国学术研讨会论文集》，收论文41篇，涉及政治史、思想史、文学史的方方面面。梅溪诗歌再度受到学界主流的关注和热捧，足以显示梅溪诗词本身具有巨大的学术吸引力。

　　南宋史研究中心主任、浙江大学教授何忠礼先生与乐清籍北京大学钱志熙教授、上海师范大学虞云国教授、中国社科院文学研究所陶文鹏研究员等，以其高屋建瓴的宏通高识匡谬正俗，启沃视听，惠我良多。陶文鹏先生表示，几年前由他"主编的《灵境诗心——中国古代山水诗史》中没有提到王十朋，这是一个缺憾。如有机会，应予补上"。其与时俱进的真诚令人感动！会上会下，他和虞云国先生都曾建议我为《梅溪集》编选本、作笺释。与我同住一室的南昌大学俞兆鹏教授，"连床夜语鸡戒晓，书囊无底谈未了"（黄庭坚诗句），夤夜哝哝，竭力鼓动我为王十朋作传记。回南昌后，又寄来他最新重版的《谢叠山大传》，读之令人动容。与会诸儒的高论，包括王祝光先生早些年主编的《王十朋纪念论文集》中的专题论稿以及此后搜寻到的有关著述，本诗传多有征引。钱锺书先生的《宋诗纪事补正》（第七卷）广事搜罗，考辨严谨，从文献学角度为王十朋诗歌研究提供补益。虞云国先生的诸多史学论著为理解宋代台谏制度和社会风尚提供了丰足的背景资讯，其长篇论文《走向庙堂：王十朋诗文记录之乡绅影像》已然成为本诗传框架搭建、章节编排之关键钩钥。而"诗传"之选名则得益于我的世纪好友、著名散文家项冰如兄的神合创意，我积存的情致一下子被点燃了。

中国宋史研究会会长邓小南先生在研讨会闭幕词中称许王十朋是一位"正色凛凛'特立不回'的'真儒者'"，并深情阐说王十朋研究要"贴得近"，也要"拉得开"，"使历史与现实有效贯通"。乐清市人大常委会主任赵乐强在会上指出："乐清有许多文化名人，王十朋是，20多天前去世的南怀瑾先生也是……我们今天研究王十朋，就是要在他的人格、他的诗词文章、他的事迹之中，挖掘出于这个时代有用的内涵与精神来"，"此次研讨会只是研究的开启，而不是终结"……

梅溪诗词史事湮没不彰久矣！今天，学界主流冲决沉寂，发出了令人期待的历史回响。真乃梅溪之幸，诗坛之幸，史界之幸！历史人物研究与地方文化研究融通互动的广阔前景，令包括我在内的乐邑后学感奋不已，并为有机会略尽绵力而颇感欣慰。愿先贤音容长存，真正回到我们大家中间，以他雅致的诗作为当下生活增添愉悦，用他的人格风采和行谊睿智浸润无奈的空疏干枯。

本诗传之作三易其稿。先是六年前有梅溪诗词解读品鉴文稿40余万字之自存，继有评注本《王十朋选集》（全二册）之出版，算是认真摸索爬梳过一番了。自以为已经过了典实难考、本意难寻的关隘。然于诗传编撰全过程，笔者始终诚惶诚恐，黾勉从事，未敢稍有懈怠。竟日坐享"先生"之尊，衣来伸手，饭来张口，出入书坊图书馆，搜寻网络资讯，拓展视野；手不释卷，寝兴翻检；积思成稿，辑稿成书。想的只是通过孜孜努力，呈菲薄文字向远逝的不朽诗魂致敬，亦庶几乎以一个典型个案的诠释，照映两宋交替之际至宋诗中兴前期诗史的演进脉络于万一云尔。

梅溪诗词向我们诉说着那个时期个体经历的生活场景与社会风土人文，涵盖的岂止传统视域中的江南半壁，其留存的社会影像笼盖华夏文明的整体，广袤而深远。虽然或有避实就虚处，诸般识见也许偏于简率，但无论如何，作为那段历史的代表性文学家，王梅溪的文化内存及士人自省，始终漾溢着华夏文化的深情，至今仍如晨钟暮鼓，长鸣在耳，警策于心。

梅溪诗文的意义不止是地域性、过去式的。清人唐传钰早已意识到，十朋"学术、品地、事业，人人可学而至也，公徒为一地、一时之人杰乎哉！""其文与诗之富，亦且不减于少陵、昌黎，何其盛也！"

诗歌作品对后世的影响，除了其自身内存的元素之外，应该承认，后人的诠选演绎和反复笺释，也不啻一再增益韵致体悟和经典确认的过程。王十朋的观念与诗作，自然可以批评，但必须探究作者的生活场景与思想图像，理解作品本身的脉络，耐心聆听诗人的心曲自白，才能找到批评的标准与边界，诸多误读与肤浅浮泛的贬低，也才有望借此过程而自然消解于无形。

以诗存史，以诗传人。诠释本土文化经典，守护民族文化遗产，在对博大精深的梅溪诗词阐释和再阐释中不断发掘、提取构建当代文明的某些要素，实乃我辈必须面对的课题！梅溪们的这种诗性人格，这种信仰坚持，往往只有当我们正与之远离之时，或不幸竟然丢失时，才会感同身受，倍加爱惜，正如我们只有在疾病之中才能理解和珍视健康。

在本书撰写进入尾声之时，不经意间读到了一位美国作家给他亲戚写的一封信，结尾时说："请你原谅，我把这封信写得如此冗长，因为我没有时间写得简短。"不禁心有戚戚焉。要把文章"写得简短"，那是亟需高屋建瓴、提玄勾要、以简驭繁的宏观叙述能力的，虽我心之有所向然非我力之所能勉之事也。今年岁奔八，思致飘忽而烦言难着边际；属稿期间又历刀圭疗治，腰疾频发，虽想做好一件事，却已无能为力了。今略经切割删汰，复以纠谬补苴，还是未能将正文压缩在30万字之内。——与其失之简，宁愿失之繁，可乎？

顾念宋僧惠洪有诗云："山好已无归园梦，老闲犹有读书心。"于我而言，本诗传之作，乃衰年冲刺，不无"趁着黄昏赶一程"之念想：聊为无害之事，以遣有涯之生，圆我老闲读书与思乡归园之梦吧。

对梅溪诗词的研修还只是开始。本诗传的演绎充其量只是众多视角中的一个观测点而已。学界自多博览硕学之士。梅溪诗之良传，尚庶几有继而成者焉！文化接力，生生不息，坚信吾道不孤。

书稿发送在即，在网络一角偶检得"家住四牌楼"新浪博客文，有云：王十朋所著《杜陵诗史》，全称《王状元集百家注编年杜陵诗史》，是杜陵文集注本中的翘楚，为宋孝宗年间坊刻善本，宋版宋印，极具版本价值。此书汇集了宋代文学家王禹偁、王安石、沈括、苏轼、秦观等七十余人的注释和评语，资料之珍贵令学界刮目，今藏苏州市图书馆善本部。云云。继而搜寻，网上资讯多多，版本研究者及原藏书者后世眷属辈已为此大大忙碌过一番。初闻惊喜，自愧孤陋之余，犹憾具体内容不得其详。真想一睹其"字大如钱，纸洁如玉"的芳容，查看一下有无梅溪按语评杜文字之类，或望能为本诗传增益资证。记得孔凡礼先生早年考证过《王状元百家集注分类东坡先生诗》的纂集者，结论是，"不管《集注》是不是成于王十朋之手"，"我个人以为这是历史给予王十朋一项很高的荣誉"。所谓"宋版宋印"的《王状元集百家注编年杜陵诗史》，是否也会是因为王十朋十分崇敬杜甫、杜诗研究有"很深的造诣"、"最孚众望"等原因而"托名"沾上"很高的荣誉"呢？还真不好说。六年前，笔者在妻子的陪同下曾专程去南京图书馆古籍部检核清版孤本《宋十五家诗选》所收梅溪诗篇目时，根据馆方网上公示要求，我是带上单位介绍信的。验明正身为的是善待善本孤本，可以理解。故顺便提醒同好者，备之无患。

回顾壬辰重阳，有幸偕同王十朋学术研讨会的与会诸儒再谒梅溪墓，曾感赋《贺新凉》一曲，现隐括附录如下，聊存对吾邑先贤的区区企慕敬念之忱：

兴会金秋晓。
仰儒宗、梅溪祭酒，雁山论道。
九百流年匆匆过，毕竟谁高谁小？
自有秤、少陵襟抱。
不朽诗魂刚柔意，醒庙堂，人比梅花早。
家国恨，恨何了？

古来如许大贤少。
看东山，祥云古塔，文星师表。
几度北风吹沙霾，血汗神羊乱草。
怕只怕、诗心也老。
劫后四贤残碑幸，不欺铭，天佑香樟俏。
谁与我，共归棹？

乐邑后学　张润秀
戊戌秋月识于杭州西溪

鸣谢

是书稿之撰也，作为退休生涯无为之为、自得其乐的一项选择，初拟名"梅溪诗词品鉴"或"梅溪诗词三百首"云云，始于2012年岁晚，结稿于2018年秋月，迄今诗史合一，以"诗传"名之而付梓面世，其间略经曲折。先是据乐清市社会科学界联合会筹划，改编为笺释简评本《王十朋选集》（全二册），纳入"乐清籍古典作家选集丛书"，于2016年由线装书局刊行；继而接受散文家云崖老友建议，切割删汰，发一家之言备一说，美其名曰"诗传"，聊圆以诗存史、以诗传人之愿，却因原主编许君宗斌意外离世等原因，出版又以延宕。这是十分无奈的事情。

由自存文本及至谋为刊布梓行，龙猪交迭，将逾八载。算是机缘巧合，欣得长期从事国际文化交流工作的1979级学生王心阳同学慨然独担策划、联络、出版诸琐务，邀美院毕业的青年设计师蔡东兴担当全书版面设计、美术和装帧创意；又烦劳华东师范大学1990级文学硕士、大百科全书出版社原编辑陆红宇女士，倾注心力，几校书稿，规范纠误，卸我重负，乃得以即时"越界乱跑"，接受南宋史研究中心之邀约，从容转入《王十朋研究》（列入《南宋史研究丛书》）的撰著。大学同窗好友、浙江省原丽水地区行署副专员夏兄金星欣然题签书名。更承蒙文史大家虞云国教授拨冗审读力荐，并惠赐大序，提玄勾要，胜义迭出——我主要是指他对梅溪风范及其睿智精义的宏通高识与对文学传记类写作的独到见解，启迪视听，匡我不逮，一如既往为我壮胆，为本书增色不少。所示"更上层楼"之期许，自当有待来日新作予之补苴弥合。

虞先生是我七年前于"纪念王十朋诞辰九百周年全国学术研讨会"上结识相知的，他曾担当CCTV董倩女士主持的"南宋大贤王十朋精神高峰论坛"特邀嘉宾。会后不久，我在《南方周末》上读到他自述读书生涯的一篇专栏文章《私人阅读的两个三十年》，犹如他乡遇故知，倍感亲切，特检出收藏之。此后翻检过先生《宋代台谏制度研究》、《细说宋朝》、《从陈桥到厓山》等史学专著，于陌生语境中颇得启沃；又兴趣盎然地赏读过他蜚声读书界的多册文史随笔，《敬畏历史》、《水浒乱弹》、《书砦梁山泊》、《三声楼读记》等等，言路自拓，涉笔成趣，诗文并茂，生面别开，史事故实充盈其间，全然"家国文章天下心"，窥知先生学养史识醇厚，腹储特富，阅世情怀尤为丰赡感人。为本书而作的这篇序文，申发自如，风采依旧，其对笔者过往几处文字的钩沉发幽，尤其令我既钦慕其翰墨精到，又身感其知己情深，由此回味起那些曾让自己激动过的斑驳思痕。虞先生还为我的写作新任务提供宝贵的指导意见。

凡此高风雅谊暨诗性关切，作为承情者怎一个"谢"字了得。爰于书末赘此数语，拉杂回顾成书始末，略摅对各方贤达无任铭感之怀。此间上下求索，放言自律，向隅之困，跫然之喜，笔者冷暖自知，感怀满满，在此谨鸣深挚谢忱！倘蒙识者诸君指其悠谬，发其愚蒙，不亦幸甚快哉。在此先道声谢谢。至于妻子孙如琨暨诸亲朋好友的长远支撑护持，则无法以"谢"字表达了。

张润秀
己亥夏日识于杭州西溪寓所

图书在版编目（CIP）数据

梅溪诗传 / 张润秀著. -- 北京 ： 五洲传播出版社，2021.1
ISBN 978-7-5085-4576-9

Ⅰ．①梅… Ⅱ．①张… Ⅲ．①王十朋（1112-1171）—传记 Ⅳ．①K827=442

中国版本图书馆CIP数据核字(2021)第014851号

梅溪诗传

著　　者：张润秀
出 版 人：荆孝敏
责任编辑：樊程旭
策划出品：王心阳 / 锐捷浩思国际文化
封面题字：夏金星
美术插图：杜　昕
装帧设计：蔡东兴 / 兴绘文化传媒
出版发行：五洲传播出版社
地　　址：北京市海淀区北三环中路31号生产力大楼B座6层　邮编：100088
发行电话：010-82005927，010-82007837
网　　址：http://www.cicc.org.cn，http://www.thatsbooks.com
印　　刷：浙江影天印业有限公司
版　　次：2021年3月第1版第1次印刷
开　　本：787mm x 1092mm　1/16
印　　张：27.75
图书尺寸：168mm x 240mm
字　　数：400千字
印　　数：1—2000册
定　　价：68.00元